ちくま学芸文庫

日常的実践のポイエティーク

ミシェル・ド・セルトー
山田登世子 訳

筑摩書房

目次

日常的実践のポイエティーク

凡例

訳文中の記号は原則として次のとおり。


「 」 原著での « » を示す。

『 』 書名を示す。

（ ） 原著のまま。ただしフランス語以外の外国語を表記するために使用する場合もある。

〔 〕 訳者による補足および訳注。

［ ］ 原著のまま。

《 》 強調のため大文字ではじまる語。

、、 強調のイタリック。

はじめに

ここで本書の意図を述べるというより、むしろわたしは、ある探求の風景にふれてみたいと思う。そうした風景を描きながら、研究というひとつの行為がどのように展開してゆくものか、その目印になりそうなものをしめしておきたい。分析というものの歩みは、ずっと前からひとが住んでいた土地のうえに、ある時には規則的な、またある時にはジグザグの足跡を刻みつけてゆく。そんな足跡のなかでわたしの知っているものは数がしれている。記憶やパランプセスト〔以前に書いた文字を削ってその上に新たな文字を書いた羊皮紙〕のつくりなすこの風景のなか——あるものは今にもここに入ってきそうな気配をただよわせ、またあるものはすでに幾重にも踏みかためられて層をなしながら、たくさんの足跡が、もしかしてもっと大事な足跡かもしれないのに、ひっそりと口をつぐんで黙っている。この無言の歴史について、なにを語ればいいのだろうか。せめても、こうした研究風景のなかで日常的実践という問題がどのように分節化されてきたのか、その在りかを指し示せば、いかなる研究のおかげでこうした場所にかんするわれわれの研究がきりひらかれたのか、またそれらの研究とわれわれの研究がどうちがっているのかを明らかにすることができるのではないかと思う。

この本におさめられたいろいろな物語は、だれにも共通の実践を物語ろうとしている。これらの物語がたどってゆく空間を構成しているのは、あれこれの個別的な実践であったり、人びとの交わりであったり、連帯や闘争といったものだが、それらをとおして万人に共通の実践をみちびきだしてゆけば、ひとつの領野が定まるであろう。そのことによってまたわれわれの研究の「歩みかた」じたいもおのずとくっきりしてゆくにちがいない。そもそもこの研究の「歩みかた」というのが、本書で問題にしている「もののやりかた」のひとつに属しているのである。ごく普通の文化を読んだり書いたりするためには、だれにも共通のありふれた操作を学びなおし、分析そのものを分析すべき対象のひとつにしなければならない。

この二巻を編むにあたっては、いろいろな方々の協力をあおいだが*、おかげでさまざまな研究がうまれ、何人かの足どりが交差することにもなった。広場での密議とでもいうべきか。とまれ、こうして交差しながら歩いてゆく道筋《パルクール》が、けっしてひとつの閉域をつくることなく、この道筋をたどってゆくわれわれの足どりが、いつしか群衆のなかに紛れ、消えゆかんことを。

＊　この研究は「科学技術研究所」の助成をうけ、ミシェル・ド・セルトーの監修のもとにおこなわれたもので、本訳書一五ページから四四ページの「概説」はその概略をしめすものである。ここに公刊されるのは研究成果の一部にすぎない。一巻はミシェル・ド・セルトーが執筆し、二巻はリュース・ジャールとピエール・マヨールが執筆にあたり、若干のインタビューにかんしてマリー・フェリエの協力をえた。出版に際してはリュース・ジャールが各種の調整をはかった。

概説

ここにその研究の成果を二巻にまとめた研究は、使用者のおこなっているさまざまな操作を問うなかからうまれてきた。ふつう使用者というのは受動的で規律に従っているものとみなされているが、いったいかれらはどのような操作《オペラシオン》をおこなっているのだろうか。このようにとらえどころのない、それでいて根本的な問題をあつかう、というより、それをあつかいうるようにするのがわれわれの仕事なのである。すなわち、これから分析をすすめるにあたって、どのような道が可能なのか、さまざまな調査や仮説にもとづいて、いくつかとるべき方途をさしだしてみること。もろもろの日常的実践や日常的な「ものの《マニエール・》やりかた《ド・フェール》」が社会的活動の無明の夜の底のごときものであることをやめ、さまざまな理論的問題や方法、カテゴリー、視点の全体がこの夜をよぎって、それを分節化できるようになれば、目的は果されたことになるだろう。

　このような実践を検討してみるということは、なにも個人にたち返るということではない。三世紀にわたって社会をアトム的にとらえる見かたが社会分析の歴史的公準になってきたが、こうしたアトミズムは個人という基本単位を措定しており、この個人から出発してもろもろの集団が構成され、逆にこれらの集団はいつでも個人に還元できるわけである。このような公準にたいして、もう一世紀も前から、社会学や経済学、人類学、精神分析学などの研究がいずれも異議を申し立ててきたが（しかし歴史学においてはどうであろう）、われわれのめざす研究もこのような公準の外にある。分析をとおしてまずあきらかになったのは、むしろ関係（つねに社会的な）のほうがかかわる両項を規定するのであって、その逆ではないこと、またひとりひとりの個人というものは、こうした相関的な規定性が複合的に絡みあいながら作用する場であって、そのような絡みあいはかならずしも首尾一貫していない（たいてい矛盾している）ということである。もうひとつ、とくにこちらのほうが大事なことだが、ここであつかおうとしている問題は、操作の様態や行動のシェーマにかかわるものであって、実際にそうした操作や行動をおこなったり担ったりする主体に直接かかわるものではない。明らかにしようとめざしているのは、ある操作のロジックなのであり、そのモデルを求めようとすれば、姿を変える魚だとか、変幻自在な昆虫だとかが幾千年もの昔からそなえてきた狡智にまでさかのぼらなければならないだろう。いずれにしろそれは、いまや西欧を支配している合理性によって神秘化され、見えなくなってしまったロジックなのである。というわけで、この研究のねらいは、これもまた（これだけがというのではなく）ひとつの「文化」を構成しているさまざまな操作の組み合わせを明るみにだすことであり、使用者に特有の行動モデルをほりおこすことである。この使用者には消費者という遠まわしな名があたえられていて、被支配者という位置《スタテュ》がおおい隠されてしまっているのだ（被支配者といっても、受動的とか従順とかいう意味ではないが）。日常的なものは、無数の密猟法からできあがっているのである。

このような研究はどうしても断片的であらざるをえないから、ここで全体の見取り図というか、一種の内容見本をしめしておくほうがいいだろう。以下に鳥瞰図をかかげてみるが、これはまだ欠けた部分のたくさんあるパズルの小型模型にすぎない。

一　消費者の生産

「民衆文化」や周縁性をめぐる諸研究(1)からはずれたところで日常的実践を問おうとするとき、この問題はまずはじめに否定的なありかたであきらかになった。つまり、文化的差異なるものを、「カウンター・カルチャー」という旗をかかげてきた集団――つとに独自なものとみなされ、時には特権化されて、一部はフォークロアにされてしまっているが――こうした集団にけっして固定化してはならないということである。これらの集団はただ、日常的実践の徴候をしめしたり、示唆したりしてきたにすぎないのだ。それでは日常的実践を積極的に規定している要因はというと、とくに三つのものがあきらかになった。

使用あるいは消費

一社会の表象や行動のありかたをあきらかにしようとめざす研究は数多く、なかにはみごとな研究成果も少なくない。このような知識を活用すれば、さまざまな集団や個人のおこなっている使用という行為を探りあてることができるように思われるし、またそうしなければならないように思われる。たとえば、テレビのながす映像（表象）の分析とか、ひとがテレビの前でじっとして過ごす時間（行動）の分析といったものは、文化の消費者がその時間のあいだ、その映像を相手になにを「製作」しているのか、それをあきらかにする研究によって補完されるべきであろう。都市空間の使用や、スーパーマーケットで買い求めたさまざまな商品、あるいは新聞が広める物語や伝聞の使用にかんしても同様である。

こうして明るみにだすべき「製作《ファブリケーション》」は、ひとつの生産であり、ポイエティーク[2]である――ただし、それは見えないように隠されている。というのもこのような製作は、特定の諸地域に散らばり、「生産」システム（テレビ、都市、商業、等々）に場を占領されているからであり、また、これらのシステムがますます全体をおおうように拡張をとげて、もはや「消費者」には自分たちがさまざまな製品をつかってなにを作りあげているのか、それを表示できるような場が残されていないからだ。拡張主義的で中央集権的な、合理化された生産、騒々しく、見世物的な生産にたいして、もうひとつの生産が呼応している。

「消費」と形容されている生産が。こちらのほうの生産は、さまざまな策略を弄しながら、あちこちに点在し、いたるところに紛れこんでいるけれども、ひっそりと声もたてず、なかば不可視のものである。なぜならそれは、固有の生産物によってみずからを表わさず、支配的な経済体制によって押しつけられたさまざまな製品をどう使いこなすかによっておのれを表わすからだ。

たとえば、スペインはインディオの植民地化に成功したが、実はその「成功」がいかに両義的なものであったか、つとに明らかになっている。かれらインディオたちは、押しつけられた儀礼行為や法や表象に従い、時にはすすんでそれをうけいれながら、征服者がねらっていたものとは別のものを作りだしていたのだ。かれらはそれらを忌避したり変えたりしていたわけではなく、それらをちがった目的や機能、自分たちが逃れるべくもないそのシステムとは異質《エトランジェ》な準拠枠にもとづいた目的や機能に利用しながら、それらをくつがえしていたのである。これらのインディオたちは、かれらを外面的に「同化」する植民地のただなかにありながら、他者にとどまっていた。それは、支配体制を利用するかれらのやりかたが功を奏していたからであり、かれらに支配体制そのものを拒否するすべがあったわけではない。かれらは支配体制につき従いつつ、それをまぬがれていた。かれらの差異の力は、「消費」という手続きのなかで維持されていたのである。これほどまでではないにしろ、われわれの社会でも、言語の生産者である「エリート」が押しつけ普及する文化を「民衆」層の人びとが使用するとき、似たような両義性が紛れこんでいる。

ある表象（説教家とか教育者とか、文化の普及者たちが社会経済的な昇進の規範として教えこむもの）が存在し流通しているからといって、それを使用している者たちにとってその表象がいったい何であるのかということは少しもわかっていない。そうした表象の製造者ではないが実際にそれを使っている人びとがどのようにそれに手をくわえているか、それを分析する仕事がのこっている。それをあきらかにしてはじめて、イメージの生産とそのイメージを使用するプロセスとのあいだにどのような隔たりがあり類似があるのかを理解することができるだろう。

われわれの研究は、生産と消費とのこうした隔たりを中心にしている。理論的指標として、文の組みたてといったものを参考にできるかもしれない。世にひろく認められている語彙と統辞論をもちいてどのように自分なりの文を組みたてあげるか。言語学において、「言語運用」と「言語能力」とはおなじものではない。話すという行為《アクト・ド・パルレ》（そしてそこにふくまれる発話の戦術のすべて）は、言語の知識に還元しつくせるものではないからである。発話行為、それがわれわれの研究の主眼とするところだが、このパースペクティヴにたてば、話すという行為がなにより重要になってくる。まず、話すという行為は、言語システムの領域のただなかで遂行される。また、話すことによって話し手は言語に適応する、あるいは再適応するのである。さらに話すという行為は、時間についても場所についても、ある現在性をつくりだす。最後に、この行為は、さまざまな地位と関係の織りなす網の目のなかで、他者（対話者）とのあいだにひとつの契約を生じさせるのである。発話行為にそなわるこのような四つの特徴[3]は、ほかのいろいろな実践（歩くこと、料理すること、等々）にも見いだすことができるにちがいない。こうした照応関係は、後にみるように、全面的なものではないにしろ、少なくともそこからひとつの方向性が浮きぼりになってくる。つまり、インディオたちのやりかたにならって、使用者たちは、支配的文化のエコノミーのただなかで、そのエコノミーを相手に「ブリコラージュ」をおこない、その法則を、自分たちの利益にかない、自分たちだけの規則にしたがう法則に変えるべく、細々とした無数の変化をくわえているのではないか、ということだ。うごめく蟻群にも似たこの活動について、その手続き、それを支えるもの、その及ぼす効果、そしてその可能性をさぐりだす必要があるだろう。

日常的創造性の手続き

もうひとつのものを参照してみれば、われわれの研究の第二の特色がさらにはっきりする。『監視することと処罰すること』〔邦訳『監獄の誕生』〕においてミシェル・フーコーは、権力を行使する装置（すなわち、一定の場をそなえて、拡張をめざし、抑圧的でしかも合法的な諸制度）の分析にとってかえるに、さまざまな「装置《ディスポジティフ》」の分析をもってした。

それらの装置が制度の「血を抜きとって」、権力の作用をひそかに再編成してしまったのだ。つまり細部にはたらきかけ、細部をとおして作用する「微細な」技術的手続きが、空間を再編成し、それを普遍的な「監視」のオペレーターにしてしまったのである。[4] たしかにこうしたパースペクティヴは、これまでになく新しいものにちがいない。けれどもこの「権力の微視的物理学」もまた、(「規律」の)生産装置を特化している。たしかにこのフーコーの分析は「教育」のただなかにはたらく「抑圧」のシステムをあばきだし、楽屋裏にひそむ無言のテクノロジーがいかにして制度の演出を決定したり短絡化したりしているかを明らかにしているけれども、といってこの分析が「規律」の生産装置を特化しているにはかわりはない。「監視」の碁盤目がいたるところにひろがり、ますます精密化していっているのが真実なら、なおさらのこと、一社会がそっくりそこに還元しつくされないのはなぜなのか、それを解明するのを急がねばならない。どのような民衆の手続きが(これもまた「微細」で日常的なものだが)、規律のメカニズムを相手どり、それに従いながらかならずそれを反転させるのだろうか。要するに、社会政治的な秩序を編成するひそかな方式にたいし、消費者たちの側の(いや、「被支配者たちか」?)いかなる「もののやりかた」が対抗し、そのうめあわせをつけているのであろうか。

こうした「もののやりかた」は、幾千もの実践をつくりなしており、そうした実践をとおして使用者たちは社会文化的な生産の技術によって組織されている空間をふたたびわがものにしようとするのである。それらが提起する問題は、フーコーがあつかった問題と似てもいるし、またその逆でもある。似ているというのは、数々のテクノクラシーの構造の内部に宿って繁殖し、日常性の「細部」にかかわる多数の「戦術」を駆使してその構造の働きかたをそらしてしまうような、なかば微生物にも似たもろもろの操作を明るみにだすことが問題だからである。また、逆だというのは、秩序の暴力がいかにして規律化のテクノロジーに変化してゆくかをあきらかにするのはもはや問題ではなく、さまざまな集団や個人が、これからも「監視」の編み目のなかにとらわれつづけながら、そこで発揮する創造性、そこここに散らばり、戦術的で、ブリコラージュにたけたその創造性がいったいいかなる隠密形態をとっているのか、それをほりおこすことが問題だからだ。消費者たちが発揮するこうした策略と手続きは、ついには反規律《アンチ・ディシプリン》の網の目を形成してゆく(5)。それこそ、本書の主題である。

実践の型式

このように形もさまざまで、断片的なもろもろの操作は、細部にかかわり、機会に応じて変化しながら、自分が使いこなすさまざまな装置のなかにしのびこみ、姿を隠していて、固有のイデオロギーも制度もそなえているわけではないが、なんらかの規則にしたがっているのではないかと考えられる。言いかえれば、このような実践にはひとつのロジックがあるはずなのだ。これは、古くから存在する問題、技法《アール》とはなにか、あるいは「ものの《マニエール・》やりかた《ド・フェール》」とはなにか、という問題にさかのぼることである。ギリシア人の昔から、カントをへてデュルケームにいたるまで、人びとは長いあいだ、いま問題にしているような操作を説明できるような複雑な（単純とか「貧弱」とかけっして言えない）型式《フォルマリテ》をあきらかにしようとつとめてきた。[6] こうした見かたにたてば、「民衆文化」なるものは、いわゆる「民衆」文学もそうだが、ちがった相貌をみせてくる。そもそも民衆文化というのは、これやら、あれやら、何かをしようとするときの、その「やりかたの技法」として定式化できるもの、[7] すなわち、いろいろなものを組み合わせて利用する消費行為として言い表わせるものなのだ。このような実践には「民衆の」知恵（ratio）がはたらいており、行動のしかたのなかにおのずと考えかたがふくまれ、ものを使いこなす術とものを組み合わせる術とがわかちがたく結びつきながら発揮されているのである。

　このような実践の型式《フォルマリテ》を把握するために、わたしは二種類の調査資料を活用した。ひとつは、どちらかといえば記述的な性格のもので、もののやりかたのなかでも、われわれの分析の戦略に適していそうなものをいくつか選びだし、ヴァラエティをもたせたいとも思った。すなわち、読むという実践、都市空間にかかわる実践、日常普段の儀礼行為、もろもろの日常的実践を可能にし（あるいは許可してくれる）何らかの「権威」にかかわってゆく記憶の活用とはたらき、等々といったものである。このほかに、もっと詳しい二つの専門研究を準備しているが、そのひとつは、家族たちの実践がいかに一空間（リヨンのクロワ＝ルース街区）を再構成してゆくかという問題をあつかい、もうひとつは、料理法のいろいろな戦術をあつかっている。料理法という戦術は、さまざまな関係の網の目と、詩的な「ブリコラージュ」と、商品関係の再活用を同時に組織化しているのだ。この二つの専門研究は、たがいに交差しながら、それぞれ、あつかう実践に独自な操作をあとづけようとするものである。[8]

もう一系列の調査資料は科学的文献を対象にしたもので、いずれも、みずからを思考しようとしないこの思考を真剣にうけとめることができそうな仮説を提供してくれている文献である。三つの領域にわたってとくに興味深いものがあった。第一に、社会学、人類学、さらには歴史学の諸研究が（E・ゴッフマンからP・ブルデュー、モースからM・ドゥティエンヌ、J・ボワスヴァーンからE・O・ローマンまで）、儀礼とブリコラージュとがまじりあい、空間の操作《マニピュラシオン》でもあれば、組織網のオペレーターでもあるような、こうした実践の理論化をはかっている。[9] さらに、J・フィッシュマンにはじまって、H・ガーフィンケル、W・レーボヴ、H・サックス、E・A・シェルゴフ、等々、エスノメソドロジー〔ガーフィンケルやサックスをはじめとする現象学的社会学の一分野〕と社会言語学の研究が、日常言語に特有な期待とか駆けひきとか即興といったものの構造をとりあげながら、人びとの日常的な相互作用の手続きをとりだしている。[10]

最後に、「慣習」の記号論や哲学（O・デュクロからD・ルイス）はもとより、(11) 難解な形式論理学にも問いかけ、そこから分析哲学にいたる進展をたどってゆかねばならない。行為の領域（G・H・フォン・ライト、A・C・ダントー、R・J・バーンスティン）(12)、時間の領域（A・N・プライアー、N・レシャーとA・アーカート）(13)、あるいは様態の領域（G・E・ヒューズとM・J・クレスウェル、A・R・ホワイト）(14) にわたる進展をたどってゆく必要がある。これらの研究は日常的な発話の重層性と柔軟性をとらえようとする重々しい装置ともいうべきもので、こうした発話は、さまざまな論理構成要素（時間化、様態化、命令語法、行為的術語、等々）のなかばオーケストラにも似た組み合わせからなっており、どれが基調になるかは、情況により、また情勢の緊迫度により、次々と変化してゆく。チョムスキーがオラルをとおした言語《ラング》の実践についてくわだてた仕事に類した仕事は、その論理的かつ文化的な正当性を日常的実践にもとめようとしなければならない。少なくとも、そのための道具がそろった分野にかんしては、いまだ狭くかぎられた分野とはいえ、そうあるべきであろう。(15)

それにしても複雑にこみいった探究ではある。それというのも、こうした実践は、われわれの論理をいたずらにかき乱すかと思えば、こんどは、不意にその方向をそらせたりするからだ。この探究の道を歩んでゆくわれわれは、詩人の悔恨に行きあたり、詩人のように忘却とたたかう。「そしてわたしは、折々のふとした事どもを忘れていた。落ち着いていたのか、慌ただしかったのか、日が照っていたのか寒かったのか、一日のはじめだったか終わりだったか、イチゴの味か、それともくつろぎの味か、小耳にはさんだことづけ、どれだったか読んだ新聞、電話の声、あたりさわりのない話、誰ともわからぬ男、いや、女、声をだし、音をたて、通り過ぎ、そばをかすめ、出会ったもの、みんなすっかり忘れていた。」(16)

マジョリティの周縁性

以上に述べてきた三つの規定にしたがっていけば、文化の領野を横断してゆくことができる。どこからどこへ横断するかは研究のプロブレマティークによってきまり、ところで、作業仮説を確証するため調査結果を参照する必要があるだろう。こうして文化を横断してゆくのは、あるエコノミーの碁盤目のなかに囚われている消費に特有の操作の型をさぐりだすためであり、こうして消費者が押しつけられたものを自分のものにつくりかえてゆく実践のなかから、創造性の指標となるものを識別してゆくためである。こうした創造性は、固有の言語をそなえようにもそなえようがないような、そんな場所にひしめきあっているのである。

現在、周縁性は、もはや小集団というかたちをとらず、大衆的な周縁性というかたちをとってあらわれている。文化の非生産者たちが行なっているあの文化活動、署名もなく、読むこともできず、象徴化もされていないあの活動がそれであり、生産主義のエコノミーがそこに綴られてゆく生産物ｰスペクタクルを購入しながら、とにかくそれに対価をはらう者たちだれもにとって、それだけがただひとつ残された可能性なのである。周縁性はひろく一般化している。この周縁性は、サイレント・マジョリティになってしまっているのだ。

だからといって、こうした周縁性がすべて同質だというわけではない。さまざまな生産物はすべてが絡みあって一種の義務づけられた言語のようなものになってしまっているが、それらを再利用しようとする手続きは、社会的情況や力関係に応じて異なったはたらきをする。移民労働者は、テレビの映像をまえにして、フランスの平均的管理職とおなじような批判の空間や創造の空間を所有しているわけではない。おなじ地位にある者たちでも、入手しうる情報とか、資産とか、あらゆる種類の「保障」といった面で劣っていれば、いきおい策を弄することも多くなるだろうし、いだく夢も大きく、ひそかに嬉ぶような機会もふえてくるだろう。そなわる機構が似たようなものであっても、それが作用をおよぼす力関係が均等でなければ、生じる結果はおなじではないのである。だからこそ、生産物システムが消費者たちを包囲している碁盤目状の網目のなかで、どんな「作戦《アクシヨン》」(軍事的な意味での)をとっていくか、あれこれ変化をつけていかねばならないし、利用者たちが情勢に応じて自分たちの「術《アール》」を発揮してゆく作戦にも、いろいろ幅をもたせなければならない。

というわけで、さまざまな手続きと、それらが力をおよぼしてゆく領域との関係をあきらかにするには、文化の戦争論的《ポレモロジック》な分析をとりいれなければならない。法律（これは文化の一モデルだが）とおなじように、文化はさまざまな対立を分節化し、強者の言い分を正当化したり、一部修正したり、調停をはかったりする。文化はさまざまな緊張のエレメント、いや、時には暴力のエレメントのなかで発達しながら、そこに象徴的均衡をもたらし、大なり小なり一時的な和合と妥協をもたらしてゆくのだ。消費の戦術とは、強者を利用しようとする弱者の知略であり、したがって、日常的実践の政治化にいきつくのである。

二　実践者の戦術

消費者が生産の機構ととりむすんでいる関係を以上のように述べてみると、あまりに二分法的なシェーマのようにもみえるが、研究をすすめてゆくにつれ、三つの方法のどれをとるかによってこのシェーマも変わっていった。三つの方法というのは、まず第一に、集めた資料を分節化できるようなプロブレマティークを定めること。第二に、とくに意義深いと思われるいくつかの実践（読む、話す、歩く、住む、料理する、等々）を記述してゆくこと。第三に、このような日常的な操作の分析をおしすすめて、一見別のタイプの論理の下にあるような他の学問分野にむすびつけてゆくこと、である。このような三つの方向をめざして進んでいったわれわれの足どりをしめしてみれば、全体としての研究のねらいはニュアンスに富み、けっして一様ではない。

軌跡、戦術、レトリック

知られざる生産者であり、自分たちの関心事の詩人であり、機能主義的合理性の織りなすジャングルのなかで、黙々と口をとざして自分たちの小径を踏みわけてゆく消費者たちは、自分たち独自の表意的実践をとおして、F・デリニーの若き自閉症患者たちの描いたあの「航路」にも似た線を描いてゆく。(17) テクノクラシーによって書かれ、築きあげられた機能主義的空間を行き来しながら、かれら消費者たちの描いてゆく軌跡は、思いもかけぬ文をつくりだし、ところどころ判読不可能な「難文《トラヴェルス》」をつくりあげてゆく。たしかに、使われているのは広く世に認められた言語の語彙（テレビ、新聞、スーパーマーケット、一連の美術館の語彙）だし、決められた統辞論（時刻についての時制、場所の範列的序列、等々）にしたがっていないわけではないのだが、それらの文は、なにか別の思惑あっての策略を描き、なにかの欲望のための策略を描きだしているのだ。それらはシステムのなかでどんどん増えていっているのに、システムのほうは、いったいそれが何なのか、規定することもできなければ、捕捉することもできないでいる。(18)

統計をもってしても、そんなことはほとんど何もわからない。それというのも統計は、これらの軌跡を構成している「語彙」単位を分類し、計算し、図表化するだけのことであり、しかも統計に固有のカテゴリーと分類法をもちいてそうするだけだからだ。だがそんなことをしたところで、軌跡のほうは、そうした語彙におさまりきれるものではない。統計は、こうした実践の素材をとらえはしても、その形態をとらえはしない。統計は、使われている要素をさぐりあてても、「分節法」はわからないのである。この分節法は、ブリコラージュの賜物であり、「職人的な」創意になるもの、すべて「公認」の、灰色の要素をちぐはぐに組み合わせてできあがったものなのだ。こんな「重宝な気まぐれ仕事」といったしろものを、統計に即した単位に分割し、そうして分割して得た結果をみずからのコードにしたがって再構成してみたところで、統計調査が「見つけだす」のは、均質的なものだけである。統計調査は自己が属しているシステムを再生産するのであって、日常性のパッチワークを織りなす非均質的な操作や話《イストワール》の数々がどれほど繁殖してゆこうと、そんなものは自己の領域の外に放置しておく。統計の計算力はその分割能力にかかっているのだが、ほかならぬその分‐析的な細分化のおかげで、統計は、自分が探知し表象にもたらしていると思いこんでいるものをとり逃がしてしまうのである。(19)

「軌跡」はひとつの動きを想起させる。けれども、これではまだ地図上にひかれた線であり、ひとつの平面図にかわりない。つまりこれは転写なのだ。（一目でわかる）ひとつのグラフがある操作にとって代わり、ひっくりかえせる（どちらからでもたどれる）一本の線が、不可逆的な時間の経過にとって代わり、一筋の跡が、いろんな行為にとって代わっている。それならいっそのこと、戦術と戦略の区別にうったえてみよう。

わたしが「戦略」とよぶのは、意志と権力の主体（所有者、企業、都市、学術制度など）が周囲の「環境」から身をひきはなし、独立を保ってはじめて可能になるような力関係の計算のことである。こうした戦略は、おのれに固有のものとして境界線をひけるような一定の場所を前提しており、それゆえ、はっきり敵とわかっているもの（競争相手、敵方、客、研究の「目標」ないし「対象」）にたいするさまざまな関係を管理できるような場所を前提にしている。政治的、経済的、科学的な合理性というのは、このような戦略モデルのうえに成りたっている。

これにたいしてわたしが「戦術」とよぶのは、これといってなにか自分に固有のものがあるわけでもなく、したがって相手の全体を見おさめ、自分と区別できるような境界線があるわけでもないのに、計算をはかることである。戦術にそなわる場は他者の場でしかないのだ。[20] それは、相手の持ち場の全貌もしらず、距離をとることもできないままに、ひょいとそこにしのびこむ。戦術には、おのれの優勢をかため、拡張をはかり、情況に左右されない独立性を保てるような基地がそなわっていないのである。「固有のもの」《プロープル》とは、時間にたいする場所の勝利である。これにたいして戦術は、その非−場所的な性格ゆえに、時間に依存し、なにかうまいものがあれば「すかさず拾おう」と、たえず機会をうかがっている。手に入れたものがあっても、じっとそれを握っているわけではない。それがなにかの「チャンス」になるように、起こる出来事をいつも横目でにらんでなければならない。弱者は自分の外《エトランジェ》にある力をたえず利用しなければならないのである。いい機会だとおもえば、さっそくそこで、さまざまに異なる要素をいろんなふうに組み合わせる（たとえば、スーパーマーケットに行った主婦は、たがいに異質で流動的なさまざまな条件を前にしている。冷蔵庫にどんなストックがあるか、もてなす客の好みや食欲や気分はどんなふうか、もっと安そうな製品はないか、いま家にあるものとそれを組み合わせられるかどうか、等々）。けれども、そうして頭をはたらかせた結果はディスクールというかたちをとらないのであって、それは、決断そのものであり、機会を「とらえる」行為であり、そしてその際のとらえかたなのである。

たいていの日常的実践（話すこと、読むこと、道の往来、買い物をしたり料理したりすること、等々）は戦術的なタイプに属している。そればかりでなく、もっとひろく、大部分の「もののやりかた」もそうである。このうえない「強者」（権力者、病い、現実や体制の暴力、等々）を相手に「弱者」が成功をおさめるのもそうならば、うまい手をつかうのも、離れ業をやってのけるのも、「狩猟家」が罠をはるのも、臨機応変のかけひきも、変幻自在な擬態もそうであり、詩だろうと、戦争だろうと、あっと言わせるひらめきがそうである。このように事をあやつる仕業は、はるか昔の知に属している。ギリシアの人びとはそれを《メティス》(mètis) とよんでいた。[21] けれどもそれは、もっと遠い遠い昔、植物や魚たちが身につけていた擬態や狡智のはるかな知恵にまでさかのぼる。海洋の底からメガロポリスの街々にいたるまで、戦術は連綿とたえることなく、不易のすがたをみせているのだ。

われわれの社会にあって、こうした戦術は、地域の安定性が崩壊してゆくにつれその数をふやし、そのさまは、もはや一定の共同体にしばられることもなく軌道をはずれてさまよっているかのようであり、おかげで消費者たちは、だんだんと移住者にでもなってゆくかのようだ。自分たちのものというにはあまりにも広大で、逃れるにはあまりにも織り目の細かいシステムのなかに連れてこられた移住者さながらである。けれども、これらの戦術は、このシステムの内部にブラウン運動を導入する。そればかりでなくこのような戦術は、知恵というものが、日々の闘争や快楽を分節化し、それらとどれほど深くむすびついているかをあざやかに表現している。これにたいして戦略は、客観的測定という名のもとに、権力との結びつきをおおい隠す。権力は、固有の場や制度に護られながらそれらの戦略を維持しているのである。

戦術のいろいろなタイプをあげてみるなら、レトリックがかっこうのモデルを提供してくれる。こう言ったからといって何の不思議もないのであって、ひとつには、このレトリックというものが、言語《ラング》がそのはたらく場でありその対象でもあるような「技芸《トゥール》」をあらわしているからであり、他方でまた、そのようにことばをあやつる業は、相手（受け手）の意志をかえようとする（誘惑する、説得する、利用する）際の機会とやりかたにかかわっているからである(22)。こうした二つの理由から、レトリックあるいは「話しかた」の技法《シアンス》は、日常的なもののやりかたの分析にとって、典型的な形態をそなえた装置を提供してくれる。原則として科学的ディスクールがこうしたレトリックをしめだしているのと対照的である。行動の二つのロジック（ひとつは戦術的、他方は戦略的な）から、こうした言語《ランガージュ》の二つの使いかたが生じてくるのだ。言語空間において（ゲーム空間におけると同様）、社会が公にあきらかにしているのは、言語を動かす表むきの規則と、その規則のさまざまなはたらきのほうである。

ものを言う術《アール・ド・ディール》、ことを為す術《アール・ド・フェール》を究めた広大なレトリックの集成をみわたすとき、戦術という点からみて、ソフィストたちは特権的な地位をしめている。コラクス〔ギリシアの雄弁家〕によれば、かれらソフィストたちは「弱い」立場を「強い」立場に変えることをみずからの原理とし、機をとらえるすべを心得ることによって、力を逆転させる術をそなえると称していた(23)。それればかりでなく、かれらの理論に言う戦術は、理性が行動や瞬間性といかに結びついているかを深くとらえた一連の長い伝統に根ざしている。中国の兵法書『孫子』(24)や、アラブ特有の戦術を集成した『策略の書』(25)をへて、情勢にはたらきかけ、他者の意志にはたらきかけるロジックを追究するこうした伝統は、現代の社会言語学にまで至っているのである。

読むこと、話すこと、住むこと、料理すること……

生産はしても蓄積しない、つまり時間を意のままに統御できないこうした日常的実践を記述してゆくにあたっては、はじめにとりあげるものが重要だった。というのも、それこそ現代の文化とその消費のなかできわだった発達をみせている中心点だからである。すなわちそれは、読むということだ。テレビから新聞、コマーシャルから商品のありとあらゆる展示フェスティバルにいたるまで、われわれの社会は、視覚を癌のように異常繁殖させ、どんな現実だろうと、見せるかどうか、あるいは見えるかどうかによってその価値をはかり、コミュニケーションを目の旅に変えてしまう。それは、目の叙事詩であり、読むという欲動の叙事詩である。経済そのものが「記号の支配体制《セミオクラシー》」に変貌していて[26]、読むことをますます肥大化させている。生産－消費という二項式のかわりに、その一般的等価として、書くこと－読むことを代置することもできるだろう。かててくわえて（イメージであれ、テクストであれ）読むということは、消費者の特徴ともいえる受動性のきわみをなしているようにもみえるし、消費者は、「スペクタクル社会[27]」のなかののぞき見趣味者（穴居型か、移動型の）にさせられてしまっているかのようだ。

ところが、事実はまったく逆で、読むという活動は、ことば無き沈黙の生産にそなわるありとあらゆる特徴をしめしている。その時ひとは、ページをよこぎって漂流し、旅をする目はおもむくままにテクストを変貌させ、ふとしたことば《モ》に誘われては、はたとある意味を思いうかべたり、なにか別の意味があるのではと思ってみたり、書かれた空間をところどころまたぎ越えては、つかの間の舞踏をおどる。けれども読者は蓄積するのに慣れていないから（書きとったり、「記録」したりするのでないかぎり）、過ぎゆく時の消滅から身をまもることができない（読みながらわれを忘れ、読んだものを忘れてしまう）。かれにできることはただ、読むのに「消えてしまった」時間の代用品（痕跡か約束）にすぎぬもの（本やイメージ）を買うことだけである。読者は、他者のテクストのなかに、快楽の策略、乗っ取りの策略をそっととはりめぐらすのだ。そこでかれは密猟をはたらき、もろともそこに身を移し、身体の発するノイズのように、複数の自分になる。策略、メタファー、組み合わせ、こうした生産はまた、記憶の「制作《アンヴァンシオン》」でもある。それは、さまざまなことばを使って、封じこめられた沈黙の歴史に出口をあたえてやるのである。読みうるものは、記憶しうるものに変わる。こうしてバルトはスタンダールのテクストのなかでプルーストを読むのだ[28]。おなじようにテレビを見る者も、時事問題の報道のなかに自分の幼年時代の一コマを読んでしまう。書かれたもの《エクリ》の薄い表皮が地層をゆすぶり動かし、いつしか空間のゲームに変わってゆく。作者の場所のなかに、別の世界（読者の世界）が入りこんでゆくのである。

このような変化のおかげでテクストは、借家のような案配にひとが住めるところになってしまう。他人の持ち家が、通りがかりにしばしくつろげる、借りの場に変わってしまうのである。借家に住んでいるひとたちも同じようなことをやっていて、めいめいアパルトマンを自分の仕草や思い出で飾りつけている。話をしているひとたちも、お国なまりのメッセージをはさんだり、いろんななまりだの、自分たちだけの「言いまわし《トゥール》」だのをはさんでは、かれらだけにしか通じない話をして、言語《ラング》でおなじことをやっている。通りを歩く人びとも、いつのまにかその道を自分たちだけの欲望と関心の森の通り道にしてしまう。おなじように、社会的コードの使用者たちも、自分らの狙いにあわせてそれをメタファーに変えたり、省略法に変えたりしている。現在の支配体制はこうした無数の生産のささえになっているのである。にもかかわらず体制の所有者のほうはと言えば、そうした創造性にはまるで盲目になっているのが現状だ（自分の企業のなかで何かちがうものがつくりだされているのに、それが見えないあの「経営者」たちがこうした盲目の所有者の良い例である[29]）。ゆきつくところ、この体制は、在りし日の詩人たちにとって韻律がそうであったのと同じようなものになってしまうのかもしれない。その昔、詩人たちの時代には、さまざまな拘束全体が刺激となっていろんな創意工夫が編みだされたのであり、つまり即興詩は、規範を利用していたのである。

このようにして読むことは「技芸《アール》」をみちびきだすのであり、これは受動性とはちがったものである。むしろそれは、中世の詩人や物語作者たちが理論化をはかったあの技芸に通じている。かれらは、伝統的なテクストと言葉づかいそのもののなかに、ある刷新をしのびこませたのであった。(創造とは、文化であれ、科学であれ、ある固有の言語を製造することだとみなしている)近代の戦略の表層の下に隠れながら、現代の消費の手続きは、「借家人」式の手の凝んだ技巧になっていっているのではなかろうか。かれらは実に巧妙に法というテクストに自分たちだけの差異の数々をそっとしのびこませてゆく。中世の時代には、テクストというものは、せいぜい四つか七つほどの解釈の枠内におさまっていた。そしてそれが書物であった。これからは、このテクストはもはや伝統には由来しない。テクストは、生産主義に立つテクノクラシーが押しつけてくる書物になっている。もはやそれは、なにかを指示する書物ではなく、そっくりテクストになってしまった社会全体であり、生産という匿名の法則のエクリチュールが書いてゆくテクストなのである。

このような読みかたの術《アール》をほかのさまざまな術と比較してみると役にたった。たとえば、そのひとつに、会話をする術がある。日常会話のレトリックというのは、「パロールの状況」を転換させる実践であり、言葉をとおした生産であって、そこでは話し手どうしの位置の交差が、だれの所有するでもないオラルの織り目を織りあげてゆく。だれのものでもないひとつのコミュニケーションが創造されるのである。会話というのは、言語能力の集団的かつ一時的なはたらきであって、「決まり文句」をあやつったり、ふりかかってくるいろいろな事件を「しのげるもの」にかえて楽しんだりする術のひとつなのである。[30]
けれどもわれわれは、いろいろなもののなかでも、とくに次のようなものに研究をしぼってみた。すなわち、空間にかかわる実践[31]、どんなふうにして人びとはある場所に出入りをするかという問題をはじめとして、料理法の複雑なプロセス、人びとが耐えしのばざるをえない状況のなかで信頼性をきずきあげてゆく数々のやりかた、すなわちそこにいろいろな興味や楽しみをとりいれて融通をきかせ、その状況を生きうるものにかえる可能性をきりひらいてゆくすべのあれこれ、つまりはものごとをあやつり《マニピュレ》、享受して楽しむ術とはなにかという問題である。[32]

予測と政治にむけて

このような戦術の分析をおしすすめてゆくと二つの研究分野にかかわってきた。あらかじめ予定していた分野ではあったが、アプローチのしかたは研究の過程で変わってきた。ひとつは、予測という問題であり、もうひとつは、政治生活における主体という問題である。

予測の研究にかんして言えば、その「科学性」ということがただちに問題となる。もしかりにこうした研究の究極的な目的が、いまある現実を解明し規則性というものを解明することであり、なんらかの首尾一貫性を把握しようとすることであるとするなら、一方で、どんどん増えてゆく概念は操作不可能だと言わねばならないし、他方で、そのような手続きは、空間というものを考えるのに不適切だといわなければならない（この空間こそとらえるべき対象なのであって、こうした空間は、もはや既成の政治的、経済的規定因によっては見えてこないし、それをあつかうような理論も存在していない）[33]。用いられている概念がメタファーと化してしまっている現状を考え、さらにはまた、研究が著しく細分化しておりながら、まとめるべき成果は総合的でなければならないという分裂した状況、等々、を考えあわせると、「シミュレーション」なるものは、科学的ディスクールそのものの定義なのだと考えるべきであろうし、それがディスクールの方法の特徴なのだともいえるであろう。

　以上のようなことから、予測の研究にあたっては、次の二つのことを念頭において作業をすすめていった。(1)合理的なものは、想像的なものとむすびついているということ（この想像的なものがディスクールにおいてその生産の場の指標になっている）。(2)手探り的な探知というものは、実践的な探索を次々とこころみてゆく実際的で戦術的な狡智であり、こうした手探り的な探索と戦略的な表象とは異なっているということ。後者のほうは、こうした操作の最終的生産物として受け手にさしむけられるのである[34]。

　気がついてみると、われわれは日常普段のディスクール〔談話〕のなかで、科学的分析に「固有の分野」をいつのまにかメタファーにかえてしまうようなレトリックをそれとなく使っているし、研究所のなかでも、普段おこなわれている（料理法に匹敵するような）すぐに役にたつ実践がある一方で、また片方には、それぞれの研究室で黙々とすすめられているそうした作業を絵空事めいた図式にしてしまう「予定計画」的なエクリチュールがあり、両者のひらきはますます大きくなってゆくばかりである。科学と虚構が混在しているといってもいいし、総合的な戦略のスペクタクルと局地的な戦術の不透明な実態がちぐはぐなのだといってもいいだろう。こうしたことをふまえてわれわれは、科学的な活動の「裏側」を問うてみようとしたのであり、こうした科学の仕事なるものは一種のコラージュのようなものではないかと考えはじめたのである。このコラージュのおかげで、ディスクールの標榜する理論的野心と、研究室や実験所ですすめられている日常作業にひそむ昔ながらの狡智、しぶとく一徹なねばりづよい営みが、すこしも結びつかないまま二つ並んで貼りつけられているのではないのだろうか。いずれにしろ、このような分裂構造が官公庁でも企業でも多々みうけられることを思えば、これまで科学的な認識論がいっさい等閑視してきたこれらの戦術をそっくり一から考えなおしてみざるをえない。

　このような問題は、ただ生産の実際的なプロセスにのみかかわる問題ではない。それはまた、技術システムにおける個人の地位《スタテュ》を別のかたちで問うことでもある。というのも、テクノクラシーによってこのシステムが拡大すればするほど、主体のになう役割は小さくなってゆくからだ。個人は、この広大な枠組みのなかにますます拘束されてゆき、しかも主体的なかかわりを失ってゆくいっぽうであり、そこからきりはなされていながら抜けでることもできず、個人に残されているのはただ、このシステムを相手どって狡智をめぐらし、なんらかの「業をやってのける《フェール・デ・ク》」こと、エレクトロニクスと情報におおいつくされたメガロポリスのただなかで、いにしえの狩猟民や農耕民たちが身につけていた「術策《アール》」をみつけだすことである。社会組織の細分化のおかげで、今日、主体の問題は、まさに政治にかかわる問題になっている。その証拠に、さまざまな兆候があらわれているではないか。局地的にいろいろな運動が起こっているし、地域運動もあれば、エコロジー組織も形成されている。このエコロジー組織は、生活環境とのかかわりかたをすぐれて集団的に管理しようとする意志に導かれてはいるが、それとて兆候にはちがいない。既成のシステムをふたたび自分たちのものにしようとするこうしたやりかた、消費者たちのもろもろの創造は、破損してしまった社会性の治療をめざしているのであり、再利用のテクニックをもちいているのであって、まさにそこに、日常的実践の手続きのすがたをうかがうことができる。こうした日常的な策略の政治学がつくりあげられなければならないのだ。フロイトの『文化への不満』がきりひらいているパースペクティヴにたつなら、この政治学はまた、外界をあやつる《マニピュレ》ことと自己を享受する《ジュイール》ことの二つのあいだにある結びつき、微視的でさまざまな形をした無数のこの結びつきが今日いったいどのような（「民主的」）大衆像によって表わされうるかということを問うことでもある。そこにこそ、とらえどころのないままに群れをなしながら秩序を相手どって戯れている社会的な営みの実態があるのだから。

辛辣なる見者ヴィトルド・ゴンブロヴィッチは、この「政治学」にヒーローを――われわれの研究ときってもきりはなせないアンチ・ヒーローを――あたえていた。かれはあの小役人（ムジールの「特性のない男」、フロイトが『文化への不満』のなかで論じた「普通の人間」）にしゃべらせていたのだ。その男のよく口にするせりふはこうだった。「好きな相手がいないんだったら、いまいる相手を好きにならなくっちゃ」、「そうなんだ、ほんのちょっとした、あるかないかわからないような楽しみ、おまけみたいな楽しみってやつがますます大事に思えてきたのさ……。そんなささやかなものでどんなに人間が大きくなれるものか、君にはわからんだろうがね。そんなもので、人間はとてつもなく大きくなれるんだ、信じられないくらいにね。」(35)

I　ごく普通の文化

献辞

この試論を、普通のひとにささげたい。* ありふれた《コモン》ヒーロー、そこここにいそうな人物、数もしれぬ歩行者に。これから語りはじめる物語はかれらのための物語であり、かれらこそその冒頭をかざる人物である。いま姿の見えぬそのかれらに、どうか加護をくれたまえと祈りながら、わたしは心細い思いがしないではない。もしやこれは叶わぬ願い、乞い求めても、けっしてかれらにとどかぬ願いではないのか、と。かつては神々をほめ讃え、詩の女神ミューズを讃えて捧げたエクリチュールを、いま、この神、歴史のざわめき声ともつかぬこの神に捧げようとするとき、いったいわれわれはどのようにして信仰を捧げ、なにを言えばいいというのだろう。

名もなきこのヒーローは、はるか彼方からやってくる。それは社会のつぶやき声なのだ。かれはいつでもテクストの先を行く。テクストなど待ちさえしない。そんなものなどてんから馬鹿にしているのだ。けれども、書かれたテクストをひろげてみれば、しだいにこのヒーローが前面に歩みでてくるさまが見てとれる。徐々にこの人物が学問の舞台の中央をしめるようになってきているのである。世に歴とした名のある俳優はしだいに脚光を浴びなくなり、スポットライトは、舞台のそでにいるその他大勢の合唱隊のほうにむきをかえ、そして遂に観客の群れに的をしぼった。社会学や人類学が盛んになってくるにつれ、なによりも無名のもの、日常的なものが重要な研究対象としてクローズアップされてきたのである。それらの研究は、そうしてクローズアップした対象のなかから、メトニミー型のディテール——全体を代表すると想定された部分——を取りだしてゆく作業を重ねている。昨日までは名の時代であり、家族や集団や体制を象徴する代表者たちの一団が舞台のうえに君臨していた。いまやかれらはその舞台からそっと静かに姿を消してゆく。と思うや、その他大勢の多数者たちがすっくと立ちあがるのだ。デモクラシーの多数者、大都市の多数者、官庁の、サイバネティックスの多数者たちが。それは、よどみなく続くしなやかな群れ、ほころびもなければ繕いの跡もない一枚の布さながらにきめ細かく織りなされた群れであり、大勢のヒーローたちだ。その名も顔も失って数になってしまったかれらは、だれのものでもない合理性と計算のための動く言語になった。街ゆく数の流れに。

＊ I部とII部はいわば理論篇で、ひとつの結論提示といってもよく、ほかのページのまにまに読んでいただいても結構である。ただしそのなかの第3章「なんとかやっていくこと／使用法

と戦術」〔本訳書一〇六―一三一ページ参照〕は、以下の分析のための一般的モデルを素描したもので、以降の導入部にあたっている。

第1章　ある共通の場／日常言語

こうして、なにかわけのわからぬ奇妙なもの、異様なものの流れがひたひたと押しよせてくるのを、あの『特性のない男』が予言していた。「群蟻のように寄り集まって巨大な群れをなす新しいヒロイズム、そうした新しいヒロイズムの幕開けをいちはやく感じとっているのは、ほかでもないプチブルジョワたちではないだろうか[1]」、と。事実、こうした群蟻にも似た社会は、大衆とともに到来を告げたのであり、まっさきに大衆が、すべてを均質化する合理性の碁盤目のなかにはめこまれてしまったのだ。そして流れはしだいに水かさを増していった。ついで流れは、装置をそなえシステムを管理しながら、そのシステムのなかにひたりきって暮らしている管理職と技術者たちのところにまでとどいた。それから潮はとうとう自由業に、自分たちは大丈夫だと信じきっているかれらのところにまで及び、そして最後に、文学や芸術をものする高邁なる精神までも呑みこんでしまった。潮はその流れのなかに、人間の業になるもろもろの作品を転がしては散らしてゆき、それらの作品は、かつては島となってそびえたっていたものを、今日では海のしずくと化し、そこかしこに散在する言葉のメタファーと化している。その言葉はもはや作者をもたず、ディスクールとなり、だれのものともつかぬ他者の引用になってしまっている。

「だれも」と「だれでもない」

むろん、それ以前の時代にも、大衆がいなかったわけではない。けれどもかれらは共同体によって万人に「共通の」狂気と死のなかに組みこまれていたのであって、いまだ技術的合理性の均質化のプロセスのなかに組みこまれてはいなかった。たとえば近代の初頭、十六世紀には、凡俗の民《オム・オルディネール》はあまねき不幸の徴《しるし》をその身におびて登場しつつ、その不幸をあざけ笑っていた。もともと北方の国々や、早くから民主的な想像力のゆたかな国々に特有のあのアイロニーに富んだ文学が描きだしているように、かれら凡愚の民は、狂人や死をさだめられた者たちをのせる阿呆船に「積みこまれて」いた。ノアの方舟とはちょうどさかさまの小舟のなかに。なぜならその舟は、はてなき流浪をめざし、破滅にむかって進んでいったのだから。舟にのせられたかれらは、共通の運命にくくりつけられていたのである。《だれも《シャカン》》（名の不在をあかす名）とよばれるこのアンチ・ヒーローは、したがってまた《だれでもない者《ベルソンヌ》》、Nemo であって、英語の Everyman が Nobody になり、ドイツ語の Jedermann が Niemand になるのとまったくおなじことである。(2) このアンチ・ヒーローは、いつでも別のだれかであり、自分だけの〔固有の《プロープル》〕責任などありはしないし

（「わたしのせいじゃない、他人《ひと》のせいだ、運命なんだ」）、どこまでが自分のところと決められるような、これといった所有地があるわけでもない（死んでしまえばどんな差異も消えてしまう）。それでもなお、この十六世紀のユマニスム文学の舞台のうえで、あいかわらず凡愚の民は笑いつづけている。万人のうえにのしかかり、だれもが自分だけは免れたいと思うねがいを無に帰してしまう運命のただなかで、だからこそこのアンチ・ヒーローは賢者でもあれば愚者でもあり、正気でもあれば狂気であるのだ。

　実のところ、こうしてあざけり笑う無名の者たちを描きながら、この文学はおのれの身上をも語っている。というのもこの文学は幻像《シミュラークル》にほかならず、いかなる威光も滅びゆく世界の真理をあらわしているからだ。「だれでも」、あるいは「だれもみな」とは、ある共通の場であり、哲学のトポスである。（だれでもあり《トウス》、だれでもない《ベルソンヌ》）この一般的人物は、エクリチュールという空しくも愚かしい生産と、他者の掟にほかならぬ死とを結ぶ普遍的な絆を語る役割をはたしている。この人物は、世界としての文学、文学としての世界という定義そのものを舞台のうえで演じているのだ。もはやその舞台がたたまれてしまったいま、凡人《オム・オルディネール》は、テクストそのものによって、テクストのなか、テクストをとおして、自己をあらわし、そればかりか、学識という愚かしいディスクールが位置する特殊な場に普遍性という信用をさずけてもいる。この凡人は、ユマニスムのアイロニーの悪夢でもあれば、その哲学的な夢でもあり、同時にまた、「世のだれも」が味わう笑うべき不幸を語ろうとするエクリチュールに信憑性をあたえる準拠枠にも似たものでもある（万人に共通の話）。けれども、時としてエリートのエクリチュールが「ありふれた」人間を話し手にもってきておのれのメタ言語を仮構するようなことでもあれば、そこにはまた、はしなくもそのエクリチュールをおのれの特権から追いだして、おのれの外へと吸いよせてゆくものがあらわれてしまう。すなわち、もはや神でもミューズでもない《他者》、名もなき者という他者が。エクリチュールがその固有の場からさまよいでて辿ってゆく軌跡を境界づけているのは凡人なのであり、この凡人こそ、エクリチュールにつきまとってやまない懐疑のメタファーであり、エクリチュールを漂流にさそうものなのだ。この凡人は、エクリチュールの「虚妄性」の亡霊であり、エクリチュールが万人と結ばれ、おのれの例外性の喪失と結ばれ、そしておのれの死と結ばれる絆の謎めいた形象《フィギュール》そのものなのである。

フロイトと凡人

この「哲学的」人物が現代ではどうあつかわれているか、これからとりあげてみようとする例は、おそらくもっとも含蓄の深いものではないかと思う。フロイトは、文明を論じ（『文化への不満』）、宗教を論じつつ（『ある幻想の未来』(3)）、冒頭からごく普通の人間 der gemeine Mann（凡人）をとりあげ、分析の主題ともしているが、そこでかれは、文明と宗教というこの文化の二つの形態にふれながら、啓蒙主義（Aufklärung）に忠実に、「大多数の人びと」の蒙昧にたいして、精神分析の啓蒙の光（「いわば微積分とおなじような、不遍不党の一手段、ひとつの方法」）を代置し、世間一般によくある信心をある新しい知のもとに導いていこうとするだけで終わってはいない。精神の「幻想」や社会の不幸といえば、かならず「一般大衆《オム・コマン》」と結びつけて考えたがるような古いシェーマを再考しているだけではないのである。（この一般大衆が『文化への不満』の主題になっているが、フロイトにおける凡人は、それまでの伝統とはちがってもはや笑っていない。）そこでフロイトはその先進的な「開明性」（Aufklärung）をあの「幼児的な」多数者に結びつけようとしているのだ。労働を昇華し快楽に転化できるような「思想家」や「芸術家」のことはさておき、つまりあの「稀なる選良」のことはさておいて——といってその選良が、フロイトのテクストのつくられてゆく場を指し示しているにはちがいないのだが——その選良を離れてフロイトは、「凡人」と契りをかわし、みずからのディスクールと群衆をひとつに結ぼうとしているのである。かれら群衆は夢を追いながら、その夢にあざむかれ、欲求不満をいだきつつ、勤労からのがれることもできないままに共通の運命につながれて生きており、欺瞞の掟にしたがわせられながら、死の業をまぬがれることもできない。フロイトはそうした群衆とひとつになろうとしているのである。この契りは、ミシュレの歴史が「《民衆》」とかわした契りとも似ているが、ミシュレのなかで民衆はけっして語りはしないであろう。フロイトのかわしたこの契りによってこそ、理論は普遍的なものへと身をのべ、歴史のなかの現実的なものに支えられることができるにちがいない。それは、理論に、あるたしかな場所をさしだしてくれるのである。

たしかにフロイトは凡人を非難しながら、かれらは宗教的な神のおかげで「この世のありとあらゆる謎が解明される」と思いこみ、「自分の人生を摂理が見守ってくれる」という幻想をいだいていると語っている。[7] こうした見かたにたてば、なるほど凡人は安易に全なるものについての知を手にいれているし、（来世の保障をとおして）我が身の保障も手にいれているわけだ。けれども、フロイトの理論にしたところで、だれもが味わう普遍的経験に力を仰いでいるのであり、そこからおなじような御利益をさずかっているのではなかろうか。ここで凡人は貶められ、迷信ぶかい俗衆と一緒にされてしまっているけれども、それでもなお凡人は、なにか抽象的普遍にも似たすがたをとりながら、その及ぼす力によってそれとわかるような、ある神の役割をはたしている。つまり凡人は、〔フロイトの〕ディスクールにたいして、ある特殊な知を一般化する手段をあたえ、話の全体をとおして、そのディスクールの効力を保障する手段をあたえてやっているのだ。凡人の権威をかりて、ディスクールはみずからの限界をのりこえるのである——なんらかの治療に限定されてしまう精神分析の能力の限界を、そしてまた、現実に準拠しながらその現実を奪われているあらゆる言語そのものの限界を。凡人のおかげでディスクールはその差異を保証され（「見識ある」ディスクールはやはり「並みの《コモン》」ディスクールとはちがう）、同時にその普遍性を保証される（見識あるディスクールは共通《コモン》の経験を語り、解明する）。フロイトは「下層民」に個人的な偏見をいだいていたし、[8] ミシュレは《民衆》にたいしてちょうど正反対の楽観的な期待をいだいていたが、いずれにしろ凡人はディスクールにたいして、その全体化の原理となり、信憑性の原理となる務めをはたしてやっているのである。凡人あればこそディスクールは、「これは万人の真理である」と言い、「これは歴史の真実である」と言えるのだ。そこで凡人はかつての神のようなはたらきをしている。

だが年老いたフロイトはちゃんとそのことに気がついている。自分で自分のテクストをからかいながら、「まったく無用な」慰み半分の仕事だと言い（「一日中タバコをふかしたり、トランプをしたりするわけにもいかないから」）、「暇つぶし」に「高尚なテーマ」をとりあげてみたものの、「ごく月並みな真実を再発見した」だけのことだ、と言う[9]。フロイトはこのテクストと「これまでの著作」とは別だと述べて区別しているが、これまでの仕事は方法のための諸規則を論じるものであり、しかもさまざまな症例にもとづいて構築されたものである。ところが、このテクストではもはや少年ハンスのことも、ドラもシュレーバーも問題になっていない。ここにふれられている凡人は、なによりまずフロイトの教化的意図をあらわしており、専門分野のなかでもういちど倫理一般の問題を再考してみようとするもの、一種のおまけというか、精神分析の手続き以前にあるなにものかである。そのことによって凡人は、ある知の反転をあらわにする。事実フロイトが来るべき「文明社会の病理学」にむけて序文を書いていながら、自分でそのテクストをあざ笑っているというのは、ほかならぬかれ自身がここで語られている凡人であるということ、苦く「月並みな真実」のいくつかを手にした、その凡人そのものであるということなのだ。考察のしめくくりにくると、フロイトはうって変わったような口調になっている。いわく、「おまえは、何の慰めもあたえてくれないではないかと世間に非難されるなら、わたしは甘んじて非難をうけとめることにしよう」(10)、なぜなら、わたしとて慰めが見いだせないのだから、と。そこでフロイトはみなと同じように窮地におちいり、やおら笑いだす。アイロニーに満ちた賢者の狂気は、特異な能力を失ってしまうということ、そうして自分もまただれもと変わらぬ者、だれでもない者、よくある〔共通の《コモン》〕話のなかの一人にすぎないのだと悟ることに結びついている。『文化への不満』という哲学的コントのなかの凡人、それは、話し手そのひとである。この凡人は、ディスクールのなかで学者と凡俗をつなぐ結節点になっている——この凡人をとおして、それまでは注意深くそこから区別されていた場に他者が（だれでもあり、だれでもない者が）回帰してくるのだ。ここでもまた凡人は、ディスクールのなかで専門的なもののなかに卑俗なものが侵入してくる軌跡を描き、知をその一般的前提へと連れもどす軌跡を描いている。こうして、フロイトは語るのだ、確かなことは、わたしにもまるでわからない、わたしもみなと変わらないのだ、と。

「欲求不満」、「抑圧」、「エロス」、「タナトス」、等々、『文化への不満』のなかには、勝ち誇る啓蒙主義（Aufklärung）にはじまって月並みな決まり文句で終わる行程のそこここに、こうしたテクニカルな作業道具が点在しているが、フロイトによる文化の分析を特徴づけているのは、なによりまず、以上のような反転をえがきだす軌跡である。そこには、文化の専門家たちがふりまく瑣末な事どもとはちがった、めだたないけれども根本的な差異があって、そこから、異なる帰結がみちびきだされてくる。つまり、この瑣末事はもはやディスクールの対象を指し示しているのではなく、そのディスクールの地位を指し示しているのである。瑣末なものは、もはや他者（みずからの演出家の例外的な特権に権威《プラス》をあたえる役目をになわされた、あの他者）ではない。それは、テクストとともにうみだされてゆく経験なのである。文化へのアプローチは、凡人が語り手になるとき、凡人がディスクールの（共通の）場を決め、その展開の（無名の）空間を決めるときからはじまる。

　このようなディスクールの地位は、もはやディスクールの話し手にあたえられるものではなく、かといって別のだれかにあたえられるものでもない。その地位は、ひとつの軌跡のゆきつく果てにひらけてくる場なのである。それは、なにかの状態でもなければ、もとからあった欠損でも恩寵でもなく、ひとつの生成であり、調整がきき修正がきく作業からしだいに隔たってゆくプロセスの結果として生じてきたものであって、ある特殊なポジションのなかに共通な〔卑近な〕ものが侵入していったさまである。そのようなことがフロイトに起こったのだ。凡人を語る最後のコントをもって終わる《アシエーヴ》（徒刑囚にとどめをさす《アシエーヴ》かのように）「著作」をいざ終えようとしたその時に。知が虚構というかたちをとったことによって、知の喪がとりおこなわれたのである。[11]

たいせつなのは、確固とした学問的領域に日常的なものがしのび入ってゆくときに起こる侵入のはたらきである。勝手に日常的なものの名において語る特権を手にいれたり（日常的なものは語りえないのに）、あるいは自分がこうした一般的な場にいるのだと称したり（すると偽りの「神秘性」になりかねない）、もっと悪いときには、既成の学問に美化された日常性をそえたりすることではなく、みずからが語ってゆくその語りのただなかに、この動きをとりもどすことなのだ。その動きは、分析の手続きをその境界にまでつれもどしてゆく。十六世紀には「《だれでもない者》」のなかで語り、そうしてフロイトの知の終点にふたたびもどってきた、あの平俗なるもの、そのアイロニーに満ちた痴愚の狂気によって、分析手続きが変化をきたし、そればかりか混乱をきたしてしまう、その地点にまでつれもどしてゆくのである。わたしは、こうして分析という技術の厚みのなかに日常的なものが食い入ってゆく跡をたどり、科学がゆれうごき動揺しはじめるその外縁に、これらの侵食の跡が刻んでゆく裂傷をさぐりあて、そうして科学がずれてゆきつつ共通の場にたどりついてゆく移動の動きを明らかにしたいと思う。その共通の場にいたるとき、「だれでもいいだれか」はついに口をつぐむか、そうでなければ、月並みなことをもういちど（だが、ちがったふうに）くりかえすしかない。わたしのこの務めは、たとえそれが日常的なものの潮騒のざわめきのなかに消えてゆくことはあっても、そのざわめきをなにかの表象によって言い表わそうとすることでもなければ、愚かしい言葉でそれをかき消してしまうことでもなく、いかにしてこのざわめきがわれわれの〈科学的、学問的生産の〉技術のなかに入りこんでゆき——海が浜の窪地にうちよせてくるように——ディスクールがそこから生産されてくる場を再編成しうるか、それをあきらかにすることである。

エキスパートと哲学者

これからふむべき技術的段取りは、さしあたって、科学的な実践と言語《ラング》をその出生の地に、everyday life に、日々の生活に帰してやることである。こうした科学の日常への回帰は、今日ますますその重要性が説かれていながら、およそ厳密であるにはきっちりと境界を規定しなければならないという専門《ディシプリン》科学の原則からすれば、科学からの追放でもあるという逆説的な性格をそなえている。学問〈科学〉というものは、みずからに固有の場をそなえ、その固有の場を所有するには、みずからのとるべき手続きをあきらかにし、明白に対象を定め、さらには反証の条件をも決定しうるような合理的な企図を有していなければならない。こうして学問は、たがいに明確な境界を定めた諸領域からなる複合体として確立したのであり、要するにもはや神学的なタイプのものではなくなってしまった。それ以来というもの、学問は、全なるものをみずからの残りとしてしまったのであり、この残りが、文化とよばれるものになってしまったのである。

このような分裂が近代をつくりなしている。そのため近代には、さまざまな科学がたがいに孤立しながらそびえ立ち、そうした科学の島々が、底に横たわる実践の「抵抗」と、思考に還元できないもろもろの象徴系とをはるか下方に見おろすかっこうになってしまっている。「科学」の野望は、われわれの知の権力を行使しうる空間を足がかりに、この残りを征服しようとめざし、さらにこの帝国を完璧なものにしようと、さまざまな認識がよりつどってさっそく境界地域の目録作成にとりかかり、そうして明晰なものと曖昧なものを結びつけようとしている。(それが、「人文」科学といわれる混合科学の灰色のディスクールであり、暴力や迷信や他性からなる闇をさぐりあて、それを――思考しうるとまではいかなくても――同化しようとめざして乗りだしてゆく遠征物語である。歴史しかり、人類学しかり、病理学、その他もろもろ、いずれもおなじ)。けれども、たとえそうしたところで、科学という制度がうみだした言語の分裂、調整可能な操作性をそなえた人工言語と、一社会の人びとが実際に話す言語とのあいだにある分裂は、あいかわらず、戦争か妥協かという葛藤の温床でなくなったためしはない。この分割線は、さまざまに変化しながらも、社会的実践に支配をおよぼす技術の権力をいっそう強化するか、それともこれに抵抗するかという闘争の要でありつづけている。この分割線によって、ある特定の知の手続きを分節化する人工言語と、だれにも共通な意味を形成する活動を組織化してゆく自然言語の二つが隔てられているのである。

このような対立葛藤（まさに各個別科学と文化との関係にかかわる葛藤）があるなかで、そのいくつかは、そこで対決しあう二人の人物をとりあげてみると、いっそう明瞭なかたちをとり、その決着のしかたも見えてくる。近いようでいながらそのくせ相容れぬこの二人の人物、それはエキスパートと哲学者である。この二人は、いずれもそろって、あるなんらかの知と社会とをつなぐ媒介者の役目をになわされている。エキスパートのほうは、社会政治的な諸決定のおりなす複雑で広大な圏域にその専門性を導入し、いっぽう哲学者のほうは、各々の特殊技術にたいし、あらためてその一般的正当性を問いただす任務を負うている。エキスパートにあっては、ひとつの能力が社会的権威と化している。哲学者にあっては、卑近でありふれたさまざまな問題が技術の領域に疑義をさしはさむ原理となっている。というより、哲学者はエキスパートにたいして両義的な（ある時にはひきつけられ、ある時には反発するといった）関係をむすんでおり、哲学者のとる態度はその根底で、しばしばこうした両義的な感情に左右されているかにもみえる。というのも哲学者は、エキスパートをとおして（特殊科学の名において総合問題への移行をはかるという）古きユートピアをぜひにでも達成しようともくろむかと思えば、またある時には、歴史によってこのもくろみを挫かれていながらなおも敗北を認めたがらず、おのが支配をのがれたものに背をむけて、流謫《るてき》の旅におもむき（おお、記憶よ、おお、象徴的侵犯よ、おお、無意識の王国よ)、その旅路に《主体》〔臣下〕をつき従えようとするのだ。昔日の王であり、いまはやテクノクラシーの社会から追放されてしまった主体を。

事実この社会にはどんどんエキスパートの数がふえており、日に日に大きくなってゆく専門分化への要請と、それだけにいっそう必要となってゆくコミュニケーションの要請との双方におされながら、ますます膨れあがってゆき、社会にひろく定着してしまっているほどである。エキスパートは、昨日まで普遍的なものの専門家であった哲学者の影を薄くしている(そして、ありようによっては哲学者にとってかわっている)。とはいえ、エキスパートの成功ぶりはそれほど華々しいものではない。それというのも、専門の割りふり(効率をあげるための条件)を命じる生産主義的法則と、流通(交換形態)の社会法則とが、かれのなかで衝突しあうからである。たしかに、それぞれの専門家はますますエキスパートでもなければならないようになってきている。研究所のなかひとつをとってみても、このことはあきらかだ。ひとたび研究の目的とか、昇進とか、経費といったことについて口をはさむことになれば、エキスパートは自分の特殊専門的な経験の名において――だが実はその外で――発言をする。いかにしてかれらは自分たちの技術――規制のきく制御可能な言語――から、別の状況下にある、いちだんと共通性の大きい言語へと移行しうるのだろうか?　能力を権威に「変換させる」一種奇妙な操作によって。つまり、能力と権威とのあいだに交換がおこなわれるのである。そうしてゆくうちに最後には、エキスパートが権威を身につければつけるほど、ますますその能力は小さくなってゆき、ついにはその能力のもとが切れてしまう。ちょうど動力の発射に必要なエネルギーが切れてしまうのと同じように。こうした変換がおこなわれているあいだ、かれは能力を発揮していないのだが(とはいえ能力はそなえていなければならない、あるいはそなえているように思わせなければならないが)、社会的要請そして/あるいは政治的責任におされて、身につける権威がどんどん大きくなってゆき、遠くにまでおよんでゆくにつれ、エキスパートはその能力を手ばなしてゆく。権威の(一般的な?)パラドクス。権威なるものは、まさにその権威のおよぶ場所には存在してないある知によって信用をさずけられるのである。権威は、「知の濫用」とわかちがたくむすびついており[12]――そこに、社会法則の効果のほどをうかがうべきであろう。この法則によって、個人はその能力をとりあげられ、そうしてとりあげられた能力は、集団的能力という資本に変えられ、つまりは共通の幻想という資本に変えられて復元されるわけである。

エキスパートは、自分の知っていることによりかかれないのだから、自分の専門がさずけてくれた地位の資格において口をきく。そのことをとおしてかれは、ある共通の体制に参加し組みいれられるのであり、その体制にあっては専門性が規則となり、また、生産主義的エコノミーの階層序列を形成してゆく実践ともなっていて、そのかぎりにおいて通過儀礼としての価値をそなえているのである。このような通過儀礼的実践をつながなくくぐりぬけたからこそ、エキスパートは、自分の技術的能力とはかかわりがなくても、その能力のおかげで獲得した権力にかかわりのある問題にかんして、権威をもってなにごとかを言うことができるのであり、その時かれが口にするディスクールはもはや知のディスクールではなく、社会的経済的な体制のディスクールである。かれは凡人として語るのであり、この凡人は、なんらかの知とひきかえに給料をもらうように、なにがしかの知によってなにがしかの権威を「もらえる」ようになっているのだ。こうしてエキスパートはもろもろの実践の織りなす共通言語の世界に参加してゆくのだが、そもそもその世界では、権威の過剰生産のおかげで権威の価値低下がひきおこされている。なぜならそこでは、同じ大きさないしより小さな能力でもってかならずそれ以上の権威を手に入れられるようになっているからだ。それでもなおこのエキスパートがあいかわらず自分は科学者としてふるまっているのだと信じたり、他人に信じさせたりしているのなら、かれは社会的な地位と技術的ディスクールとを混同しているのである。これをあれだと思いこむ、取り違えをやっているのだ。かれは自分がどのような体制を代表しているのかを見誤っている。もはやかれは自分がなにを語っているのかわからないのだ。こうしたエキスパートのうち、ほんの何人かだけが、自分はエキスパートとして科学的言語を語っているものと長いあいだ信じこんでいたあげくの果てに、ようやく目が覚め、昔の映画のあの『フェリックス・ザ・キャット』よろしく、さっきから自分は科学の土壌などからはるかに遠い、夢のなかを歩いているのだと、はっと気がつくのである。科学のおかげで権威をさずけてもらった自分たちのディスクールは、経済的権力と象徴的権威の戦術的な駆け引きがくりひろげられるゲームの場の日常言語にすぎないのだ、と。

日常言語のウィトゲンシュタイン・モデル

そうだからといって、過去のものになってしまった哲学の「普遍的」ディスクールがその権利をとりもどすわけではない。言語《ランガージュ》にかんするかぎり哲学的な問題は、われわれの技術社会にみうけられる二大分割を問うことにあるといってよいだろう。二大分割というのは、一方で専門科学を規制している論証性であり（この論証性は、科学的操作のための仕切りをもうけることによって社会的理性を維持している）、他方で、大衆のあいだでかわされるやりとりの物語性《ナラティヴィテ》である（こちらのほうは、権力の網の目のなかで、ひそかに交通をはかったり、さしひかえたりする策略をふやしてゆく）。この二つのいずれをも言語的実践という共通の指標のもとにおさめてしまった分析もあれば[13]、科学的ディスクールのなかに信仰とかまことらしさとかメタファーといったもの、つまりは「共通な」（通俗的な）ものがどのように紛れこんでいるかをあきらかにしたり、あるいは日常言語のなかに複雑な論理がいかにふくみこまれているかをあきらかにしようとする研究[14]――不当に階層化されてしまったあげく破綻をきたしているさまざまな言語断片をふたたびつなぎあわせようとする試み——もあるけれども、これとは別に、ある「モデル」（車のモデルという時とおなじような）を提供してくれ、しかも日常言語に厳密な検証をくわえようとする一つの哲学に範をあおぐこともできる。それは、ウィトゲンシュタインの哲学である。わたしのとっているパースペクティヴからすれば、かれの哲学はエキスパートにたいするラディカルな批判としてうけとめることができる。さらには、そこからまわりめぐってかれの哲学はまた、エキスパートとしての哲学者にたいする批判でもある。

ウィトゲンシュタインは「言語をその哲学的な用法から日常的な用法へ」、everyday use へと「連れもどそう」と試み、[15] とくに後期にかけてこの企図を深めていったが、そのときかれは、話すことが語りうること以上のことを語らぬよう、いっさいの形而上学的なはみだしをみずからに禁じ、また哲学者にも禁じている。それが、ウィトゲンシュタインの終始かわらぬ計画なのである。「語りうるもの以外は、なにも語らぬこと。……そしてだれか他のひとがなにか形而上学的なことを語ろうとしているときには、そのたびにそのひとにむかって、あなたは自分の命題のなかのいくつかに何の意味もあたえていないのだ、と指摘してやること。[16]」ウィトゲンシュタインは通常言語にふくまれている表意的活動の科学者たろうと、かたくみずからに誓った。それ以外のものが言語とみなされることがあるとしても、もっぱらそれは「われわれの日常言語の道具だてとの類比か比較をとおしてでしかない[17]」。かれがここでやろうとしているのは、こうした日常言語を使う能力を超えるようなことはいっさいあえてしないということ、したがって、けっして日常言語のエキスパートにもならなければ、他の言語領域（たとえば形而上学や倫理学など）への通訳にもならず、日常言語の外で「日常言語の名において」語るようなことはいっさいやらない、ということである。そうすれば、能力の権威への変換などといったことは起こらなくなるにちがいない。

　ウィトゲンシュタインというこのヘラクレス、現代の知性を一新してのけたかれがわれわれを魅了するのは、まず第一に、その厳しい抑制の手続きであり、これはかれが「日々の《シャーク・ジュール》」言語の分析にあたって（この everyday は、ルネッサンス時代の倫理にあった Everyman の問題を言語学的アプローチをとおして問おうとするものであり、アプローチのしかたは変わっても、はらむ問題はおなじである）潔癖さをまもりぬき、いささかも過剰なところのない情熱をそそいだ結果である。たしかにそれがかれの魅力にちがいないが、それ以上に根源的なところでわれわれを魅了するのは、ふたたびかれ自身の表現をかりれば、倫理的なものであれ、神秘的なものであれ、言語を超えでるものの限界を、この言語の「内部から」境界づけようとするウィトゲンシュタインのそのやりかたである。(18)かれが、それじたいとしては語りえないある外部を認識するのは、徹頭徹尾、内部からなのだ。ウィトゲンシュタインの仕事はしたがって、ある二重の侵食作用をはたしている。まず第一に、日常言語の内部からこの言語の外縁を出現させること、第二に、何であれ、

「語りえぬもの」のほうにむかって出口を求めようとする命題のうけいれがたさ（無意《ナン》味性《センス》）をあばきだすこと。かれの分析は、言語が語る（sagen）ことができないけれどもしめす（zeigen）ものにもとづいているのである。ウィトゲンシュタインはさまざまな結合のしかたをする構文法のはたらきに検証をくわえており、そうした構文法の根底にあるもの、その首尾一貫性、総体としてそれらがもつ意義、いずれも正当な問題であって、それこそ本質的なものだとさえいえるが、そうした言語のはたらきは、「固有の」場所で考察することができないものである。なぜなら、およそ言語はディスクールの対象になりえないはずであるから。ウィトゲンシュタインは語っている、「われわれは自分たちの語の慣用を一望におさめていない」、と。[19] かつて言語というものの現実がこれほどまでに厳しく、しかとうけとめられたことは稀でしかなかった。すなわち、こうした言語の現実がわれわれの頭上に覆いかぶさっていて、日常的なものとおなじようなありかたでわれわれを封じこめているのだということ、したがって、いかなるディスクールも「そこから出る」ことはできず、この現実を観察したり、その意味を語ったりするためにそれにたいして距離をとったりすることはできないということ、この事実がかくも厳しくうけとめられたことは稀でしかない。

　こうしてウィトゲンシュタインは、自己が生きている歴史の現在のただなかに身をおくのであり、そのかれにしてみれば歴史家の「過去」なるものに助けをもとめたりする必要などありはしない。ウィトゲンシュタインの目からみれば、史料編纂などといった作業はさぞかし唾棄すべきものであったことだろう。なぜならそれは、現在から過去をきり離しながら、実はある固有の生産の場所を特権化しているからである。そこから言語の諸事実を（あるいは「資料」を）「一望におさめ」、それだけは共通の規則にしたがっているものと想定されたデータという生産物からおのれを区別しようとするような、そうした場所を特権化しているのだ。ウィトゲンシュタインは自分が万人に共通の言語という歴史性のなかに「とらえられている」ことを知っている。だからこそかれは対－象へのかかわりを何らかの場に固定することを拒否しようとするのだ。史料編纂の操作が（「過去」と名づけられた）対－象を虚偽的《フィクティヴマン》に自己から切りはなし、それにたいして距離をとろうとするのと対照的に。（その史料編纂の虚偽性はまた、虚構性《フィクション》でもあって、歴史を制御しようとする科学の挑戦がうまれてくる空間でもあるのだが。[20]）実のところウィトゲンシュタインのポジションはそのようなところにはなく、ある二重の闘いのうちにあるのであって、その二つを一つに結べば、文化の研究のためのひとつの形式的指標ができあがる。一方で、ウィトゲンシュタインは哲学の職業化と闘う。すなわち、哲学がひとつの専門の技術的（実証的）ディスクールに堕している事実にたいして闘いを挑むのだ。もっとひろく言うなら、言語の日常的用法（everyday language）を排除し、したがって根底的なものを排除したまま、学問にとって唯一可能なことは人工言語の生産と制御だけだとするような無菌状態を拒否するのである。もう一方でかれは、形而上学の貪欲さ、あるいは倫理の性急さと闘う。語の正確さを定めるのはおのれの仕事だと言わんばかりに、さまざまな訂正の規則をかかえこみ、無意味《ナンセンス》な言表をあたえつつ、共通の経験を語る言語にむかっておのれのディスクールを権威づけようとするような、そうした形而上学の貪欲さと闘うのである。ウィトゲンシュタインは哲学の思いあがりにたいして闘いを挑む。哲学は、「あたかも」おのれが言語の日常的用法に意味をあたえているかのようにふるまい、おのれには、日常的なものを思考しうるような固有の場所がそなわっているかのように思いこんでいる。その哲学の倨傲《きょごう》にたいして、ウィトゲンシュタインは闘いを挑むのだ。

われわれは、たとえそれが何だかわからなくても、日常言語にしたがって生きている。あの阿呆船そのままに、空を飛ぶこともできず、全体を見おろすこともできないまま、船に乗ってしまっている。それは、メルロー＝ポンティの語っていた、あの「世界という散文」だ。その散文は、たとえ人びとのもろもろの経験がその散文の語りうるものにつきないとしても、あらゆるディスクールをつつみこんでいる。諸科学は、やすんじてこの散文を忘却して成立し、哲学は、この散文を一望におさめうると思いこんで、これを考察する権威をおのれのものにしている。この点からすれば、いずれの二つも、「言語の限界に突きあたるように人間をつきうごかす」（an die Grenze der Sprache anzurennen）[21]あの「跳躍」によって、たえず再‐開される哲学的問題の核心にふれてはいない。ウィトゲンシュタインはこの言語をふたたび哲学と諸科学の双方に送りかえす。たしかに哲学はこの言語を形式的対象としてうけとめはしたが、これを虚構的に制御する力をおのが身にそなえ、かたや諸科学は、現実を制御する力をそなえんがため、これを排除してしまった。その哲学と諸科学の双方に、かれは言語をふたたびさし戻すのである。

こうしてウィトゲンシュタインは分析の場を変えるのであり、以後、この場を決定するのは、ある普遍性であって、この普遍性とは、語の日常的慣用にしたがうこと以外のなにものでもない。このような場の変容はディスクールの地位に変化をもたらす。ひとたび日常言語のなかに「とらえ」られてしまうと、哲学者は、もはや固有の場所とか、わがものにしうるような場所を持ちようがないのである。およそ制御のきくようなポジションはことごとく奪いさられてしまっているのだ。分析者のディスクールも分析される「対象」も、そろって同じ地位《スタテュ》をそなえ、いずれの二つも、それぞれがそのはたらきを証している当の言語のはたらきによって組織され、自分たちが設定したのでもなければ上から展望することもできない規則によって規定されている。二つとも同じように、さまざまな作用のなかに散在させられて（ウィトゲンシュタインは自分の作品そのものも断片でしかないようにと願った）、そろって一つの織りもののなかに組みこまれているのであって、その織りもののなかでは、それぞれがたがいに相手の「助けをよびもとめ」、相手を引き写し、相手のなかに自分の姿を映しだしている。さまざまに異なる場のあいだで、たえざる位置の交替が起こっているのである。こうして哲学の特権も科学の特権も、日常的なもののなかに消えてゆく。このような特権の消滅は真理の価値低下をひきおこすものである。というのも、いったいいかなる特権的な場所に立って真理が表現されるというのであろうか。となれば、残るのは、もはや真理ではないもろもろの事実だけであろう。こうして、事実が真理に変換させられてしまうような権威の場は批判にさらされ、真理の過剰生産は阻止されないまでも、抑制されることになる。ウィトゲンシュタインは、真理が無意味《ナンセンス》と権力との混合物から成っていることを暴きつつ、それらの真理を言語という事実へ連れもどそうとするのであり、この事実のなかにあって語りえぬもの、あるいは言語の「神秘的」な外部を指し示すものへと連れもどそうとするのである。

ウィトゲンシュタインがこのようなポジションをとったのは、人びとがおこなっている言語行為や言語使用のありかたをますます重視していったからだといえる。言語を日常言語の「なかで」考察すること、それを「一望におさめる」こともできず、ある明確な場所に立ってそれを見ることもできないままに把握するということは、言語をもろもろの実践の総体としてとらえること、人びとがそのなかに入れられ、それをとおして世界という散文が書きあげられてゆく実践の総体としてとらえることだ。分析するということはしたがって、「われわれの言語のはたらきをその内部から洞察すること」(eine Einsicht in das Arbeiten unserer Sprache)[22]よりほかにないであろう。こうしてこの分析は、それじたい、あらゆるシステムをこなごなに砕きつつ散在している言語のはたらきをその身になぞり、再生産せざるをえないように定められている。けれども、いろいろなものの言いかたにうかがわれる「言語使用の形態をあきらかにしよう」とつとめ、そうしたものの言いかたの「使用の領域」を考察し、その「諸形態を記述しよう」とつとめれば[23]、この分析をとおして、日常的なもののはたらきかたのさまざまな様態を「識別する」ことができる。こうした様態のあれこれは「語用論的《プラグマティック》な諸規則」に支配されているのであり、この規則それじたいが、さまざまな「生活の形態」(Lebensformen)[24]にむすびつけられているのである。

現代の歴史性

後論で、こうした分析を社会言語学や「エスノメソドロジー」といった観点から再考してみたいと思っているが、ウィトゲンシュタインがこの分析を深めてゆくにあたり、ケンブリッジで識った哲学的伝統に多くを負うていることはまちがいない。クック・ウィルソンにはじまってG・E・ムーア、J・L・オースティンにいたるまで、ケンブリッジの伝統は、日常の言語(ordinary language あるいは everyday language)の「話しかた」(ways of speaking)をひたすら研究の課題とし、オースティンは「日常言語をその端々にいたるまで追跡してゆく」計画をかかげて、「日常言語の福音主義者」(『タイムズ』紙文芸欄一九七三年一一月一六日)という名声を得ていたほどだった。これについては次のようないろいろな理由があげられているが、われわれの問題にもかかわりのあるものである。(1)日常普段の話しかたは、哲学的ディスクールのなかに等価物をもたず、またそれに翻訳することもできない。なぜならそこには哲学的ディスクール以上に多くのものが存在しているからである。(2)日常的な話しかたは、歴史的経験をとおして蓄積され、人びとの毎日の話のなかに蓄えられた、さまざまな「区別」と「結合」のストックをなしている。[25] (3)言語的実践として、こうした日常の話しかたは、普通の学問的な形式化ではとうてい把握できないような複雑な論理をあらわしている。[26]

けれども、こうした言ってみれば職業的な交流があったからといって、いちばん深いところにある歴史的な根を忘れてはならないだろう。そのなかでもとくに示唆的な側面を三つほどあげておきたい。まず第一に、たとえばロースは『装飾と犯罪』を著して、装飾性がウィーンにもたらした退廃性に抗しつつ機能主義的な簡潔さをかかげようとし、[27]ムジールもカカーニエン〔オーストリア・ハンガリー帝国〕を観察しながら、その病理をえぐるようなアイロニーをはぐくんでいったが、[28]こうした反抗の動きと呼応するように、ウィトゲンシュタインの内にも「腐敗した文化」のもつ「人目を惑わすような」魅力や、「ジャーナリスティックな」派手はでしさ、あるいはそれに似た類いの「駄弁」にたいするなかばジャンセニスト的な「嫌悪感」がある。[29]「純粋さ」[30]と「潔癖さ」とが、現代史への参加のスタイルとなり、文化にたいするひとつの哲学的な政治学になっているのだ。ウィトゲンシュタインが志したような日常的なものへの批判的回帰は、ヒエラルキーを打ち立てようとする権力や、権威の鎧を纏《まと》った無意味性がそなえているありとあらゆる修辞的な粉飾をことごとく打ち砕かずにはいない。

これに劣らず著しい親近性をうかがわせる事実だが、はじめは高等技術者を志し、次いで数学者を志したウィトゲンシュタインは、特性のない男ウルリヒの「第二の試み」と「いちばん重要な」第三の試みをみずから経験していた。ウィトゲンシュタインもまた「ある新しい考えかた、感じかたの断片」をいだいており、「はじめは強烈な新鮮さに満ちていた光景」が「無数に分化してゆく細部のなかに」雲散霧消してゆくのを感じとっていた。かれにとっても、「うちこめるものは、もはや哲学しか残されていなかった」(31)。けれどもかれはウルリヒとおなじく、「自分のもてる(言語学的)能力を正しく使うことにかけては」、科学にきたえぬかれた——つまり「対象」にしたがいつつ、しかも技術的厳密さをかねそなえた——「みごとなまでの精確さ」をもちつづけていた(32)。エキスパートのディスクールとはちがって、ウィトゲンシュタインは自分の知を売りわたし、その知の名において語る権利を手に入れようなどとはしないのだ。知の要請を内にもちつづけてはいても、知によって資格を得ようとはしないのである。

最後に、このようなウィトゲンシュタインの日常的なものの科学は、ある三重の異者性をおびている。専門家(そして大ブルジョワ)は普通《コモン》の生活にたいして異者《エトランジェ》であり、科学者は哲学にたいして異者であり、そして最後の最後まで、ドイツ語は普段つかう英語にたいして異者である（ウィトゲンシュタインはけっして英語になじみきれなかった）。このような状況は、民族学者や歴史家のおかれた状況とも似ているが、ウィトゲンシュタインのそれは、はるかにラディカルである。というのも、こうして（旅人や古文書学者のように）自分のところを離れて異人《エトランジェ》であることを余儀なくされるありかたを、ウィトゲンシュタインは、分析というもののありかたのメタファーと考えているからだ。分析は、みずからがその内部にとらわれている言語そのもののなかにあって異者であらざるをえない。かれは語っている、「われわれは、哲学するときには［すなわち、ただそれだけが「哲学的」である場所、あの世界という散文のなかで仕事をするときには］、文明人の表現のしかたを聞いて、それに誤った解釈をくだす野蛮人か、未開人のようなものである」、等々、と。(33) もはやそれは、野蛮人のなかにあって教養があるとみなされる職業人のとるポジションではなく、自分のところにいながら異人であるようなポジションであり、わかっているとか、よくわかっているとか言うありふれた表現ひとつを前にして、その複雑さに途方にくれてしまうような、日常文化のただなかにおかれた「野蛮人」ともいうべきポジションである。そうして、ひとはこの言語の「外にでる」こともできなければ、どこかほかにそれを解釈できるような別の場所がみつかるわけでもなく、したがって誤った解釈もなければ正しい解釈もなく、ただ偽りの解釈しかないのだから、要するに出口はないのだから、残されたことはただひとつ、外部がないまま内部にいながら異人であること、そして、日常言語のなかで「その限界に突きあたること」しかない――フロイトがとったポジションもこれに近いが、ただウィトゲンシュタインは、こうして自分のところにいながら異人であるという状況を名ざすのに無意識という指示対象をもちいていないだけである。

このような特徴をそなえたウィトゲンシュタインの仕事、断片的に散在しながらそれでいて厳密なかれの仕事は、日常性の現代科学にたいしてひとつの哲学的青写真をさしだしてくれるように思われる。かれのテーゼのひとつひとつにたち入ってゆくのではなく、それを理論的仮説としてうけとめ、「人文科学」（社会学、民族学、歴史、等々）が日常文化の認識にもたらした成果をふまえながら、このモデルにあおがねばならない。

第2章　民衆文化

ウィーンにもケンブリッジにもおさらばしよう、理論的テクストから離れよう。なにもそれはウィトゲンシュタインと別れることではない。かれだって一九二〇年から一九二六年にかけて村の教師をしていたではないか。それは、ディスクールをつつみ、そのなかにしみ入って、遂にはそれをさらってゆくあの海、共通の経験という沖をめざして旅立つことだ。むろん、科学で意のままにできないのなら政治で支配すればいい、などと言わなければの話だが。わたしは思い出す、記憶のなかでひっそりと口をつぐんでいる広場の数々を。たとえば、ブラジル北東部の民衆文化にかんするセミナーに招かれたあの時、霧にけむるサルバドルの夜闇のなかを、パソ教会めざして歩いていったものだった。凝った装飾をほどこしたミゼリコールディアとは対照的に、パソ教会の地味な正面《ファサード》は、その威厳のなかに街のほこりと汗のすべてを一身に背負ってそびえていた。にぎやかな人声と物音にざわめきかえる旧市街の上に立つそれは、もの言わぬモニュメントと化した、街の秘密なのだ。その教会は、狭いラデイラ・ド・パソの坂を見下ろしていた。その建物は、はるばる訪ねてきた研究者たちの一団にみずからを閉ざして開こうとしない。いまかれらは、すぐその目の前にいるというのに。かれらが民衆の言葉《ランガージュ》に近づいてゆくとき、その言葉はあまりにも遠く、あまりにも高いところからやって来ていて、かれらから逃がれてゆくのとちょうど同じように。青一色で、開放的なロザリオ教会とはうってかわって、この黒い石は、バイア地方の人びとの心の夜の顔を向けている。ブラジルのあの郷愁（saudade）に満ちた歌のように、厳かなわけでもなく、身近にあるのに（いや、身近だからこそ）手のとどかない岩。教会を後にして街にもどってみると、生き生きと動く人びとの顔に心はなごんだものの、すぐそばにあるのに読みとることのできないあのモニュメントの秘密をとおして、その顔々はだぶっているかに見えた。

ブラジル人の「技」

現地調査はますます盛んになってきている。われわれもやったものだが、リオ、サルバドル、レシフェ（ブラジル）、あるいはサンティアゴ、コンセプシオン（チリ）、ポサダス（アルゼンチン）、等々、各地で学際的な地域調査団を組んで探索が重ねられている。こうした調査のひとつとして、ペルナンブコ州（クラート、ジュアゼイル、イタペティン、等々）の農民たちが、一九七四年の時点で、土地のカリスマ的な英雄、修道士《フレィ》ダミアンの武勲をめぐりどのような言語活動を行なっていたか、研究してみたことがある(1)。かれらのかわすディスクール〔話《わ》〕は、空間を二重化して重ねあわせるようなはたらきをしていた。一方にあるのは、大昔からある「権力者」と「無権力者」との戦いがつくりなす社会経済的な空間であり、その空間は、つねに金持ちと憲兵が勝利する戦場とみなされていたが、同時にまた嘘の支配するところとも思われていた（そこでは、本当のことは何ひとつ語られない。ただ、農民たちが小声でこう言いあうだけなのだ。「いまじゃ、みんなわかっているさ、大きい声じゃ言えねぇが」（Agora a gente sabe, mas não pode dizar alto））。そこでは、かならず強者が勝ち、ことば《モ》は人をあざむく——ビヤンクールで組合活動をしていたあるマグレブ人がしみじみと語っていたことばもこれに通じるものだろう。かれは言ったものだ、「われわれはいつでも馬鹿にされているのだ」、と。農民たちのすばしこい目が言葉の裏に隠された利害対立の網の目をのがさず見てしまう、このような戦争論的《ポレモロジック》な空間とは別に、もうひとつ、ユートピア的な空間があって、そこでは、宗教的な物語というかたちをとりながら、その本性からして奇蹟的でしかありえないひとつの可能性があらわされていた。その物語は、敵どもに天が下す懲罰の数々を次から次へとはてしなく語りつむいでゆくのだが、その空間のなかば不動の中心に修道士ダミアンが座していた。

力関係におよぼす効果という点からすれば、賢い農民たちの明視のディスクールはこうして嘘のことばを聞きながしてその裏をかき、語ってはならぬという禁忌をもかいくぐって、あまねく不正をあばいていたのだ——ただ既成権力の不正ばかりでなく、さらに深いところで、歴史の不正を。そのディスクールは、こうした不正のなかに、何があっても変わりそうにない、現実というものの動かしがたさをみているのである。いつだってこんなものさ、毎日のことなんだから、と。けれども、物ごととはそうしたものだと言ったところで、それに何の正当な根拠があるわけではない。それどころか、これほどくりかえし見せつけられてしまっては、こうした力関係ももはや我慢の限度というものだ。たとえ事実は少しも変わらないとしても、この事実を掟としてうけいれることはできない。従属からのがれることもできず、しかたなく事実に従いながらも、このような信念は、あたかも自然なこと、あたりまえのことのように押しつけられる体制の法令にたいして、もはやごめんだという限度をつきつけ、その宿命性に倫理的な抗議をつきつける（科学がやすんじて事実関係と法的関係にたいして異なる見地をとりうるのは、なによりまず科学がこうした従属関係を免れているからである）。けれども、事実と意味との不一致をあらわにするには、科学とはちがった、もうひとつの宗教的な舞台が必要であり、その舞台のうえでは、超自然的な出来事という様態のもとに、この「自然」なるものが歴史的偶然性をとりもどし、この抗議の声も天の徴をそなえたひとつの場を手にするのである。否応なく確立している秩序をうけいれまいとする意志は、まさに奇蹟というかたちをとって自己を語るのだ。当然のことながら社会経済的な分析とはほど遠い《エトランジェ》この言葉、そこでこそ、希望がささえられるのである。歴史の敗者は——富者やその同盟者たちの勝利がたえずそのうえに書きこまれてゆく肉体は――「聖なる」犠牲者ダミアンの「身」をかり、敵どもに下る天の一撃の加護をうけて、きっと立ちあがれるのだという希望がそこで支えられるのである。日々目にしていることに背をむけることなく、奇蹟の物語は、信じる以外にない別のディスクールによって、「はたから」、ななめから、それに答えるのだ――ちょうどそれは、人生がいま目にしているものにつきてしまうのではないと信じないかぎり倫理的な応えかたなどありえないのと同じことである。おなじように、あの(J=L・コモリの映画)『ラ・セシリア』のなかでも、ティト・ロッシがブラジルに建設した社会主義コミューンが発展してゆくにつれ、ひとつひとつそれを破壊してゆく一連の出来事にたいして、アナキストたちの歌がその対重をかたちづくっている。その歌声は、無傷なまま生きつづけ、ラストでは、また元どおりになってしまったひとつの歴史の廃墟そのもののうえでなおも高らかに響きわたり、閉ざされた挫折の場を去りゆきながら、声高く歌いあげるのだ。どこか他の場所で、また他の運動をうむであろうあの歌を。

わが恋人はひとつの理想
身も心もささげつくした……(2)
いざ昇れ、
未来の太陽よ

ぼくらは自由に生きたい
服従はもういやだ(3)

ブードゥー教のあの《賛歌》(Loas)もまた、別の準拠枠をもった「霊」であり、声であるが(4)、これと同じように奇蹟の物語もまた唄なのであって、ただし荘重なこの唄は、蜂起を歌うのではなく、その蜂起が永劫にわたって抑圧されていることを歌う。それでもなおそうした物語は、可能なものにたいして、あるひとつの場所を、手のとどかぬ場所をさしだしてくれる。なぜならそれは、ひとつの非‐場所、ユートピアなのだから。それらの物語は、夢のない経験の空間とならんで、もうひとつの空間を創造するのである。そこには、人びとの信仰心がメタファーや象徴として活かされてはいるが、特定の宗教には還元できない、ある真理(奇蹟的なもの)が語られている。こうした物語は事実分析からこぼれおちて、そのかたわらにあるものであり、ちょうどこの事実分析のなかに政治的イデオロギーが侵入してくるのと好一対と言えるだろう。

かれら農民の「信者たち」は、こうして既成秩序の宿命の裏をかく。しかもかれらは、これまた元はといえば外的な権力(布教によって押しつけられた宗教)のものである準拠枠を利用しながら、そうするのである。かれらは他者が築きあげ普及した、およそ自分たちのものとはほど遠いシステムを再利用するのであり、この再利用を「迷‐信」というかたちであらわすのだ。つまりこの迷信は、奇蹟という余計な瘤であって、これを前にして宗教的権威も世俗的権力も、これこそ権力と知のヒエラルキーにはむかうもの、おのれの「理性」に反抗するものではないかと怪しみつづけてきたわけである。宗教は、ある（「民衆的な」）使いかたによってそのはたらきを変えてしまう。あたえられた言語は一定の話しかたによってレジスタンスの歌に変えられてしまうのであり、といって、そうして中身をすり変えてしまったからといってその歌を心から信じていることにはかわりなく、また他方で、既成秩序のもとに隠された戦いと不平等を目敏く見ぬく力が失われるわけでもないのである。

もっと一般的にいって、押しつけられたシステムをある一定のやりかたで利用することは、既成事実という歴史の掟に抵抗し、それを正当化する教義に抵抗することである。他者が樹立した秩序をあるやりかたで実践すれば、その秩序の空間は再配分されてしまう。少なくともそこには、対等でない諸力が作戦をめぐらすゲームが創りだされ、さらには、ユートピア的な道をめざすゲームが創りだされてゆく。そこにこそ、「民衆」文化の暗闇があらわれているのであろう――同化にはむかうあの黒い岩が。こうした民衆文化のなかで「知恵」（sabedoria）とよばれるものは、詐術（trampolinagem 大道芸人の軽業と、トランポリン trampolim の上で跳びはねるその芸当にひっかけたかけ言葉）のことであり、「悪だくみ」（trapaçaria 社会契約のさまざまな条項をうまく利用したりごまかしたりするペテン）のことである。(5) 他者のゲームすなわち他人によって設定された空間のかなで戯れ《ジュエ》／その裏をかく《デジュエ》無数の手法が、細く長くねばりづよい抵抗をつづける集団の活動の特徴をなしており、かれらは、自分のもの《プロープル》をもてないから、やむなく既成の諸力と表象の織りなす網の目をかいくぐってゆかなければならない。「なんとかやってゆかなければ」ならないのである。こうして闘う者たちの詐術には、勝負でみせる技《アール》があり、閉じこめられている空間の規則をひっくりかえす快楽がある。してやったりと手をたたきたくなるような戦術の妙。スカパンもフィガロも、その文学的残響にほかならない。ローマ街道やナポリ街道の道案内人がみせたそれにも似て、その道に通じた目利きをしたがえ、みずからの美学をそなえた名人芸《マエステリア》が、権力の迷宮のなかで腕を発揮するのであり、その名人芸は、テクノクラシーの透明な世界のなか、なにか不透明なものと曖昧なもの——片隅にこもる暗がりと狡智——をもってたえず創始され、全体の管理など気にかけるでもなく、その世界のなかに消えていっては、また姿をあらわす。不幸の側にあってさえ、こうして操作《マニピュレ》することと楽しむこととの組み合わせによってなんとか工夫がこらされるのである。

ことわざの発話行為

あまりにも一般化をいそぎすぎであろうか。(6) たしかにこれはひとつの作業仮説にちがいないが、他の分野での考察をふまえたものであり、もちろん、先行する諸研究や隣接する諸研究、たとえば最近のものでは、ギリシア人の「実践的知性」（メティス）にかんする研究とか[7]、あるいは「実践の意味」や、カビリア地方とベアルヌ地方にみられる「戦略」を考察した研究[8]をすべてふまえたうえでのものである。

実のところ、民衆文化にたいするこのようなアプローチは、次の三つのものに準拠した発話行為というプロブレマティークからでてきたものである。すなわち、オースティンによる発話の行為遂行性の分析、A・J・グレマスにおける操作の記号論、そしてプラハ学派の記号学である。もともと発話行為というこのプロブレマティークは、話し手が交換とか「契約」[9]とかいった一定の状況のなかで言語を実現し適用するパロール行為にかかわるものだが、この問題は、言語の領域であれ社会的実践であれ、人びとの相互作用を分節化する（「発話行為的な」）手続きの相似性という点からみて、文化の総体にひろく適用することができる。このような見かたは、伝統的な諸研究とは異なっており、これまでの諸研究は、伝説、ことわざ、等々の発話を重視したり、さらに一般的にいえば、儀礼や行動の客観的形態を重視して、民衆文化に固有の資料体をつくりあげようとし、そこにおいて、完結した諸システムのなかで不変の機能をはたしているものの可変項を分析しようとするものであった。このいずれの視点をとるかによって、公準も方法もかわってくる。一方は歴史的状況がバネとなってひきおこされるさまざまな操作のタイプをあきらかにしようとするのにたいし、他方はむしろ、各々の社会がそれぞれに異なる恒常性をしめすような構造的均衡をあきらかにしようとしている。

もちろん両者の差異はそれほど単純でもないし、それほど二律背反的なものでもない。たとえばピエール・ブルデューは、ひとつの「実践の理論」のなかで両者をひとつに結びつけており、この理論についてはいずれ後論でふれねばならないだろう。だが、ある個別的ケース、たとえばことわざのケースをとりあげてみると、この二者選択にかかっているものがはっきりしてくる。

ひとつの方法として、アールネやプロップが民話についてやったように、ことわざを採集して、それをストックする方法がある。こうして採集した資料をもとに、たとえばその内容をあつかい、ラベルなり意味論的単位（行為、主題、行為者）なりで腑分けしてみれば、それらの単位相互間の関係を構造的に分析できるだろうし、そうした単位の結合のしかたによって、それぞれの集団に特有な精神的地理といったものをあきらかにすることができるだろう。[10] あるいはまた、おなじ資料をもとにして、その生産様式を研究することもできる。たとえば、（脚韻や頭韻をつかって）似た音をつかいながら、意味のインパクトを強めているような手法をことわざのなかに探るわけである（こうしたことわざは一般に二行からなっている。「暖冬は、春寒のしるし」（Noël au balcon, Pâques au tison）、「去る者、日々に疎し」（Loin des yeux, loin du cœur）、「快眠は、快食に通ず」（Qui dort dîne）、等々）。[11] こうして、意味作用のシステムなり、あるいは創作のシステムなりがあきらかにされることになる。このような方法は、いかなる資料体に限定し、またその資料体にいかなる操作をくわえるかを明確にすることによって、おのずから対象を定義し（ことわざとは何か）、情報収集を合理化し、さまざまな型を分類して、「データ」を再生産可能な何かに変えることができる（たとえば、ことわざの生産の規則がわかれば、ことわざを大量に製造することができる）。このようなテクニックは、生物学がインシュリンを合成するのとまったく同じように、さまざまな社会現象を解明することによって、その社会現象を構築する能力を獲得するのである。

アールネからレヴィ＝ストロースにいたるまで、神話の分析はことわざの分析よりいちだんとすすんでいるが、それだけにいっそう明瞭に次のような事実をあきらかにした。すなわち、こうしたディスクールを考察する科学は、それらのディスクールを収集して選別し、それらを最小単位に形式化して考察するものだが⑿、そのことによって、異種雑多なものとみなされていた文献がいかにして分類され、また、「異人《エトランジエ》」とみなされていた身体からひとつの「野生の思考」とロジックをいかにしてとりだせるか、したがってまたわれわれ自身のディスクールの解釈と生産がいかに刷新されうるか、そのことをあきらかにしたのである。

こうした方法のもつ欠点は、それが成功した条件でもあるのだが、文献資料をその歴史的なコンテキストから抽出し、さまざまな時間や場所や対抗関係からなる特定の情況下で話し手がおこなったもろもろの操作を排除してしまうということである。科学的実践がその固有の領域で遂行されるためには、日常的な言語的実践が（そしてその戦術の空間が）消去されねばならないのだ。したがって、しかじかの時点に、しかじかの話し相手にむかって、あることわざを「うまくさしはさむ」無数のやりかたがあるということは、考察の外におかれてしまう。このような芸《アール》は排除されてしまって、その芸の持ち主ともども、研究所から閉めだされてしまうのだ。いかなる科学も対象の限定と単純化を必要とするという理由からばかりでなく、およそあらゆる分析にさきだって科学の場所が成立するには、研究すべき対象をその場所まで移転させることができなければならないからである。考察しうるのは、持ち運び可能なものだけにかぎられる。根こそぎにできないものは、そもそもからして圏外に放置されてしまう。だからこそこれらの研究はディスクールに特権をさずけるのであり、世にディスクールほど容易にとらえて記録化し、安全な場所まで持ち運んで考察することのできるものはない。ところが、パロール行為は情況からきりはなすことができないものである。ひとが実践から残して保存することができるものといえば、もっぱら備品類（ガラスケースにおさめられる道具や製品）か、さもなくば記述的シェーマ（数量化できる行動とか、型にはまった生活情景とか、儀礼の構造といったもの）だけにかぎられており、社会のなかで根こそぎにできないもの（すなわち、ものやことばを機会に応じて使いわける使用法）は、放置されてしまう。本質的な何かは、こうした日々の歴史性のなかで演じられているのであり、その何かは、情勢に応じて操作をおこなう俳優でもあり作者でもある主体の実存ときりはなすことができないものである。ところがわれわれの知ときては、「屍体としか交わらない」あのシュレーバーの神ではないが[13]、社会体のなかでも生命のかよわない対象だけをうけいれ考察しているようなものではなかろうか。さけえない宿命であろうか。わたしはあの素晴らしいシェルバーン博物館（アメリカ合衆国、バーモント）を思い出す。そこにはひとつの村が復元されていて、その村の三五軒の家々には、十九世紀の日常生活を飾ったありとあらゆる記号や道具や製品がひしめきあっていた。台所用品や薬品台にはじまって、機織り機やら、洗面用具やら、はては子どものおもちゃにいたるまで、びっしりと並べられている。使いこまれて壊れてしまったものもあれば、なおさら磨きがかかったものや、味のでたものもあり、身近な品々が数かぎりなくひしめきあっていて、これらの品々が日々結んではほどいていた、いそがしい手や働くからだ、辛抱づよいからだの跡の数々をしるしていた。いたるところに痕跡がつきまとう不在の現前。うち捨てられた品々を後から収集してびっしり詰めこんだこの村は、少なくとも、それらの品々をとおして、昔あった、あるいはあったかもしれない百の村々の秩序だったたつぶやき声を聞かせてくれ、いつしかわたしは、幾重にも結ばれあったこの生活の痕跡をたどりながら夢想に誘われていた。道具とおなじように、ことわざもそれ以外のディスクールも、使用の跡を残しているのだ。それらは分析にたいして、発話行為のプロセスや行為がしるした刻印を指し示している。(14) それらは、それらをとりあつかったさまざまな操作を意味しているのであり、そうした操作は状況にかかわっていて、発話なり実践なりの情勢に応じた様態付与とみなすことができる。(15) さらにひろく言えば、それらは社会的歴史性の指標なのであり、そこにおいては、表象システムも製作手続きも、もはや規範的な枠組みとしてのみならず、使用者たちが操った道具としてたちあらわれるのである。

ロジック／ゲーム、民話、ものの言いかた

ことわざという言語に残された刻印から出発して、早くもわれわれは操作をおこなう人びとのもののやりかたのほうに戻ってしまっている。けれども、操作といったところで、ひとつひとつ単独のトリックや手口をえがきだすだけでは十分ではない。そうしたトリックや手口を考えるためには、次のような前提がなければならない。すなわち、このような手法のあれこれには、一定数の手続きが対応しているということ（制作というものは無数にあるわけでなく、ピアノやギターの「即興」とおなじように、コードを知っていてそれを適用できることが前提となっている）、そしてまた、そこには、いろいろな情況のタイプに応じて行動を変えるゲームのロジックが存在している、ということである。機会《チャンス》とむすびついたこのロジックは、西欧的科学性とは逆に、行動野の非－自律性を前提にしている。中国思想では、経典『易経』や兵法『孫子』をはじめとして、詳しくこれが説きあか

されており[16]、あるいは『策略の書』にうかがわれるようなアラブの伝統においても然りである[17]。だが、そんなはるかかなたにモデルを探しにいかねばならないのだろうか。どのような社会もかならずどこかで、こうした実践がしたがっている型式《フォルマリテ》をあらわしているものだ。西欧では、どこにそれを探せばいいのだろうか。われわれの科学性が、社会的狡智の織りなす複雑な領野をみずからに「固有な」場所におきかえ、日常言語をみずからの「人工」言語におきかえてしまってからというもの[18]、理性が制御と透明性のロジックをわがものとし、またそれを課せられてもいるこの西欧のどこにそれを探せばよいのか。エドガー・ポーの『盗まれた手紙』とおなじく、こうした異質なロジックのエクリチュールは、あまりに目立ちやすい場所に置かれているのでかえって見えないのである。日常言語にもどってみるまでもなく、機会に応じたこのようなもののやりかたの型式が見えている場所、あまりに見えやすいのでかえって見にくいその場所を三つほどあげてみよう。

第一に、どの社会にもそれぞれにあるゲームがそれである。ゲームというこの離接的な[19]（差をつくりだす出来事をうみだしてゆくような）操作は、局面に応じて打つ手が変わってゆくような空間のなかでおこなわれる。チェスというゲームは、中国から渡来し、アラブ人によって中世の西欧に伝わった「兵法」の貴族的形態であり、領主の館では必修の教養とされていたものだが、このチェスにはじまって、ブロット、ロト、スクラブルにいたるまで、ゲームというものは、さまざまな打つ手を組織化するような規則を定式化し（のみならず、すでに定石化し）、また、機に応じて即座に対応できるように行動シェーマのメモリー（ストックと分類）をつくりあげる。ゲームがこのような機能をはたすのは、まさにそれが、「手のうちをあかすこと」が許されず、賭け金といい、規則といい、打つ手といい、あまりに複雑にこみいった日々の闘争から解放されているからである。ゲームでは、実際にやってみるほうが説明よりかならず早い。こうしたゲームのなかからいろいろな定石をとりだしてみたり（囲碁でそうするように[20]）、あるいはこれらのゲームと、道具をつかう卜占術、一定の範型をもとにして、さまざまな具体的状況のひとつひとつにぴったり当てはまるような選択を予言する卜占術をくらべてみたりすれば[21]、こうした空間——閉じられており、しかも刻々と移ってゆく出来事によって「歴史化された」空間——でおこなう実践に特有の合理性がどのようなものか、その基礎が得られるだろう。

　このようなゲームには、勝負を話してきかせる物語《レシ》がつきものである。ひとは昨晩やったブロットのことや、こないだ連勝したトランプのことを語りあう。こうした話《イストワール》は、一定の空間と、さまざまな規則、持ち札、等々を共時的に編成してできあがる全コンビネーションのなかから選びだされた一連のコンビネーションをあらわしている。それらは、こうした選択肢のなかから取りだされた一選択の範列的な表出なのだ——ひとつの選択が特定の実行（あるいは発話行為）に対応しているのである。『ル・モンド』にのっているブリッジやチェスの対戦評とおなじように、それらも図表化できるかもしれない。つまり、それぞれの出来事は、ある範型の一個別的適用なのだという事実を可視化できるかもしれない。けれども、そうして勝負を物語りつつ再演しながら、これらの話は、規則と打つ手を同時に記録化している。それらは、できるかぎり記憶にとどめるための、対戦者どうしの行動シェーマのレパートリーなのである。なかにはあっと言わせるようなものもあって、これらの覚えは、あたえられた（社会的）システムのなかでとりうるさまざまな戦術を教えてくれる。

民話や伝説も同様の役割をもっているのではなかろうか。[22] それらが繰りひろげられる空間も、ゲームと同様、日常的な競争の世界からきりはなされた例外的な空間であり、驚異、過去、起源の空間である。だからこそそこには、神々や英雄たちの姿をまといながら、日々つかえそうなうまい業、下手な業の模範が並べられているのだ。そこで物語られるのは、さまざまな手口であって、真理ではない。こうした諸戦略の装備一式にかんしては、すでにプロップが範をあたえてくれている。プロップこそ、民話の「フォルマリズム的」研究のパイオニアであり、いまやかれはその騎士分団長と仰がれている。[23] かれプロップは四百の魔法昔話を調べあげ、それらを機能の「基本的連続」に還元した。[24]「機能」とは、「筋の展開にはたしている意義という観点からみた、人物の行為《アクシオン》」[25]である。A・レニエが指摘しているように、これらの機能がすべて同質的な統一性をそなえているかどうかは確かではないし、レヴィ＝ストロースとグレマスがそれぞれに示したように、分割された諸単位が不変であるかどうかについても確かではない。それでもプロップがいまなお新しさを失っていない点は、かれが意味でも人物でもなく、葛藤をはらんだ状況下におかれた行為を基本的単位として、それをもとに、お伽話がさまざまな戦術の一覧と組み合わせを呈示していることを分析してみせたことである。かれにつづく一連の読解とともに、このような読解によって、民話のなかに民衆的戦略のディスクールを読みとることができるにちがいない。さればこそこうした民話は、何にもまして擬装《シミユラシオン》／ごまかし《デイシミユラシオン》を得意とするのである。(26) これらの話には、日常的実践の型式《フオルマリテ》がしめされているのであって、しばしば力関係が逆転し、奇蹟物語とおなじく、不幸に生まれた者には、ユートピア的な魔法の空間での勝利が約束されている。この空間には、既成秩序の現実にはむかう弱者の武器が保存されているのである。だからかれら弱者はその武器を隠して、これを社会的カテゴリーに入れようとしないのだ。このカテゴリーのほうは「歴史をでっちあげる」のであって、それというのも歴史を支配しているのがこのカテゴリーなのだから。そうして、正史なるものが過去にむかって、樹立された諸権力の戦略を物語るとき、これら数々の「お伽話」は、自分たちの聞き手にむかって（いいかい、よくお聞きよ、と）、未来にそなえて使えそうな戦術をさしだしてやるのである。

最後に、こうした民話そのもののなかで、文体のもつ効果やひねりや文の「彩《フイギユール》」、頭韻、倒置、かけ言葉などもまた、これらの戦術の余禄をなしている。それらもまた、こっそり忍ばせた、戦術の生きた博物館であり、修練の目標なのである。レトリックと日常的実践はいずれもおなじように、システム——言語システムなり既成秩序のシステムなり——を内部からあやつる工作として定義できる。いろいろな「言いまわし《トゥール》」(もしくは「転義」)は、日常言語のなかにいたずらや、ずれ、省略、等々といったものを書きこんでゆく。科学的理性は、操作的ディスクールからこうしたものを排除して「正確な《プロープル》」意味なるものをつくりあげたのだ。けれども、これらの言いまわしは、押しこめられてしまったこの「文学的」ゾーンのなかで(フロイトがそれらを再発見した夢のなかでとおなじように)、こうした狡智の実践として生きながらえ、一文化の記憶としていまもなお生きつづけている。このような言いまわしが民衆のものの言いかたを特徴づけているのだ。農民や労働者たちの耳は、実にさとく鋭く、語り部や的屋《てきや》の口上にこれを聞きつけ、ある言いかたひとつに、公認の言語をうまくあしらうすべを聞きとってゆく。楽しみ半分でもあり芸術的でもあるその理解のしかたは、同時にまた他者の領域で生きる術《アール》にかかわっている。それは、こうした言葉の芸当のなかに、ある思考と行動のスタイルを——実践の模範を——聞きわけているのである。(27)

横領戦/隠れ作業

このように特殊状況に応じて戦術を選び、他から押しつけられた空間をあやつるというのが、「発話行為」という実践に特有の様態だが、こうした様態が浮きぼりにされてくる以上のような例にならっていけば、「ものをなす術《アール・ド・フェール》」という広大な領域を分析する可能性がひらけてくる。このような「術《アール》」は、（高等教育から初等教育まで）教育によって上から下まで資格化された文化を支配しているモデルとは別物である。このモデルのほうは、何ごとにつけ、話し手にも情況にもかかわりなく、固有の場（科学的空間とか、書くための白いページとか）を設定しようとかかり、その固有の場で、生産と反復と検証を保証するような諸規則に従ってシステムを構築してゆかねばならないようになっているが、そうしたモデルといまとりあげている、ものをなす術《すべ》とは異なったものだ。しかしながら二つの問題がこの研究に重くのしかかってくる。もともとそれらは、あるひとつの政治的問題の二側面にほかならないのだが。まず第一に、いったい何の名においてわれわれは、こうした「術」を異なっていると語るのだろうか。第二に、いったいどこから（いかなる明確な場所から）われわれはその分析にとりかかるのか。おそらく、この術にそなわる手続きそのものに助けをもとめてみれば、「民衆的」というその定義と、観察者としてのわれわれのポジションの双方を再検討できるのではないかと思う。

　たしかにこうした狡智の実践者たち（農民、労働者、等々）とわれわれ分析者たちとのあいだには、社会的、経済的、歴史的な差異が存在しつづけている。かれらの側の文化がすべて強者と弱者の闘争ないし競争関係を形成する諸項によってできあがっており、伝説であれ、儀礼であれ、いかなる空間も中立性がないように設定されているのは偶然ではないのである。さらにわれわれの研究そのものの内部にも、こうした差異のあらわれがある。というのもわれわれの研究は三つの時期にわかれており、その間には分裂があるからだ。すなわち、まず最初にあるのは連帯の時期（調査者が調査をうけいれてくれる人びとの言うままにしたがい、礼をつくす時期）であり、次にくるのが制度的（科学的、社会的）関係があらわになる時期、そして最後に収益（知的、職業的、財政的、等々）の時期がくるわけだが、この段階になると、そうしてうけいれてもらったのが客観的にみて手段であったことがあらわになってしまう。ボロロ族はしずかに一族の死滅にむかってゆくが、レヴィ＝ストロースはアカデミーに入るのだ。たとえかれがこの不公平さに胸を痛めたとしても、事実に変わりがあるわけではない。この話はレヴィ＝ストロースのそれであると同じくらいわれわれのそれでもある。こうした面だけからみても（他にもあるさらに重大な面の一指標にすぎないが）、昔とかわらず民衆は聖職者たちを養っている。

民族学や歴史学がどこで生産されるか、その生産の場がはらんでいる社会経済的問題もあり[28]、また、現代の研究のそもそもの発端から民衆的という概念を抑圧というプロブレマティークに入れてしまった政治学の問題も考えなければならないが[29]、いまはそこまでさかのぼらずに、当面する問題とむきあわなければならない。革命が歴史の法則を変えてくれるのを待つのでないとすれば、民衆文化にかんする科学的研究作業を編成し、さらにその研究そのもののなかでまたくりかえされる社会的な階層序列化を、今日いかにして阻止するか。産業的、科学的な近代に、「民衆的な」実践がよみがえっているということ、まさにその事実に、われわれの研究の対象と、われわれの研究の場の双方が、ともに転換をとげうる道が指し示されている。

民衆文化に特有の操作モデルは、過去とか田舎とか未開人のところだけに封じこめておけるものではない。そうした操作モデルは、現代経済の強大な場のただなかに存在している。隠れ作業というのがそれである。管理職がペナルティを科そうが、あるいは知らぬふりをして「目をつむって」いようが、この現象はそこらじゅうで広く定着している。資材を自分のためにこっそりと回収し、自分の用途のために機械を使うと非難されながらも、「隠れ作業をやる」労働者は、自由で創造的でまさに収益のない仕事をめざしつつ、時間の工場から逃れている（財よりもむしろ時間である。というのも残り物しか使わないのだから）。服従しなければならぬ機械が支配しているまさにその場所そのもので、かれは狡智をはたらかせ、ただただその作品によってみずからの技量のほどをしめし、なんらかの支出をとおして労働者たちや家族たちとの連帯に応えるだけが目的の無償の品を制作する快楽を手に入れている[30]。ほかの労働者たち（工場があおりたてる競争からやはり落ちこぼれた者たち）としめしあわせながら、かれは既成秩序の枠内で「ひそかなたくらみ」をなしとげる。職人的なあるいは自営的な生産組織にもどろうというのではさらさらなく、隠れ作業は産業的空間のさなかに（すなわち現在の社会体制のさなかに）、昔あった、あるいは他所《よそ》にある「民衆的」な戦術をふたたびもちこむのである。

このうえなく規格化された近代にこのような実践がかならず存在している例は、ほかに百でもあげられるだろう。工場と同様、官公庁でも商業部門でも、少しずつちがった隠れ作業の類がどんどん増えていっている。（もっと研究をすすめなければならないが）おそらく昔とおなじくらい広まっているのではないだろうか。昔とおなじように疑いの目でみられながら、抑圧され、こっそりとおこなわれている。仕事場やオフィスばかりでなく、こうした現象は博物館や学術誌の領域にもわたっており、罰せられるべきものとしてあつかわれたり、あるいは大目に見すごされたりしている。民族学や民俗学といった知の機関は、こうした実践のなかから物的対象や言語学的対象になるものを取り出してきてピンでとめ、発祥の地とテーマをラベルに記し、ショーケースにおさめて、見る者が読めるように展示している。それらの対象は、都市生活者たちを啓蒙したり、その好奇心を満たしたりする田舎ふうの「価値」があるという名目で、秩序の維持者たちが当の秩序をずっと昔からある「自然な」ものとして正当化するのに格好の役割をになわされているのだ。あるいはまた、こうした知の機関は、社会的に機能していた言語のなかから、いろいろな道具や生産物を取りだしてきて、技術のガジェットのショーウインドーに詰めこみ、死物と化したそれらを、システムの縁に並べたりもしているが、システムにとってそんなものは痛くもかゆくもない。

だが実際に起こっている事態はそんなことではなく、「民衆たちの」戦術が、そのうち体制も変わるだろうなどという甘い幻想をいだかずに、さっさと自分らの目的のために何かを横領しているということなのだ。一方で支配権力によって搾取されたり、イデオロギー的なディスクールによって頭から否認されたりしているのと対照的に、ここでは、秩序がある芸《アール》によってもてあそばれている。本来なら制度に奉仕すべきところを、その制度のなかに、こうしてひとつの社会的交換のスタイルと、技術的制作《アンヴァンシオン》のスタイル、そして倫理的レジスタンスのスタイルが紛れこんでいるのである。すなわちそれらは、ある「贈与」の経済（気前よくわかちあえることから、報復をひきうけることまで）であり、（名人の操作にそなわる）「腕前《ク》」の美学であり、そして不屈の倫理（既成秩序にたいして、掟や意味や宿命という資格をあたえまいとする千のやりかた）である。「民衆」文化とはこういうものであって、システムが異人あつかいにしているような身体ではないはずだ。システムは、生者にあてがっている状況をいっそう安定させようという意図から、この身体をオブジェにし、それにつぎを当てて陳列してみたり、論じてみたり、「引用」してみたりしているが、民衆文化とはそんな身体ではないだろう。

労働によるそして労働のための専門分化という離接的なロジックによって時間と場所の囲いこみはますます強化してゆく一方だが、これに対抗するのに、もはやマスコミュニケーションなどという連接的儀礼ではとうていたちうちできるものではない。けれども、だからといってこの事実がわれわれの掟になろうはずはないだろう。われらが慈善家たちのおこなっている寄贈と「競争しつつ」、労働者を分断してきつかう制度から、その資材の生産物を失敬し、それをかれらに贈る務めをはたせば、この事実を曲げてしまうことができるのだ。このような経済的横領という実践は、事実上、経済システムのなかにひとつの社会政治的な倫理が回帰していることである。おそらくそれはモースの言うポトラッチを志向するもの、互酬性にもとづき、「あたえる義務」によって分節化された社会網を編成してゆく、あの自発的な貢《みつぎ》のゲームを志向するものであろう(31)。ポトラッチのような「贈与の応酬」は、もはやわれわれの社会経済を規定してはいない。というのも自由主義は抽象的個人を基礎単位とし、貨幣という一般的等価をコードにして、あらゆる交換をこの単位間の交換として規定しているからである。今日、この個人主義的公準は、自由主義システム全体を悩ましている問題として再浮上しているのではないだろうか。西欧のア・プリオリな歴史的選択がその爆破点にきているのだ。いずれにしろ、ポトラッチはここで、もうひとつの経済の標識として存在しているように思われる。それは、われわれの経済のなかに生きながらえているのである。ただし、その縁、あるいはその間隙に。非合法であるにもかかわらず、先進自由主義諸国のなかで、それは発展しさえしている。この事実を考えれば、「贈与」の政治学もまたひとつの横領戦術になる。おなじように、贈与の経済においては自発的なものであった損失は、利益の経済において侵犯に変わっている。ここにおいて損失とは、ひとつの過剰（浪費）であり、ひとつの抗議（利益の拒否）、あるいはひとつの罪（財産の侵害）のあらわれなのだ。

われわれの経済にかかわるこの途《みち》は、ある別の経済からはるばる渡ってきた途である。この途は、われわれのところでは非合法であり、（この視点からみれば）周縁にあるにもかかわらず、われわれの経済のうめあわせをつけてくれている。研究においても、これまでとちがったポジションを見いだしてくれるのは、やはりこの途である。これまでの研究上のポジションは、既得権力と観察的な知によって規定されたポジションであり、そこにはたしかに幾ばくか研究対象へのいとおしみもないわけではなかったが、そんなものではないポジションがほかにありうるはずだろう。メランコリーだけではだめなのだ。たしかに、エクリチュールをもってする研究という仕事は分業の名のもとに人びとを分断する仕事であり階級的同盟を免れえない仕事だが、そんな仕事にとってかわって、もしや奇蹟物語さながら、昨日はわれわれに範をたれ今日はわれわれの資料体のうえに眠っているもろもろの集団が、かれらを崇めつつ埋葬しているテクストのなかから、すっくと身を起こして立ちあがり、自分たちで自分たちの行き来するさまを記していってくれたなら、「夢のように素晴らしい」ことだろう。そんな望みは、幾久しくわれらの都市にとだえてしまった信仰とともに潰えてしまった。蘇って生者たちに互酬性を思い起こさせる死者たちはもういない。それでも、会社や工場の体制の場合とおなじように、知の権力(われわれの権力)によって編成される体制のなかでも、横領という実践は不可能ではない。

科学的制度のなかにも、御多分にもれず、経済システムの規則とヒエラルキーがそのままもちこまれているのが現状だが、その経済システムを相手にまわして、隠れ作業をやろうではないか。(知の現在の秩序を規定している)科学的制度の領野でも、その機械を使い、その残りものを頂戴しながら、制度からいただく時間を横領することができる。ひとつの技《アール》と連帯をあらわすようなテクストを創作しよう。あの無償交換というゲームをやろう。上司や同僚が「目をつむる」だけではあきたらず、ペナルティを科したっていいではないか。結託の跡を残し、器用な細工の跡を残すような制作をすること。贈与には贈り物でこたえること。こうして、科学の工場のなかで機械のための仕事を強制してくる掟をくつがえし、これと同じロジックで、創造せよという要請と、「あたえる義務」とを、なしくずし的に無くしてゆくこと。わたしは、この横領という芸《アール》にたけた研究者たちを識っている。この芸は、科学制度のなかへの倫理の回帰であり、快楽と制作《アンヴァンシオン》の回帰なのだ。この芸にたけたかれらは、利益もなく(利益は工場内の労働のものだ)、たいていは身銭をきりながら、知の体制からなにかを抜きとって、そこに芸術的な「労作」を彫りこみ、名誉の負債のグラフィティを刻みつけている。こうして日々の戦術をあやつってゆくこと、それは、「日常的な」技《アール》を実践してゆくことであり、万人に共通の状況に身をさらすこと、そしてエクリチュールをある種の隠れ作業にしてゆくことではないだろうか。

第3章　なんとかやっていくこと／使用法と戦術

なんとかしてやめさせよう、隠しておこうと対策をたててみても、隠れ作業（またはそれに等しいもの）は、うまくもぐりこんで勝ってしまう。隠れ作業は、労働と余暇による囲いこみと再生産からなるシステムのなかに、名人の業をもちこみ、ぐるになってやる競技をもちこもうというありとあらゆる実践の一例にすぎない。鬼の目を盗んで、隠した環は、ぐるりぐるり、どんどん回ってゆく。それは、「なんとかやっていく《フェール・アヴェク》」千のやりかたなのである。

こうした見かたからすれば、もはや分割線がひかれているのは労働と余暇のあいだではない。この二つの活動はたがいに同質化していっている。それらはたがいに他を再生産し、強化しあっている。労働の場では、意外性（「事件」）とか、真実（「インフォメーション」）とか、コミュニケーション（「にぎわい」）とかいったものを仮構しながら、経済的再生産をオブラートにつつんでゆく文化的技術が発達してきている。逆にまた文化生産は、労働を分割し（分析）、碁盤目状にならべ（総合）、大衆化（一般化）しつつ労働を管理してゆく合理的操作を助け、おかげで、管理の領域はますます広がってゆけるようになっていっている。人びとの行動をその場所（労働とか余暇といった）に応じてふりわけ、したがってそれらの価値づけも、社会の碁盤目のなかのどこの目——オフィスとか、アトリエとか、映画館といった——に位置しているかによってはかるような区別とはちがった、もうひとつの区別が重要になってきているのだ。これとはちがったタイプの差異が存在しているのである。その差異は、行為の様態にかかわり、実践の型式にかかわっている。それらの差異は、労働とか余暇といった割りふりの境界を横断してゆくのだ。たとえば隠れ作業は、産業的連鎖のおりなすシステムとむすびついているし（それは、同一の場所における対重である）、それとは少しかたちを変えた活動、工場の外でなら（別の場所でなら）ブリコラージュの形態をとるような活動である。

このような横断的な戦術は、情況がさしだしてくれる可能性に依存しているけれど、場所の掟にはしたがわない。場所によって規定されたりしないのである。この点からすれば、この戦術は、抽象的モデルに合致した場所を創造しようとするテクノクラシーの（そしてエクリチュールの）戦略よりもはるかに位置の自由がきく。戦略か戦術かの区別をつけるのは、戦略が生産し碁盤目に区切り、押しつけてくるこの空間内でおこなう操作のタイプの別なのであり、戦術のほうは、もっぱらその空間を利用し、あやつり、横領することしかできないのである。

したがって、さまざまな操作のシェーマを種別化してみなければならない。文学において「文体《スティル》」や書きかたを変えるのとおなじように、「もののやりかた」も――歩いたり、読んだり、ものを作ったり、話したり、等々の――いろいろな差をつけることができるのだ。このような行動のスタイルは、第一次的にそれを規格化する領野（たとえば工場のシステム）でうまれてくるものにはちがいないが、別の規則にしたがい、第一次的なものに付着した第二次的なもの（たとえば隠れ作業）を形成するような、あるうまい手法をそこにもちこんでくるのである。ちょうどものの使用法《モード・ダンプロワ》のように、こうした「もののやりかた」は、使うひとによって効能もさまざまにちがってくるものの働きを活かしながら、そこに遊び《ゲーム》を創りだしてゆく。たとえば（家でも言語でも）、故郷のカビリアに独特の「住みかた」、話しかたがあり、パリやルベーに住むマグレブ人は、低家賃住宅の構造やフランス語の構造が押しつけてくるシステムのなかにこれをしのびこませるのである。かれは、二重にかさねあわせたその組み合わせによって、場所や言語《ラング》を強制してくる秩序をいろいろなふうに使用するひとつのゲーム空間を創りだす。否応なくそこで生きてゆかねばならず、しかも一定の掟を押しつけてくる場から出てゆくのではなく、その場に複数性をしつらえ、創造性をしつらえるのだ。二つのもののあいだで生きる術《アール》を駆使して、そこから思いがけない効用をひきだすのである。

こんなふうにものを利用する――というよりもむしろ再利用する――操作は、異文化受容という現象がひろがってゆくにつれ、すなわち、場所ごとそっくり同一化してしまうのではなく、もののやりかたや「方法」を少しずつ変えてゆく現象がひろがってゆくにつれ、しだいに増えていっている。だからといってそれがずっと昔からある「なんとかやってゆく」術に当たることにはかわりない。こうした利用の操作を、わたしは使用法〔usages〕と言うことにしたい。ふつうならこの語は、ひとつの集団がうけいれ再生産してゆく型の決まった手続き、つまりその「慣用」〔us et coutumes〕を指す場合が多いのだが。それというのもこの語にはもともと両義性があって、この使用法というのには、（軍事的な意味での）「作戦《アクシヨン》」の意、特有の型式と創意をそなえつつ、蟻にも似た消費作業をひそかに編成してゆくさまざまな作戦の意がこめられているのである。

使用あるいは消費

「文化商品」やその生産システム[1]、そうした商品の分布一覧や、その一覧をもとにした消費者の分類[2]などにかんする研究作業にはすぐれたものが多いが、こうした研究にひきつづいて、たんにこれらの商品をその流通の統計をだすためのデータ、あるいはその普及のはたす経済的作用を探索するためのデータとしてばかりでなく、利用者がそのなかのどれかの商品を選んで、それぞれ自分にふさわしい操作にとりかかるための目録一覧と考えることもできるであろう。そうなると、これらの商品のひとつひとつは、もはやわれわれの計算のためのデータではなく、かれら利用者たちの実践の語彙録《レキシーク》になってくる。たとえば、テレビのながす映像と、ひとがテレビのまえにじっとしている時間の分析がすんだら、こんどは消費者がその時間のあいだ、その映像を使って何を製作しているのかを考えてみるわけである。『健康情報』を買う五〇万の人びと、スーパーマーケットを使う人びと、都市空間を利用する人びと、ジャーナリズムのながす物語や伝聞を消費する人びと、いったいかれらは自分たちが「吸収し」、うけとって対価を払うものでもって何を製作しているのだろうか。

スフィンクスにも似た消費者の謎。かれらの製作するものは、テレビ化した生産、都市工学的、コマーシャル的生産がひろげる碁盤目の編み目のなかで散り散りに散在している。とりかこむ枠の編み目がどんどんきめ細かくなり、柔軟になっていって、包括的になればなるほど、ますますそれは見えにくくなっている。つまりそれは変幻自在というか、見えづらい灰色をしていて、生産に占領された社会のなかに姿を消してゆき、その社会でできる生産物は、もはや消費者が自分の活動性の跡をのこせるような場を残さない。子どもならせめても落書きができるし、学校の教科書を汚すこともできる。そんないたずらをして罰せられたとしても、子どもは自分のためのある空間をつくり、そこに作者としての自分の署名をしるす。だがテレビの視聴者は、テレビの画面のうえにもはや何を書くわけでもない。かれは生産物によって追い払われ、自己表現から閉めだされてしまっている。作者としての権利を失い、まるで単なる受信機、多型でナルシス的なひとりの俳優の鏡になってしまったかのようだ。最後には、相手がいなくても自分で自分をうみだしてゆくあの器械そっくりになってゆき、「独身機械」の複製になってしまうのかもしれない。[3]

だが本当のことを言えば、合理化され、拡張主義的で、中央集権的で、見世物的で、騒々しい生産にたいして、まったく別のタイプのもうひとつの生産が対抗しているのである。「消費」と形容されている生産が。こちらのほうの生産の特徴は、それならではの狡智にたけ、機をみて風のように姿を消し、密猟が得意で、闇にもぐり、いつもいつも低くつぶやいている。要するになかば不可視の姿をしていて、それというのもこの生産は、固有の生産物で自分をあらわすことはめったになく（どこにそんな場所があろうか）、自分に押しつけられたものを利用する技をとおして姿をあらわすからだ。

もうずいぶん前から、他の社会を例に、いかにして消費がひそやかな、しかし根本的な逆転現象をひきおこしてきたかが研究されてきた。たとえばスペインはインディオを植民地化してはなばなしい成功をおさめたが、その植民地化は、インディオたちの使用法によって横領されてしまったのだ。これらのインディオたちは、服従するばかりか、同意さえしながら、押しつけられたもろもろの法や実践や表象をしばしば利用していた。かれらは力ずくでそれらを呑みこまされたというか、征服者のもくろみとは別のもくろみにひかれて受けいれていたのだ。つまりかれらはそうしたものを使って別のものを作っていたのである。かれらは中からそれらを覆していた――それらを拒否したり転換したり（そういうこともあったが）することによってではなく、植民地化を逃れえないまま、それとは異質《エトランジェ》の規則や慣習や信条のためにそれを使う無数のやりかたをとおしてそうしていたのである。[4] かれらは支配秩序をメタファーに変え、別の使用域で機能させていた。かれらを同化し、外面的にかれらを同化する秩序のただなかにありながら、かれらは他者のままでありつづけていた。その秩序からはなれることなく、それを横領していたのである。消費の手続きが、占領者が編成する空間そのもののなかでかれらの差異を維持しつづけていたのだ。

　極端な例であろうか。いや、そうではない。インディオたちのレジスタンスが抑圧によって刻みつけられた記憶に根ざし、身体に書きこまれた過去に根ざしていたのはたしかだが、それでも極端な例とはいえないだろう。[5] これほどの重みはないにしても、言語《ランガージュ》の生産者である「エリート」たちが普及させる文化を「民衆」層がつかう使いみちにも、おなじようなプロセスを見いだすことができる。押しつけられた知識や象徴系は、自分たちが製造したわけではないが実際にそれを使う者たちからすれば、あやつって細工をくわえるための対象なのである。ある社会階層によって生産される言語は、自分をとりまく広大な地域を征服してゆく権力をそなえており、その「無人地帯」では、これほど整然と分節化できるものもないかのように見える。けれども、闇に隠れたもろもろの手続きがあるかぎり、この言語には、われとわが同化の罠にはまってしまう危険がひそんでいるのであり、占領がうまく成功するからこそ、この闇の手続きが見えなくなってしまうのである。その言語の特権性がどれほどはなばなしいものであろうと、日々これを使用する頑固で狡智にたけた実践者たちがただの枠組みとしてしかそれを使ってないのなら、その特権性は見せかけだけのものかもしれないのだ。もしそうであれば、文化の「低俗性」とか「退廃」とかいわれるものは、生産の支配権力にはむかう使用者たちの戦術の報復、その戯画的な一面をしめすものかもしれない。いずれにしろ、消費者というものは、かれらが受容する商品やジャーナリズムの生産物によって規定することもできなければ、これと同一視することもできないはずである。かれら（それらを自分の用途にあてる者たち）とそれらの製品（かれらに押しつけられた「秩序」の指標）とのあいだには、それらをどう使用するかという、多少とも大きな隔たりがある。

　したがって使用法をそれじたいとして分析しなければならない。こと言語《ラング》にかんするかぎり、モデルにはことかかない。言語は、こうした実践に特有の型式をあきらかにするための絶好の分野である。ギルバート・ライルは、ソシュールが「ラング」（システム）と「パロール」（行為）のあいだにうちたてた区別を再検討しながら、前者を資本に、後者を、それによって可能となる操作に比している。一方にストックがあり、他方にさまざまな用途や使用法があるわけである。[6] 消費にそくして言えば、生産が資本を提供し、使用者は、ちょうど賃借人とおなじように、この資産の所有者になるわけではないが、それに操作をくわえる権利を獲得するといってほぼまちがいないであろう。けれども、このような比較があてはまるのは、もっぱら、言語知識と「パロール行為」(speech-acts)との関係にかぎられる。この関係にかんしてだけでも、すでに一連の問題とカテゴリーが提起されているし、ことにバー＝ヒレル以来、言語研究(セミオシス(semiosis)あるいは記号論(semiotic))に(語用論(pragmatics)といわれる)特殊な部門がきりひらかれている。言語の使用や、指標依存的表現(indexical expressions)、すなわち「使用のコンテキスト」がわからなければ指示対象を決定できない語や文」をあつかう部門である。(7)

日常的実践の一領域(言語の使用)をそっくり解明しようとするこの研究についてはまた後にふれることにして、ここではこの研究が発話行為のプロブレマティークにもとづいていることを指摘しておけば十分である。(8)「使用のコンテキスト」(contexts of use)は、語るという行為(あるいは言語の実践)を情況とのかかわりのなかに位置づけることによって、この行為がうみだす効果でもあり、この行為を種別化するものでもあるさまざまな特徴を指し示す。発話行為はこうした特性をそなえたひとつのモデルだが、他の実践(歩く、住む、等々)が非言語的な諸システムととりむすんでいる関係のなかにも、こうした特性が見いだされるにちがいない。事実、発話行為というものは次のことを前提としている。(1)なにかを語ることによって言語システムの可能性を現動化する実行活動(言語は話す行為のなかでしか現実化しない)。(2)言語を話す話し手による言語の適用。(3)話し相手(現実ないし虚構の)の導入、したがって相互的な契約あるいは話しかけの設定(ひとはだれかにむかって話す)。(4)話す「わたし」の行為による現在の創設。そしてこれにともなう時間の編成、というのも「現在はなかんずく時間の源泉であるから」(現在は、以前と以後を創りだす)。そして世界への現存である「いま」の存在[9]。

以上の要素(実現すること、適用すること、関係のなかに組みこまれること、時間のなかに身をおくこと)によって、発話行為、そしてこれにともなう言語使用は、さまざまな情況の結び目となり、「コンテキスト」からきりはなしえない結節となるのであって、発話行為は抽象的にしかこのコンテキストから区別されえない。語るという行為は、いまある瞬間、特殊な情況、そして何かをやること(なんらかの言語をうみだし、ある関係の力関係を変えること)ときりはなすことができないものであって、ある一定の言語の使用であり、言語にくわえられる操作なのである。こうした使用法がすべて消費にもあてはまるものと仮定すれば、このモデルを数多くの非言語的な操作に適用することができる。

以上にくわえて、このような操作の特性を、また別の角度からあきらかにしておかなければならない。それらがあるシステムや秩序ととりむすぶ関係を考えるのではなく、それらの操作が入りこんでゆく網の目を規定し、それらが利用できる情況を限界づけている力関係はどのようなものか、ということである。こうなると、言語学的な準拠枠から戦争論的な準拠枠に移行しなければならない。これからは、強者と弱者のあいだでくりひろげられる闘争やゲームが問題となり、弱者にのこされた「作戦」が問題となってくる。

戦略と戦術

知られざる生産者であり、自分たちの関心事の詩人であり、機能主義的合理性の織りなすジャングルのなかに小径をつくりだす発明家である消費者たち[10]は、デリニーが語るあの「航路」のようなかたちをした何かをうみだしてゆく。かれらは、一見したところわけのわからぬ「決定不能な軌跡[11]」を描きだす。なぜならその軌跡は、自分が移動してゆく空間、構築され、書きあげられ、あらかじめできあがったその空間に沿ってはいないからである。それらは、システムを組織する技術によってきちんと秩序づけられた場所のなかでは予測不可能な文なのだ。その素材といえばひろく一般に認められた言語に属する語彙（テレビ、新聞、スーパーマーケット、あるいは都市工学的な設備のそれ）であり、決められた統辞論（時刻の時制、場所の範列的編成、等々）におさまってはいるのだが、それでもこれらの「横道《トラヴェルス》」（難文）は、自分がしのび入ってゆくシステムとは異質なままで、そのシステムのなかにそれとはちがった思惑や欲望のための策略の跡を描いてゆく。決められた地形のなかで、くねくねと曲がったり、行ったり来たり、はみだしたり、それたりしてゆく横道。それらは、既成秩序の岩礁や迷路の端々に入りこんでくる海の泡の動きだ。

原則的には制度の碁盤目にはめこまれているはずなのに、しだいにその編み目を侵食してはずらしてゆくこの海の水について、統計ではほとんど何もわからない。事実、問題なのは、固形の「機構」のなかを流れてゆく液体ではなく、地の要素を利用した別の動きなのである。ところが統計はただこれらの要素――「語彙的」単位、コマーシャル用語、テレビの映像、工業製品、建築された場所、等々――を分類し、計算し、図表化するだけのことであり、しかもその作業を産業的ないし行政的な生産に適したカテゴリーと分類法をもちいておこなう。だから統計が把握するのは消費者たちの実践に使われた素材――あきらかに生産が全員に押しつける素材――だけであって、この実践に特有な型式こっそり隠れておこなわれるその「動き」、つまり「なんとかやってゆく」その活動そのものは把握できないのである。統計の計算力はその分割能力にあるのだが、この分‐析能力は、戦術のえがく軌跡を表示する可能性を排除してしまう。その軌跡は自分の基準にしたがって、広大な生産の総体のなかからさまざまな断片をえり分け、それを使って独自な話を織りあげてゆくのだ。

　なにが使われたかは計算できても、どのように使われたかは計算できない。逆説的だが、この使われかたは、コード化と透明性がひろくいきわたってしまった世界のなかで不可視のものになってしまう。いたるところに入りこんでくるこの海の水について目にとまるのは、ただその残す結果（消費された生産物の量と位置）だけである。その水は視られることなく流れ、ただそれが動かし消滅させてゆく対象を手がかりに探知するほかはない。消費という実践は、消費という名を冠した社会のまぼろしなのである。在りし日の「霊」のように、この実践は、生産的な活動の多型で神秘的な公準となっている。

この実践を考察するために、わたしは「軌跡」というカテゴリーに依拠してみた。[12] これなら空間のなかでの時間的な動きを、すなわち移動してゆく点の通時的継起のまとまりを示せるだろうし、これらの点が共時的ないし非時間なものと想定された場所にえがきだす形状を示すようなことはないはずであった。だが実をいえば、このような「表象」では十分とはいえない。というのも、軌跡はまさに描きだされるからであり、そうして時間なり動きなりが、目で一瞥でき、一瞬のうちに読みとれる一本の線に還元されるからである。街を歩く歩行者のたどる道筋は平面上に描きうつすことができる。このような「平面化」は実に便利なものだが、場所の時間的分節を、点の空間的配列にならべかえてしまう。ひとつのグラフはひとつの操作の平面化である。ある一瞬と「機会」とに結びついてきりはなすことができず、それゆえ非可逆的な（時間はもどらないし、とりのがした機会はもどってこない）実践が、可逆的な（ひとたび表の上に描かれると、どちらからも読める）記号におきかえられてしまう。つまりそれは行為のかわりに軌跡をおきかえ、パフォーマンスのかわりに遺物をおきかえることだ。それは行為やパフォーマンスの名残りでしかなく、その消滅の記号でしかない。こうした軌跡が前提にしているのは、あるひとつのもの（この一筋の線）をもうひとつのもの（機会と結びついた操作）ととりかえうるということである。それは、空間の機能主義的管理が効果を発揮するためにおこなう還元作用に典型的な「取り違え」（これなのにあれを）なのだ。したがって、これとは別のモデルに依拠しなければならない。

戦略と戦術の区別が、もっとも適切な基本シェーマをしめしてくれるように思われる。わたしが戦略とよぶのは、ある意志と権力の主体（企業、軍隊、都市、学術制度など）が、周囲から独立してはじめて可能になる力関係の計算（または操作《マニピュラシオン》）のことである。こうした戦略が前提にしているのは、自分のもの〔固有のもの〕として境界線をひくことができ、標的とか脅威とかいった外部（客や競争相手、敵、都市周辺の田舎、研究の目標や対象、等々）との関係を管理するための基地にできるような、ある一定の場所である。経理の場合がそうであるように、すべて「戦略的な」合理化というものは、まずはじめに、「周囲」から「自分のもの《プロープル》」を、すなわち自分の権力と意志の場所をとりだして区別してかかる。言うなればそれはデカルト的な身ぶりである。《他者》の視えざる力によって魔術にかけられた世界から身をまもるべく、自分のものを境界線でかこむこと。科学、政治、軍事を問わず、近代にふさわしい身ぶりなのだ。

自己のものとして所有した場所とそれ以外のものとのあいだに区切りをつけるということは、少なからぬ帰結をもたらすが、さしあたってそのうちのいくつかをあげておかねばならない。

(1)「固有のもの」とは、時間にたいする場所の勝利である。それによって獲得した利益を蓄積し、将来にむけての拡張を準備し、こうして情況の変化にたいして独立性を保つことができる。それは、ある自律的な場を創立することによって時間を制御することである。

(2) それはまた、視る《ヴュ》ことによって場所を制御することでもある。空間の分割は、ある一定の場所からの一望監視という実践を可能にし、そこから投げかける視線は、自分と異質《エトランジェ》な諸力を観察し、測定し、コントロールし、したがって自分の視界のなかに「おさめ」うる対象に変えることができる。[13] (遠くを)見るとは、同時に予測することであり、空間を読みとることによって先を見越すことであろう。

(3) 知の権力とは、こうして歴史の不確実性を読みうる空間に変えてしまう能力のことであると定義してもまちがいではあるまい。しかしながら、こうした「戦略」のうちに知のそなえる特有の型が存するといったほうがより正確である。すなわちそれは、権力が維持しあきらかにしている型、自分に固有の場所をそなえつけようという型である。このようにして軍事的戦略も科学的戦略も、つねに「固有の」領域(自治都市、「中立」ないし「独立」の制度、「利害をこえた自主独立の」研究をかかげる研究所、等々)を設定してはじめて創始されたのであった。いいかえれば、こうした知の先行条件として権力があるのであり、権力はたんに知の結果や属性ではないのである。権力が知を可能にし、いやおうなくその特性を規定してしまうのだ。知は権力のなかで生産されるのである。

こうした戦略にたいして（その形態は次々と変遷をとげてゆくものであるから、あまりに形式的なこのシェーマも変わってゆくであろうし、合理性の特殊歴史的な形態とのかかわりももっと詳しくあきらかにしてゆかねばならないが）、わたしが戦術とよぶのは、自分のもの〔固有のもの〕をもたないことを特徴とする、計算された行動のことである。ここからが外部と決定できるような境界づけなどまったくできないわけだから、戦術には自律の条件がそなわっていない。戦術にそなわる場所はもっぱら他者の場所だけである。したがって戦術は、自分にとって疎遠《エトランジェ》な力が決定した法によって編成された土地、他から押しつけられた土地のうえでなんとかやっていかざるをえない。戦術には、身をひき、先を見越しつつ、身構えながら、自分で依って立つということができないのである。それは、フォン・ビューローが語っていたように、「敵の視界内での」動きであり(14)、敵によって管理されている空間内での動きである。だから戦術には、グローバルな計画をたてることもできなければ、くっきりと対象化して見ることのできる明確な空間のなかで敵の全貌をつかむこともできない。戦術は、ひとつひとつ試行錯誤的にやってゆくわけである。それは「機会《チャンス》」を利用し機会に依存するが、利益を蓄積し、自分のものを増やし、あらかじめ出口の見当もつけておけるような基地をもっていない。戦術が手にいれたものは、保存がきかないのである。こうした非－場所性のおかげで融通がきくのはたしかだが、一瞬さしだされた可能性をのがさずつかむためには、時のいたずらに従わねばならない。所有者の権力の監視のもとにおかれながら、なにかの情況が隙をあたえてくれたら、ここぞとばかり、すかさず利用するのである。戦術は密猟をやるのだ。意表をつくのである。ここと思えばまたあちらという具合にやってゆく。戦術とは奇略である。

要するに、それは弱者の技なのだ。クラウゼヴィッツはその『戦争論』で、奇略について次のように記していた。勢力が大きくなればなるほど、その一部を動員して敵の目をあざむく効果をうむのは難しくなってくる。事実、多数の兵員を囮《おとり》につかうのは危険であって、この種の「陽動作戦」はたいてい効果がなく、「事態が切迫してくるとただちに直接行動にでなければならないから、このような遊びをやっている余裕はない」。戦力は配備しておくものであって、フェイントの危険にさらすためのものではないのだ。勢力なるものはその可視性によって束縛されているのである。これにたいして、弱者には奇略が可能であり、たいていはそれだけが頼りで、それが「たのみの綱」というわけである。「戦略の指揮下にある戦力が小さければ小さいほど、それだけ戦略は奇略を弄しやすくなる。(15)」わたしに言わせれば、それだけ戦略は戦術に転化するのである。

クラウゼヴィッツはまた奇略を機知にもたとえている。「機知が観念や考えを相手にした奇術であるのと同様に、奇略は行為における奇術である。(16)」この言葉は、事実そのとおり奇術にほかならぬ戦術が、意表をついてある秩序のなかにもぐりこんでゆく様相を示唆している。「早業をやってのける」技とは、機をとらえるセンスである。フロイトが機知の方法をあきらかにしているとおり[17]、その技はかけ離れた要素でも大胆に組み合わせ、言語というひとつの場のなかで何か別の断片をさしはさんで相手をはっとさせるのだ。それは、システムの碁盤目をよぎってゆくゼブラ模様であり、飛び散る破片であり、一瞬はしる亀裂、あざやかな独創である。消費者たちのもののやりかたは、機知を実践におきかえたその等価物なのである。

自分の場所ももたず、全体を見わたせるような視界もきかず、からだとからだがぴったりくっついている時のように、目は見えないけれど敏感に動きを察し、時のたわむれの命ずるがままにしたがう戦術は、戦略が権力の公準によって編成されているのとおなじように、権力の不在によって規定されている。この視点からみれば、戦術の弁証法をあきらかにしてくれるのは、古代のソフィストたちの身につけていた技であろう。一大「戦略」体系をつくりだしたアリストテレスは、この敵手が駆使する手続きに早くから多大な関心をよせていた。アリストテレスは、かれらが真理の秩序を腐敗させてしまうと考えていたのだ。変幻自在で、俊敏で、相手の虚をつくこの敵手について、アリストテレスはある表現を引用しているが、その表現はソフィストの弄するからくりを見事に言いあてており、わたしの言わんとする戦術の最終的な定義にもなっている。それは、コラクスのいったことばだが、「もっとも弱いものを最強のものに転ずる」というものである。[18] パラドクスを凝縮したこのことばは、ある知的創造性の原理となる力関係をあざやかにとらえている。この創造性は、繊細であると同時に強靭でもあり、倦まずたゆまず、あらゆる機会をうかがって待ちかまえ、支配秩序の地表に散在しており、自分のもの《プロープル》によって獲得した権利にもとづく合理性が身にそなえ他に押しつけてくる規則などとは縁がない《エトランジェ》。

以上のことから戦略とは、ある権力の場所（固有の所有地）をそなえ、その公準に助けを借りつつ、さまざまな理論的場（システムや全体主義的ディスクール）を築きあげ、その理論的場をとおして、諸力が配分されるもろもろの場所全体を分節化しようとするような作戦のことである。それは、この三つの場所を組み合わせ、たがいどうしが制御しあうようにしてそれらの場所を制御しようとめざす。ゆえに戦略は場所関係を特化する。少なくともそれは、各要素ごとにそれぞれ適切な場を分析的にふりあてて、さまざまな単位なり単位集合なりに特有の運動を結びつけ組織化して、時間関係を場所関係に還元しようとつとめるのだ。そのモデルは「科学的」である以前に、軍事的なものだったのである。かたや戦術は、時間にかかわってはじめて力を発揮する手続きのことである——それは、なにかが起こるまさにその瞬間に好機にかかわる情況をとらえ、一瞬のうちに空間配置をかえる迅速さをそなえており、「打つ手」のあとさきに気をくばり、種々雑多なものについてそれぞれの持続とリズムが交差しているのに注意をこらす。そうしたことをしてはじめて戦術は力を発揮するのである。こうしてみれば戦略と戦術の相違は、行動をとるか安定性をとるかという、歴史にかかわる二つの選択に帰着する（ただし二つの可能性というより二つの制約のあいだの選択だが）。戦略のほうは、時間による消滅にあらがう場所の確立に賭けようとする。いっぽう戦術はたくみな時間の利用に賭け、時間がさしだしてくれる機会と、樹立された権力に時間がおよぼす働きに賭けようとする。普段の戦争術が実際にもちいる方法はけっしてこれほど明瞭に二分化されているわけではないが、場所に賭けるか時間に賭けるかによって軍事的行動のありかたがわかれることにはちがいない。

実践のレトリック、千年の狡智

さまざまな理論にのっとって、「弱者」の戦術または戦争術の特徴をさらにあきらかにしてゆけるだろう。なかでも修辞学が分析している「文彩《フィギュール》」や「言いまわし《トゥール》」が役にたつ。フロイトはすでにこれらを探知し、これらを使いながら機知にかんする研究をすすめ、ある秩序の領域にそこから排除されたものがいかなるかたちをとって回帰してくるか、その形態の研究をすすめていた。ことばの節約や圧縮、二重語義や言い違え、語の置き換えや頭韻、同一の素材の多様な使いかた、等々といった形態である[19]。実践的な狡智と修辞的なことばのゆらぎとのあいだにこのような相似性がうかがわれるのはなんら驚くにあたらない。統辞論にかなっているかどうか、「正確な《プロープル》」意味かどうか、すなわち、そうでないものと区別された「本来的なもの《プロープル》」の一般的定義にてらしてみれば、修辞的な言いまわしは、うまかろうが、下手だろうが、こうして特別にしつらえられた土地のうえで戯れているわけである。それは、機を見て言語をあやつることであり、ひとを誘惑したり、心をつかんだり、受け手の言語的ポジションを転倒したりするためのものである。[20] 文法が語の「正確さ」を監視しているのにたいし、修辞的な歪曲（メタファー的なはみだし、省略による圧縮、メトニミーによる縮小化、等々）は、話し手が、儀礼的なものであれ、現実的な場面であれ、ある特殊な状況のもとで言語を使っている証拠である。それらは消費の指標であり、力だめしのゲームの指標なのだ。それらは発話行為のプロブレマティークに属している。したがってこうした「話しかた《マニエール・ド・パルレ》」は、原則として科学的ディスクールから排除されているにもかかわらず（あるいはだからこそ）、「もののやりかた《マニエール・ド・フェール》」の分析に一連のモデルと仮説を提供してくれる。要するにそれらは、戦術の一般記号論の一ヴァリアントにほかならないのだ。この記号論を精密に練りあげていこうとすれば、固有なものを境界づけようとする理性の分節方式とは異なった、さまざまな考えかたや行為の技法をみてゆかねばならないだろう。中国の『易経』の六十四卦[21]や、ギリシアのメティス（mètis）[22]、さらにはアラビアのヒーラ（hîla）[23]にいたるまで、いろいろな別の「ロジック」がこれらを指し示している。

わたしの目的は記号論そのものをつくりあげようとすることではない。消費者の日常的実践は戦術的なタイプの実践であるということを出発点に、この実践をめぐっていくつかの考えかたを示唆できれば、と思っている。住んだり、路を行き来したり、話したり、読んだり、買い物をしたり、料理したりすること。こうした営みには、戦術的な奇略や奇襲に相通じるものがあるのでなかろうか。そこにあるのは、「強者」のうちたてた秩序のなかで「弱者」のみせる巧みな業であり、他者の領域で事をやってのける技、狩猟家の策略、自在な機動力、詩的でもあれば戦闘的でもあるような、意気はずむ独創なのである。

おそらくこうした営みは、太古の昔からある技芸《アール》に通じるものであろう。史上相次いだ社会政治的秩序という制度を横断してきたばかりでなく、有史以前にまでさかのぼり、人類という境界線のこちら側と不思議な縁《えにし》をむすびあっている技芸に。事実こうした実践は、あたかも記憶なき昔から生きつづけている知恵のように、ある種の魚や植物がみごとな妙技をもって見せてくれる擬態やしぐさや芸当に妙に似通っている。このような技芸の手続きは、生者の世界をこえたその向こうにも見いだされるものであろう。まるでそれは、歴史上にうちたてられた諸制度による戦略的分割のみならず、意識という制度そのものによって設けられた分裂をものりこえて生きつづけているかのようだ。それらは、ある形式が連綿と絶えることなく存在しつづけ、はるか海の底からわれらがメガロポリスにいたるまで、言葉なき記憶が脈々と生きつづけていることをあかしてくれる。

ともあれ、現代という時代は、テクノクラートの合理性が拡張をとげてあまねくゆきわたった結果、システムの編み目にほころびが生じ、かつては安定した地域的統一によって調整されていたこれらの実践が急速に増加していっているように思われる。戦術はますます軌道をはずれてゆくいっぽうだ。昔は伝統的共同体がそのはたらきに限界をもうけていたものを、その軛《くびき》から解きはなたれた戦術は、均質化して広がってゆく空間のなか、いたるところを彷徨しはじめている。消費者は移住者に変貌していっている。かれらがそのなかを行き来しているシステムは、かれらをそのどこかにつなぎとめるにはあまりにも広大であり、といってかれらがそこから逃れてよそに行ってしまうにはあまりに細かい碁盤目に包囲されている。もうそこには、よそという場などありはしないのだ。こうした事態とともに、「戦略的」モデルもまた変化している。まるでそれは、自己の成功によって自己自身を見失ったかのようでもある。というのもこの戦略的モデルは、残りと区別された「自分のもの」をよりどころにしていたのに、いまやすべてが「自分のもの」になってしまっているからである。もしかしたらその転換能力は徐々につきていって、あるサイバネティックス型の社会が活動をくりひろげるような空間（いにしえのコスモスとおなじくらい全体的な）をつくりだしているのかもしれず、そこでは、目に見えず名づけることもできない無数の戦術のブラウン運動が起こっているのかもしれない。そうなれば、社会経済的な保障と制約とからなる巨大な碁盤目のなかで、コントロールのきかないランダムな操作《マニピュラシオン》がどんどん増えてゆくことになるだろう。ますますきめ細かく、均質的で切れ目なくつづく織りもの、なにごとにも適した《プロープル》織りもののうえで戯れている、なかば不可視のおびただしい動き。すでにこれは大都市の現在であろうか。それとももっと先の未来であろうか。

　数千年もの昔にさかのぼる狡智の考古学や、ひしめきあう蟻にも似た未来社会のすがたはさておき、現在うかがわれる日常的な戦術のいくつかだけに研究をしぼるとしても、そうした狡智がやってきたはるか彼方の地平線、そしてそれらが行きつくかもしれないもうひとつの地平線を忘れ去ってはならない。少なくともそのはるかな昔とはるかな未来に想いをはせることによって、分析のおよぼす力に抵抗することができる。分析というものは重要にはちがいないが、抑圧の制度とメカニズムを記述することにのみ熱心で、それに偏しているきらいがある。さまざまな研究領域で抑圧という問題系がなにより重視されているのは驚くにあたらない。しかしながら科学という制度は、科学が研究しようとしている当のシステムそのものの一部をなしているのである。システムを考察しながら、ともすれば科学は、なれあい談議というあのお決まりの型にはまってしまう（批判というものは、依存関係のなかにありながら、距離を保っているかのような外観をうみだすが、批判的イデオロギーだからといってイデオロギーの作用はいささかも変わるわけではない）。そればかりか、科学はそこで、悪魔とか狼男とかいった、なにやら恐ろしげな尾鰭をつけくわえさえして、夜になると家でそれが語り草になるというわけである。だが、このような装置それじたいによる自己解明にありがちな欠点は、この装置にとって異質なものである実践、この装置が抑圧している、あるいは抑圧していると信じている実践のすがたを見ようとしないことである。けれども、こうした実践がこの装置のなかにもまた生きていても少しも不思議ではないし、いずれにしろこれらの実践はこれまた社会生活の一部をなしているのであって、不断の変化に適応し柔軟性に富んでいるだけ、この実践のほうがもちこたえる力は大きい。日々たえることなく、それでいてとらえどころのないこの現実を探ろうとするとき、われわれは社会の夜を探訪しているかのような印象におそわれる。昼よりも長い夜、相次いだもろもろの制度がばらばらに断ち切られてゆく闇のひろがり、無辺の海のはるけさ。その海のなかでは、社会経済的な諸制度など、かりそめのはかない島々に見えることだろう。

研究にあたって想像の風景を思い描いてみることは、厳密さを欠くとはいえ、意味のないことではない。その風景は、かつて「民衆文化」という名で指し示されていたものを復元して見せてくれる。ただし、かつては歴史の母胎として表象されていたものを、不断に動いてやまない無限の戦術のつらなりに変えて見せてくれるのだ。この風景のおかげで、ひとつの社会的想像力の構造がいまなお生きているさまを見ることができるのであり、そこから、さまざまな形の問題が出で来たり、また立ち返ってやまないのである。さらに、この風景はまた、分析のおよぼす作用をあらかじめ防いでもくれる。分析というものはどうしても、こうした実践を技術的装置の端のほう、これらの実践がその分析道具に変化をくわえたり、その方向をそらしたりする、際どいところでしか把握できないものなのだ。こうしてみれば、研究される対象にたいして周縁的なのは研究そのもののほうである。日常的な営みの姿を想像上の舞台にくりひろげてみせる風景は、したがって、偏った考察によってそれらが矮小化されてしまうのを修正し、グローバルにとらえなおすための治療的な価値をそなえている。少なくともそれは、そうした営みが現在によみがえって生きていることを保証してくれるのだ。こうしてもうひとつの風景に立ち返ってゆくことは、これらの実践の経験と、その経験をめぐる分析がしめすものとのかかわりを、あらためて想起させてくれる。この風景は、日常的な実践と、研究という戦略的な解明とのアンバランスな関係の証人であり、この証人は、科学的ならぬ、幻想的なすがたをしかとりようがない。日々だれもがやっていることについて、いったいなにが書かれているというのだろうか。研究と実践と、この二つのあいだにあって、イメージが、経験に富んだ黙せる身体のまぼろしが、二つのものの差異を保ちつづけてくれる。

Ⅱ　技芸の理論

日常的な実践

日常的な実践は、広大な領域全般にわたっており、境界を定めがたいが、さしあたって、ひろく手続き全般と言っておいてよいだろう。それは、さまざまな操作のシェーマであり、いろいろなもののテクニカルな取り扱い《マニピュラシオン》かたのことである。最近の重要な分析のいくつか（フーコー、ブルデュー、ヴェルナンとドゥティエンヌ、等々）から出発して考察をすすめてゆけば、こうした日常的実践を定義することはできなくても、少なくともそれがディスクール（あるいはフーコーが言うような「イデオロギー」）や、習得能力（ブルデューのハビトゥス）や、機会というあの時間形態（ヴェルナンとドゥティエンヌの言うカイロス）とどのようなかかわりをむすんでいるか、あきらかにすることができる。ある特定のタイプのテクニックを明るみにだし、同時にまた、それをあつかうこうした研究そのものを現在の研究状況のなかに位置づけてみること。

この試論をひろく諸研究全体のなかに位置づけ、これまで書かれたもののなかに位置づけてみるといっても（白いページというフィクションがあるにもかかわらず、われわれはかならず書かれたもののうえに書いているのだから）、わたしは、問題の所在をあきらかにしたりこの問題にふれたりしているさまざまな理論的、記述的な研究について、どうせ真実ではありえないような一覧表を作成してみようなどというつもりはないし、わたしのこの試論がいかなる研究に負うているか、あきらかにしようというつもりもない。ここで賭けられているもの、それは、分析というものの占めている地位《スタテュ》であり、分析とその対象とのかかわりなのである。研究所であれ、実験室であれ、ある研究がなんらかの対象を生産したということは、その研究が、さまざまな研究のおかげをこうむっており、また自分のほうでもそこに多少とも独創性のある寄与をもたらしたということである。したがってそうした生産物は、「問題の現況」にかかわっている。つまり専門家どうし、テクスト相互間の交換のネットワークにかかわり、進行中の研究作業の「弁証法《ディアレクティーク》（問答法）」にかかわっている（「弁証法」というこのことばが、十六世紀のように、同じひとつの舞台のうえでさまざまな身ぶりが相互にからみあう動きを指し、それらの差異を「超越」したり、総合したりする特別な場をさずけられた権力を指すのでないとすれば）。こうした見かたからすれば、われわれの研究の「対象」は、それらの対象の細分化や移動を組織化している知的、社会的な「交流」ときりはなすことができない。

　こうしてみると、自分が組みこまれている共同作業を「忘れ」たり、自分のディスクールの対象をその歴史的な生成過程からきりはなしたりする「作者」というのは、自分がおかれた現実的状況を否認するようなことをやっているわけである。かれは、自分だけの場という虚構をつくりあげているのだ。主体と対象との関係あるいはディスクールと対象との関係を不問に付しておくのは、たとえそれとは逆のイデオロギーをまとっていたところで「作者」という仮象《シミュレーション》をうみだしてしまう抽象化である。それは、研究があるネットワークに依存している痕跡をかき消してしまう——事実、その痕跡はたえず作者の権利をおびやかしているのだから。それは、ディスクールとその対象の生産の条件をカムフラージュしてしまうことである。こうして研究の系統樹が否認されるとき、それにとってかわるのは、偽り《シミュラークル》の対象と偽り《シミュラークル》の作者を組み合わせて見せる見世物なのだ。したがって、あるディスクールが科学であるしるしを保ちつづけるには、みずからの生産の条件と規則を明示し、なによりまず、自分がどこから生まれてきたか、その関係を明示すべきであろう。

こうして自分の研究の経てきた道をふりかえってみることは、自分が負うているものを顧みるということだが、およそ新しいディスクールなら必ずそうすべきものとしてのことであって、賛辞や謝辞のひとつで厄介ばらいできるような借りのことが問題なのではない。だからこそあのパニュルジュ〔ラブレー『パンタグリュエル物語』の陽気で狡智にたけた登場人物〕でさえ、こうした借りを負ったときにはさすがにしんみりとして、普遍的な連帯のあかしを感じとっていたのだ。いかなる「自分の《プロープル》」席も、自分以外の先住者によって変容させられてしまう。だからこそまた「影響」とよばれるたがいの立場関係も、近かれ遠かれ、それを「客観的」にあらわすことなどできはしないのである。この立場関係は、それがもちきたらす変容と作用の結果をとおして、テクストのなかに（あるいは、それが何の研究なのかという規定のなかに）おのずとあらわれる。負債は対象に変わってしまうものでもないのである。さまざまな交換とか読書とか照合とかいったものが研究の可能性の条件を形成しているが、ひとつひとつの研究は百面体の鏡であり（その空間のいたるところに、他の研究がはねかえってくる）、ただしひび割れて歪んでしまった鏡なのである（それら他の研究はそこで粉々に砕け、様がわりしてしまう）。

第4章　フーコーとブルデュー

一　散在するテクノロジー／フーコー

のっけから問題にしなければならないのは、こうした日常的実践の手続きとディスクールがいったいどのような関係にあるのか、ということである。これらの手続きには、儀礼とか慣習、あるいは条件反射のような固定した反復性があるわけではない——もはやディスクールには結びつかない、あるいはいまだ結びついていない知。こうした手続きは流動的で、だからこそさまざまな目標や「ねら《ク》い」にあわせて自在に融通がきくのであり、およそ言語によって解明されなければならないような性質のものではない。けれども、はたしてこうした手続きは、ディスクールから自立しているのであろうか。すでにみたように、ディスクールのなかにうかがわれるさまざまな戦術は、ディスクールなき戦術がそこに姿をあらわす形式的な指標でもある。(1) こうしてみれば、ものやりかた《マニエール・ド・フェール》のなかにふくまれた思考のありかた《マニエール・ド・パンセ》というのは、実践が理論ととりむすぶさまざまな関係のなかでも一種奇妙な——しかも広汎にわたる——ケースをなしている。

十九世紀初頭、刑務所や学校や医療における「監視」の「手続き」がいかにして編成されていったかを研究しながら、ミシェル・フーコーは、その著のなかでむやみに同義語を多用している。「装置《ディスポジティフ》」、「器械装置《アンストリュマンタシオン》」、「技術《テクニック》」、「メカニズム」、「仕掛け《マシヌリー》」、等々、およそありえないようなかれ固有の名詞を次々と繰りだしてみせる、語の曲芸といってもいい[2]。言葉づかい《ランガージュ》にうかがわれる不確かさとすわりの悪さは、すでにそれだけでなにかの指標である。けれどもフーコーが物語っている歴史そのもの、ある巨大な取り違えの歴史が、「イデオロギー」と「手続き」をわけへだてるひとつの二分法を要請し、措定している。というのもその歴史は、イデオロギーと手続きがそれぞれ相異なる進展をとげながら交差していった跡をたどっているからだ。事実フーコーは、ある交差配列法のプロセスを分析している。すなわち、十八世紀末に改革主義者たちの占めていた場が、それ以降社会空間の秩序をかたちづくってゆくことになる規律化の手続きによって「植民地化され」、「血を抜かれてゆく」プロセスである。このように死体《コール》をすりかえる推理歴史物語《イストワール》は、さぞかしフロイトも好きだったにちがいない。

フーコーにおいて、ドラマはいつものように、二つの力のあいだ、時の狡智によって関係が逆転してゆく二つの力のあいだで繰りひろげられてゆく。すなわち一方にあるのは、刑事司法にかんして革命的な立場にたつ啓蒙のイデオロギーである。アンシァン・レジームの「身体刑」は、象徴的価値をもった犯罪者を選びだし、かれらを圧する王の秩序の勝利をはなばなしい見世物と化すべく、受刑者の身体を血祭にあげる血なまぐさい儀礼であったが、十八世紀の改革主義者たちは、そのような身体刑を廃止して、そのかわりに万人に適用しうる刑罰、罪科に比例し、社会にとって有益で、受刑者にたいしては教育的な効果のある刑罰をもってこようと意図していた。ところが事実は、さまざまな規律化の手続きが軍隊や学校でしだいに整えられてゆき、いつしかそれらの手続きが、啓蒙主義の練りあげた広範囲におよぶ複雑な司法装置をまたたくまに凌駕していってしまうのである。それらの技術は、何のイデオロギーの力もかりずにみがきあげられ、ひろく普及してゆくのだ。それらの技術は、あらゆる人びと（生徒、軍人、労働者、犯罪者、または病人）に同一タイプの独房式の場をあてがいながら、この空間の可視性と碁盤割りを完璧なものにし、この空間をもって、いかなる人間集団を問わず監視しながら規律化し、しかも「考察」しうるような道具をつくりあげてゆく。重要なのは細部にわたるテクノロジーであり、微細だが決定的な作用をおよぼすさまざまな手法《プロセデ》なのだ。このようなテクノロジーのほうが理論に勝るのである。というのも、そのおかげで画一的な刑罰があまねくゆきわたり、監獄のはたす力が大きくなってゆくのであり、これをとおして革命的諸制度は内部からくつがえされ、刑事司法装置にかわって、いたるところに「刑務所」が設置されてゆくのであるから。

こうしてフーコーは二つの異質なシステムに区別をつける。身体の政治的テクノロジーがいかにして教義体系の構築をうち負かしていったか、その勝利の軌跡をたどってゆくのである。けれどもフーコーは、権力の二つの形式を分離するだけに終わっているのではない。この「マイナーな装具」がいかに配置され、いかに勝利をおさめながら増えていったか、そのあとを追いつつフーコーは、この不透明な権力のからくりを明るみにだそうと試みている。この権力には所有者もなければ特権的な場があるわけでもなく、上司もなければ部下もなく、なにか抑圧的な作用をおよぼすのでもなければ、教義体系をそなえているわけでもないのであって、もっぱら考察する対象を空間的に配置し、分類し、分析し、個体化するテクノロジーの力能をとおして、なかば自動的に力を発揮するのである（そのあいだに、イデオロギーのほうは「無駄口」をきいているのだ！）。一連の臨床的な一覧表（それじたい素晴らしく「一望監視的」な）をかかげながら、フーコーはみずからもまた、「権力の微視的物理学」を構成する「一般的規則」や「作用の条件」、「技術」と「手法」、さまざまに異なる「操作」や「メカニズム」や「原理」、そして「要素」を名づけ、分類しようとしている。(3) このような構成要素一覧は、ディスクールなき実践をひとつの社会的な層《ストラート》として切りとり、取りだすとともに、こうした実践にかんするひとつのディスクールを確立するという二重のはたらきをそなえている。

それでは、分析によって取りだされたこの決定的な実践の位層《レベル》は、いったいどのようなものであろうか。フーコーは、かれの探究の戦略に特有のまわり道をしながら、その迂回をとおして、ディスクールの空間を組織化したあの身ぶりをあばきだしている——もはやそれは、『狂気の歴史』にみられるような身ぶり、排除した者を閉じこめて、理性の秩序を可能にする空間を創造しようとするような認識論的かつ社会的な身ぶりではなく、いたるところで再現されているかすかな身ぶり、可視的な場に碁盤目状の線をひいて、その場を占める者たちに観察と「情報」をもたらすような身ぶりである。この身ぶりを再現し、増幅させ、完成してゆく手続きが、人文科学というかたちをとったディスクールを組織化したのだ。こうして、非ディスクール的なあるひとつの身ぶりが正体をあらわすのであり、この身ぶりは、後にみるような歴史的、社会的な理由によって特権的なものとなってゆき、現代科学のディスクールのなかに明瞭なすがたをとってあらわれている。

このようなフーコーの分析は、これまでになく新しいパースペクティヴをきりひらく[4]——そればかりでなく、このような分析は、「型《スティル》」というものについて、また別の理論がありうることを示唆しているといっていいだろう（型《スティル》という、この歩みぶり、非テクスト的な身ぶりが、またひとつの思考のテクストを組織化する）——そのパースペクティヴにくわえて、さらにいくつか、われわれの研究にかかわる問題点をあげてみることができる。

(1) 人文科学の考古学（『言葉と物』以来はっきりとうちだされている意図）をくわだ

て、刑法（人間の懲罰）の根底をなすと同時に人文科学（人間の認識）の根底をもなしているようなある「共通のマトリックス」、すなわち、ある「権力のテクノロジー」をさぐりだそうとしながら、結果的にフーコーは、十八、十九世紀に営まれた社会活動の編み目を織りなすさまざまな手続きの総体のなかから、なにかを選別して取りだしている。こうした外科手術の操作は、現代に繁殖している一システム——司法および科学のテクノロジー——から出発して歴史をさかのぼり、全身に蔓延した癌組織を身体から選りわけ、先立つ二世紀における生成をとおして、その現在における作用を解明する、ということからなっている。この操作は、膨大な編纂史料（刑法、軍事、学校、医療にかかわる）のなかから、しだいに繁殖してゆく視覚的かつ一望監視的な手続きを抽出し、そこに、あるひとつの装置の指標を識別するのだ。はじめはその指標も点々と散在していただけなものを、やがてその装置のさまざまな要素がくっきりとしたすがたを見せはじめ、たがいに結合しながら繁殖をとげ、ついには社会の全身をおおう厚みにまで達してゆくのである。

　このあざやかな史料編纂「操作」は、同時に二つの問題をとりだしているが、といってその二つを混同してはならない。まずひとつは、一社会の組織化にあたってテクノロジーの装置と手続きが決定的な役割をはたす、ということ。もうひとつは、これらの装置のうち、あるひとつの特殊なカテゴリーだけが例外的な発達をとげるということ、である。したがって、さらに次の二つの問題を考えてみなければならない。

(a)　一望監視的な装置がかたちづくる特殊系列だけが他にぬきんでてとくに発達するのはなぜなのか。

(b)　あるディスクールの組織化にあずかりもせず、テクノロジーの体系をつくりだしもせずに、ひっそりと自分たちの道を歩みつづけてきた他の多くの系列は、いかなる地位にあるのだろうか。それらはひとつの巨大な備蓄であって、そこからまたちがったものが発達してゆく端初であり痕跡である、と考えることができるのではないだろうか。

　いずれにしろ、一社会のもろもろの働きは、あるひとつの支配的なタイプの手続きに還元しつくせるものではない。最近になっていろいろな研究が、これとは別のテクノロジー装置や、それらとイデオロギーが結びつく相互作用をすでにさぐりあてており、これらの研究もまた、パースペクティヴを異にしつつも、決定的要因となったものをとりあげて強調している――たとえばセルジュ・モスコヴィッシの研究は、ことに都市工学的組織を強調しているし[5]、またピエール・ルジャンドルは中世の司法装置を強調している[6]。それらの装置は大なり小なり一定の期間にわたって優位を占めたあと、幾重にも層をなした手続きの集積のなかに埋もれてゆき、また別の装置がそれらにかわってシステムを「かたちづくる」役割をになっていったのであろう。

　ひとつの社会は、その社会の規範的諸制度を組織化するような、他にぬきんでた幾つかの実践によって構成され、そしてまたこれとは別の無数の「マイナーな」実践によって構成されているのであって、そうしたマイナーな実践は、たとえディスクールを組織化しなくても、たえずそこに存在しつづけ、この社会からみてもまた別の社会からみても異質な、なにかの萌芽や、(制度上、科学上の)仮説の余地を保ちつづけているにちがいない。このようにひっそりと口をとざした多様な実践の「備蓄」のなかにこそ、「消費にかかわる」実践をさがしもとめるべきであろう。そのとき探求の手がかりとなるのは、フーコーが目印をつけた二重の特徴、すなわち、ある時には目だたない、またある時にはひろく普及した様態をとりながら、こうした実践が空間と言語《ランガージュ》を同時に組織化する、ということである。

(2) フーコーは、最終形成物(観察と規律化の現代的テクノロジー)から出発して歴史をさかのぼる。だからこそかれが選別して検討をくわえたさまざまな実践はおどろくべき首尾一貫性をそなえているのだ。けれども、ありとあらゆる実践の総体に同じような一貫性を想定することができるであろうか。考えるまでもなく、否《ノン》である。一望監視的な手続きの稀にみる発達、その異常なまでの増殖ぶりは、その手続きにあてがわれた歴史的な役割、種々雑多な実践を制圧してそれらを制御するための武器という役割ときりはなすことができないように思われる。その首尾一貫性は特別な成功がもたらした成果であって、テクノロジーにかかわるあらゆる実践がこうした特徴をそなえているわけではない。一望監視装置にさずけられた、一神教にも似た特権のもと、あちこちに散在するさまざまな実践の「多神教」はいまなお生きつづけているにちがいなく、そのなかのどれかひとつが華々しい栄達をとげたからといって、それらは、抑圧を強いられてはいても消えさってはいないはずである。

(3)　ある特殊な装置が権力のテクノロジーの組成原理になってしまうとき、その地位《スタテュ》はいったいどのようなものになるのであろうか。その装置がとくにぬきんでて発達をとげた効果はどのようにはねかえってくるのか。さまざまな手続きのうちのひとつが制度化して刑務所や科学のシステムをささえるものになった場合、その手続きと、ほかに散らばっているもろもろの手続きとのあいだにはどのような新しい関係がうちたてられるのだろうか。こうして特権をえた装置がそのもてる力を失ってしまうことだってありうるにちがいない。というのもその装置は、フーコーの言葉をかりれば、ちょっとしたささやかな技術的先端性、そのひそやかなありようによって力を発揮していたのだから。フーコーは、一社会を支配してゆくことになる仕掛けを、ひっそりと埋もれた層《ストラート》に位置づけていた。けれども、その仄暗い地層からひとたび表に出てきた装置は、いまだ声なき手続きによって、こんどは自分のほうがしだいに「植民地化」されてゆく制度の立場に追いやられているのではないだろうか。実際、(少なくともそれが本書の仮説のひとつなのだが)、先行する手続きをうけつぎながら十九世紀に形成されていった規律と監視のシステムは、今日、他の手続きによって「血を抜かれて」いっているかのように思われる。

(4) さらに先をつづけてみよう。監視の諸装置は、拡張をとげたあげく、解明の対象となり、それゆえ啓蒙の言語の一部になってしまっている。この事実そのものが、もはやそれらの装置がディスクールの諸制度を規定する力を失っているということの証拠ではなかろうか。なんらかの組織力をそなえた装置があるとしても、ディスクールがみずからの考察しうるものをとおして指し示すものは、もはやそのような組織的な役割を失ってしまった装置でしかないはずである。そうだとすれば、ディスクールが対象としえないような、ある別のタイプの装置がそのディスクールを分節化しているわけだが、いったいそれはどのような装置なのか。あるディスクール（『監獄の誕生』のディスクール？）が、みずからもその一部をなしている実践を分析しつつ、かくてフーコーの設定した「イデオロギー」と「手続き」の分割をのりこえるというのであれば話は別だが、そうでないかぎり、このような問いを発しないわけにはいかないであろう。

以上にあげた問題は、さしあたりいささか性急な答えをならべてみたにすぎないが、少なくともフーコーがもろもろの手続きの分析にいかなる転換をもたらし、フーコーの研究によってきりひらかれたパースペクティヴがいかなるものかをしめすものである。フーコーは、ひとつの事例をとりあげながら、装置とイデオロギーの異質性ならびに両者の両義的な関係をあきらかにすることによって、歴史的対象として考察しうるひとつのゾーンを設定した。すなわち、テクノロジー的な手続きがある特殊な権力効果をおよぼし、みずからに固有のロジックのはたらきにしたがいつつ、秩序と知の諸制度にある根源的な転回をもたらしうるような、そうしたゾーンがあることを指し示したのだ。のこされた課題は、同じように微分的な他のさまざまな手続きはどうなのか、ということである。これらの手続きは歴史によって「特権をさずけ」られはしなかったわけだが、といって、制度化したテクノロジーのはざまで数しれぬ活動をいとなんでいるには変わりない。ことにそれが言えるのは、フーコーが解明した手続きがいたるところで要請している前提条件をそなえていないような手続き、すなわち一望監視的な仕掛けがそこで作動できるようなある固有の場をそなえていない手続きである。これらもまたなにかを操作する技術《テクニック》にはちがいないけれど、ほかの技術の力となり強みとなった固有の場というものをそもそももちあわせていない。だからこうした実践は、つまり「戦術」なのである。戦術というかたちをとったこうしたテクニカルな手続き、それこそ、消費という日常的な実践の形式をあらわす指標ではないだろうか。

二 「知恵ある無知」／ブルデュー

どうやらわれわれの問題にしている「戦術」は、迂回をしてどこかほかの社会に寄ってみなければ分析できないものらしい。フーコーではアンシァン・レジームか十九世紀のフランス、ブルデューではカビリアやベアルヌ、ヴェルナンとドゥティエンヌでは古代ギリシア、等々、というふうに。それというのもこの戦術は、よそからわれわれのところへ帰ってくるのだ。「西欧の」合理性によって周縁に追いやられたあげく、姿を現して解明される空間を見いだすには、別の舞台がいるとでもいうかのように。よその土地は、われわれの文化がみずからのディスクールから排除してしまったものを、もういちどわれわれに返してくれる。いや、それどころか、よその土地というのは、ほかでもない、われわれが排除したもの、喪失してしまったもののことではないのか。『悲しき熱帯』がそうであるように[7]、われわれの旅というのは、はるか彼方に出かけていったあげく、その彼方の地で、現在われわれの社会に在りながらわからなくなってしまったものを見いだすのである。科学という家族によって私生児にさせられてしまった、あの戦術とレトリックの狡智。フロイトもまた、長いあいだ科学の家族の息子にむかえいれられようとつとめたはてに、ある未知の土地(terra incognita)、無意識の国を創出し、その探訪をとおして、ふたたびそれらの狡智にめぐりあう。だがおそらくフロイトの場合その狡智は、もっと古くもっと近い土地からやってくるのだろう——長いあいだうち忘れられていたユダヤという異国から。フロイトとともにこの異国性がふたたび科学のディスクールのなかに登場してくるが、ただしそこでは夢や言い損いという変装をまとって姿をあらわしている。フロイト理論というのは、啓蒙(Aufklärung)の血をひく合法的戦略と、無意識のマントをまとってはるかかなたからもどってきたあの「軽業《トゥール》」との組み合わせなのかもしれない。

二つの半身

ブルデューにおいて、カビリアは、「実践《プラティック》の理論」のトロイの木馬である。そこによせられた三つのテクスト(「家あるいはさかしまの世界」をはじめ、ブルデューの書いたもののなかでももっとも素晴らしいテクスト)は、ひとつの長い認識論的ディスクールのための複数の前衛部隊の役をつとめている。この「カビリア民族学三試論」は、詩のようなスタイルでひとつの理論(散文で書かれた一種の注釈)をみちびきだし、いつどこから引用してもまばゆく散りばめられた破片のように輝く、理論の源になっている。最終的にブルデューが「昔書いた」この三つのテクストを公刊する時点にいたると、それらが依拠していた詩的な場はタイトルによってかき消されてしまう(タイトルは注釈にもどって、『理論』になる)。あのカビリア地方の日々の習俗は、権威をさずけられたディスクールにところどころ効果をあたえながら散逸してゆき、しだいに姿を隠してゆく。観想的(思弁的)な風景を最後まで照らしだしつつ、その地平のかなたに沈んでゆく太陽のように。以上にあげた特徴は、すでにそれだけでも、理論のなかで実践がどのような位置を占めるか、その特性を指し示している。(8)

なにもこれは偶然ではない。一九七二年以降のブルデューの仕事は、「階級の将来、蓋然性の困果律」を別として、[9] いずれも「実践の意味《サンス・プラティック》」[10]をめざしながら、同じように組みたてられている。ただしヴァリアントがないわけではなく、(まさに系譜のエコノミーをあつかう)「婚姻の戦略」論は、カビリアではなくベアルヌ地方に依拠している。[11] つまり依拠する場が二つあるというわけだ。ベアルヌの地とカビリアの地と、いったいどちらがどちらの似姿なのか、言いあてることができるだろうか。この二つの地は、ブルデューが操作をくわえる——そしてブルデューにいつもつきまとう——二つの「似たものどうし」というかっこうになっている。ひとつは、生まれた土地から遠いはるかな場であり、もうひとつは、文化の差によって遠くはなれた場なのである。それでもどうやら、まずさきにベアルヌがあって、およそ出身地ならみなそうであるようにことば無きまま(in-fans)にとどまっていたものを、カビリアの情景に自分の似姿を見いだし(ブルデューのカビリア研究によれば、この地は生まれ故郷にきわめて近いという)、そうして自分を言い表わせるようになったのにちがいない。かくて「客観化しうるもの」となったベアルヌが現実的な支柱となり(同時にまた、在りし日のベアルヌいまいずこ、という伝説的支柱ともなって)、あのハビトゥスが社会科学に導入されてくるのである。ブルデューが理論にきざみつけるかれ固有のマークともいうべきあのハビトゥスが。こうして、起源にあった特殊な経験は、一般的ディスクールを再編成するブルデューの権能のなかに姿を消してゆく。

たがいに相手あってこその二つの半身からなる『実践《プラティック》の理論の概要《エスキス》』は、なによりもまず学際性のひとつの実践である。というのはメタファーであって、あるひとつのジャンルからもうひとつのジャンルへの、すなわち民族学から社会学への移行がそこにある、という意味だ。だが実を言えば、ことはそれほど単純ではない。この本は実に位置づけにくいしろものである。これは、かつてブルデューが大きくとりあげたあの学際的対質という問題、たんなる「データ」の交換という域をこえて、それぞれの専門に固有の前提条件を明示しあうことをめざしたあの対質の実践のひとつなのであろうか[12]。このような対質は、たがいどうしの認識論的解明をめざそうとするものである。つまり、それぞれの暗黙の土台となっているものを明るみにもたらそうというわけだ。知の野心であり神話であるあの明るみへ、と。だが、もしかしてそこにかかっているのは別のねらいであって、むしろそれはある身ぶりをしてみせているのかもしれない。その身ぶりにうながされてそれぞれの専門科学《ディシプリン》が、自己に先行し自己をとりまいている夜の闇のほうをふりかえるような——その闇を排除するためにではなく、その闇が排除されえぬもの、決定的なものであるから、こそそちらをふりかえるような——そうした身ぶりをとおして、別のなにかをめざしているのかもしれない。このようにして一科学《シアンス》が自己とその外部とのかかわりを思考しようとつとめ、たんに自己の生産の規則を訂正したり、自己の効力の限界を定めたりするだけで満足しようとしないなら、そこには理論がうまれてきうるであろう。それが、ブルデューのディスクールのとろうとしている道なのだろうか。いずれにしろ実践が不透明な現実をかたちづくっていくのは専門科学の設定するさまざまな境界の外においてであり、理論的問題も、その不透明な現実のなかからしかうまれえないはずである。

　ブルデューの「民族学試論」は、ある独得のスタイルをそなえている。さしずめアングルのバイオリン、社会学者の余技といってもいいかもしれないが、およそ余技がみなそうであるように、職業よりもっと熱のはいった遊びである。この小曲の演奏ぶりは、一節たがわず、まれにみる正確さで奏でられている。ブルデューがこれほどまで緻密に、一分の隙もなく、名技を発揮している例はほかにない。ひとつの「断片」、「切りはなされた」一、個別形態が、[13] 専門科学《ディシプリン》と、この科学にとって異質でしかも決定的かつ始原的なものである現実との（一般的でなく）総体的な関係をあらわす比喩形象《フィギュール》となっているかぎりで、かれのテクストは美的な何かをたたえてさえいる。この「断片」、ひとつの社会の断片であると同時にひとつの分析の断片でもあるそれは、なによりまず家であり、知ってのとおり、あらゆるメタファーがこの家をもとにしている。[14] いや、こう言うべきだろう、一軒の家、と。この家は、屋内空間を分節化するもろもろの実践をとおして、公共空間の戦略をさかさまにひっくりかえし、ひそかに言語《ランガージュ》を組織化する（語彙、ことわざ、等々）[15]。公共秩序の反転とディスクールの産出。この二つの特徴をとおして、カビリアの家はまた、ちょうどフランスの学校を逆にした、その反対物にもなっている。この学校を専門研究の対象としたブルデューがそこであばきだすものは、もっぱら社会的ヒエラルキーの「再生産」

と、そのイデオロギーの反復につきるからである。[16] 社会学が考察の対象としている社会とくらべてみるとき、カビリアの地にある住まいは、その独自性によって、ある逆の場、そして決定的な場になっているわけだ。この試論そのものも、書いた作者ブルデューそのひとによって、専門科学のそなえるべき社会 ‐ 経済的規範から逸脱したものとみなされている。あまりにも象徴的音域にかたよりすぎているというのである。[17] 要するにこの試論は、言い損いというわけだ。

社会学にふさわしい適合性と、民族学らしい個別特殊性と、この二つをへだてる距離を「理論」がうめてゆこうとする。ある学問領域にそなわる合理性と、領域外にたちあらわれている実践が、再結合されてゆくのである。事実、『実践の理論の概要《エスキス》』（および後に書きくわえられる部分）は、二つの要素の接合という操作をおこなっている。社会学のシステムにあいた穴のなかに「民族学的な」例外部分をはめこもうというむずかしい操作術だ。この操作をたどってゆくには、ブルデューの仕事にもっと詳しくたちいってみなければならない。まず第一に、これらの個別的実践《プラティック》がどのように分析されているか。他方で、ひとつの「理論」を構築してゆくにあたり、それらの実践がどんな役割をはたしているだろうか。

「戦略」

ブルデューが「戦略」とよびつつ研究している実践は、ベアルヌ地方の相続システムや、カビリアの家のなかの空間配置、あるいはカビリア地方でおこなわれるさまざまな労務や行事の年間周期、等々といったものにかかわる実践である。それらは同じひとつの種目にくくられるいくつかのジャンルにほかならず、その種目には、子孫繁栄、相続、教育、疫病予防、社会的・経済的投資、結婚、等々の「戦略」がふくまれ、また実践と状況のあいだにギャップがある場合には、「転向」の戦略もふくまれている。[18]いずれのケースがとりあげられても、さまざまなちがいをとおして、ある「実践のロジック」の「特徴のいくつか」がつきとめられるようになっている。

(1) 系統図や系統「樹」、居住様式の幾何学的平面図、年間行事周期を線状に描きあらわした図表、といったものは、個々雑多な現象を同質化し全体化する作業の結果であって、観察者が距離をとり、「中立化」してはじめてできあがるものだが、これにたいして実際の戦略そのものは「孤立した群島」をかたちづくっている。実利あればこそとり結ばれる親族関係であれ、身体の動きにそって逆転的な関係がつくりだされていくようなさまざまな場の区分であれ、たがいに通訳不可能な独得のリズムでひとつひとつ遂行されてゆくいろいろな活動の持続期間であれ、いずれをとってもそうである。[19]計算によって総計をだし、一目瞭然とわからせるような一覧表示が、収集した全「データ」を均質化し分類化するのにたいし、実践は不連続性を織りなし、種々さまざまな操作の結び目を織りなす。つまり親族関係も空間も時間も、二者のあいだでは同じものではないのである。

（この差異は二つの策略の境位に位置するものであることを言いそえておきたい。科学者のほうは、その一覧表によって、距離をとる操作、一覧表を作成しうる権力の操作をおおいかくす。いっぽう実践者のほうも、調査をおこなう人びとに頼まれて「データ」を提供したところで、役にたつ（あるいは役にたたない）操作のあれこれからうまれてくる実践の差については語ろうにも語れず、こうしてかれらもまた一般的図表の生産に手をかし、その図表をとおして自分たちの戦術を観察者の目から隠してしまう。実践の知とはこうした二重の欺瞞からうまれてくる成果だといっていいかもしれない。）

(2)「戦略」（たとえば子どもを結婚させるための戦略）というものは、「トランプの勝負で打つ手」にひとしい。それは、「ゲームのいかん」にかかっている。つまり持ち札（いい手札をもっているかどうか）と、ゲーム運び（勝負がうまいかどうか）の両者にかかっているのである。[20]どのような「手」にでるかということは、ゲーム空間を条件づけるもろもろの公準にかかわると同時に、持ち札に価値をあたえゲームの運び手にいろいろな可能性をあたえる諸規則にかかわり、さらにはまた、元の資本がどのような情勢のもとで賭けられるか、その情勢に応じて手をかえてゆくゲーム運びのうまさにもかかわっている。こうして複雑に組み合わされた全体は、質的に相異なるさまざまな作用の編み目を織りなしている。

(a)　そこには、さまざまな「暗黙の原則」や公準がある（たとえばベアルヌ地方では、男が女より優位にたち、長子が第二子以下より優位にたつ――これは、貨幣の稀少性に支配された経済体制のもとで世襲財産の保全をはかるための原則である）。ところがこうした原則や公準には規定がない（明示されてない）ので、融通をきかせる余地があり、これがだめならあれでいくといった選択の余地がのこされる。

(b)　そこには、さまざまな「公然たる規則」がある（たとえば、「土地を放棄する代償として第二子以下にあたえられる」婚資《アドット》のような）。だがこれらの規則には附帯的な限定条項がついていて、規則がくつがえされてしまうこともある（たとえば、婚資返還《トゥルナドット》という条項にしたがえば、結婚しても子どもができない場合には婚資を返却しなければならない）。このような逆転現象が起こって規則が曲げられることがあるにしても、そうなるかどうかは人生の偶然に左右されていてわからないから、結局これらの規則はどう利用したところでうまく帳尻があうようになっている。

(c)　もろもろの「戦略」、巧妙な「手口」（「ぬかりない事運び」）は、規則と規則のあいだをぬって「泳ぎまわり」、「伝統が提供してくれるありとあらゆる可能性を利用」し、どちらがいいか選んで使い、こっちがだめならあちらでうめあわせをつける。厳格な規範のもとに隠された融通のきく部分を存分に活用しながら、戦略はこうした網の目のなかで自分たちだけにしかわからぬような何かをつくりだしてゆく。そればかりか、ひとつひとつの決まりの平均水準にとらわれずに全体として得られる成果をあてにすればいいような階層ではよくあることだが、これらの戦略はすすんで転身をはかり、ある機能を別の機能に置きかえながら、経済的、社会的、象徴的な区別を相互のあいだで手ばやく置きかえられるような短絡回路をすべりこませる。たとえば、まずい結婚をしてしまったときには（婚姻上の失敗）、子どもの数を少なくすればよいし（子孫繁栄の問題）、あるいはまた、第二子を独身のまま家内にとどめおき「無報酬の奉公人」として扶養する場合には（経済的投資を要し、子孫繁栄はさまたげられるが）、その子にたいして婚資を支払わずにすむわけである（婚姻にかかわる利点）。戦略は、原則や規則を「適用する」のではないのだ。自分たちの操作のためのリストをそこから選びとっているのである。[21]

(3) ひとつのジャンルからまた別のジャンルへとたえず移行するこれらの実践《プラティック》は、転移《トランスフェール》にも似ているし、「メタファー化」といってもいいが、ひとつの「ロジック」を措定している。これら実践の文があやなす迷宮のただなかでそのロジックをつかむべく、ブルデューは、ここぞとばかりに狡智を発揮し、それらの実践をしのぐ術策をめぐらしながら、いくつかの基本的な手続きをおさえている。[22]

(a) 多命題性――同じものでも、何とどう結びつくかによって、特性も使いみちもさまざまに変化する。

(b) 代替可能性――あるひとつのものはかならず別の何かによって置きかえられる。それが表わすものをすべて考えあわせれば、他のもののなかに類似したものがみつかるからである。

(c) 婉曲化——象徴システムが表わしている二分法や二律背反に行為が抵触しているという事実を隠しておくこと。反対物を統合する儀礼的行動はこのような「婉曲化」のモデルといえよう。

結局のところ、アナロジーからこうしたすべての手続きがうまれてくるといっていいのかもしれない。これらの手続きは象徴システムを侵犯し、秩序の押しつける限界をはみだしているのだが、うまくこの侵犯をごまかし、こっそりとメタファーをしのびこませるのであって、こうして慎重に事を運べばこそ、それらの手続きは法にかなったものとみなされ、うけいれられるのである。というのもそれらは、言語によって確立されたもろもろの差異区分《ディスタンクシオン》を侵害しながら、しかしその差異を尊重しているからである。このような見かたにたてば、規則の権威を認めるということは、その規則を適用することと正反対である。この根源的な交差配列法が今日では逆転してしまっているのだ。というのもわれわれはもはや権威など認めてもいない法律を適用しなければならないのだから。それはともかく、ブルデューがこれらの実践の究極のしくみとして、このような「アナロジーの使用」を見いだしているのは興味深い。というのもブルデューが一九六八年に原稿をつのった研究者たち(デュエム、バシュラール、キャンベル、等々)は、これをほかならぬ理論的創造の動きそのものとみなしているからである。[23]

(4)　最後に、これらの実践はいずれもみな、わたしが固有の場のエコノミーとよぶものによって統括されている。ブルデューの分析のなかでこのエコノミーは二つのかたちをとっており、どちらも基本的なものだが、結びついているわけではない。まずひとつは、おもに世襲財産からなる資本（物的、象徴的な財）をできるだけ大きくすることである。もうひとつは、個人的にも集団的にも身体の拡張をはかることであり、この身体のひろがりが（生殖による）持続と（動きによる）空間をうみだしてゆく。成功や失敗をかさねながらあれこれ手をつくして策略をめぐらすということは、この二つのものを再生産し、その果実を手におさめようとするエコノミーにかかわることであって、この二つは、「家」にそなわる二つの形態、相異なるがたがいに補いあう二形態なのである。[24]すなわち、財産と身体——土地と子孫。こうした「場」の政治学が、いたるところでこれらの戦略の基底をささえている。

以上のことから二つの特徴がうかびあがってくるが、それにてらして考えてみれば、ここにあるのはブルデューがそれらを考察した閉じられた空間だけにしかないまったく独自な実践であること、また、ブルデューがそれらにたいしてある視点をとった、その視点ときりはなせない独自な実践であることがわかってくる。

(a)　ブルデューは、これらの実践が、ある固有の場（世襲財産）と、ある集団管理原則

（家族、集団）にたいして二重の絆をむすぶことをつねに前提としている。この二重の公準がまもられないようなことにでもなれば、いったいどうなるだろうか。これは興味深いケースである。というのもわれわれのテクノクラシー社会がまさにそれにあたるからだ。われわれの社会を考えれば、昔あった、あるいはよそにあるような、島国さながらの独立性を保った財産や家族など、ロビンソン物語か、でなければ失われた世界のユートピアになってしまう。ところでブルデューは現代の家庭生活や「プチブルジョワ」のところでも同じようなタイプの実践を見いだすことがあるのだが、かれによればそんな実践は、もはや「長期的展望のないごく短期の戦略」にすぎず、「生半可な知をよせあつめた」「時代錯誤的反撃」であり、「文化的混成語」、「コンテキストを失った観念のガラクタ」でしかない。[25] 同一の実践のロジックがなおもそこに生きつづけているのだが、伝統社会なら固有の場がそのロジックのはたらきを統括していたものを、もはやその固有の場からきりはなされているわけである。ということはつまり、『概要《エスキス》』において、場のプロブレマティークが実践《プラティック》のプロブレマティークより上位にある、ということではないのか。

(b)「戦略」という用語のもちいかたも、あまり限定されていない。この用語がもちいられているのは、実践が情勢にぴったり適した対応をするという意味においてである。けれどもブルデューは同時にまた、いわゆる戦略のことではないのだと、くりかえし語ってもいる。いくつかの可能性のなかからどれかを選択できるわけではなく、したがって「戦略的意図」があるわけではないのである。より多くの情報を集めておいてあらかじめ矯正策を講じておけるわけでもないから、「いささかの計算」があるわけでもない。先の予測をつけるのでもなく、ただ、過去の反復のような「漠と推測された世界」があるだけである。要するに「そういうことになるのは〔実践が結果として客観的情勢に適合するのは〕、厳密に言うなら、主体が、自分たちのやっていることを知らないからであり、かれらのやっていることには、かれらが知っている以上の意味があるからである」[26]。つまりここにあるのは「知恵ある無知《ドクト・イニョランス》」[27]であり、自分で自分をそうとは自覚してない知略なのだ。

　場によって統括されるこれらの「戦略」、物識りでありながら自分では無自覚なこうした「戦略」とともに、もっとも伝統的な民族学が立ち返ってくる。事実これまで民族学は、みずからは隔絶した区域に身をおき、そこから観察をつづけながら、一民族にそなわる諸要素を首尾一貫してしかも無意識的なものとみなしていた。この二つの面はわかちがたく結びついている。首尾一貫性なるものがひとつの知の公準であり、知がみずからにさずける地位の公準、みずからが準拠する知識モデルの公準であるためには、この知を、客観化された社会からはなれたところに位置づけなければならず、したがってこの知を、その社会がみずからについて抱いている知識とは隔たった《エトランジェ》もの、それよりいちだんと高いものと前提しなければならなかった。研究の対象となる集団の無意識は、知がみずからの首尾一貫性を保持するために支払わねばならない対価（知が報わねばならない対価）であった。

ひとつの社会は、みずからそうと知らずにしかシステムでありえなかったのである。そこから、次の命題が派生してくる。すなわち、自分ではわからないままに社会をなしているその社会がどのような社会であるかを知るためには民族学者が必要なのだ。今日、民族学者は（たとえそう思っていたとしても）、まさかそんなことをあえて口にしはしないであろう。ブルデューが社会学者の名においてそのような危険をおかしているというのはいったいどういうことであろうか。

「理論」

社会学が、（それじたい経験的な調査にもとづいた）統計のしめす「規則性」をもとにして「客観的構造」を定め、どのような「状況」であれ「客観的情勢」であれ、こうした構造のどれかひとつの「特殊状態」とみなすかぎり[28]、たしかに社会学は、実践がこれらの構造に適合しているか――またはずれているか――を理解しなければならない。実践と構造（この構造は、情勢という「特殊状態」をとおしてあらわれる）の合致、一般的に確認できるような合致は、いったいなににもとづいているのだろうか。この問いにたいして、実践は条件反射のような無意識的《オートマティズム》行動をとるのだという答えもあるし、かと思えば逆に、実践のにない手は主観的な創意工夫をこらすのだ、という答えかたもある。正当にもブルデューは、こうした二つの仮説のいずれをもしりぞけてしまう。それらにかえてブルデューはみずからの「理論」をもってしようとするのであり、かれのこの理論は、実践がいかにして構造に適合するかという問題を、実践の生成によってときあかそうとするのである。ブルデューがたてている問題そのものがかなりあやふやな項目からなっているのではないかと言えなくもない。そこで考えられている三つの与件——構造、状況、実践——のうち、後の二つ（この二つはたがいに応えあう）だけは観察されるものであるのにたいし、第一のものは統計にもとづいてみちびきだされた結論であり、すでにできあがったモデルである。「理論的」問題に入りこんでしまうまえに、認識論的な二つの前提事項をはっきりさせておく必要があるだろう。すなわち、次の二つのことをおさえておかなければならない。(a)これらの「構造」にそなわっていると想定されている「客観性」。これは、社会学者のディスクールのなかで現実そのものが語られるという確信にささえられた「客観性」ではないのか。(b)「構造的」モデルは総体をおさめるものとされているが、観察された実践や状況はそこにおさまりきれない限界があるのではないか。とくにそれらを統計によってあらわそうとするのは限界があるのではないだろうか。こうした前提を考えてみなければならないのに、理論をいそぐあまり、それが忘れられてしまっているのである。

　ブルデュー自身がたてた問題事項にそっていけば、かれブルデューは、実践を構造に合致させるなにか、もしも二つのあいだにギャップがある場合には、そのギャップをも説明しうるなにかをみつけださねばならない。ブルデューには、ある補足的な説明枠が必要なのである。かれはそれを、あるひとつのプロセスのなかにさぐりあてる。それは、教育についての社会学者というかれの専門のなかで大きな地位を占めているプロセスである。つまり、習得というプロセスがそれだ。これは、習得を組織化する構造と、習得によってうまれてくる「性向《ディスポジシオン》」の二つをつなぐべく探りだされた媒介項である。このような「生成」には、（習得によって）構造を内面化する過程と、習得したもの（あるいはハビトゥス）を実践のうちに外在化する過程がふくまれている。こうして、時間的な軸がとりいれられることになる。すなわち、内面化－外在化が持続しているあいだ、構造が不変のものにとどまっているとすれば、そしてこの場合にかぎって、実践は（習得したものを表現しつつ）、（構造をあらわしている）状況にたいしてぴったりと適応するわけである。もしもそうでない場合には、実践は遅れをとってずれてしまうことになり、いまだハビトゥスによって構造を内面化していた、その時点での構造にあわせていたことになる。

　このような分析にしたがえば、構造は変化しうるし、社会変動の原理ともなりうる（唯一の原理でさえある）。だが、習得したものはそうではない。習得したものは固有の動きをもたないのである。それは、構造が書きこまれてゆく大理石であり、構造の歴史がきざまれてゆく大理石なのだ。そこでは、みずからの外在性の結果でないようなものは何ひとつ起こらない。未開社会そして／あるいは農村社会のイメージそのまま、そこでは何ひとつ動くものはなく、自分にとって外《エトランジェ》的な秩序が残してゆく痕跡のほか、歴史などありはしない。このような記憶の不動性あればこそ、実践をとおして社会‐経済的システムが忠実に再生産されるといった理論が維持されうるのである。したがって、ここで中心的な役割を演じているのは、習得や修業（可視的な現象）ではなく、習得したもの、ハビトゥスなのだ(29)。それが、構造による社会の解明のささえになっているのである。だが、それにはそれの報いがある。このような不動性をささえにしようとするには、このハビトゥスは、制御不可能なもの、不可視なものでなければならない。

ブルデューが関心を抱くもの、それは生成であり、「実践の生成様式」である。フーコーのように、実践がうみだすものではなく、実践をうみだすものなのである。したがって、実践を考察していたはずの「民族学試論」から、実践の理論化をはかる社会学へといたるあいだには、ある移動が起こっているのであって、そのためにディスクールはハビトゥスのほうにひきずられてゆき、その同義語（エグジス、エートス、モードゥス・オペランディ、「常識《サンス・コモン》」、「第二の天性」、等々）から、定義から(30)、説明から、どんどん数がふえてゆく。第一のものから第二のものへと移行にともない、ヒーローもかわってしまう。多種多様な策略をめぐらすさまざまな戦略にかわって登場するのは、薄明の闇に隠れて姿さだかならぬひとりの受動的な俳優〔行為者〕である。この動かぬ大理石に、一社会にみられるもろもろの現象がそっくり振りあてられてゆく。まるでそのにない手を割りふりするかのように(31)。たしかにこれは無くてはならぬ登場人物にちがいない。というのも、この人物のおかげで、理論が円環をえがいてゆけるからである。これ以後、理論は、「構造」からハビトゥス（つねにイタリックの）へと移り、そしてこのハビトゥスから「戦略」に移り、この戦略が「情勢」に適合するのだが、この情勢とは「構造」のもたらす結果であり、その特殊状態なのであるから、これがまた「構造」にもどっていくわけである。

実のところこのサイクルは、できあがったひとつのモデル（構造）から出発して、仮定されたひとつの現実（ハビトゥス）に移行し、そこから、観察された諸事実（戦略と情勢）の一解釈へと移行しているのだ。けれども、理論がサイクルのなかにとりこんだ各部分の地位《スタテュ》がバラバラであるという事実にもまして印象的なのは、この理論が、民族学的な「断片」に、社会学的な一貫性の欠如の穴をうめる役割を負わせている、ということである。あの他者（カビリアやベアルヌ）は、理論に欠けていた要素を提供すべくやってきて、おかげで理論はすすんでゆき、「万事うまく説明がつく」ことになる。このはるかな異国は、ハビトゥスを規定しているあらゆる性格をそなえている。すなわち、首尾一貫性、不動性、無意識性、そして領属性（習得したものは世襲財産にひとしい）。このはるかな地は、ハビトゥスに「表現されて」いるのであり、このハビトゥスとは、カビリアの家の屋内さながら、構造が内面化されつつ逆転する不可視の場、そしてまたこのエクリチュールが、うわべは自由な即興のようにみえる実践というかたちのもと、みずからを外在化しつつまた元にもどってゆく不可視の場なのだ。ハビトゥスというメタファーをまといつつ理論のなかに住みついているもの、そればかりか、仮説にひとつの指示対象をあたえ、現実らしき様相をあたえているもの、まさにそれはあの家、ひっそりと黙しつつそれでいて決定的な記憶にほかならぬ、あの家なのである。しかしながら、このように理論的メタファーにされてしまうと、この指示対象は、真実めいた何ものかでしかなくなってしまう。家はハビトゥスにその形式をあたえはしても、内容をあたえはしないのである。それにまたブルデューの論理のはこびかたは、このような現実性を指し示すというより、むしろ自分の仮説が理論にとっていかに必要でありいかに有効であるかをあきらかにすることをめざしている。だからこそハビトゥスはドグマティックな場になってしまっているのだ。ディスクールが全体を支配せんがため、必要にかられて、ある「現実」を頭から断定してかかるのがドグマであるとすれば、まさにそうしたドグマになってしまっているのだ。が、だからといってこのドグマに、新しい学問領野をきりひらく価値がないわけではない。おそらく多くのドグマがそうであるように、このドグマもまた新たな研究の可能性をほり起こし、その位置をずらすという価値をそなえているのであろう。

ブルデューのこのテクストは、その分析によってひとを魅了し、その理論によってひとを攻略する。読みながらわたしは、テクストがあおりたてる情熱のとりこになってしまうような気がする。このテクストはコントラストからなっているのだ。実践《プラティック》とそのロジックを綿密細心に考察しながら——おそらくモース以来、匹敵するもののないようなやりかたで――最後にはこれらの実践をある神秘的な現実へ、ハビトゥスへと還元してしまうのである。実践を再生産の法則のもとへおさめてしまうために。ベアルヌやカビリア地方の人びとの戦術の緻密をきわめた記述は、いきなり叩きつけるような真理にぶつかってしまう。あたかも、ある複雑な何かをこれほど犀利《さいり》に追求したからには、そのはねかえりにドグマティックな理性の暴力的な一撃が必要だとでもいわんばかりだ。このコントラストは文体にもそのままあらわれており、戦術にわけ入って追跡していくときは迷宮のように曲がりくねっていたものを、むやみに断定をくりかえす重々しい文体にかわってしまう。「なるほどそうだが」(侵犯をめざすこのずる賢い言いかたの多いこと)という言いまわしと、「それにしてもやはり」(そこにはある全体的意味があるはずだ)というそれとの、独得な組み合わせの妙。こんな攻略に屈してしまわないようにと、わたしも(負けじと)、このようなコントラストは戦術の分析にとってなにか重大な役割をはたしているはずだと仮定してかかる。ブルデューの「理論」が戦術のうえにかぶせてしまった覆い、この戦術を社会‐経済的合理性にしたがわせんがため、その火を消してしまうかのように、あるいはまた、それは無意識だと宣告することによって戦術の喪をとりおこなおうとでもいうかのようにかぶせてしまった覆い。この覆いは、およそあらゆる理論が戦術ととりむすぶ関係にかんして、なにかをわれわれに教えてくれるはずである。

これらの戦術は、その基準と手続きとからして、あまりにも自律的なやりかたで制度的および象徴的組織を利用するにちがいないから、もしそれをまじめにうけとめようとするなら、社会を科学にもたらそうとする科学的表現は、語のあらゆる意味において壊滅してしまうであろう。科学の公準も野心も、これらの戦術にうち勝つことはできないにちがいない。さまざまに異なるこれらの微視的活動が「メタファーを駆使しつつ」、あちらこちらを横断しながらひしめきあっているさまを前にしては、規範性も一般性も裁断化も歯がたたないことだろう。数学や精密科学は、人間的でない現象の微細でランダムな運動を追求すべく、たゆまずみずからの論理を不断に精密化していっている。あつかう対象がそれ以上に「繊細」をきわめ、しかもそろった道具ときてははるかに粗雑でしかない社会科学にとって、のこされた道は、この種の雑多なものの繁殖を悪魔ばらいして排除しながら、みずからのモデル（すなわち制御の野心）を守ること以外にないであろう。事実、社会科学は、悪魔ばらいできたえた方法どおりに、これらを特異な（ローカルな）もの、無意識のもの（原則からしておのれとかけ離れた《エトランジェ》もの）とみなし、そうしておいたうえで、これらの実践がそのもてる知を科学という裁判官にそれとしらずに明かしてくれるものとみなしている。もしも「観察者」がおのれの司法制度に閉じこもったままでいるのなら、つまりそれほど盲目をきわめているなら、なにごともなく、万事はうまく運ぶ。その観察者が生産するディスクールは確固たるものであるかに見えるだろう。

　ブルデューには、このような姿勢はみじんもうかがわれない。ブルデューはまず第一ステップ（明白すぎるほど明白なステップ）として、外に出てゆく（あの戦術のほうへとおもむく）そぶりをみせるのだ。たしかにそうにはちがいないが、実はそれは、もどってくる（専門的合理性を確証する）ためなのである。これでは、外に出てゆくふりをしただけのこと、テクストの「戦略」というものであろう。けれども、このように急いでもどってくるというのは、かれブルデューが、かくも知識ゆたかなこの実践によって科学的な知が命とりの危険にさらされていることをわかっている証拠ではないだろうか。理性の崩壊とドグマティックな信念との（はるかパスカルに通じる）結びつき。ブルデューは、科学的知のなんたるかを十分に知っており、その知を創始した権力についても十分に知りつくしている。おなじようにブルデューは、テクストのなかであれほどの妙技をもってその狡智のほどを再演してみせた、あの戦術についても十分に知りつくしている。だからこそかれはそれらの狡智を無意識という鉄格子の向こうに閉じこめてしまうのであり、ハビトゥスというフェティッシュをつくりだすことによって、理性に何かが欠けているという事実を否認しようとするのであろう。その何かが欠けているかぎり、理性は強者の理性以外のものではありえないのだが。ブルデューは、ハビトゥスによって、自分が知っているもの——伝統的な民衆の戦術——とは逆のものを肯定しているのであり、こうして（理性の権威をたたえ）理性を擁護することは、かれにとって、周到に境界線をひいて区切った場からこれらの戦術を観察しようとする科学の死活にかかわることであろう。

もしそれがほんとうであるとすれば（だが、だれがそうだと言いえようか）、ブルデューは、その「試論」におとらず、その「ドグマティズム」によっても、おなじくらい多くのことをわれわれに教えてくれるにちがいない。（知らないことを隠すのではなく）みずからが知っていることを隠すディスクールは、それが、みずから知っていることを実践しているかぎりにおいて、まさに「理論的な」価値をそなえているのではないだろうか。そのディスクールは、たんなる解明の舞台ではなく、排除しえない自己の外部と自己との自覚的な関係からうみだされた所産であろう。こうしてブルデューのディスクールは、あの「知恵ある無知《ドクト・イニョランス》」とむすばれあうのであろうか。この「知恵ある無知」が自分でそうと知らない識者と宣告されてしまったのは、まさにそれが、自分が語らず語ることもできぬものを知りすぎているからなのだから。

第5章　理論の技《アール》

ふつうなら別のディスクールについてあるひとつのディスクールをうちたてればよいのだが、そうではなくて、もはやディスクールのない地のかなたにまで理論が前進してゆかねばならないときには、ある特別な問題がもちあがってくる。いってみれば、突然、デコボコ道にさしかかってしまうのだ。言語にしようにも、言語が踏みしめる地面そのものがなくなってくるのである。そこで、理論化をめざす操作は、その操作が正常におこなわれるテリトリーの限界に行きあたってしまう。ちょうど、断崖絶壁にさしかかってしまった自動車のように。その向こうには、海がひろがっている。

フーコーとブルデューは、非ディスクール的な実践にかんするディスクールを語りつつ、みずからこの絶壁に位置するくわだてをはかっている。なにもかれらがはじめてそうしているわけではない。遠い昔にさかのぼるまでもなく、カント以来、いかなる理論的探求も、こうしたディスクールなき活動、人間的活動のうちで、なんらかの言語で飼いならされ象徴化されたことのないものからできあがっているこの広大な「残り」と自己とがどのような関係にあるのか、程度の差こそあれ、真向からたちむかってあきらかにしないわけにはいかなかった。個別科学はこのような真向からの対決をさけて通る。それは、みずからア・プリオリに条件を設定し、なにごとであれ、それを「ことばにしうる」ような、固有の限定された領域内でしか事物をあつかおうとしない。それは、事物をして「語らせる」ことができるようなモデルと仮説の碁盤割りをひいて事物を待ちうけているのであり、この質問装置は、狩猟家のはる罠にも似て、事物の沈黙を「回答」に、したがって言語にかえてしまうのである。それが、実証という作業だ。(1) これにたいして理論的な問いかけは、こうしたもろもろの科学的ディスクールどうしの相互関係のみならず、それらがみずからの領域を設定せんがために意図的に排除してしまったものと共通に結びあっている関係を忘れはしないし、忘れるわけにはゆかない。理論的な問いかけは、無限にひしめきあう（いまだ?）語らないものと結ばれており、なかでも「日常的な」実践というすがたをしたものと結ばれあっている。それは、この「残り」の記憶なのである。それは、科学の法廷にあって容れられざるアンチゴーネだ。たえず彼女は科学の場に、この忘れえぬものをもちきたらしてやまない。「政策的」（方法論的、そして原則として一時的な）必要から、忘れえぬものを忘却に付してしまう、その科学の場に、たえず彼女はそれをさしもどす。いったいいかにしてこのアンチゴーネにそんなことができるのであろうか。いかなる離れ業、いかなる術策によって？　それが、問われている問題なのである。

きりとることとひっくりかえすこと／理論の秘訣

フーコーとブルデューの仕事にもどってみなければならない。いずれもそろって重要な二人だが、かれらのあいだには明白な隔たりがみうけられ、本書の展開にさきだって二人をとりあげる理由もまたそこにある。実践の理論史をたどることが本書の意図ではないのだから。フーコーとブルデューのこの二つの記念碑的業績は、ひとつの研究領域をしつらえつつ、ほとんどその両極に位置するものであった。けれどもこの二つの作品は、いかに隔たっていようと、その製作手続きをともにしているように思われる。あつかわれている題材といい、問われているプロブレマティークといい、ひらかれるパースペクティヴといい、みな異なっているのだが、にもかかわらず、そこにはある同一の操作シェーマが認められるのである。フーコーとブルデューの二人の作品がしめしているのは、実践の理論の「つくりかた《マニエール・ド・フェール》」の二つのヴァリアントなのだといっていいかもしれない。料理のつくりかたとおなじように、この理論のつくりかたも、さまざまな情況、さまざまな関心のもとでみがきあげられ、その手腕のほども料理の場合と同じくらい差があって、つくり手にも、上手、下手がある。ときに見事な離れ業をやってのけるのも、料理と同じである。二人のテクストには、合い間、合い間で秘訣をあかす身ぶりがみえるが、その身ぶりをしめす不定法（または命令法）で特徴をおさえてみると、この理論操作は二つのモメントに要約される。まず第一に、きりとること、その次に、ひっくりかえすこと、である。まずはじめに「民族学的な」隔離がおこなわれ、その後に、論理的転回がおこなわれるのだ。

第一の身ぶりは、ある任意の織りものを裁断していくつかの実践をきりとり、それらの実践をあるひとつの特別な地域としてあつかえるようにする。首尾一貫した全体をかたちづくってはいるが、理論が生産される場とは隔たった《エトランジェ》場として考察できるようにするのである。たとえばフーコーの「一望監視的」手続きは、多様なもののなかからそれだけきりはなされており、あるいはブルデューの「戦略」も、ベアルヌやカビリアの人びとだけのものと場を固定されている。そのことによってそれらは、ひとつの民族学的形態をうけとるのである。そればかりでなく、いずれにあっても、きりはなされて隔離されたジャンル（フーコー）や場（ブルデュー）は、空間全体のメトニミー〔換喩〕と考えられている。すなわち、（境界線をひかれているがゆえに観察可能な）ある一部分が、（非‐限定的な）全体を代表するものとみなされているのだ。たしかにフーコーにおいて、このような隔離がおこなわれえたのは、あるテクノロジーに固有な力学が解明されたからである。つまりそれは書誌学的なディスクールによってうみだされた裁断なのである。ブルデューの場合、この隔離は、世襲財産の擁護という原理が編成した空間のもたらした結果とみなされている。つまりそれは社会経済および地理学的な与件としてうけとめられているのだ。いずれにしろこの二つの分析は、規定のしかたこそそれぞれに異なるとはいえ、民族学的、メトニミー的な裁断を共通なものにしている。

第二の身ぶりは、こうしてきりとられた一部位をひっくりかえす。その一部位は、仄暗いもの、語らぬもの、遠くにあるものから、理論を照らしだしディスクールをささえる要素へと反転させられるのである。フーコーにおいては、学校や軍隊や病院で実施されている監視のすみずみにはりめぐらされた手続き、ディスクールによって根拠づけられないミクロの装置《ディスポジティフ》、啓蒙主義とは異質な技術《テクニック》が、われわれの社会のシステムと人文科学のシステムの両者を同時に照らしだす理性となる。この手続きのおかげで、そしてこの手続きのうちにあって、フーコーの目をのがれるものは何ひとつない。それによってフーコーのディスクールはまさにディスクールであることができ、しかも理論的に一望監視的であることができる。すなわち、すべてを見ることができるのである。ブルデューにおいては、ディスクールの秩序からすれば侵犯的で多型的な狡智にとむ「戦略」によって組織される特定の不透明な場が、おなじように転回させられて、理論にその明証性をあたえ、理論に不可欠な結節点をあたえるものになっている。その結節点のおかげでかれの理論は、いたるところに同一の秩序の再生産をみてとるのだ。みずからの知について無意識なこの戦略は、その戦略をとおして自己を外在化するハビトゥスに還元させられることによって、ブルデューにすべてを説明し、すべてについて意識的であるための方途を提供しているのである。たしかにフーコーはその手続きがシステムにおよぼす効果を考え、ブルデューもまたその戦略を結果的にうみだす「独自な原理」を考えてはいるが、たとえそうであるにせよ、かれら二人が、ことば無きもの、黙せるものとして隔離した実践を理論のきり札にかえ、この闇の地域をして光輝く鏡と化し、そこに、みずからの解明のディスクールの決定的要素を映しだすとき、二人はそろっておなじ芸当をやってのけているのである。

この芸当によって、理論はみずからが論じている当の手続きの一部に属することになる。たしかにかれらの理論は、同一種目にふくまれるもののなかからひとつのカテゴリーだけを取りだして考察し、そうした隔離された一部分にメトニミー的な価値を措定しており、かくてそれ以外の実践を不問に付しながら、みずからの製作を保証している手続きを忘却に付してはいるが、だからといってそれらが手続きに支えられていることにはかわりない。ディスクールが手続きによって規定されているという事実は、すでにフーコーが人文科学について分析しているとおりである。けれどもフーコーのその分析もまた、みずからがあかしている生産様式にささえられつつ、みずからがその作用に目印をつけている手続きに類似した手続きに属しているのである。となれば、あきらかにすべきは、フーコーがその歴史を語っている一望監視的手続きにくらべるとき、いったいそこにはいかなる差異があって、ある見知らぬ《エトランジェ》実践体の境界を定めつつ同時にその暗く定かならぬ内容を明るく明晰なエクリチュールに反転させるような二重の身ぶりがみちびきだされるのか、ということであろう。

だがさしあたってはまずこうした身ぶりの本性をあきらかにすべきであり、二人の作品に限定せずに考察すべきであろう。われわれの論点はなにもこの水際立った二作だけにかかわっているのではないのだから。事実、こうした身ぶりのよってきたる手続きは、けっして例外的なものではない。それどころかよくもちいられる昔からの秘訣でさえあって、もっとよく考察してみさえすればよいのである。今世紀初頭の名高い二人を例にとれば十分であろう。ひとりは、『宗教生活の原初形態』のデュルケームであり、もうひとりは、『トーテムとタブー』のフロイトである。かれらは実践の一理論を構築するにあたり、まずそれらの実践を、われわれの「開明的」社会に比して「未開の」、しかも閉じられた民族学的な一空間のなかに位置づけ、そこ、その暗く無明の場に、みずからの分析の理論形式を見いだすのである。デュルケームが現代社会の倫理と理論のための原理を見いだすのは、「未開民族」のなかでもことに未開とされている民族、オーストラリアのアルンタ族の供儀の実践においてである。そこでは、(供儀により) 各人のもつ無際限の欲求に制限が課せられるおかげで、共存が可能となり、また集団の成員相互のあいだにさまざまな協定が成立する。言いかえれば、断念と犠牲という実践によって一個の複合性と諸契約が、すなわちひとつの社会ができあがるのである。つまり限界をうけいれることが社会契約の基礎をなしているのだ。[2] いっぽうフロイトもまた、未開部族の実践のうちに、近親相姦、去勢、父の死と掟の結合、といった精神分析の基本概念をさぐりあてている。[3] フロイトの場合、その説を正当化するいかなる直接的経験もないだけに、こうした迂回のプロセスはいっそう顕著である。デュルケームもフロイトも、みずからが論じている実践を観察したことがない。マルクスが工場に行ったことがないのと同じように、[4] かれらはいちども現地におもむいたことがないのである。それなのになぜかれらはこれらの実践を閉ざされた謎の場にしつらえ、わざわざそこに理論のキー・ワードを探そうとしたりするのであろうか。

今日、われわれの理性の秘密をにぎっているこれらの実践は、もはやそれほどはるか彼方にありはしない。時とともにそれらは近づいてきている。こうした民族学的現実は、いまではオーストラリアや原始時代にまで探しにいくまでもない。それは、われわれのシステムのなかに住みついているか（一望監視的手続き）、でなければわれわれの都市のなかとはいかなくてもそのそばにあり（ベアルヌ地方やカビリア地方の戦略）、それ以上に近いところにある（「無意識」）。けれども、その内容がどれほど近かろうと、依然としてその「民族学的」形態はのこりつづけている。したがって問題なのは、知から離れたところに住みながら、それでいてその秘密をにぎっているこれらの実践になぜこうした形態があたえられたのか、ということだ。そこに、近代のひとつのすがた《フィギュール》がある。

「技芸」の民族学化

理論的反省というものは、自分の場から離れたところで実践をあつかおうとしたがらない。わざわざ実践を分析しに出かけていかねばならないようなやりかたではなく、実践をこちらのほうにひきよせて自分のところに落ち着けるようなやりかたを選ぶ。実践を切りとってくるあの裁断の身ぶりをいつもくりかえすのである。歴史がそうさせたのだ。ディスクールなき手続きは、過去がつくりだしたひとつの地域に寄せあつめられてそこに場を固定させられてしまう。それは、理論にとって決定的に重要な役割をもった地域であり、その地域が、開明的な知にたいして野生の「余地」をなすのである。

啓蒙（Aufklärung）に端を発する理性がみずからの規律と首尾一貫性と権力を定めてゆくにつれ、こうした実践の手続きはしだいに境界的な価値をさずけられていった。こうしてそれらは、十八世紀から厳密性と操作性をあきらかにしてゆく科学的エクリチュールにたいし、他性や「抵抗」というすがたをとってゆく。おなじ進歩の名のもとに、一方で、ものごとをなす技芸《アール・ド・フェール》（またはやりかた《マニエール》）と、他方で、知の新しい布置がかたちづくる科学との二つが分化してゆくさまがみうけられるのであり、前者は、さまざまな民衆むけの本のタイトルによく使われ、(5)また、しだいに「人間観測学会」の関心の的になってゆく。(6)

この二つのものの区分は、もはやあの「理論」と「実践」という伝統的な二項式、宇宙という書物を解読する「観想」と、具体的な「応用」との分離によって特徴づけられる二項式にもとづくものでない。それらは異なる二つの操作、ひとつはディスクール的な（言語における、そして言語による）操作と、もうひとつは、ディスクールのない操作との二つをめざしている。十六世紀以来、方法という観念が、識ることと行なうこととの関係を徐々にくつがえしてきた。法学と修辞学の実践は、しだいに多様な分野にわたるディスクール的な「行為」に変わってゆき、環境に変化をくわえるテクニックに変わっていって、これにともない、ディスクールの基本シェーマが重視されるようになってゆく。このシェーマは、思考のしかたを行為のしかたとして組織し、生産の合理的管理、固有な領域における規則的な操作として組織化するものであった。それが、「方法」というものであり、近代的な科学性の萌芽である。根底においてそれは、すでにプラトンが活動性としてとらえていた技術〔テクネー〕の体系化であった。[7] けれども、この方法は、すぐれてディスクールをとおして技能を秩序づけようとするのだ。境界線がへだてているのは、もはや二つの階層的な知、ひとつは観想的で、もうひとつはさまざまな個別性に結びつけられた知、一方はひたすら世界の秩序を読み、他方はその一方が定める枠内で事物の細部に適応するといった二つの知ではなく、ディスクールによって分節化される実践と、（いまだ）そうでない実践の二つが対立させられているのである。

ディスクールなき「技能《サヴオワール・フエール》」、そもそもからエクリチュールもない（エクリチュールでもあり科学でもあるのは、方法のディスクールである）この技能の地位はいったいどのようなものであろうか。それは、多様だが野生の操作性からなっている。こうして無限にひしめきあっている技能はディスクールの法則には従わないけれども、すでに生産の法則に従っている。この生産の法則は重農主義経済、そしてその後の資本主義経済にとって究極的な価値になってゆくものである。したがってこの技能は、科学的ディスクールに生産を組織する特権があるなどということを認めようとしない。こうした技能は、言語を操作する専門家をいらだたせもするし、刺激しもする。軽蔑さるべき実践であるどころか、「創意に富み」、「複雑で」、「ものを操作する」知として、これらの技能は、理論の征服欲をかきたてるのである。ベーコンからクリスチャン・ヴォルフやジャン・ベックマンにいたるまで、「技芸《アール》」と「工芸《メティエ》」というこの広大な余地をなんとか植民地化しようとして、とほうもない努力がかたむけられている。それらはいまだ科学のなかにおさまりきれなかったが、「《記述》」をとおしてすでに言語のなかに導入され、そのことによっていっそうの「完成」をめざす方向にみちびかれた。この二つの用語——語りに属する「記述」と、最大の技術的効率をもとめる「完成」によって、「技芸」の位置は決められてしまったのだ。科学に近いが、科学の外にあるものという位置である。(8)

　技芸にこのような位置をさずける仕事については、百科全書がその成果でもあり、同時にその先頭に立った旗手でもある。そもそもこの辞典は、『科学、技芸、工芸にかんする理論的辞典』なのだ。この百科全書は、最終的に技芸を同化しようとめざしながら、「科学《シアンス》」と「技芸《アール》」を隣あわせに並べている。一方は操作言語であって、文法と統辞論をそなえ、制御可能なシステムを構築し、したがって記述可能なシステムを形成しているのにたいし、他方は、みずからに欠けた明晰な知を待っているさまざまな技術である。《技芸》の項目でディドロは、これらの異質な要素間の関係をあきらかにしようとつとめている。「対象が実際におこなわれるものであれば」、とディドロは書く。われわれは「技芸」にかかわっているのであり、「対象が観照される場合には」、「科学」にかかわっているのである、と。実行と観想との、デカルト的というよりむしろベーコン的な区分である。この区分は、技芸が表象されるものであるか、実践されるものであるかに応じて、「技芸」そのもののなかでくりかえされる。「どのような技芸にも観想と実践がある。観想というのは、技芸の諸規則を実際に運用しない知識にほかならない。実践というのは、おなじこの諸規則を非反省的、習慣的にもちいることにほかならない。」技芸とはしたがって、開明的ディスクールの外で実施される知なのであり、開明的ディスクールにはこの知が欠けているのである。そればかりか、このような技-能は、その複雑さによって、明晰な科学を凌駕しさえする。たとえば、「技能にそなわる測定法」についてディドロは次のように記している。「あきらかに、アカデミーの幾何学にそなわる要素は、仕事場の幾何学にそなわっている諸要素のうちもっとも単純で、もっとも複合性の少ない要素にすぎない。」たとえば、テコとか摩擦とか織物のよじれとか時計の仕掛け、等々、数多くの問題において、「計算」はいまだ十分なものではない。こうした問題を解くのはむしろ、たとえ「正確な語が不足し」、「同義語が多すぎて」、「言語」が粗野なままにとどまっているとはいえ、

ずっと昔からある「経験的で手仕事的な数学」の「しごと」である。(9)

手仕事的なという言葉でディドロは、ジラール〔十八世紀フランスの文法家〕をうけつつ、手工業的技術がやるように（溶解や合成によって）それらに「ある新しい存在」をあたえるのではなく、それらを「適当に組み合わせる」にとどまっている技芸を指し示している。(10)そうした技芸は、正確な言語をそなえてもいないし、なにかある新しい生産物を「形成する」わけでもない。それらは、ブリコラージュをおこなっているのである。けれども、生産性という基準にてらして知識を再編成し、序列化してみると、こうした技芸はその操作性ゆえに準拠すべき価値をそなえ、その「経験的で手仕事的な」巧妙さゆえに前衛的な価値をそなえている。科学的「言語」に無縁でありながら、それらは、言語の外で、なす《フェ》こと《ール》の絶-対をなし（ディスクールにむすびつけられていないが、それでいてその生産主義的理想をあかしている有効性）、「仕事場」や野外で取材し記録すべき知の余地をなしている（そこ、職人仕事のなかに、《ロゴス》が隠れているのであり、すでにそのロゴスは来るべき科学のつぶやきなのだ）。科学と技芸のあいだに、立ち遅れという問題が生じてくる。技能は、認識論的に優越した科学によって徐々に解明されてゆかねばならないのに、時間的なハンディキャップがそれをさまたげているのである。

というわけで「観測学会」は、いまだ科学には遠いがそちらに近づきつつあるこの実践のほうへ急いでかけつけることになる。フォントネルは、一六九九年から、この学会に招かれていた。「職人たちの仕事場は四方八方そこらじゅうで才気と創意に輝いているのに、われわれは少しもそこに目をむけていない。実に巧妙に考案された、すこぶる有益な道具や実践であふれているのに、それを視察する者がいないのだ……。」[11] こうして「視察官たち」はみずからこうした実践を収集し記述し分析する任をになう。しかしかれらはそこに学者を満足させるような知を認めるのはたしかなのだが、その知を「不正確な」言葉づかいからひきはなし、日常的な技能にも昔から使われている「傑作《メルヴェイユ》」などという誤った表現を「正確な《プロープル》」ディスクールに転化させねばならない。こうした灰かつぎのことごとくを、科学はそっくり王女たちに変えてしまうであろう。これ以来というもの、こうした実践にたいする民族学的な操作の原理がうちたてられたのだ。それらは社会的に隔絶しているがゆえに一種の「教育」が必要なのであって、この教育が、言語的な転換の力をかりて、それらを科学的エクリチュールの領域にみちびきいれるのである。

　注目すべきことだが、十八世紀から二十世紀にいたるまで、民族学者や歴史家たちは技術をそれじたいとして尊重すべきものとみなしている。つまりかれらはそれらの技術がやっていることを明るみにだすのである。解釈する必要は少しもない。記述するだけで十分なのだ。逆にかれらは、ある集団がみずからの営みを位置づけたり象徴化したりする話《イストワール》を、それらが語っているものとは別のものを意味する「伝説」とみなしている。実践のあつかいかたとディスクールのあつかいかたとのあいだにうかがわれる奇妙なずれ。

一方がなすことの「真実《フェール》」を記録しているところで、他方は語ることの「虚偽《ディール》」を判読している。そればかりか、前者のタイプの簡潔な記述は、後者の長々しい解釈と対照をなしている。この長々しい解釈によって神話や伝説は、言語の職業的専門家たちの特権的対象となったのである。かれらは、法律家から大学教師そして／あるいは民族学者へと昔から伝えられてきた解釈学的手法、参照資料に注釈をくわえ、注解をほどこし、それを科学的テクストへと「翻訳する」手法にかけてはベテランの聖職者たちなのだ。

賭けはなされた。歴史をとおして、実践はことば無きものという審級をあたえられ、その位置を定められたのである。それから一五〇年後にようやくデュルケームがこの「民族学的」規定にいささかの修正をほどこすことになる――それも、この規定を強化するためにだが――。デュルケームが（ものごとをなす《フェール》）技芸という問題、すなわち「理論なき純粋の実践」を手がけようとするときである。そこ、その「純粋性」に、操作なるものの絶対性があるのだ。デュルケームは書いている。「技芸というのは、特殊な目的に合致し、教育によって伝えられた伝統的経験や一個人の経験の所産であるような、さまざまなもののやりかたの体系である。」特殊性のなかに閉じこめられ、もっぱらディスクールの仕事である普遍化を欠いてはいるが、といって技芸はひとつの「体系」であることにかわりなく、しかもそれは「目的」によって組織されている――この二つの公準のおかげで科学や倫理学は、技芸に欠けた「正確」なディスクールをしかるべき場、ディスクールの場に保持することができるのだ。すなわち科学や倫理学は、科学的ディスクールの場で、しかもこれらの実践の名において記述されうるのである。

社会学を教育理論とむすびつけながら創始したこの偉大な先駆者が生産や習得ということに関心をよせているものもまた特徴的である。「技芸を習得するには、はたらきかける事物とかかわりをもち、みずから実施してみるのでないかぎり不可能である。」操作の「直接性」を前にしてもはやデュルケームは、ディドロがしたように、仕事場の手仕事的な知にたいして理論が立ち遅れているなどといったとらえかたをしたりはしない。ただ、教育という基準にもとづいたヒエラルキーはそのまま残っている。「おそらく」、とデュルケームはつづけて言う、「技芸は反省によって解明（これこそ啓蒙主義のキー・ワードである）されうるであろうが、技芸にとって反省は本質的な要素ではない。というのも技芸は反省なくしても存在するからである。逆に、すべてが反省されるような技芸はひとつとして存在しない(12)」。

すると「すべて反省化されるような」科学は存在するのであろうか。いずれにしろ、（「観照《コンタンプレ》」を語っていた）百科全書にいまだ遠からぬ用語をもちいつつ、理論は、この「すべて」を「反省する」という務めを負う。もっとひろく言うなら、デュルケームにとって、社会とはかれにしか読みえないエクリチュールなのである。実践のなかにはすでにある知が書かれているのだが、いまだそれは解明されていないのだ。科学はそれを読みうるものに変える鏡となり、直接的で精密だが言語と意識をうばわれ、すでに博識なのだがいまだ粗野にとどまっている操作性を「写しだす《レフレシサン》」〔反省する〕ディスクールとなるであろう。

知られざるものの物語

技芸は、供儀とおなじく、「一見すると粗野なのでついそう信じてしまうほどわれわれからかけ離れたものではなく(13)」、科学とくらべてみれば、それじたいで重要だが科学なしには読みえない知なのである。このような考えかたは、科学の立場を危ういものにしてしまう。なぜなら科学に残されるのはただ、自分に欠けた知を語る権能だけだということになってしまうからだ。というわけで科学と技芸のあいだの望ましい関係は、二者択一ではなく相互補完性ということになり、もしできれば、この二つの結合が望ましいということになる。すなわち、一七四〇年にヴォルフが考えたように（かれ以前にはスヴェーデンボリ、以後ではラヴォアジエ、デゾドレー、オーギュスト・コント、等々）、「自分のなかに科学と技芸をひとつに結んで統一するような第三の人間が必要なのだ。この人間が理論家たちの不備をおぎない、理論なくしても技芸〔芸術〕は完成するという偏見をいだいている芸術愛好家たちをその偏見から解きはなってくれるにちがいない……(14)」。「定理をそなえた人間」と「経験をそなえた人間」をつなぐこの媒介者(15)、それが、エンジニアであろう。

この「第三の人間」が、（哲学、科学をとわず）啓蒙のディスクールにたえずつきまとい、いまもつきまとっているが、[16] そんな人間は期待どおりにあらわれはしなかった。この人間のためにこうした座がしつらえられたというのには（今日、この座はテクノクラートの座としだいに重なりつつあるが）、この時代の労働がかかわりをもっている。十九世紀をとおして、労働は、一方で技芸《アール》からその技術《テクニック》をきりはなし、他方でこの技術を「幾何学化」していった。人びとはしだいに技能のなかから、個々人ひとりひとりの遂行から分離できるものをきりはなし、形態や材料や力をコントロールしながらさまざまな組み合わせをつくりだせる機械のなかでそれを「完成」してゆくのである。こうした「技術機器」は、マニュアルな能力をはなれて（機械化されればその能力を凌駕する）、エンジニアの管轄のもと、しかるべき固有の空間にすえられた。それらは、テクノロジーに属するものとなったのである。これ以来というもの、それまではなんらかの客観的な行為《フェール》に結びつけられていた技能は、しだいに行為との絆を失ってゆく。技能にそなわる技術がうばいとられて機械と化してゆくにつれ、それは、みずからの手続きの言語からきりはなされた、ある主観的な知へと後退してゆくかのようだ（これ以後、その手続きは、テクノロジーによって生産された機械と化して技能にはねかえり、押しつけられてゆく）。それは、なかば秘められた、「直感的」ないし「反射的」な力能のようなものとなり、その占める地位は白紙のままにとどまっている。十九世紀における技術的効率の追求は、その推進のためにも、あるいはそのための制約を突破するためにも、「技芸」と「工芸」の宝庫に好個のモデルをかりながらおしすすめられていったが、あげくに日常的な実践にたいしては、固有の手段も生産物もうばわれた土壌しか残さなかった。日常的実践のためにかろうじてしつらえられた土壌は、民俗学的な一地域か、さもなければそれにもまして黙せる土地、昔のように口にできるディスクール〔話《わ》〕もなければ、もはや手仕事的な言葉もない、沈黙の土地なのである。

そこには、ある「知」がとどまっている。けれどもその知は自分の技術装置を欠き（それは機械におきかえられてしまった）、そのもののやりかた（料理、掃除、裁縫、等々の日常的な技芸）も、生産主義的合理性の目からみれば、正当なものではない。そのかわり、テクノロジーによる植民地化が残したこの余地は、「私的な」活動という価値を獲得し、日常生活への象徴的なかかわりという役目をにない、集団であれ個人であれそれぞれの特殊性をあかすはたらきをし、要するに、科学的、文化的な正統的プラクシスの余白か間隙に残るものの記憶になってしまっている。伝説的であると同時にいまも生きている記憶に。独自性の指標——日々の暮らしのなかの詩や悲劇のつぶやき——として、もののやりかたは、小説や短編のなかに大挙してなだれこんでゆく。たとえば、なによりまず十九世紀のレアリスム小説がそうである。さまざまなもののやりかたはそこに新しい表象空間を、フィクションという空間を見いだすのだ。科学があつかうすべを知らない日常的な名技の数々で満ちあふれるその空間は、読者にすぐそれとわかり、万人のミクロ・ヒストリーがきざまれてゆく空間となる。文学は、テクノロジーの著作権をもっていないこうした実践の一覧にかわってしまう。やがて精神病棟の診察室や精神分析医の治療室で患者たちが語る物語のなかで特権的な場所をしめるようになるのも、やはりこうした実践である。

言いかえれば、さまざまな「話《イストワール》」は、日々の実践に語りの小筐《こばこ》をさしだすのである。たしかにそうした話は断片しか描きださない。それらはメタファーにすぎない。だが、知のすがたが移りかわり断絶をしめしているのにたいして、こうした話は行動シェーマの一式である民話にはじまり[17]、古典主義時代の『技芸百般』にいたるまで、もののやりかたを物語というかたちで陳列してみせる一連の物語資料の系列のなかの新しいヴァリアントの位置をしめている。したがってこの系列にはまた現代小説もふくまれるし――さらには職人仕事や料理などの技術をえがく民族学的な記述がたいていそうであるような、ミクロの小説もふくまれている。このようなとだえることのない連続性には、日常的実践にたいして語りというものが理論的なかかわりをもっているのではないかと思わせるものがある。

こうした実践が語りのなかに「回帰」してくるという事実は（ほかにもたくさんの例をとりあげてそのひろがりを検討してみなければならないだろうが）、いっそう大きなもうひとつの現象にむすびついている。この現象は、歴史的な年代はそれほどさだかではないが、技能のなかにふくまれている知の美学化と言い表わすことができるだろう。この知は、みずからの手続きと切りはなされて、「趣味」とか「勘」とか、あるいはまた「才」とみなされてゆくのである。芸術的ともいえるし、生理反射的ともいえる直感にそなわるいろいろな特徴がそこに付与されてゆく。それは、自分を識らない知識といわれるものだ。このような「認識をはらんだ営為」には、反復や内的「反省」という方法によってみずからの行為を制御しようとする自己意識がそなわっていないはずである。実践と理論のあいだにあって、この知識は依然として「第三の」位置をしめている。もはやディスクール的な位置ではなく、原初的な位置を。それは、始原《オリジネール》にあるものとして、身をひそめているのだ。後になってからおのが身をあかす何ものかの「源泉」であるかのように。

　この知は、それと知られざる《アンスユ》ものである。それは、実践のなかで、寓話や神話にあたえられた地位と似たような地位をあたえられている。この寓話や神話もまた自分で自分を識らない知識の語り《ディール》とみなされているものだ。いずれにあっても、主体が反省しない知が問題なのである。主体はわが知をわがものにできないままに、その知のほどをしめす。究極的にこの主体はわれとわが技能の借り主であって、所有者ではないのである。この技能について、ひとはそこに知があるかどうかなどとは考えず（知があるにちがいないとひとは思っている）、その知はもっぱらその持ち主以外の者によって知られるのだ。詩人や画家のそれにも似て、日々の実践の技能が知られるのは、それをディスクールという鏡のなかで解明する通訳、だが自分とてその技能を所有しているわけではない通訳をとおしてでしかないだろう。したがってこの技能はだれのものでもない。それは、いかなる主体にも属さないまま、実践者の無意識から非‐実践者の反省へと巡ってゆく。それは、匿名でありながら、しかも準拠すべき知であり、技術的、学術的実践の可能性の条件である。

読まれるための手続きもうばわれ（もはや固有の言語をもたない）、正当な所有者もうばわれた（固有の主体はない）、この身をひそめた知について、フロイトの精神分析はことに注目すべきヴァリアントを提供してくれる。精神分析では、すべてがある公準にもとづいておこなわれているが、その公準は、それがおよぼす効果からして確かな現実とうけとめられている。すなわち、その公準というのは、そこにはなんらかの知があるが、ただしその知は無意識である、逆にまた、知っているのは無意識である、というものだ。[18] 患者たちが分析医にむかって語り聞かせる物語をとっても、フロイトの語っている「病歴」（Krankengeschichte）をとっても、ただひたすらそのことが語られている。そもそもフロイト以来、そんなことは、どの精神分析医も自分の経験をとおしてわかっていることなのだ。患者たちが「漠とした知」という立場で分析医にむかって口にできること、できるかもしれないことを、「患者たちはみなとっくに知っている」のである。すべてはあたかもディドロの語っていたあの「仕事場」が、抑圧され深層にたたみこまれた場のメタファーになっているかのように運んでおり、その深層で、いまや「経験的で手仕事的な知識」は、精神分析の理論の先を行き、あるいはまた「アカデミー」がそれにかんして有しているディスクールの先を進んでいるのである。自分の患者たちについて——それ以外の患者たちについても——分析医はよくこう言っている。「どこかでかれらはそれを知っているのだ」、と。「どこかで」とはいったいどこであろうか。それを知らせてくれるのはかれらの実践——身ぶり、ふるまい、話しかたや歩きかた、等々、である。そこに、ある知があるのだ。だがその知はいったいだれのものなのか。その知はあまりにも厳密で精密にできているので、まるで科学に属するもののことごとくが武器と携帯品をとりそろえてこの無意識の側に移動してしまったかのようであり、あげくに意識に残されたものといえば、ただこの知の断片とおよぼす力あるのみ、その昔「技芸」の特徴であったそれにも似た狡智と戦術あるのみである。こうしてまわりめぐってみれば、正しいもの〔理性あるもの〕とは、反省しないもの、語らないもの、それと知らぬものであり、幼児的なものであって、それにひきかえ「明晰な」意識は、この知の「不正確な《アンプロープル》」言語でしかない。

けれどもこのような逆転は、知とディスクールの配置をかえるというより、意識の特権化をめざしている。職人たちの「仕事場」とおなじように、無意識の仕事場にも、開明的ディスクールを前進させるような根源的で未開の知がひそんでいるのであり、ただその知は適切な教養を欠いているのである。無意識の知にたいして——「技芸」の知にたいしてとおなじように——分析医もまた、「正確な」語があること、「同義語」を区別できることを教えてやるのだ。この知の井戸の底深くあって暗く口を閉ざしているもの、そこから理論はその一部を汲みあげて「反省」にもたらし、「科学的」言語の明るみにさらすのである。三世紀にわたり、意識は歴史上いろいろな姿をまとい、知の定義もさまざまな変遷をへてきたにもかかわらず、相異なる二項の結合は不変のままのこっている。すなわち、一方に、準拠すべきだが「粗野な」知識があり、他方に、みずからの出《い》で来《きた》った不透明な泉を転倒した表象と化し、その表象を光のもとにさらす開明《エクレレ》的ディスクールがあるのだ。このディスクールこそ「理論《テオリー》」なるものである。理論という語そのものに、「見る／見させる」、あるいは「観照する」（theôrein）という、古代的かつ古典的な意味がのこっている。理論とは、「明るみにもたらされたもの《エクレレ》」なのだ。未開の知は、それを客観化する技術と言語からしだいにきりはなされてゆくにつれ、主体の知恵《アンテリジャンス》となり、美的なもの、認識的なもの、反射的なものといった定義のあいだをゆれうごきながら、誤った規定をうけるか、さもなければどちらともつかない規定をうけてゆく（勘がいい、機転がきく、趣味がいい、判断力がある、直感が鋭い、等々）あたかも、「技能」とは、帰するところ、とらえがたい知の原理であるかのように。

思考の技／カント

いかにも特徴的なことだが、カントがものをなす技（Kunst）と科学（Wissenschaft）との関係、あるいは技術（Technik）と理論（Theorie）との関係を論じたのは、まず趣味の考察にはじまり、しだいに判断力批判へと移行してゆく研究過程においてであった。(19)カントは、趣味から判断力へといたる行程で技芸に出会うのである。技芸には、知の枠におさまりきれない実践的知識と美的形式という要因がはたらいているのだ。カントがこの技芸にさぐりあてたものは、みごとにもかれが「論理的な巧み」（logische Takt）とよぶものであった。ものをなす技《アール・ド・フェール》は、美学の圏内におさめられ、思考の「非－論理的」条件として、判断力のもとに位置づけられている。(20)思考の根源に技芸をみてとり、判断力を理論と実践《プラクシス》のあいだの「中間項」（Mittelglied）ととらえる視点によって、「操作性」と「反省」とのあいだの伝統的な二律背反がのりこえられるのである。カントのこのような思考の技《アール・ド・パンセ》は、二つのものの総合的統一をなしとげている。

　カントのあげる例はまさに日常的な実践にかかわっている。「判断力は悟性を超えている（……）。小間使いがどんな服を着るべきか判断する能力。建物の装飾について、しかるべき威厳をそなえ、めざす目的にはずれないようなものにするにはいかなる装飾にすべきか判断する能力。(21)」判断力がおよぶのは、たんに社会的な「適合性」（もろもろの暗黙の契約が織りなす網の目に抵触しないようなバランス）についてばかりでなく、さらにひろく、多数の要素の比例関係についてであり、そうした判断力は、新しくひとつの要素をつけくわえてこの比例関係をほどよく按配しながら、具体的に一個の新たな全体を創造する行為のなかにしか存在しない。ちょうど、赤やオークルをくわえながら一枚の絵を破壊することなく変化させるような具合に。所与のバランスをある別のバランスに転化させること、それが技芸の特徴である。

　このことをあきらかにするために、カントはディスクール一般にそなわる権威を援用している。といってもそれは、もっぱら具体的でローカルな権威なのだが。すなわちカントは書いている、わたしのところでは（in meinem Gegenden、わたしの地方、わたしの「くに」では）、「ごく普通のひと」（der Gemeine Mann）が言う（sagt）ことに、手品師（Taschenspielers）のやることは知の領分に属している（トリックを知ればできる）けれども、綱渡り（Seiltänzers）は技芸に属している、[22]と。綱渡りをすること、それは、一歩ふみだすごとに新たに加わってくる力を利用してバランスをとりなおしながら、一瞬一瞬バランスをとりつづけてゆくことである。それは、あたかも釣り合いを「維持している」かにみせかけながら、けっしてそれまでとは同じでない釣り合いをとり、たえず新たにつくりだされてゆく釣り合いを保ちつづけてゆくことだ。このようにして、行為の技芸《アール・ド・フェール》がみごとに定義されることになる。事実、ここでは、バランスを修正しながら崩さないように保ってゆくことが問題なのだが、実践者自身がそのバランスの一部をつくりなしているのである。すでにある調和から出発してある新たな全体をつくりだし、要素の変化にもかかわらず形式的な釣り合いを維持してゆくこの能力によって、技芸は芸術的生産に近い位置をしめることになる。実際的な経験において趣味が発揮するたゆまぬ創意とはこのようなものであろう。

　そればかりでなく、こうした技芸はまた、科学的作業そのもののなかで、規則やモデルを必要としないわけではないが、その適用ではないもの、究極のところ、フロイトも語っているような「巧みの問題」(eine Sache des Takts)[23]におちつくものを指し示している。フロイトがこの巧みという問題にみてとっているのは、ものごとを実践する際にまさに多様な要素間の釣り合いやバランスが必要とされる判断力の問題である。フロイトにとってもカントにとっても、ここで問題なのは、鍛えることはできても習い覚えることはできない自律的な能力なのである。「判断力の欠如は」、とカントは語っている。「いわゆる愚鈍といわれるものであり、この欠陥につける薬はない」、と[24]。ほかのことがそうであるなら、科学的なものもまたこの欠陥をまぬがれうるわけではない。

　認識する悟性と、欲求する理性とのあいだにあって、判断力とはすなわち形式的な「配合」であり、想像力と理解力とからなる主観的な「バランス」である。この判断力は、快という形式をとるが、これは外的な形式ではなく、実際になにかをやるときのそのやりかたの様式にかかわっている。すなわちこの判断力は、想像力と悟性との調和という普遍的原理を、具体的な経験としてうみだすのである。それは、感覚(Sinn)であるが、「共通の」感覚である。共通感覚(Gemeinsinn)あるいは判断力、なのだ。こうしたカントのテーゼは知のイデオロギー的分割を告発し、したがってその社会的ヒエラルキーを告発するものだが、そのテーゼを詳細にわたって検討するまでもなく、そこからひきだすことができるのは、このような巧みのわざが、（道徳的）自由と、（美的）創造と、（実践的）行為をひとつに結ぶものであるということである――この三要素は、日常的戦術の現代的な例であるあの「隠れ作業」にもすでにあらわれていた。(25)

このようにして倫理的かつ詩的行為にあずかる判断力を、カント以前にもとめようとすれば、おそらくかつての宗教的経験がそれであろう。その昔は宗教的経験もまたひとつの「巧み《タクト》」であり、個別的な実践のなかでひとつの「調和」を把握し創造すること、なんらかの具体的行為の連鎖のなかで、ある協和をつなぎなおし（religare）たりつくりだしたりする倫理的かつ詩的な身ぶりであった。ニューマンはいまなおそこに「巧み」のわざがはたらいているのを認めるであろう。けれどもその後の歴史的変遷とともに、「綱渡り」をしながらバランスをとってゆく宗教的な技の範囲はごく狭いものにかぎられてゆき、しだいに美的実践がこれにとってかわっていったが、この美的実践もまた徐々に操作性と科学性からきりはなされていって、たとえばシュライエルマッハーからガダマーにいたるような「解釈学的」伝統が客観科学にたいする批判を堅持するためつねにそこに訴えるような、周縁的な経験になってしまっている。天才にくわえ情勢も手伝って（J・S・バッハの芸術から大革命期の芸術にいたるまで）、カントは、なんらかの具体的な宗教的行為が倫理的かつ美的形式でありつづけ（そのドグマティックな内容は消え去っているのにたいし）、しかも芸術的創造がいまだ道徳的かつ技術的な価値を有していた、その交差点に位置している。このような結びつきの過渡性は、すでにカント自身のなかにもあらわれていて、「趣味判断」から「道徳形而上学」への推移にそれがうかがわれるが、こうしたカント的な結びつきは、日常的な技能の美的、倫理的、実践的本性を分析するにあたり、その基礎となるような近代的典拠をもたらしてくれる。

　こうした巧みのわざについて、カントはまた、大革命のさなかに発刊された啓蒙新聞『ベルリン月報』によせた論稿（一七九三年九月）のなかでもあきらかにしようとしている。「世に言われる諺《アダージュ》」に、「理論としては正しいかもしれないが、実践にはなんの役にもたたない」という言葉があるが、この諺をめぐって書かれたテクストである[26]。この重要な理論的テクストは、こうしてタイトルといい論じる対象といい、ある俗言をあつかっており、しかもジャーナリズムの言葉で書かれている（カントの「世俗的な作品」といわれたものであった）。このテクストはある論争にかかわるもので、クリスチャン・ガルヴェの批判（一七九二年）にたいしてカントが答えたのにひきつづき、フリードリッヒ・ゲンツ（一七九三年十二月）とアウグスト＝ヴィルヘルム・レーベルク（一七九四年二月）が再度同誌でこの俗言を論じている。この「格言《ディ》」は箴言（Spruch）であり、つまりはことわざ《プロヴェルブ》（知恵）でもあれば、宣告（判決）でもあり、託宣（知を権威づけるパロール）にもあたるものだ。こうして、ひとつのことわざが、聖典に載る箴言（Spruch）にも似た関心をよびさまし、その哲学的妥当性をめぐって、昔タルムードやコーランや聖書が世に著わされたときとおなじように、理論家たちがさまざまな解釈をよせて知を結集したというのは、大革命の力のなせるわざであろうか。[27] あることわざをめぐってたたかわされたこのような哲学的論争はまた、教師たちの真ん中で語っていた《幼な子》(Infans) についての聖書の話を、[28] あるいはまた《神童》という民衆的テーマを想起させる。だがいまここで問題になっているのは、もはや幼年期でもなければ、ましてや老年期でもなく、(世に言われる箴言 (Gemeinspruch) を「昔の俗言」と訳したり《古い金言》(Old Saw) と訳したりしてカントにそんなことを言わせたりしたように)、だれでもよいだれか、すべての人びと、「ありふれた」、「普通の」(Gemein) 人間なのであって、その人びとの言う格言がまたしてもここで聖職者たちを問いただし、かれらの解釈の数をふやしているのである。

世にひろまっている「格言」は、ある原理をうちたてているのではない。ある事実を指摘しているのであって、カントはこの事実を解釈して、実践者が理論にむける関心がたりないか、さもなければ、理論が理論家自身において十分な深化をとげていないかのどちらかの証拠だと述べている。「理論がまだ少ししか (noch wenig) 実践に浸透していない場合には、理論が間違っているということではない。そうではなく、理論がいまだ十分でない (nicht genug) のであって、経験から理論を学ぶべきであったということなのだ……[29]。」こうした教訓が正しいかどうかは別にして（そこには、理論と実践とのあつれきという伝統的問題がまたもやうかがわれるが）、カントはみずからの論証を三幕の劇にしたてており、そこでは、普通人が順次三人の登場人物（実業家、政治家、一般市民）の姿をかりて登場し、三人の哲学者（ガルヴェ、ホッブズ、メンデルスゾーン）に相対して、道徳、立法、国際秩序にかんする問題を分析してゆく趣向になっている。こうした趣向の目新しさより、ここで大切なのは、判断における諸能力の形式的調和という原理である。このような判断力は、科学的ディスクール、特殊技術、芸術的表現のいずれにも位置づけることができない。それは、思考の技《アール・ド・パンセ》であって、日常的実践も理論も、ともにこうした技《アール》〔芸〕に属している。綱渡りの芸とおなじく、この技もまた倫理的、美的、実践的価値をそなえている。こうしてみれば、理論の名において実践を考察しているディスクール、たとえばフーコーやブルデューのディスクールにある技がはたらいているとしてもなんら驚くにあたらないのだ。けれども、ここからきりひらかれてくる問題は、ややカントからは離れてくる。それは、語りの技でもあれば、理論をつくりあげる技でもあり、同時に技の理論でもあるようなディスクールであり、すなわちこうしたディスクールは、記憶と実践がひとつになったディスクール、つまりは巧みそれじたいの物語であるだろう。

第6章　物語の時間

こうした実践をめぐって、上にむかい下にむかい、回りをまわったりしてみても、たえずそこからなにかが逃れてゆき、そのなにかは、語られることもできず「教えられる」こともできないけれど、かならず「実践されて」いるはずだ。カントは、判断力や巧みといった問題にかんしてそのように考えていた。カントはこうして問題を実践にとっても理論にとっても「先験的」な次元に位置づけたわけだが（もはや理性の「光」がいまだとどかぬ残りという位置におくのではなく）、といってカントはこの問題がどのような言語をとりうるのかをあきらかにしたわけではない。これについてカントは、先にみたように引用を援用している。世に言われる諺《アダージュ》、あるいは「普通の」人間のいうことば《モ》を。このような手続きは、いまだ法学的（しかもすでに民族学的）なものであって、他人になにかを語らせ、それに釈義をくだしているのである。民衆の「託宣《オラクル》」（Spruch）は、こうした技芸について述べたてているにちがいない、しからば注釈者がこの「格言」に注解をほどこそう、というわけである。たしかにこのとき〔理論的〕ディスクールは人びとの口にすることば《パロール》をまじめにうけとめてはいる（実践をおおっていることばは過誤にみちているとみなすのとは正反対に）、けれどもこのディスクールは実践の外部に位置し、理解し観察しようとする距離を保っている。それは、他者がみずからの技にかんして語っていることについて語っているのであって、この技そのものが語っているのではない。もしこの「技」が実践されるしかなく、この遂行をはなれては発話もないのだとすれば、言語は同時に実践であるはずである。語りの技《アール・ド・ディール》とはそのようなものであろう。あのものをなす技《アール・ド・フェール》、カントがその根底に思考の技をみてとった、あの技がまさにそこで遂行されているのだ。言いかえれば、まさにそれが物語《レシ》というものであろう。語りの技がそれじたいものをなす技でありしかも思考の技であるなら、物語は同時にこの技の実践でもあり、理論でもあるはずである。

語りの技

これまでにあきらかにしてきたことからも、このような方向がきりひらかれてくる。これまでにみてきたことのなかから、既得事項と仮説とをひとつずつあげて整理しておこう。

(1)　まずひとつの示唆的な事実がある。もののやりかたというものは、たんに理論の対象になるような営みだけをさしているのではない。もののやりかたは、理論の構築を編成してもいる。フーコーの「手続き」といい、ブルデューの「戦略」といい、さらに一般的にもろもろの戦術は、理論的創造の外部、その入り口にあるどころか、そのなかで同時に理論の生産がなしとげられてゆくような操作領域を形成している。こうしてわれわれは、領域を異にするとはいえ、ウィトゲンシュタインが「日常言語」にたいしてとったポジションとふたたびむすばれあう。[1]

(2) 理論は一方で手続きの所産であり、他方でこの手続きを対象として論じてもいるわけだが、こうした理論と手続きの関係をあきらかにするために、ひとつの可能性がひらけている。それは、物語《レシ》におけるディスクールというものだ。実践を物語化するというのは、独自の手続きと戦術をそなえたひとつのテクスト的な「もののやりかた」であろう。マルクスからフロイトにいたるまで（それ以前にさかのぼるまでもなく）、信頼するにたる例にはことかかない。フーコーはそもそも「物語」しか書かないと断言している。ブルデューもまた物語をみずからのシステムの前衛とも準拠枠ともしている。数多くの研究のなかで、物語性《ナラティヴィテ》は学問的ディスクールのなかにしのびこみ、ある時にはその総称（タイトル）となり、ある時にはその一部分（「事例」分析、集団や「人物の伝記」、等々）となり、あるいはまたその対重（断片的引用、インタビュー、「格言」、等々）となっている。学問的ディスクールにはたえず物語性がつきまとっているのだ。そこに、物語性の科学的正当性を認める必要があるのではなかろうか。物語性はディスクールの排除しえぬ残り、あるいはいまだ排除されざる残りであるどころか、ディスクールの不可欠の機能をになうものであり、物語の理論は実践の理論とわかちがたく結ばれているのであって、こうした物語こそ実践の理論の条件であり同時にその生産でもあると考えねばならないのではないのか。

おそらくそれは、近代科学が存在してからというもの、日常的実践の見世物小屋と化してしまっている小説にその理論的価値を認めることであろう。ことにそれは、実践を物語りつづけてやまない伝統的な身ぶりに（これもまた身ぶりなのだ）、「科学的」意義をとりもどしてやることであろう。そうなれば、民話は科学的ディスクールにたいしてひとつのモデルを提供するのであって、たんに考察の対象となるテクストを提供するだけではないことになる。自分が語っていることを知らず、それを知っている分析によって照らしだされその分析によって引用されるような資料といったものはもはや存在しなくなってしまう。逆にそれこそ、みずからのめざす目標にぴったり合致した「語りの知《サヴォワール・ディール》」であり、この資格において、もはやそれは知の他者ではなく、みずからを知れるディスクールの一ヴァリアントであり、理論にかけてのひとつの権威となる。こうして、「語りの技」が「ものをなす技」に結びあわされているさま、両者が交互に共犯関係を結び、相似た手続きをそなえ、社会のなかで入り組みあっているさまが理解されるであろう。つまり同一の実践が、ある時にはことばの領域でまたある時には身ぶりの領域でおこなわれているのだといってもよい。それらは、たがいに他を相手にして戯れ、いずれ劣らず策略を弄し、巧みにかけても肩をならべている。この二つはたがいに球を投げあっているのだ——昼の仕事から夜の仕事へ、料理から伝説へ、無駄話へ、生きられる歴史の狡智から、物語られる歴史の狡智へ、と。

このような物語性は、古典主義時代のあの《記述》にいきつくのであろうか。そこにはある根源的な差異があって、この二つをへだてている。すなわち、もはや物語においては、ある「現実」（技術的操作、等々）にできるだけ近づけようとする必要もなければ、テクストをそれが表示する「現実的なもの」によって権威づけたりする必要もない、ということだ。逆に、物語られた話《イストワール》はフィクションの空間をつくりだす。それは「現実的なもの」から遠ざかる——というよりむしろ、「昔、あるところに……」と言いながら、現在の情勢から独立しているかのようなふりをするのだ。だからこそ、物語られた話は、ある「手《ク》」を描きだす以上に、この手をやってのけるのである。カントの引用したことばをふたたびとりあげるなら、それは、それじたいが綱渡りの行為であり、情況（場、時）にかかわりつつバランスをとる身ぶりであり、そして話し手自身でもある。つまりそれは、全体をずらしながらある語りをそこに配置し「はさみ」こんでゆく手さばきそれ自身なのであって、要するに「巧みのわざ」そのものなのである。

たしかに物語にはある内容があるけれども、この内容もまた事《ク》をやってのける技に属している。それは、ある過去なり（「いつかある日」、「その昔」）、ある引用（「格言」、ことわざ）なりを使いながら、機をとらえ、不意をおそいつつバランスを変えるために迂回をするのだ。ここでディスクールは、それがしめすものよりもむしろ、それが遂行されてゆくありかたによって特徴づけられる。だからこのとき、ディスクールが語っていることとは別のことを理解しなければならないのだ。つまりそれは効果をうみだしているのであって、対象をうみだしているのではないのである。それは語《ナラシオン》りであって、記述ではない。それは、語りの技なのである。聞くほうもちゃんとそれをわきまえている。かれらは「トリック」（それを知りさえすればやれるもの）と技芸の区別をこころえており――そればかりでなく解明／俗流化（はてしなく知らねばならないもの）と技芸の区別もこころえている。ちょうどカントが依拠したあの庶民たちが（それにしてもカント自身はいったいどこにいるのだろうか）ぞうさなく手品師と綱渡りを区別するのとおなじことだ。知りさえすればいいもの、あるいは知らなければならないものからなる体制からは、語りにおけるなにかが逃げ去ってゆく。そして、こうした特徴からしてそのなにかは、戦術のスタイルに属するものである。

　このような技《アール》をフーコーにみてとるのは容易であろう。中断《サスペンス》、引用、省略、メトニミーといった芸《アール》があるかと思えば、情勢（時事性、読者大衆）を利用し、機（認識論的、政治的）をうかがったりする芸もある。要するにそれは歴史というフィクションをつかって「離れ業」をやってのける芸なのだ。フーコーが力を発揮するのはなによりまずその学識のせいではなく（それもしかし驚嘆すべきものだが）、思考と行為の技がひとつになった、こうした語りの技のせいである。レトリックのうちでも最も手のこんだ手続きをつかい、描写的なタブロー（典型的な「歴史」の数々）と分析的なタブロー（理論的な弁別）とをたくみに配列しながら、フーコーはめざす読者にたいして明証性という効果をうみだしてゆき、領域を少しずつずらしては順次そこに身をしのばせて、全体の新しい「配合」を創造してゆく。けれどもフーコーのこの語りの技は、みずからの他者にも演じさせている。つまりかれは書誌学的な「記述」をもちいながら、その法則を別の法則に置きかえることなく、それを修正しているのである。フーコーに固有のディスクールがあるわけではないのだ。かれはそこでみずからを語っているのではない。かれはあの非-場所を、あの fort-da を実践しているのだ。いない、いない、ばあ、遊びをやっているのである。フーコーは学識や分類のかげに姿を隠すふりをしつつ、それでいてちゃんとそれらをあやつっている。古文書学者に変装した綱渡り。ニーチェの哄笑が歴史家のテクストを横切ってゆく。

物語と戦略の結びつきをとらえるには、このフーコー以上に明示的な科学的モデルをさがしださねばならない。実践の理論がまさに実践の語りかたというかたちをとっているようなモデルである。

打つ手を物語ること／ドゥティエンヌ

歴史家でもあり人類学者でもあるマルセル・ドゥティエンヌは、きっぱりと物語ることをえらんだ。かれは、自分のまえにさまざまなギリシアの話《イストワール》〔歴史〕をならべ、それらの話を、それらとは別のものの名において考察したりしようなどとはしない。ドゥティエンヌは、それらを知の対象に変え知るべき対象に変えてしまうような、科学的操作による分断をしりぞけるのである。そうした分断の操作によってうがたれた洞窟には、とっておきの「謎」が保蔵されていて、科学的探究がその意味づけをあかしてくれるのを待っているといった、そんな洞窟をドゥティエンヌは認めようとしないのだ。かれは、こうした話全体の背後になにか秘密が隠されていて、それを徐々に解明してゆけば、やがて自分に固有の場が、あの解釈という場があたえられるだろうなどとは考えてもいない。ドゥティエンヌにとって、これらの民話や物語や詩や論稿はすでにそれじたいで実践なのである。それらはみずからがおこなうことを正確に語っている。それらの話は、みずから意味する身ぶりなのだ。それらがそうと知らずに表現していることを知にもたらすための注釈をそこにつけくわえたりする必要などみじんもありはしないし、それらは何のメタファーなのかと問うたりする必要もない。それらの話はひとつの操作網をかたちづくっており、千人におよぶ登場人物がその型式とうまい手《ク》の数々を描きだしている。

テクストの織りなすこの実践空間をまえにして、一文献ごとに駒も規則も勝負もふえてゆくチェスのゲームをやっているかのように、業師《アルティスト》ドゥティエンヌは、これまでにやられたことのある千の手を知っている（どんなチェスの勝負でも、古い手を覚えておくのが肝心である）。だがかれは実際にゲームをやるのだ。ドゥティエンヌはこの一覧をもとに新たなゲームをはじめる。つまり自分もまた物語るのである。かれはこれらの策略の身ぶりを暗《レ》‐唱《シテ》するのだ。それらが語っていることを語るのに、それら以外のディスクールなどありはしない。それらがなにを「意味」しているのかとおたずねですか？　それではもういちど語ってあげましょう、というわけである。あるソナタの意味をたずねた者にむかって、ベートーベンはそのソナタをもういちど演奏してきかせたという。たとえば、J・グッディが分析しているような口承の朗唱もこれとおなじことである。情況と聴衆に「あわせる」芸をそなえて、形式的な操作の継起と結合を語り‐継いでゆく、そのやりかたが大切なのである(2)。

　物語はなにかの実践を表現しているのではない。ある動きを語るにとどまってはいないのだ。物語はその動きをやってみせるのである。だからこそ、動きが始まると、すぐにそれとわかるのだ。ドゥティエンヌがそうである。かれはギリシアの話（歴史）を朗唱しながらギリシアの実践を物語ってゆく。「昔、あるところに……」、と。『アドニスの園』から、『馨しき豹』、『死にゆくディオニュソス』、『供犠の料理』にいたるまで、すべて実践的な語り手の語り聞かせる寓話ばかりである(3)。ドゥティエンヌは、現代の舞台のうえで、自分の流儀にのっとってギリシアの物語を語り聞かせつつ、ギリシアの人びとのあやつった業《トゥール》のあとをたどってゆく。かれがこうした業の数々を博物誌的な記述のように歪めずにすんでいるのは、かれが芸をそなえているおかげだが、歴史学はこの芸を長いあいだ不可欠のものとみなしていたあげくに放棄するにいたり、いまでは人類学が、『神話の論理』から『語りの民族誌学』にいたるまで、(4)他者のところでその重要性を再発見しているありさまだ。この芸とは、話〔歴史〕を物語る技のことである。ドゥティエンヌはしたがって、歴史学がみずから過去においてやっていたことと、人類学が異国のものとして再興しようとしていることの二つのあいだで芸を演じてみせているわけだ。この二つのあいだで、いまや語る快楽が科学的正当性をになうものになっているのである。この語り手ドゥティエンヌは、自分が語る寓話にまけずおとらず素早い足どりをしている。くるりと旋回してみたり、くねくねと曲がってみたり、そうしながら思考の技を演じている。チェスの騎士さながらに、ドゥティエンヌは、膨大な文献からなるチェッカーボードを、アリアドネーの糸をたぐるように、これらの話の「カーブ」にそって横切ってゆく。実践の型式あそび。そうしながらまさにかれはピアニストがそうするようにこれらの寓話を解釈しているのである。こうしてそれらを奏でつつ、ドゥティエンヌがなかでも得意にしているのは、ギリシア独自の思考の技が発揮されていた二つの「演目《フィギュール》」、舞踏と闘技である。すなわち、ほかでもない物語のエクリチュールがくりひろげる演目そのものである。

ドゥティエンヌはジャン゠ピエール・ヴェルナンとともに、ギリシア人の「メティス」

について一冊の本を書いた。『知恵の策略』がそれである。この本は一連の物語からなっている。語られているのは、つねに「実践のなかに身をひそめている」知恵の一形式であり、そこには「勘、鋭敏さ、先を読む力、精神の柔軟さ、ひとを欺く見せかけ、機転、あたりをうかがう注意力、機をとらえるセンス、いろいろな技倆、長いあいだ鍛えぬかれた経験[6]」といったものがさまざまに組み合わされている。ギリシア思想がみずから構築した思想像（および理論）にはそのすがたを見せないが、このメティスは一貫してヘレニズムのなかに驚くべき「不易の」位置をしめており、「その器用さ、抜け目なさ、弄する策略」からしても、また、技能から狡智にいたるまでそれが包括している行動半径からしても、日常的実践に近いものである。

かれらの分析のなかで、とくに三つの要素がわたしの関心をひきつけるが、それというのもその三要素によってメティスがほかの行動からはっきりと区別されるからであり、またそれら三つがメティスについて語っている物語の特徴をなしているからでもある。それは、メティスが「機会」ととりむすび、変装ととりむすび、逆説的な不可視性ととりむすんでいる三つの関係である。まず第一にメティスは「好機」（カイロス）をうかがい、好機を利用する。それは時間の実践である。第二にメティスは仮面とメタファーを多用する。それは固有の場からの離脱である。最後に、メティスはみずから行為自身のなかに姿を消してしまう。あたかも、自分を表象してくれる鏡もないままに、自分の行為そのもののなかに姿を見失ってしまうかのように。メティスは自己のイメージをもたないのである。このようなメティスの特徴はまた物語の特徴でもある。したがって、それらはドゥティエンヌとヴェルナンに帰すべき「代補」を示唆してもいる。すなわち、もし物語というものもまたメティスに似たなにかであるとすれば、かれらが分析している実践的な知恵の形式と、かれらがその分析をおこなうやりかたとのあいだには、理論的な絆があるはずであろう。

記憶の技と機会

メティスは、さまざまにかかわりあう力関係のなかでも「絶対の武器」であり、ゼウスをして神々の支配者たらしめる武器である。それは、ひとつの節約原理なのだ。すなわち、最小の力をもって最大の効果をおさめること。周知のように、この原理はまた美学の規定でもある。もちいる手だてを少なくして多大な効果をおさめるというのは、いろいろな理由からみて、ものをなす技《アール》とともに、語りや絵画や歌唱といった詩学を組織化する規則ともなっている。

この経済関係が、メティスの仕掛けをしめすとともに、それ以上にメティスそのものを統括している。メティスのおこなう「転回《トゥール》」、というより、出発点（より少ない力）から終点（より大きな効果）へといたる操作の旋回は、なによりもまず、ひとつの知を媒介にしているが、この知は、たゆまぬ習得をつづけ、習得した知識をたえず修正してゆくという形態をそなえている。「齢《よわい》」がものをいうのだ、とテクストは語っている。「若者の無分別」ではなく、「老人の経験」がたいせつなのだ、と。この知は、たがいに異質な多くのモメント、多くの事柄からなっている。一般的、抽象的なかたちの言表があるわけでもないし、固有の場があるわけでもない、それは記憶であって、[7] その知識は習得した時ときりはなすことができず、ひとつひとつが別々である。この記憶は、自分が巡ってきたさまざまな出来事、といって所有しているわけではない出来事（そのいずれもが過ぎた過去であり、場所は失われ、時の破片と化している）に学んで、推測をし、また、これまでにあった事柄、あるかもしれない事柄のあれこれを組み合わせて、「あれこれの先行き」を予測する。[8] こうして力関係のなかにひとつの持続が導入され、その力関係を変えてゆくのだ。事実メティスは自分にとって不利な、場の構成というものに対抗しつつ、自分にとって有利な、時の蓄積に賭けるのである。けれどもその記憶は、いよいよ姿をあらわすその瞬間、「好機」にいたるまで姿をみせず（探知しようにも場をそなえていない）、そのあらわれかたは、持続のなかに埋もれてゆくのとは正反対だが、やはり時間的なものである。この記憶の稲妻は、機会のなかでひらめくのだ。

機会は、そこに過去の経験をたくわえ、そこで先行きの目録をつくるメティスの能力ゆえに百科全書的なふくらみをもっているが、それでいてこれらの知のことごとくを最小のボリュームにおさめている。機会は、最短の時間に最大の知を凝縮させるのである。この具体の百科全書は、もっとも小さな判型におさめてしまえば、たったひとつの行為で状況を変えてしまうこともでき、賢者の石にもつながっている！　だがむしろそれ以上にここで想起させられるのは、点と円周は同一であるという論理学の命題である。ただしここで延長とは持続であり、凝縮点とは瞬間である。こうして空間を時間におきかえてみれば、経験のつくりなす円周と、一瞬一瞬その経験をよび起こしてゆく瞬間が同一だという命題は、まさしく機会の理論モデルになるだろう。

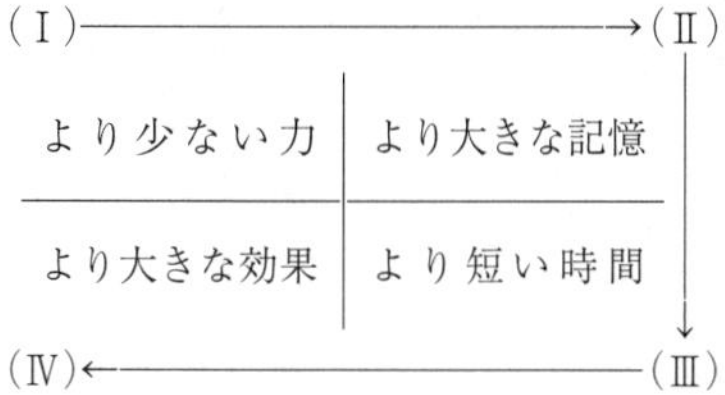

　この第一のモメントに依拠すれば、こうした「転回《トウール》」のわざを、その出発点（Ⅰ）——最小の力——から、終点（Ⅳ）——最大の効果——にいたるまで、図式化してみることができる。たとえば上のような図ができるだろう。

　（Ⅰ）において、力は小さくなり、（Ⅱ）で知‐記憶が増大し、（Ⅲ）で時間が短くなり、（Ⅳ）で効果が大きくなる。こうした増大減少は反比例しながら変化してゆく。したがって、次のような関係がなりたつ。

——（Ⅰ）から（Ⅱ）　力が小さければ小さいほど、大きな知‐記憶が要る。

——（Ⅱ）から（Ⅲ）　知‐記憶が大きければ大きいほど、時間がかからない。

――（Ⅲ）から（Ⅳ） 時間が短いほど、いっそう効果は大きい。

機会というのはあらゆる日常的実践において、さらにこれに近しい「民衆の」物語にとっても非常に大事な結び目をなしているから、以上にあげてみたことをさらに詳しくあきらかにしてゆく必要があるだろう。ところが機会はたえず定義からのがれてゆくものである。なぜならそれは情況からも操作からもきりはなせないからだ。それは、それをうみだす「業《トゥール》」からひきはなせるものではない。機会は一連の出来事のなかに入りこんで、そのつながりをねじってしまう。それは、もはや対立物や矛盾物の背反といったものではなく、質的に相異なる次元がひきよせられることによって状況のなかに発生するねじれとしてあらわれる。このような「ねじれた」プロセスの指標となるのは、先にあげた反比例関係である。この関係は比例とひずみにも似ていよう。それらは、鏡の効果（倒置、湾曲、縮小、拡大）をつかったり、視点の変換（遠いほど大きくなる、等々）によったりして、同一平面に次元の異なる空間を併置してしまうのである。だが、機会がしのびこんでゆく経過を追ってゆけば、他律的な次元の併置は、時間と空間、あるいは状態と行動、等々といったものにかかわっていることがわかる。このような併置の特徴は、転倒した比例関係、パスカルにうかがわれるそれにも似た関係であって、パスカルにおいては、相異なる「秩序」をたがいに結びつけている次のようなタイプの関係がうかがわれる。すなわち、目に見えないだけにいっそうあまねく遍在する、とか、恩寵をうけているだけにますます稀少である、等々といったタイプの関係である。(9) 次々と旋回しながら「ねじれた関係」をつくりだしてゆくことによって、質的に別のものへの移行がおきるのである。

逆比例関係によってむすばれているこうした質の差異について、二つだけとりあげておこう。それらを系列化してみると、二つのちがった読みかたができてくる。

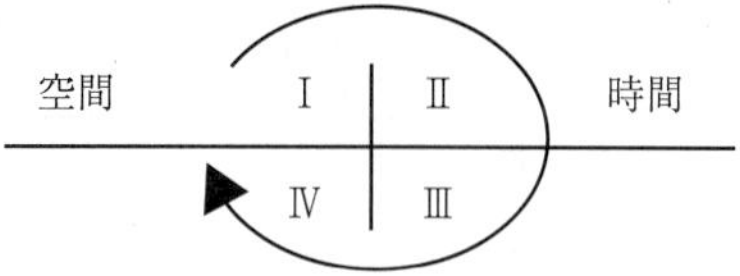

(1) 空間と時間の差異は、範列的な継起をつくりだす。はじめに設定された場があり（Ⅰ）、記憶の世界（Ⅱ）は、「機をえて」そこにすがたをあらわし（Ⅲ）、空間の変容をもちきたらす（Ⅳ）。このタイプの差異にしたがえば、系列のはじめと終わりに空間的組織がくる。ここで時間は中間項であり、よそからやってきてある空間状態から次の空間状態への移行を生じさせる異者である。要するに、二つの「バランス」のあいだに、時間の侵入があるわけである〔上図〕。

(2) 既成の存在（状態）と行為（生産や転換）との差異は、いま述べた差異にむすびついている。そのうえでこちらの差異は、ぴったり一致するわけではないが、可視的なものと不可視のものの対立をもとにしてうまれてくる。この軸にそえば、次のような範列的な継起ができあがる。すなわち、目に見える一定の力の組織（Ⅰ）において目に見えない記憶

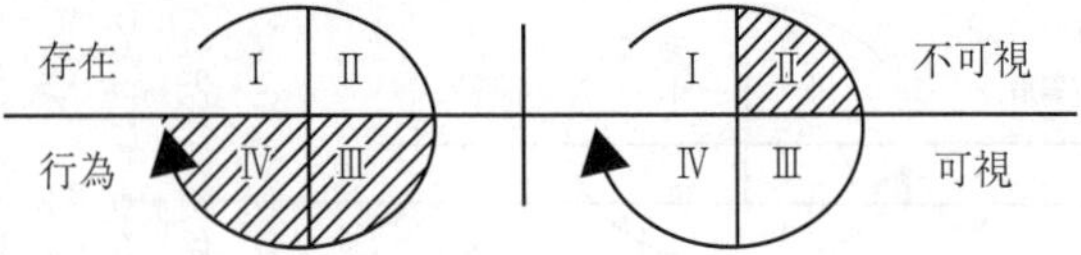

の蓄積（II）が与えられているとき、記憶の一瞬の行為（III）が、既成秩序に目に見える効果をもたらす（IV）。この系列の前半は二つの事実状態からなっており、そこにおいては不可視の知が可視的な権力からすがたを隠している。その次に、操作的な部分がつづくわけである。存在／行為のサイクルと、可視／不可視のサイクルを区別してしめせば、上図のようになる。

以上の四つのモメントをもういちどまとめてしめせば次頁のような表になるだろう。

記憶は、空間的な転換を起こす媒介役をはたしている。「好機」（カイロス）という様態にもとづいて、記憶は創始の亀裂をうがつのだ。その異者性が場の掟の侵犯を可能にするのである。その測りがたく変転たえまない秘密のなかからすがたをあらわした記憶の「一撃《ク》」が、場の秩序に変容をもたらすのだ。系列の終局は、したがって可視的組織を転換させる操作をめざしている。けれどもこのような変化が起こるためには、条件として時間という不可視の源泉がなければならず、この時間は空間とは別の掟にしたがいながら、不意をおそって、所有配分のきまった空間からなにかをかすめとってゆくのである。

このようなシェーマは、たくさんの物語《イストワール》に見いだされるものだ。これはその最小単位、といっていいかもしれない。ちょうど良い時に状況をひっくりかえすこの記憶をつかったコミカルな形態もありうるだろう。たとえば、「だって……あなたはお父さんではありませんか！――おお、娘よ！」といったタイプのもの。人物の空間配置が決まっており、そこで忘れられていた時間が不意にもどってきて、局面が一転するわけである。あるいは、過去をさかのぼっていって、そのはてに所与の階層秩序がくつがえってしまうような推理小説的な形態もある。「かれだったのか、殺人犯は！」といった手のものだ。奇蹟の構造もまたこうしたものにむすびついている。いつかある時、いまとはちがった時に、あの「神」が姿をあらわすのだ、記憶の特徴をそなえた神、ひとつひとつの行為を秘めて語らぬあの神が。こうした神の姿は、宗教的な物語のなかで、場をもたないけれども時をもっている者たちという「民衆の」記憶のすがたを実に忠実に映しだしている――そうした物語は語るのだ、「がまんしてろよ！」と。異本のあれこれはあるものの、別なる《エトランジェ》世界に助けをもとめる物語はとだえることなく続いている。その別なる世界から、既成秩序を変えるであろう一撃がや

	(Ⅰ) 場	(Ⅱ) 記憶	(Ⅲ) カイロス	(Ⅳ) 効果
時　間		＋	＋	
行　為			＋	＋
現われ	＋		＋	＋

ってくるはずであり、やってこなければならないのだ。だがこうした異本のすべては、ほかでもない、機会をとらえ、記憶を手がかりに場を転換しようとする日々の実践のもたらす影が、象徴的、物語的に増幅して投影されたものであろう。

最後にいちばんたいせつな点をあきらかにしておかなければならない。組織化された空間に、いかにして時間がむすびつくのかという点である。機会という様態のもと、時間の「闖入」はどのようにしておこなわれるのであろうか。要するに、すでにひとつの全体を形成している場のなかに記憶が移り住むのはいかにしてか。これこそバランスをとる瞬間、戦術が発揮される瞬間、瞬時の技《アール》である。ところで、こうして時間が場のなかに移り住むといっても、記憶－知がその場を自由に決定できるわけではない。機会は「とらえる」ものであって、創造されるものではないのだ。機会は情勢によって、すなわち外的な情況によってあたえられるのであり、その情況下、記憶はすばやい一瞥をなげかけて、どうすれば新たな全体が、しかも自分に有利な全体ができあがるか、一瞬のうちに見てとるのである。そして記憶は、そこに余分なディテールひとつをあしらうことによってその全体をつくりだす。しめた、もう一はけ加えてやれば、「うまく」ゆくぞ、というわけだ。そこに実践的な「調和」がうまれるために欠けているのは、ほんのちょっとしたもの、なにかの切れはしであり、残りものにすぎないのだが、その残りものは情勢からすれば貴重な残りものであって、そのなにかを、記憶の見えざる宝庫が提供しにやってくるのである。だが、そのとき記憶の蓄えのなかからひきだす断片は、外から課せられた配置の枠内にしかはさむことができず、その配置を、器用仕事がやるような、一時的な調和に変えなければならない。その実践形態において、記憶には、どこかにしつらえておけるような出来合いの組織があるわけではないのだ。それが始動するのは、これからなにかが起こりそうな時――思いがけない時であって、その思いがけない時をうまく機会にかえてしまうのである。記憶は、ふとした出会いにしか宿らず、他人のところにしか宿らないのだ。

　ほかの生物の巣のなかでしか卵をうまない鳥のように、記憶は自分のもの《エトランジェ》ではない場で生産をおこなう。それは、内容（欠けているディテール）こそ自分のものとはいえ、自分の外にある情況のおかげで、形式をさずかり、うまく移住をはたすことができる。記憶の発動は、変容ということとわかちがたく結びついているのだ。そればかりでなく、記憶の介入力は、みずから変容をこうむるという能力――移動し、移ろい、一定の場をもたない能力――そのものからきている。これが、記憶にたえずつきまとう特徴なのである。それは、他者（情況）から生誕しつつ、そしてその他者を失いつつ（もはやそれはひとつの思い出にすぎない）、みずからを（そしてみずからの「資本」を）形成する。そこには二重の変容があるのだ。みずから毀損をこうむりながら力を発揮するという記憶そのもののそれと、とらえた時にはかならず逃げているという、記憶の対象のそれと。もはやこの変容がままならなくなってしまえば、記憶はほろびてしまう。逆にこの記憶は、現在あるものとは別ななにかがうまれる、いや、うまれるはずだという期待とむすばれながら、自分では左右できない出来事によって自分をつくりあげるのだ。それは、過去の聖遺物であるどころか、ありうるなにかを信じ、身がまえてたえず機をうかがいながら、待つことによって生きるのである。

戦争「術《アール》」が空間を細工するのとおなじような具合に、時間を相手どりつつ、記憶の「技《アール》」は、いつも他者の場にいながらそれでいてその場を所有しないという姿勢をはぐくんでゆき、こうした変容を利用はしてもそこで自己を失わないという姿勢をはぐくんでゆく。このような力は権力ではない（その物語は権力でありうるとしても）。むしろそれは権威という名をさずかっている。すなわちそれは、集団や個人の記憶から「ひきだされて」、秩序や場の転回や変化を「許し」（可能にし）、なにか別のものへの移行を、実践やディスクールの「メタファー」（移転）を許すのである。だからこそどのような民衆的伝統も「権威」のあつかいにはあれほどデリケートなのだ。記憶はよそからやってきて、それじたいよそものでありながら、なにかをずらしてしまう。記憶の技の戦術は、こうした記憶のありかたにかかっており、いつ何時やってくるかもしれない、その身近さにかかっている。最後に、こうした記憶の手続きのいくつかを強調しておきたいと思う。いずれも、日常的なふるまいのなかでとくに機会を組織化している手続きである。すなわち、変容のはたらき、単独のものをメトニミーに変える実践、そして（とはいっても、根本的には記憶全般にかかわる効果にほかならないが）、ひとを戸惑わせるような移ろいやすさ、「ねじれた」変動性である。

(1) 実践のなかの記憶は、多様な変容のはたらきによって調整されている。というのも記憶は外的なものとの出会いによってたちあらわれ、他者のもてる代々の紋章と彫りものを寄せ集めなければ成りたたないからだが、そればかりでなく、この不可視のエクリチュールは、新たな情況によってしか「よび起こされない」からである。そして記憶がよび起こされるその様態は、それが記憶されてゆく様態とぴったり一致している。思うに記憶というのは、他者によるこうした「よび起こし」、あるいは呼びかけにほかならず、知らぬ間にはやすでに変容をきたしている身体のうえに重ねあわされるように、他者の印象がそこに跡をしるしてできあがってゆくであろう。このひそかなエクリチュールは、よび起こす相手の接触のままに、少しずつ「外に出てゆく」。ともかく記憶は情況によって奏でられるのである。ちょうどピアノが、鍵盤に触れる指にあわせて音を「だす」のとおなじことだ。記憶は他者の感覚である。だからこそそれはひととの交わりとともにふくらんでゆき──「伝統」社会、そして愛においても──固有の場が自律的に成立してしまうとしぼんでしまうのだ。記憶は、記録にとどめておくものというより、むしろ他に応えるものであり、その応答は、たえず移ろう変わりやすさを失ってしまって、新たな変容に応じきれなくなり、ただ最初の応答をくりかえすことしかできなくなってしまう時がくると止んでしまう。

　こうして他に応えながら変容をとげてゆく記憶の体制は、一瞬一瞬、巧みのわざを組織してゆき、そのわざとともに自分をとりまく情況全体のなかに忍びこんでゆく。ひょっこり機会をつかむということ、それは、接触をとっさの応答に転換してしまうこと、意表をついて衝撃の「転回」にうってでることであろう。そのとき、出来事がとどめおこうとするものは、たとえそれがつかの間のはかない出来事であろうと、この転回によって覆されてしまう。ひとつのことばなり身ぶりなりに覆されてしまうのである。きりかえしの素早さと的確さは、刻々と移ってゆく時とむすばれ、たえず時をうかがう姿勢ときりはなすことができないものであり、時から身をまもろうにも固有の場がないだけに、いっそうこの姿勢ははっきりとしている。

　(2)　このような応答はひとつひとつ独自なものである。全体のなかでみれば、こうした応答は、余分なひとつのディテールにすぎない——ある身ぶり、あるせりふ——それがあまりにも的を射ているので状況が覆ってしまうのである。だが、記憶がほかになにをあたえられるというのだろう。それは、ひとつひとつ別々の断片とひらめきとから出来ているのだ。ひとつのディテール、数々のディテール、それが思い出というものである。そのひとつひとつは、影から浮かびあがって切りとられるとき、いまそこにはない全体と結びついている。それは、その全体にたいするメトニミーとして輝くのだ。一枚の絵のうち、そこにあるのはただ、きり裂かれた鮮やかな一片、あの深い蒼さあるのみ。ひとつの身体のうち、あるのは、あの目の輝きと、巻毛をとおしてほの見える白さあるのみ。このようなひとつひとつには、列挙するはたらきがある。向こうをうつむいて通りすぎていったあの男……、どこからたちのぼってきたのかもうそれさえ定かでない、あの香り……。きり刻まれたディテール、強烈な独自性は、はや記憶のなかで、機会にはたらきかけるのとおなじような働きをしている。ここかしこで、おなじような巧《タクト》みのわざ、具体的なディテールの一片の情勢をむすびつけるおなじ技《アール》がはたらいているのだ。その情勢は、思い出にあっては出来事の跡として思い浮かべられているものであり、また機会にあっては、適合性なり「調和」なりをうみだすために、はたらきかける対象なのである。

(3)　もっとも不可思議なのは、この記憶の移ろいやすさ、どのディテールもけっしてそれそのものではないというとらえがたさであろう。このディテールは、対象としてとらえることができないから対象と言うことはできない。またそれは断片でもない。なぜならこのディテールは忘れられた全体をもさしだすのだから。といってそれは全体というには足りないから全体ともいえない。またそれは、よび起こすたびに変容してしまうから、不変のものでもない。この変転たえまない非-場所の「空間」は、サイバネティックスの世界のような繊細さをそなえている。きっとそれは（といってもこれはわれわれの知らないことにかかわっているから、あきらかにするというより示唆するにとどめるが）、ものをな《アール・ド・フ》す技《エール》のモデルとなるもの、あるいはあのメティスのモデル、権力が配置されるまさにその場所に、奇怪な時の干渉をたえずもちきたらしてやまないあのメティスのモデルなのであろう。

物語

ディテールがさしはさまれると作用やバランスが変わってしまう構造にあっては、みな同じようなことが起こっているのではないだろうか。記憶というものを「社会的枠組み」のなかでおさえようとする現代の科学的分析をみてもそれがいえるし、[10]教権のあやつったテクニックをみてもそれがいえる。中世にこのテクニックは、術策というものをしりぞけ無きものにし、実に巧妙に記憶を場の構成にすりかえて、かくて時間を制御可能な空間に変えるという近代的変換を準備したのであった。[11]このテクニックは、いかなる手続きにより、またいかなる合法的戦略の名目のもとに、機会というものが――この作法しらずの瞬間性、この毒が――学問的ディスクールにそなわる空間化によって制御されていったかを理解しようとするとき、みのがせない鍵になっている。科学的なエクリチュール、固有の場の設営は、うまずたゆまず、時間というこの逃れゆくものを、観察可能で解読可能なシステムの規範性のもとにおさめようとしてゆく。こういうわけだから、衝撃的なものは存在しようにもしようがないのだ。場を維持することによって、このけしからぬ業は排除されてしまうのである。

それでも、この業《トウール》はもどってくる。こっそりと法をくぐってこの科学的活動のただなかに(12)、そして日々の実践のなかにもどってくる。ディスクールがないからといって存在しているにはかわりない日々の実践のなかに立ち返ってくるのだ。そればかりか、この業は、物語《イストワール》のなかにも立ち返ってくる。狡智にたけた、毎日の無駄話のなかに。そこにこの業のしわざをみてとるには、そうした話にくりかえしあらわれる形式と構造をしらべてみるだけでなく（それも必要な仕事だが）、それ以上たちいって考察してみさえすればよい。そこにはある技能がはたらいていて、その技能に、記憶のありとあらゆる特徴が見いだされるのである。ひとつだけ例をあげておこう。よく知られていて、すぐそれとわかる話では、「時々の情況にあった」ディテールひとつで、そのもてる意味をくつがえすことができる。話を「語りきかせる」ということは、決まり文句というありがたいステレオタイプのもとにこっそり忍びこませたこの余分な要素を活かすということなのだ。もとになる枠組みにさしはさまれた「ふとしたもの」は、その場に、ちがった効果をうみだすのである。聞く耳をもった者にはそれがわかるのだ。さとい耳は、きまった語りのなかから、いまここで（それを）語る行為ににじみでるなにかちがったものを聞きわけるすべを心得ていて、語り手のその巧みなひねりに耳をこらすそぶりをみせたりなどしない。

集団に語り伝えられている数々の話や日常会話を機会に変えてしまう業、その大部分がまたしてもレトリックに属しているこの業についてては、さらにくわしくみる必要があるだろう。(13)だがこれまでにみてきたことだけでも、さしあたっての仮説として、もののやりかたを物語る技法《アール》のうちに、もののやりかたの手法がおのずとはたらいている、ということができるであろう。こうしてみればドゥティエンヌとヴェルナンが、フランソワーズ・フロンティジーのみごとな表現に言うあの「迷路のなかの知恵(14)」の語り手をかってでたのは模範とすべき行為なのだ。物語を語るというこのディスクールの実践は、同時に物語の技法でもあれば、それについてのディスクールでもある。

実を言えば、こうしたことはみな遠い昔の話なのだ。晩年のアリストテレスは、歴とした綱渡りとしてとおってはいないが、ディスクールのなかでも迷宮さながらに錯綜をきわめ、複雑微妙をきわめたディスクールを好んでいた。そのときかれはメティスの齢に達していたのである。「ひとりきりで孤独になればなるほど、物語が好きになってくる。(15)」その理由をアリストテレスはみごとにあかしてみせたものだった。晩年のフロイトとおなじく、それは、調和をかもしだす巧みを愛《め》で、しかも意表をつきながら調和をはかるそのみごとな技を讃えてやまない、目利きならではの賛美の念であったのだ。「神話を愛すということは、ある意味では叡知を愛すということである。なぜなら神話は驚異からなりたっているからだ。(16)」

Ⅲ　空間の実践

第7章　# 都市を歩く

見る者、歩く者

世界貿易センターの一一〇階からマンハッタンを見る。風にきれて流れてゆく靄の下、海に浮かぶ海、都市の島は、ウォール街の摩天楼をそびえたたせ、グリニッチで低く這い、ミッドタウンを上ったところでまた身を起こし、セントラル・パークでなだらかにのび、そして最後にハーレムの向こうにかすんでゆく。高くつきあげてくる垂直の波。もののざわめきは、一瞬、視界のなかで鳴りをひそめる。まなざしの下、巨大な人群れははたと動きをとめてしまう。その人群れはテクストの群れに変わり、そのテクストのなか、ものみなすべてが一致しあう。野望と落魄の両極も、人種やスタイルのすさまじい対立も、つい昨日建てられたばかりなのに早やごみ捨て場と化したビルディングの数々と、空間を埋めつくして沸きかえる昼の街のにぎわいとのコントラストも、渾然一体、みなひとつに溶けあってしまう。ローマとちがってニューヨークは、過去のことごとくを利用しながら年老いてゆくすべをいちども学んだことがない。ニューヨークの現在は、時々刻々と、できあがったものを投げ捨てては未来に挑む行為によってつくられてゆく。モニュメントがいきなり発作的にそびえたつ、そんな場所からできている都市だ。眺める者はそこに、空中にむかって伸びてゆくひとつの宇宙を読むことができる。そこには、かつて神秘的な細密画や織物に描かれていたあの対立物の一致（coincidatio oppositorum）が、建築のすがたをとって書かれている。冷たく研ぎすました河にくりぬかれ、二つの海洋（大西洋とアメリカ大陸）のあいだに浮かぶこの都市の島、コンクリートと鉄とガラスでできたこの舞台のうえで、地球上いちばん背の高い文字の数々が、消費と生産の過剰からなる巨大なレトリックを綾なしている(1)。

このようなコスモスを読む恍惚には、いったいいかなる知の悦楽がむすびついているのだろうか。その恍惚感にはげしく酔いしれながら、わたしは自問する。「全体を見る」歓び、人間の織りなす数々のテクストのなかでももっとも桁はずれなこのテクストの全貌をはるか上から見はるかすこの歓びは、いったいどこからきているのだろう、と。

世界貿易センターの最上階にはこばれること、それは都市を支配する高みへとはこばれることだ。街中にあれば、匿名の掟の命ずるがまま、こちらの角を曲がったり、またあちらの角を曲がったりせねばならぬものを、もはや身体はそんな街路にしばりつけられていない。すさまじい差異のざわめき、ニューヨークのけたたましい車の洪水、そこで遊ぶ者、遊ばれる者、いずれもいまはその呪縛から解き放たれている。この高みにのぼる者は、大衆からぬけだすのだ。作者だろうと見物人だろうとおかまいなく、あらゆるアイデンティティをごたまぜにして呑みつくしてしまうあの大衆から。かれは、この海のうえに舞いあがるイカロスとなり、どこまでもはてしなく続く動く迷路にひとを閉じこめるあのダイダロスの術策を忘れることができる。こうして空に飛翔するとき、ひとは見る者へと変貌するのだ。下界を一望するはるかな高みに座すのである。この飛翔によって、ひとを魔法にかけ、「呪縛」していた世界は、眼下にひろがるテクストに変わってしまう。こうしてひとは世界を読みうる者、太陽の《眼》、神のまなざしの持ち主となる。視に淫し、想に耽ける欲動の昂揚。おのれが、世界を見るこの一点にのみ在るということ、まさにそれが知の虚構《フィクション》なのである。

ここからまたもあの薄暗く模糊とした空間に降りていかねばならないのか。群衆が行きかうあの空間、上からは見えるのに、下に降りると途端に姿の見えなくなるあの群衆が行きかう空間のただなかに。イカロスの失墜。一一〇階にある一枚のはり紙は、スフィンクスさながら、ひととき見者と化した歩行者に謎をかける。「ひとたび昇ると降りるのはつらい」、と。

街を見おさめようとする意志は、その意志をかなえる手段ができる以前から存在していた。中世やルネッサンスの画家たちは、いまだかつて存在したこともないような目が見はるかした都市の姿を描いていた。(2) それらの絵画は、都市の上空飛行と、それによってひらけるパノラマを同時に創出していたのである。こうしたフィクションが早くも中世に見る者を天の眼に変えていた。それらは、神々をうみだしていたのである。それ以後、技術的な手続きのおかげで「遍‐視する権力」ができあがったわけだが、[3]といってなにか変わったことがあるだろうか。いにしえの画家たちが想像していた全を見る目は、こうして実現されたもののなかにそっくり生きつづけている。昨日までは絵空事でしかなかったユートピアを、今日、建築物が具現しているのであり、その建築物を利用している人びとにも、おなじように視に淫する欲動がつきまとっている。マンハッタンのへさきに立つ四二〇メートルのタワーは、読む者をつくりだすフィクションをいまも変わらず築きあげているのであり、そのフィクションが、都市の錯綜を読みうるものに変え、変転たえまないその不透明性を動かぬ透明なテクストに変えてしまっているのだ。

眼下にみはるかす巨大なテクストの群れは、ひとつの表象、目のつくりだす人為的産物以外の何であろうか。それは、空間の整備にたずさわる者、都市工学者や地図作成者たちが製作する複製の類似物だ。かれらの製図法もまた一種対象に距離をとる方法にほかならない。パノラマ的な都市とは、「理論的な」（すなわち視覚的な）シミュラークル、要するに、実践を忘れ無視してはじめてできあがる一幅の絵なのである。このフィクションがつくりだす、見る者という神、シュレーバーの神にも似て屍体しか知らぬこの神は、[4]さぞかし人びとの日々の暮らしの複雑なもつれあいなどあずかりしらず、そんなことには縁なき《エトランジェ》存在であるにちがいない。

そうした神をよそに、都市の日常的な営みは、「下のほう」(down)、可視性がそこでとだえてしまうところから始まる。こうした日々の営みの基本形態、それは、歩く者たち(Wandersmänner)であり、かれら歩行者たちの身体は、自分たちが読めないままに書きつづっている都市という「テクスト」の活字の太さ細さに沿って動いてゆく。こうして歩いている者たちは、見ることのできない空間を利用しているのである。その空間についてかれらが知っていることといえば、抱きあう恋人たちが相手のからだを見ようにも見えないのとおなじくらいに、ただひたすら盲目の知識があるのみだ。この絡みあいのなかでこたえ交わし通じあう道の数々、ひとつひとつの身体がほかのたくさんの身体の徴を刻みながら織りなしてゆく知られざる詩の数々は、およそ読みえないものである。すべては、あたかも盲目性が、都市に住む人びとの実践の特徴をなしているかのようだ[5]。これらのエクリチュールの網の目は、作者も観衆もない物語《イストワール》、とぎれとぎれの軌跡の断片と、空間の変容とからなる多種多様な物語をつくりなしてゆく。こうした物語は、都市の表象にたいして、日常的に、そしてどこまでも、他者でありつづけている。

日常的なものには、想像的な全体化をめざす目から逃れてしまう異者性があるのであって、こうした日常性は、表面をつくらないというか、もし表面があったとしてもそれはただ、目に見えるものの周囲にぼんやりと浮かびあがる外縁、その周縁をわずかにはみ出るものにすぎない。こうしたもの全体のなかから、わたしは、視覚的、一望監視的、ないしは理論的な構築につきものの「幾何学的」、「地理学的」空間とは異質《エトランジェ》な実践をとりだしてみたいと思う。このような空間の実践は、操作の（さまざまな「もののやりかた」の）一特殊形態にかかわっており、「もうひとつの空間性[6]」（空間の「人間学的」、詩的、神話的経験）に、そして人びとの住む都市の不透明で盲目の動きにかかわっている。こうして、計画化され読みうる都市という明晰なテクストのなかに、移動する都市、あるいはメタファー的な都市がしのびこむのだ。

一　都市の概念から都市の実践へ

世界貿易センターは西欧的都市計画がとるすがた《フィギュール》の最大のモニュメントにほかならない。もうずいぶん前から、視による知の非空間《アトピー》－ユートピアは、都市集中から生じる矛盾を克服し分節化しようとする企図をいだきつづけてきた。膨れあがってゆく人間の集合ないし蓄積を管理することが問題なのである。「都市とは大いなる僧院である」とエラスムスは語っていた。見晴らしのきく景観、そして先の見通せる景観は、不透明な過去と不確かな未来の双方を、考察しうるひとつの表面に映しだす。このような景観が（十六世紀以降？）都市的事実の都市という概念への転換を創始するのである。都市概念そのものが

《歴史》のフィギュールを裁断するようになるはるか以前から、この概念は、都市的事実を、都市工学的な比率で分割できる単位として考慮しうるということを前提にしている。都市と概念の結託は、結託したからといってけっしてひとつになりはしないのだが、しだいに深まってゆくたがいの共存関係を利用しているのである。都市を計画化すること、それは、現実的なものの複数性そのものを思考にもたらそうとすることであり、同時にこの複数性の思考に実効性をあたえることなのだ。すなわちそれは分節化するすべを知り、実際に分節化しうるということなのである。

操作概念？

ユートピア的、都市計画的なディスクールによって創設される「都市」(7)は、三つの操作可能性によって規定されている。

(1) ある固有な空間の生産。合理的組織化をはかることによって、この空間を脅かすおそれのあるありとあらゆる物理的、精神的ないし政治的な汚染を抑制しなければならない。

(2) 伝統に根ざしたとらえがたく頑迷な抵抗にたいしては、非-時間、あるいは共時的システムを代置すること。「機会」につけこみ、可視性の盲点である出来事-罠に乗じていたるところに歴史の不透明性をもちきたらす使用者たちの戦術にとってかえて、あらゆるデータを同一平面上に併置することによって可能となる一義的な科学的戦略をもってこなければならない。

(3)　最後に、匿名の普遍的主語〔主体〕の創造。この主語とはほかならぬ都市そのものである。このような主体の政治的モデルであるホッブズの国家についてもそうできるのと同様に、こうした主語としての都市を創造すれば、それまではあちらこちらに散在し、集団や協会や個人といった多様な現実的主体にむすびついていたもろもろの機能と述辞のことごとくを都市に帰属させることができる。このようにすれば「《都市》なるもの」は、まるで固有名詞のようなあんばいに、固定していて、きりはなすことができ、しかもたがいに結合可能な一定数の特性をもとにして空間を構想し構築する可能性をきりひらく。「思弁的」で分類的な操作によって編成されるこうした場においては[8]、管理と排除が結合しあう。一方では、転換や移動、蓄積、等々のおかげで、都市のさまざまな部分と機能の区分と再配分がおこなわれる。その一方で、考察しえないもの、したがって機能主義的管理機構にとっては「クズ」にしかならないもの（異常、偏奇、病い、死、等々）は、廃棄されてしまうのだ。たしかに都市の発展とともにしだいに増加してゆくクズ部分を管理の回路のなかに再導入し、（健康や安全性、等々からみた）欠陥そのものを、秩序の網の目をさらに細かくするための手段にかえてゆくことができないわけではない。けれども実のところ、都市の発展は、めざすものとは逆の効果をたえずうみだしつづけているのだ。利益のシステムは損失をうみ、その損失は、種々さまざまなシステム外の貧困およびシステム内の浪費というかたちをとりながら、たえず生産を「支出」に逆転させてしまう。そのうえ都市の合理化は、戦略的ディスクールにも神話化作用をおよぼしてゆく。というのもこのディスクールは、いざとなれば都市を破壊してもよいという仮説、あるいは破壊しなければならないという必然性にたった計算なのである。[9] 要するに、都市の機能主義的編成は、進歩（時間）を特権化しつつ、みずからの可能性の条件を、つまり空間そのものを忘却に付してしまうのであり、この空間は、科学的、政治的テクノロジーにとって思考されざるものになってしまっているのだ。概念としての《都市》、転換と所有化の場であり、力がはたらきかける対象〔目的語〕でありながら、次々と新たな属詞をとりこんでたえず豊かになってゆく主語でもあるこの都市は、以上のように働いている。それは、近代の仕掛けであると同時にヒーローなのである。

このような都市の概念がどのような変遷をへてきたにしろ、今日認めざるをえない事実は、たとえディスクールにおける都市が、全体化をめざす社会経済的、政治的戦略にとって半神話的な指標の役割をはたしているとしても、実際の都市生活は、都市計画的企図が排除してきたものをしだいに再浮上させてきているということである。権力の言語は「都市化」していても、現に人びとの住む街《シテ》は、一望監視的な権力の外で結ばれあったり補いあったりする矛盾した動きにゆだねられているのだ。《都市》なるものは、政治的伝説のメイン・テーマになっているけれども、もはやこの都市はプログラム化され制御された操作の領野ではない。都市をイデオロギー化するディスクールのもと、さまざまな力の組み合わせと策略がひしめきあっているのだ。読みうるようなアイデンティティももたず、とらえようにもつかみどころがなく、理性の透明性ももたないさまざまな力——管理不可能な力がいたるところにひしめきあっているのである。

実践の回帰

概念としての都市は傷を負うている。ということは、その都市を創設した理性とその理性の専門家たちがかかっている病いを、都市に生きる人びともまた病んでいるということなのだろうか。おそらくもろもろの都市はそれを編成した手続きとともに潰えてゆくものであろう。けれども、われわれの分析そのものを警戒してかからねばならない。これまで知を司ってきた司祭たちは、自分たちのイデオロギーと座をゆるがすような変化があると、世界が脅かされていると考えるのが常であった。かれらが自分たちの錯誤を「カタストロフ」にかえ、自分たちの理論にすりかえてしまうのだ。かれらは、自分たちの理論の不幸を不幸の理論にすりかえてしまうのだ。かれらが自分たちのディスクールの「パニック」に人びとを閉じこめようとしているとき、それでもなおかれらが正しいと思わねばならないのだろうか。

内容を逆転させることによってみずからの特権を守っているディスクール（もはや進歩を語らず、カタストロフを語るディスクール）のなかでじっとしていたりしなくても、もうひとつの道がひらけている。すなわち、ひとつひとつが独自で複数の微視的な実践、都市計画システムが管理したり抑圧したりするはずだったのに、そのシステムの衰退の後にも生きつづけている実践を分析してみればよいのである。こうした手続きがひしめきあっているさまをあとづけてみること。これらの手続きは一望監視的な管理機構によって制御されたり排除されたりするどころか、おびただしく膨れあがってゆく非合法の場のなかで日に日に発達をとげ、監視の網の目のなかにそっとしのびこんでいる。それらは、読解不可能ではあっても、日常的な調整をはかり、ひそかな創造性をつくりだす程度には安定した戦術にしたがいながら、たがいに結ばれあっている。ただそれを、監視組織の機構とディスクールとが、いまや必死になっておし隠しているだけなのだ。

このような道は、権力の構造をあかしたミシェル・フーコーの分析をうけつぐものともいえるし、それを裏返したものともいえる。フーコーは、従来の分析をずらして、技術的な装置《ディスポジティフ》と手続きを明るみにだし、ただ「細部」を組織するだけで、種々さまざまな人間の営みを「規律」社会に転じ、学習や健康や軍隊、労働にかかわるありとあらゆる逸脱を管理し、区別し、分類し、階層序列化しうる「マイナーな装具」を分析してみせた。(10)「たいていは微細な、規律化のためのこうした術策」、「微小だが隙のない」仕掛けが力を発揮するのは、さまざまな手続きと、それらの手続きがみずからの「オペレーター」とすべく配分する空間との組み合わせの妙に負うところが大きい。けれども、このような規律の空間を生産する装置にたいし、この規律を身をもって演じる（その規律を相手どる）側の人びとは、いったいどのような空間の実践をおこなっているのだろうか。管理の集団的様式と個々人の適応のしかたとが矛盾をきたしている現況を考えるとき、さまざまな空間の実践が現に社会生活の決定的条件をなしているとするなら、この問題はけっして小さな問題ではない。わたしは、規律からははずれているが、といって規律の力がおよぶ領域の外にあるのでもないような手続き——さまざまなかたちをとりながら、抵抗をつづけ、狡智にたけて頑迷な手続き——のいくつかをあとづけてみたいと思う。それらの手続きは、われわれを日常的実践の理論へ、生きられた空間の理論へ、そして都市の思いがけぬ身近さをあらわにしめす理論へとみちびいてくれるにちがいない。

二　消えた足どりの話し声

「女神はその歩みぶりで御身をあらわし給う。」
（ヴェルギリウス『アエネイス』一巻、四〇五）

話《イストワール》は地面から、人びとの足どりとともにはじまる。それらの足どりは数だ。だが、そろって数列をつくったりしない数である。その数はかぞえられない。なぜならひとつひとつが質的なものだから。触覚で習いおぼえ、運動感覚で身につけるひとつのスタイル。

そうした足どりの群れは、それぞれが独自なものからなっている数ええぬものである。足どりの戯れは空間細工だ。それらの戯れはさまざまな場を織りあげてゆく。こうした観点からみれば、歩行者たちの運動は、「それがあってはじめて都市が真に都市となる現実的なシステム」、だが、かといって「どこか物理的に収納できるような場があるわけではない」システムのひとつをかたちづくっている[11]。それらの足どりの動きは、どこと場所を定めてそこに収納してしまうわけにはいかない。そうした動きが空間をつくりだしてゆくのだから。それらはまた、話し手が指で手のひらに形を描いてみせるあの漢字がそうできないのとおなじように、なんらかの容れものとして考えるわけにもいかない。

たしかに、ひとが道を歩いてゆくプロセスは、その痕跡を書き写したり（ここでは密集しているが、あそこではごくまばらだ）、たどる軌跡を書き写したりしてみれば（ここを通っているが、あそこは通っていない）、都市地図のうえに書きなおすことができないわけではない。けれども、そうしてできあがる曲線は、太いのもあり、細いのもあるだろうが、いずれにしても、語とおなじように、ただ、通り過ぎていっていまはないものを指し示しているだけである。通っていった道筋の記録は、それがそうであったもの、すなわち通るという行為そのものを失ってしまう。どこかへ寄ったり、さまよったり、「ショーウインドーをひやかし」たりする操作、言いかえれば通り過ぎる人びとのおこなう活動は、点に置きかえられてしまうのであり、それらの点は、一目で見てとれ、どちらの方向からもたどれる平面上の一本の線になってしまう。したがってそこから学び知れるものといえばただ、軌跡の表面という非－時間のなかに置かれた遺物があるばかりだ。目に見えるその遺物は、結果としてその遺物を残した操作そのものを見えないものにしてしまう。このような図面への固定化は、忘却の手続きになっているのである。一筋の線〔痕跡〕が実践に置きかえられてしまっているのだ。そうして引かれたその線は、ひとの行動を読みうるものに転換しうるという、地理学システムの（貪欲な）特性をあらわにしめしているけれども、そうしつつその線は、世界への現存というありようを忘れさせてしまうのである。

歩行者の発話行為

話すという《アクト・ド・パルレ》行為と比較してみれば、グラフ表示を批判するだけにとどまらず、もっと遠く、読みうるものの縁にほの見える、はるかな彼方をめざしてすすむことができる。[12]歩く行為《アクト・ド・マルシェ》の都市システムにたいする関係は、発話行為（speech act）が言語《ラング》や言い終えられた発話にたいする関係にひとしい[13]。実際、もっとも基本的なレベルで、歩く行為は、三重の「発話行為的」機能をはたしている。まずそれは、歩行者が地理システムを自分のものにするプロセスである（ちょうど話し手が言語を自分のものにし、身につけるのと同様に）。またそれは、場所の空間的実現である（ちょうどパロール行為が言語の音声的実現であるように）。最後に、歩く行為は、相異なる立場のあいだで交わされるさまざまな関係を、すなわち動きという形態をとった言語行為的な「契約」をふくんでいる（ちょうどことば《ヴェルバル》による発話行為が「話しかけ」であって、話し手と「相手をむかいあわせ」、対話者どうしのあいだにいろいろな契約を成立させるように）[14]。こうして、歩くことはまず第一に、発話行為の空間として定義されるだろう。

それだけでなく、このようなプロブレマティークは、書くという行為と書かれたものとの関係にもひろげてみることができるだろうし、「タッチ」（筆さばき、筆の動き）と描きあげられた絵（形、色、等々）との関係にもあてはめてみることができるかもしれない。さしあたりことばによるコミュニケーションの領域だけにかぎって考察してみるが、発話行為というのはこうしたプロブレマティークの一適用にすぎないものであり、その言語学的様態は、ひろく一般的に、ひとつのシステム内部で使用されている形態とこのシステムそのものの使用法がどうちがうかという、より一般的な区別をあきらかにするための手がかりにすぎない。すなわち、「同一のもの」が相対立する型式にしたがってとらえられているために二つの「異なる世界」ができあがっている、その二つの世界の区別をあきらかにするための指標といってもよいものである。

このような方向から考えてみると、歩行者の発話行為は三つの特徴をそなえており、その特徴によって一挙に空間システムとは区別される。すなわち、現存性、不連続性、「交話性」の三つである。

まず第一に、ひとつの空間秩序がさまざまな可能性（歩きまわれる広場など）と禁止（それ以上前進できない壁など）の総体を組織しているというのが事実であるとすれば、歩行者はそのうちのいくつかを現動化する。そのことをとおしてかれはそれらの可能性と禁止を表わすとともに現に存在させるのである。けれどもこの歩行者は、それらをずらしたり、別のものをつくりあげてみたりもする。というのも、いわば歩行者の漂流でもあり即興でもある横道《トラヴェルス》は、いろいろな空間要素のなかでも、とくにどれかひとつに愛着をしめしたり、勝手に変えてしまったり、かと思えば見捨てて放っておいたりするからだ。チャーリー・チャップリンはこうして自分のステッキの可能性をさまざまにひろげてみせる。かれは同じものを別のものにつくりかえてしまうのであり、事物の定義によって定められるその用法の限界をとりはらってしまうのだ。おなじように歩行者も、空間のシニフィアンのひとつひとつを別のものに変えてしまう。そしてまたこの歩行者は、一方で既成秩序の定めた可能性のうちそのいくつかだけしか実効化しないし（ここには足を運んでも、あちらには行かない）、また他方で可能性の数をふやしたり（たとえば近道やまわり道をしたりしながら）、禁止の数をふやしたりする（たとえば、合法的ないし義務的にきめられた道は歩かないようにして）。つまりかれは選んでいるのだ。「都市の使用者は発話の断片をひろい集め、ひそかにそれを活用している。[15]」

こうして歩行者は、空間「言語」のシニフィアンを選びわけたり、自分なりの使いかたでそれらをずらしたりしながら、不連続性をつくりだしてゆく。ある場所には寄りつかないようにして人気のない場にしてみたり、かと思えば足繁く通ってにぎやかな場にしてみたり、また別の場を利用しながら、「めったになく」、「ふとした偶然からうまれた」、非合法的な空間「表現」を組みたててゆく。が、ここからはもう歩きかたのレトリックの領分に入っていってしまう。

　発話行為の枠内で、歩行者は、自分のいる位置をもとにして、近くと遠くを、ここと あそこをつくりだす。副詞のここと あそこが、ことばによるコミュニケーションにおいてまさに話し手の現存を指示するものであるという事実[16]——この一致は、言語的な発話行為と歩行の発話行為の照応を裏づけている——この事実に、もうひとつ次の事実をつけくわえなければならない。すなわち、歩行にかならずふくまれざるをえず、「わたし」が現に空間を自分のものにしているということをしめすこの指標（ここ－あそこ）にはまた、この「わたし」にかかわる相手の位置をさだめ、そうしてたがいの位置を結びつけたりひき離したりするはたらきがある、ということである。なかでもわたしは、「交話的」な相をとりあげてみたいと思う。ここに言う「交話」というのは、マリノフスキーやヤーコブソンによってとりだされた、「もしもし」とか、「それは、それは」、等々、接触をつくりだしたり維持したりする用語の機能を指し示している[17]。歩行は、だれかに追いかけられたり、追いかけさせたりしながら、環境を動的に組織化し、一連の交話的なトポスの数々をつくりだしてゆく。そうして、コミュニケーションを確立しようとするこの交話機能が、すでに小鳥たちのさえずり言葉の特徴をなし、おなじように「子どもたちの習得する最初の言語機能」をなしているのなら、こうした歩行が、だれかに何かを伝えようと声をかけるのに先立って、あるいはそれと同時に、「もし、もし！」と呼びかわしあうこだまの迷宮のなか、跳びはねたり、四つ足で歩いたり、ある時にはゆっくりと、またある時には足どり軽く、踊ったり、散歩したりしていても不思議はないはずだ。

地図上に書き写されたものではなく、こうしてとりだしてみた歩行者の発話行為について、その様態を分析してみることができるだろう。様態というのは、この発話行為と道筋（あるいは「発話」）とのかかわりのタイプであり、おなじ道筋を通っていても、そこには真としての価値もあれば（必然か、不可能か、可能か、偶然か、といった「真偽」の様態）、認識にかかわる価値もあり（確実か、ありえないか、本当らしいか、疑わしいか、といった「知信」の様態）、あるいはまた義務的行為にかかわる価値もあって（義務であるか、禁止されているか、許可されているか、任意か、といった「義務」の様態）、それらの関係はさまざまだからである。(18) 足どりは話しているのであって、自分の「話す」筋道（軌道）を断言したり、疑ったり、たまたま口にしてみたり、踏みはずしたり、きちんと守ったり、いろいろな場合があるのである。そこにはありとあらゆる様態がはたらいており、一歩一歩かわってゆくし、歩幅もさまざま、時の経過とともに様態も変化し、その強度も、時や道筋や歩く人間によっていろいろに変化してゆく。こうした発話行為的な操作は果てしない多様性をそなえているのだ。こうしてみれば、それらをグラフ上の線に変えてしまうことなど、とてもできない相談であろう。

歩行のレトリック

道ゆく人びとの歩みぶりは、ある時にはそれ、またある時には曲がりくねって、「言いまわし」や「文彩《フィギュール》」にも似た迂余曲折をしめしている。歩行のレトリックが存在するのである。文の「ひねり《トゥルネ》」かたは、ちょうど道筋のそらしかた《トゥルネ》にあたっている。日常言語とおなじように[19]、この歩きかたの技法にも文体〔スタイル〕と用法があり、その二つを組み合わせてできあがるものだ。文体というのは、「ひとりひとりが世界へ現存して生きてゆく根本的なありかたを、（……）象徴的レベルであらわす言語構造」をしめしている[20]。つまりそれは、ある独自性をしめしているのである。用法〔使用〕というのは、コミュニケーションのシステムが事実として顕在化する社会的現象のことである。したがってそれは、ある規範をもとにしている。文体〔スタイル〕と用法は、いずれもある「もののやりかた」〔話しかた、歩きかた〕をつくりだそうとするものだが、ひとつは、象徴系の独自化をとおして、もうひとつは、あるコードの要素を使ってそれをつくりだしてゆく。この二つがたがいに交差しながら、使用のスタイルをかたちづくり、生きかた、存在のしかたをかたちづくってゆくのである。[21]

A・メダン[22]は「住みかたのレトリック」という考えかたをうちだして実り豊かな道をきりひらき、S・オストロヴェッキー[23]とJ＝F・オゴヤール[24]がこれを体系化しているが、このような考えかたをとりいれてみれば、レトリックのくりひろげるさまざまな「転義」は、ひとがどのようにして場所を自分のものにしてゆくか、そのやりかたを分析するためのモデルともなり仮説ともなるのではなかろうか。こうした応用をはかるには、次の二つの公準が前提条件になるだろう。(1)空間の実践というのもまた、既成秩序の基本要素になんらかの操作をくわえることである、ということ。(2)これらの実践は、レトリックにおける転義とおなじように、都市工学システムの規定するある種の「原義」にたいしてなんらかのずれをしめしている、ということ。ことばの彩《フィギュール》と歩行のフィギュールとのあいだには相同性があるといっていいだろう（歩行のフィギュールについては、すでに舞踏というフィギュールが選びだされて様式化されている）。というのは、そのいずれもが、分離可能な諸単位にはたらきかける操作、あるいはその「あつかいかた」からなっているからであり[25]、ぶれた写真が映った像をだぶらせ多様化してしまうように、意味というものを多義的な方向にずらし曲げてしまう「両義的な配合[26]」からなっているからである。こうした二つの様態をもとにすれば、二つのあいだにアナロジーがうちたてられる。もうひとつつけくわえておけば、都市工学者や建築家たちのあつかう幾何学的空間というのは、文法学者や言語学者たちが、ノーマルで規範的なレベルなるものをうちたて、それにてらして「比喩的な《フィギュレ》」派生義を規定しようとする、あの「本　義《サンス・プロープル》」なるものに等しい、ということだ。実のところ、このような（彩《フィギュール》〔比喩的な意味〕をもたない）「正確さ《プロープル》」などというものは、ことばだろうと歩きかただろうと、普段の用法で実際にあったためしはない。そんなものは、メタ言語というそれじたい特殊な科学的用法によってうみだされたフィクションにすぎないのであり、こうした科学的用法は、そのような区別そのものによって他に差をつけようとしているのである[27]。

人びとの足どりは、どんなに一望監視的に組織された空間だろうと、その空間に細工をくわえ、その空間を相手にして戯れている。その身ぶりは、そうして組織化された空間に縁遠い《エトランジェ》ものでもないし（どこかよそを通ってゆくのではないから）、といってそこに順応する身ぶりでもない（その空間によってアイデンティティをあたえられるのではないから）。歩行の身ぶりはその空間に、なにかの影と両義性をうみだしてゆく。自分だけのいろいろな参照や引用をそこにさしはさむのだ（社会的モデル、文化的慣用、個人的係数、など）。その足どりは、それじたい、次々とふりかかってくる出会いやチャンスのうみだす結果なのであり、そうした出会いやチャンスはたえず歩きかたに変化をあたえ、その足どりを他者の刻銘に変えてしまう。いいかえればその足どりは、歩いてゆく道筋に不意に立ちはだかったり、横切ったり、ついつい足を向けさせたりするものを伝えあらわしているのである。こうしたさまざまな様相があいまって、ひとつのレトリックを創出する。いや、そのレトリックを規定しさえするのである。

　空間のつむぎだす物語をとおして、こうした「日常的表現の現代的技法《アール》」を分析しながら[28]、J＝F・オゴヤールは、とくに基本的なものとして、二つの文彩をとりだしている。すなわち提喩と連結辞省略である。圧倒的比重をしめるこの二つの文彩は、歩くという実践の相互補完的な二極をなし、この実践のひとつの型式をあらわしているように思われる。提喩というのは、「語を、その意味の一部分で代表させて、もうひとつの意味につかう[29]」ことである。たいていこの提喩は、ある語があらわす全体を言うかわりに、その一部分ですませてしまう。たとえば、「ごくなじみの顔〔ひと〕なのだけど、その後どうしているのか音沙汰がない」などと言うとき、「顔」は「人間」を意味している。おなじように、歩いてゆく道筋を口にするとき、レンガ塀とか小高いところと言えば、公園を意味している。連結辞省略というのは、一文中または文と文のあいだで、接続詞や副詞といった連結語を省略することだ。歩く際にも、おなじように、ひとはたどってゆく空間を選んでいるし、空間を細分化している。つながった空間をスキップして飛ばしてゆくし、いろんな場所をそっくり飛ばしてしまったりする。こうしてみれば、どんな歩きかたも、子どもがやるように、いつも「けんけん」をして跳びはねている。連結の場を省略しているのだ。

　実のところ、足どりのこの二つのフィギュールはたがいにかかわりあっている。ひとつは、ある空間要素をふくらませて、「それより大きいもの」（全体）の役割をになわせ、それにとってかわろうとする（ショーウインドーにならんで売りだされている自転車や家具は、ひとつの通り、あるいはひとつの街全体にもひとしい価値がある）。もうひとつのほうは、省略によって「それより小さいもの」をつくりだし、空間的連続のなかにいろいろな穴をあけて、そのなかから選んだ小品、いや思い出にのこる遺品しか残そうとしない。いっぽうは断片をもって全体におきかえる（より大きなもののかわりにより小さなものを）。もういっぽうは、全体を解きほぐして、接続詞や結果節を省略してしまう（何かのかわりに無を）。ひとつは、圧縮する。つまりディテールをふくらませて、総体をミニチュア化するのである。もうひとつは、バラバラに分断する。連続性をうち壊して、そのもっともらしい感じをくつがえすのだ。こうして実践によって手をくわえられねじ曲げられた空間は、ひとつひとつ大きくふくらまされた独自性にかわり、たがいに離れた飛び地に変わってゆく[30]。このようにデコボコをつくりだしたり、削りとったり、バラバラにしたりする仕業は、レトリックのはたらきであり、こうしたレトリックをとおして、アンソロジー型（引用の並列からなる）や省略型（言いおとしや言い損いからなる）の空間使用法ができあがってゆく。歩行のフィギュールは、首尾一貫性をそなえ全体化をはかろうとする空間、同時並列的で「結合的」な空間のテクノロジー・システムを、神話的な構造をもった道筋に置きかえようとするのだ。もし神話というものが、具体的なものの場所／非－場所（あるいは起源）にかかわるディスクールを意味しており、ありふれたものの言いかたのなかから寄せあつめたつぎはぎの話、語られない部分がなにかの社会的実践を象徴しているような、断片的で暗示的な物語を意味しているとすれば。

歩行のフィギュールは、こうして空間を文体的に変貌させてゆく身ぶりなのだ。というよりむしろそれは、リルケが言うように、動く「身ぶりの樹々」なのかもしれない。それらのフィギュールは、医療－教育制度という、おしきせのテリトリーさえをも動かし、身体の不自由な子どもたちは、いつしかそこで遊びはじめ、屋根裏で、自分たちの「空間物語」を踊りはじめる。(31) こうした身ぶりの樹々は、そこかしこでざわめいている。その樹々の森は、街を通って歩いてゆく。それらは次々と情景をかえてゆき、ひとつの場のイメージに固定されない。それでもあえてなにかの絵であらわしてみようとすれば、それは、通過してゆくイメージ、黄緑色とメタリックブルーの花文字の数々、大声をたてずに低いうなり声をあげながら都市の地下に縞模様を描いてゆくあの花文字のイメージであろう。それは、文字と数字の「刺しゅう模様」、スプレー塗料で描かれたみごとな暴力の身ぶり、破壊神シバの舞うエクリチュール、メトロの音とともに現れては消えてゆく踊るグラフ、あのニューヨークのグラフィティだ。

身ぶりの森がなにかをあらわしているとしても、その森の歩みを止めて絵にしたりなどできないだろうし、その動きの意味をテクストに書きとどめることもできないだろう。移動してゆくそのレトリックは、都市計画にそなわる分析的で首尾一貫した固有の意味《サンス》〔方向〕を、あらぬ方向に吹き飛ばしてしまう。それは、大衆のうみだしてゆく「意味論の彷徨」なのだ。(32) かれら大衆は、あるところでは都市を小さくして雲散霧消させ、またある地域ではひきのばして大きくし、ねじ曲げ、粉々にし、それでも不動を保とうとする都市の秩序から何かをかすめとってゆく。

三　神話的なもの／ひとを「歩ませる」もの

以上のような足どりのフィギュール（提喩、省略法、等々）は、「無意識の象徴法」でもあり、また「ディスクール〔話《わ》〕に主体性があらわれる典型的な方式」でもある。(33)「ディスクール」(34) と夢に類似性があるのは、おなじような「文体方式」をもちいるからだ。(35) したがって歩くという実践もまたこの類似性をわけもっている。フロイトからバンヴェニストまで、ディスクール〔話《わ》〕と夢の領域にあらわれるレトリックの一覧を提供してくれる「昔ながらの転義のカタログ」は、歩くという実践にも生きている。そこにパラレルな関係があるのは、この三つの領域のいずれにおいてもなにより発話行為が問題だからという理由ばかりではなく、（ことば、夢、歩行というかたちで）そこにくりひろげられるディスクールが、その発生の場所（起源）と、そのうみだす非－場所（ある「通り過ぎ」かた）との結合によってできあがっているからである。

　このような観点から、歩くというプロセスを言語形成と関連づけて考察したうえで、こんどはそのプロセスを夢の表象のほうにひきよせて考えてみることもできるだろう。少なくとも、夢というこのもうひとつの縁にあって、空間の実践のなかでもとくに夢みられた場所と深く結びついているものをあきらかにすることができるのではないだろうか。歩くということ、それは場を失うということだ。それは、その場を不在にし、自分のもの《プロープル》を探し求めてゆくはてしないプロセスである。都市はしだいに多様な彷徨をうみだしていっているが、そうした彷徨をとおして、都市全体が場所の剝奪という巨大な社会的試練の場と化してしまっている――そう、たしかにそれはひとつの試練なのだ。ささやかな無数の流刑（移動と歩行）のうちに散り散りになってゆく試練。そのかわり、その試練をとおして、人びとの大移動が交わりをうみだし、その交差と結びつきによって都市の織り目がつくりだされてゆく。そうした試練の彷徨は、究極的にはどこかの場所をめざしているのだ。といってもその場所は《都市》というひとつの名でしかないのだが。この場所によってあたえられるアイデンティティは、どうしたところで象徴的な（名ばかりの）ものになってしまう。なぜならそこには、市民としての肩書も所得もてんでばらばらなのに、行き交う人びとのうごめきだけがあり、身をよせるものといえば交通手段という仮の場の編み目があるのみ、ただ、自分のものに似たなにかを求めて横切ってゆく足どりだけがあり、非‐場所につきまとわれ、夢みる場につきまとわれる仮住まいの宇宙があるだけなのだから。

名と象徴

こうした〔場の〕不在と空間の実践がいかなる関係をむすんでいるか、その指標のひとつは、歩行という実践がほかでもない「固有《プロープル》」名詞〔固有の名〕をどのように使っているか、ということである。ひとが歩いてゆく方向《サンス》と語の意味《サンス》とは、一見するところ正反対の二種類の動きによってむすびついている。すなわちひとつは外在の動き（歩くということ、それは外に出るということだ）、もうひとつは内在の動きである（不動のシニフィアンのもとでの流動性）。事実、歩行は意味論的な転義法にしたがっている。というのもそれは、なにか意味のわからない妙な名があると、ついそちらに足が向いたり、向かなかったりするからだ。いっぽう都市はといえば、ほとんど無人の「砂漠」と化してしまっている。その砂漠では、奇怪なもの、ひとをぞっとさせるものは、もはやなにかの影ではなく、ジュネの演劇にあるような仮借なき光、闇なき都市のテクストを生産する光であって、テクノクラシーの権力はいたるところその光のテクストをつくりだし、住む人びとを監視している（それにしてもいったい何が監視しているのだろう）。「都市がわたしたちをじっと見つめていて、そのまなざしを感じると、くらくらしてしまう」と、ルーアンに住む住民のひとりが語っている。(36) 見知らぬ《エトランジエ》理性によって容赦なく照らしだされた空間のなか、固有名詞は、なじみぶかいひそやかな意味作用の余地をうがつ。それらは「意味《サンス》〔方向〕をなす」のである。言いかえれば、それら固有名詞は、さまざまな動きをひきおこすのだ。ちょうど、なにかに呼ばれたり導かれたりして、それまでは思いもかけなかった意味（または方向）がひらかれ、道筋がそれたり曲がったりするような具合に。これらの名はもろもろの場所のなかになにかの非‐場所をつくりだす。そうした名によって場所はパサージュにかわるのである。

セーヴルに住んでいるある友人は、パリにくると、ちがう方面に住んでいる母親に会いにいこうとしているのに、ついついサン＝ペール〔父〕通りやセーヴル通りのほうに足を向けてしまう。それらの名はひとつの文を語っていて、かれの足は思わずしらずその文を綴ってしまうのである。数字のついた通りや番地（一一二番街とか、サン＝シャルル通り九番地とか）もまた、ひとの足をひきつけ、おなじように夢にもつきまとう。また別の女友だちは、自分で気づかぬうちに、名のついた通りを避けて通っているが、そうして避けているというのは、その名の通りが彼女にとって、まるで自分を召喚したり分類したりするような秩序なりアイデンティティなりを「意味している」からなのだ。その女友だちは、知られてない道や名のついてない道ばかり通ってゆく。これもまた、固有名詞がネガティヴなかたちでひとを歩かせるひとつのありかたである。

とすると、固有名詞はいったいなにを綴っているというのだろうか。都市の表面を意味論的に序列化し秩序づける星座のように配置され、年代記的な配列と歴史的な理由づけのオペレーターとなりながら、これらの語（ボレゴ通り、ボットサリス通り、ブーガンヴィル通り）は、使い古された硬貨のように、刻みこまれた価値を徐々に失っていっているけれど、もとの価値がなくなっても、なにかを意味するというその能力はなおも生きつづけている。サン＝ペール、コランタン・セルトン、赤の広場……。それらは、通る人びとがそれぞれ好き勝手に付与する多義性に身をゆだねている。それらの名は、もともとそれが指すはずだった場所から離れていって、メタファーと化しつつ、もとの価値とはかけはなれた理由、けれど通る人びとはそれと気づいている／いない理由によってさまざまな旅をつくりだし、その旅の途上での空想の出会いの場所になっているのだ。場所からきりはなされて、いまだない「意味」を描く雲の地理のように都市のうえに漂いながら、それにつられてつい人びとがふらりと足をむけてしまう、不思議な地名。プラース・ド・レトワール、コンコルド、ポワソニエール……。こうした星座が交通のなかだちをしている。道しるべの星々。「コンコルド広場なんてものは存在しない」、とマラパルトは語っていた。「それはひとつの観念なのだ」、と。[37] それはひとつの「観念」以上のものだ。固有名詞の魔力を理解するには、もっといろいろなものと比較してみる必要があるだろう。それらの名は、ひとを旅におもむかせ、旅を飾りながら、その旅の手に運ばれているかのようである。

さまざまな身ぶりや、足どりを結びつけ、いろいろな意味と方向を指し示しつつ、これらの地名は、もともとその場所にまつわりついていた意味あいをうすれさせ、削りとっていっている。それらの場所は、フリーの空間、空いた空間になっているのだ。その豊かな非決定性あればこそ、こうした名の数々は、認められた意味、認められない意味、字義どおりの意味の描く地理のうえに、第二の詩的な地理を描きだすはたらきをしている。それらの名は、交通の機能主義的、歴史的秩序のなかに別の旅をしのびこませるのである。足どりは、そうした旅をたどってゆく。「この大いなる空地をわたしは美しい名で満たす。(38)」ひとを歩かせるもの、それはくさぐさの意味の名残であり、ときにはそのかすかな跡、潰えさった大いなる野望の残映なのだ(39)。なんでもないもの、無にもひとしいものがひとの歩みを象-徴化し、導いてゆく。「固有の」名でなくなってしまった名の数々。

　こうして象徴をつくりなしてゆく結びつきのなかから、空間の実践と意味表現の実践を結びつける三つの作用が浮かびあがってくる（というより、できあがってゆくのかもしれない）。それらは、たがいに異なった（しかしつながりあった）三作用である。すなわち、信じられるもの、記憶にのこるもの、そして原初のもの、である。それらは、空間を自分のものにすることを「許して」くれるもの（あるいは可能にしたり、信じさせてくれたりするもの）、ひっそりと内奥にたたみこまれた記憶のなかからまたよみがえるもの（またはよび起こされるもの）、そして幼-年期の（無-言の）起源によって構造化され絶えずその刻印をおびているものを指し示している。こうした三つの象徴機構は、都市工学のシステム性を逃れるようなありかたで、都市の／都市にかんするディスクール（伝説、思い出、夢）のトポスをかたちづくっている。すでに固有名詞にもこうした三つのはたらきがあるのがわかる。まず第一に、この象徴機構は、場所になにかの言葉をまとわせて、その場所を住めるもの、信じられるものにする（もはや分類する権力ではなくなって、なにか別のものを「許す」権能になる）。またそれらは、歩いてゆくからだや身ぶりのなかにひそんでいて、いまもなおうごめいている亡霊（消えうせたものとされてしまった死者たち）をよび起こし、思い出させる。そしてそれらの象徴機構は、名をあたえつつ、すなわち他者（歴史《イストワール》〔話〕）の命令を伝えつつ、機能主義的同一性をひきはがし変容させるのであり、そうしながらその場所に、他者の掟がうがつあの侵食作用を、あるいは非－場所をつくりだしているのである。

信じられるものと記憶されるもの／住めるということ

あるパラドクスによって、といっても一見パラドクスにみえるだけだが、信じさせるディスクールとは、みずからが命じるものを禁じるディスクール、あるいは、みずからが約束するものを決してあたえないディスクールである。そのディスクールは空虚を表現したり、欠如をえがきだすどころか、空虚や欠如を創造するのだ。そうしたディスクールはなんらかの空虚の代わりをはたす。そのことによってそのディスクールは隙間をつくりだすのだ。つまりそれは、固定した場所からなるシステムのなかで戯れを「許して」くれるのである。それは、同一性からなる分析的で分類主義的なシステムの格子縞のなかに、ある遊びの空間（Spielraum）をうみだすことを「許す」権威をそなえている。つまり、そこを住めるものに変えてくれるのである。こうした権能をもとに、このディスクールを「ローカルな権威」とよぶことにしよう。それは、もろもろの場所に意味をいっぱい詰めこんで、場所を意味に還元し、あげくにシステムを「息のできない」ものにしてしまう、そうしたシステムのなかに空いたひとつの裂け目である。なにか病的な傾向のあらわれにちがいないが、機能主義的全体主義は（遊びや祭りをプログラム化しようとすることもふくめて）、要するにこのようなローカルな権威を排除しようとしている。というのもそれがシステムの一義性に抵触するからである。システムは、まさにそれらを迷信と名づけて排斥しようとするのだ。迷信という、この要らざる意味のひろがりは、「余分なもの」、「はみだしもの」というかたちをとってシステムのなかに紛れこみ[40]、技術的理性と営利性の推進者たちがせっかく自分たちのためにとっておいた土地の一部を、過去や詩的なもののなかに連れさってしまう。

実のところ固有名詞はすでに「ローカルな権威」であり「迷信」である。だからこそ人びとはそれらを数字におきかえようとするのだ。人びとはもはやオペラと言わずに〇七三〔電話番号。現在は使用されていない〕と言い、カルヴァドスと言うかわりに一四〔県番号〕

と言う。都市空間につきまとっている物語や伝説にかんしても、はみだしたり、余計ものになっている住民にかんしても、事態は同様である。それらは、まさにテクノストラクチャーのロジックによって、魔女狩りの対象になっている。けれども、このような皆殺しは（樹や森や、こうした伝説が生きている一画の絶滅とおなじく）[41]、都市を「病める象徴系」[42]にしてしまう。およそ住める都市ではなくしてしまうのである。そうなれば、ルーアンに住む女性が言っているとおりになってしまうだろう。彼女は語っている、ここは「もうだめなの、ちょっとほかには無いような場所なんてどこにもないわ。ただ、自分のうちがあるだけ……。それ以外はなにもないのよ」、と。「独自なもの」などどこにもありはしない。思い出や昔話、だれか他者の署名によって徴をつけられたもの、開かれたものは、もうなにひとつ存在しない。信じられるものはただ、住まいという洞窟が残っているだけ。そこなら、まだしばらくは影がさして、伝説も生き残っている。それをのぞけば、また別のひとりが語っているように、「もうなにも信じられない場所」[43]があるばかりだ。

ローカルな伝説（legenda——読むべきもの、同時にまた読むことのできるもの）が出口を指し示し、出ていったり戻ってきたりする方途をさしだし、したがって住める空間をさずけてくれるのは、それが豊かな沈黙を地下室にうずめ、ことば《パロール》無き物語を納屋におさめる可能性をさしだしてくれるからであり、というより伝説には、そこここに地下室や納屋をつくりだす力があるからである。きっと、道を歩いていったり旅をしたりすることは、いろいろな出口を探し求めたり、外に出たり帰ってきたりすることのかわりをしているのだろう。かつては伝説がそれをひきうけてくれていたのに、いまはもはやその伝説は場所から失われてしまっている。からだを運んでゆくということは、昨日の、あるいは今日の「迷信」の遍歴のかわりをはたしているのだ。旅は（歩行もまた）、空間をなにか別のものへときりひらいていた伝説のかわりをはたしている。そうでなければ、結局のところいったい旅はなにをうみだしているというのであろう。一種の方向転換、「自分の記憶の砂漠の探訪」をおこない、遠き地への迂回をとおして身近な異郷へと回帰し、遺物と伝説を「創出」し（「浮かんでは消えるフランスの田園の光景」、「音楽や詩の断片」[44]）、要するに「故郷における離郷」（ハイデッガー）のごときものをおこなうのでないとすれば？　こうした流謫の歩みがうみだすもの、まさにそれは、いまはもや身近な場所にはない伝説的なものである。つまりこうした旅の歩みはひとつのフィクションであり、このフィクションはかててくわえて、夢や歩行のレトリックとおなじように、移動と圧縮の産物であるという二つの特徴をもあわせそなえている。[45]このことからしても、意味を形成する（みずから伝説を語る）このような実践が、空間を創出してゆく実践としていかに重要なものであるか、推測することができるだろう。

このような見かたにたてば、こうした伝説の内容、さらにはその組成原理も示唆するところが少なくない。場所にまつわる物語はブリコラージュである。それらは世界の断片からできている。さまざまな「迷信」の文学形式や行為主シェーマには固定したモデルがあり、ここ三十年来その構造と組み合わせが多くの分析の対象になってきているが、たとえ形式がそうであれ、その素材（「表現」のレトリックのためのあらゆるディテール）を提供しているのは、さまざまな命名や分類、英雄的行為、喜劇的行為の術辞などなどの名残、すなわち、ここかしこに散っている意味論的な場の断片である。こうした異質な要素、対立しさえする要素から、同質の物語形式がなりたっているのだ。なにか余分なものと別なもの（よそからやってきたディテールや余りもの）が、既成の枠、押しつけられた秩序のなかに紛れこんでいる。これは、空間の実践と既成秩序との関係そのものであるといえよう。この秩序は、その表面のいたるところ、意味の省略、ずれ、消滅によって楔《くさび》をうたれ、穴をあけられている。それは、穴だらけの秩序なのだ。

このようにして物語を構成していることばの遺物、忘れられた話や不透明な身ぶりにゆかりのある遺物たちは、たがいどうしの関係が思考されぬままにひとつのコラージュのなかに並べられており、だからこそひとつの神話的な全体を形成している。[46] それらは欠落によって結びつけられているのだ。したがってそれらは、テクストという構造化された空間のなかに反‐テクストをうみだし、変装と遁走の効果を、あるパサージュから別のパサージュへ移動する可能性をつくりだす。[47] あたかも地下室や茂みのようなものだ。「おお、木立よ、おお、複数のものたちよ！」これらの物語は、こうしてきりひらかれる散種《ディセミナシオン》のプロセスによって、風評なるものと対立しあう。なぜなら、風評というのは、かならずなにかを指令するもの、空間の平準化をうみだし、またその結果でもあるものであって、ひとをなにかの行為にかりたて、そのうえなにかを信じこませ、秩序の強化に役立つような、全員に共通の動きをつくりだすものだからだ。物語はさまざまな差異をつくりだすが、風評は全体化する。この二つは、つねに近づいたり離れたりしてあいだを揺れ動いてはいるものの、現在では上下の層に重なりあっているのではないだろうか。というのも、物語はプライベートなものになっていって、街や家庭の片隅、ひとりひとりの心の片隅にうずもれているのにたいし、メディアのながす風評はすべてをおおいつくし、匿名の掟の呪文にもひとしい《都市》というすがたをとって、あらゆる固有名詞にとってかわり、なおも都市に抵抗をつづける迷信とたたかい、抹殺しているからである。

　物語の散逸は、すでに記憶しうるものの散逸をしめしている。事実、記憶とは、反－美術館だ。それは、どこといって場所を定めることができないものである。この反－美術館は、よせ集めた破片を、記憶のなかに散りばめている。ならんだ品々、ことば《モ》の数々、いずれも空洞のなかにしまいこまれている。そこに、ひとつの過去が眠っているのだ。歩いたり、食べたり、寝たりする日々のしぐさのなかに過去が眠っているのとおなじように。在りし日の革命の数々がそこでまどろんでいる。思い出とは、ふと通りかかった魅力的な王子にほかならず、その王子が、一瞬、ことば《パロール》無きわれらが話《イストワール》の眠れる森の美女を目覚めさせるのだ。「ここにあったんだよ、パン屋さんが」、「あそこなんだ、デュプュイおばさんが住んでいたのは」。ここで印象的なのは、生きられた場所が不在の現前のごときものだという事実である。いますがたを見せているものは、もはやないものを指し示す。「ごらんなさい、ここにあったんですよ……」、そう言いながら、もはやそれは見えないのだ。場を指し示すことばは、目に見えるものについて、その見えざるアイデンティティを語っている。事実、場所というのは、幾層にも重なった断片からなっており、その層のどこかに移っていったり、またそのどこかから出てきたりするし、そしてまた、こうして動きゆく厚みそのものを活用している。こうしたことこそ、場所というものの定義そのものにほかならない。

「そこには、わたしたちの思い出がしみついているんです……。個人的な、他人には関係のない思い出ですけど、それだってやはり土地の霊には変わりないでしょう[48]。」どんな場所にもさまざまな霊がつきまとっており、その霊は、「よび起こされる」かどうかはわからなくても、ひっそりとそこに身を潜めている。ひとが住む場所は、みななにかの影につきまとわれた場所ばかり——《一望監視装置》のシェーマと逆のシェーマだ。けれども、これらの「霊」たちは、いちどはノートル＝ダムに飾られ、その後二世紀にわたってショセ＝ダンタン通りの建物の地下に葬られたままになっているというあの王公のゴシック彫刻さながら[49]、粉々に砕かれたまま、目も見えなければ、口をきくこともできない。それは、口をとざして語らぬ知なのだ。知られているのに口をとざしたもののなかから「こっそりと」伝わってくるのは、ただ、かすかなつぶやき声あるのみ。

場所は、奥深くたたみこまれた、とぎれとぎれの話であり、他人の読みおとした過去、先へ伸びてゆくことができるのにじっとたたずんで、来るべき物語のように未来を待ちながら、判じ文字のようにそこに在る時間、そうして、身体の苦悩と快楽のなかにひそかに宿る象徴表現である。「ここにいると、気分がいいの。(50)」この言葉にならない幸福は、一瞬、稲妻のように言語のうえを通り過ぎてそこに跡を残してゆく。まさにそれが、空間の実践なのである。

幼児期と場のメタファー

「メタファーとは、あるものにたいして、本来は別のものを指す名を転用することである。」
（アリストテレス『詩学』一四五七b）

記憶できるものは、夢に場を見ることができるものである。すでにパランプセストのように幾重にも層をなしたこの場において、主体は、主体を実存として構造化し、「そこに在らしめ」、現存在（Dasein）とする、不在と結ばれあっている。けれども、すでにみたように、そうしてそこに在るということは、空間の実践のなかでしか、すなわち、なにか別なものに移行するありかたをとおしてしか実現されえない。結局そこにみてとるべきものは、さまざまなメタファーのかたちをとった、原初的で決定的なひとつの経験の反復であり、幼児における母体との一体化からの分離のプロセスである。そこにおいてはじめて空間の可能性がひらかれるのだ。すなわち、主体の位置確定（「全ならぬもの」）の可能性が創始されるのである。この原体験についてフロイトがおこなっている有名な分析をくりかえすまでもないであろう。フロイトが観察したのは、生後一八カ月になる男の子の遊びだが、その男の子は、糸巻きを遠くに放りなげては、オーオー（fort すなわち「あっち」、「いった」、または「なくなった」）という満足の声をあげ、巻きついた紐でまたそれをたぐりよせては、うれしそうにダー（da すなわち「ここ」、「もどってきた」）と声をあげていた。(51) 糸巻きが母親のかわりをしているわけだが、ここでは、その母親との一体化からひきはなされる（危険をはらんだ、しかし心はずむ）分離のプロセスだけをとりだしてみれば十分である。この母親の離別（糸巻きは母の姿を隠してはまた現わす）は、不在を基礎にした位置確定と外在性を形成している。幼児は、この歓喜にみちた糸巻き遊びのおかげで、母親がわりの物を「向こうへやり」、（その対象と一体化した）自分のすがたを消すことができるのであり、他者がいない（からこそ）そこに在ることができるのであって、そのときかれは、かならず、消えうせたものと結ばれあっている。この糸巻き遊びの操作は、ひとつの「原初的な空間構造」である。

もしかしてこのような分化の過程は、もっと先にさかのぼって、生まれおちた胎児が男の子とされた途端にその子を母親から断ちきってしまう命名行為の際にすでに起こっているのかもしれない（だがその場合、また別の空間関係のなかにみちびきいれられる女の子はどうなるのだろうか）。この通過儀礼的な遊びにおいて大事なもの、さらにはまた、あの「小躍りするような歓び」の体験、幼児が鏡を前にして、自分がひとりの者（それは、わたし、全として把握できるわたしだ）、だが他者にほかならぬもの（それは、自分が同一化するひとつの像だ）だとわかるときの、あの歓喜にみちた体験についても同様だが[52]、そこで大事なのは、こうした「空間へのとらわれ」のプロセスなのであり、それによって、他者への移行が、存在の掟として、また場の掟として刻みつけられるのである。空間を実践化すること、したがってそれは幼児のことば無き歓びの体験を反復することだ。それは、場所のなかで、他者であること、そして他者に移行することなのである。

こうして、フロイトが母なる地を踏む足どりにたとえた、歩みがはじまる[53]。このような自己の自己にたいする関係が、場の内的変容（地層と地層のあいだの戯れ）をつかさどったり、ある場所にたたみこまれたさまざまな物語を歩みとともに繰りひろげさせたりするのである。空間の実践を決定づけた幼児期が、あとからその効果を発揮して、私的な空間、公共空間に満ちあふれ、その読みうる表面に傷をつけ、計画化された都市のなかに「メタファーからなる」都市を創造するのであり、あるいは移動をとおして、カンディンスキーが夢みていたようなあの都市を創造してゆくのだ。「建築学のありとあらゆる規則にしたがって構築されたあげく、計算に挑戦をいどむ力によって不意に揺さぶられる大都市」(54)を。

第8章　鉄路の航海あるいは監禁の場

旅のなかに監禁される。列車のなかでじっとしたまま、動かぬものたちが滑るように過ぎてゆくのを見ている。いったいどうなっているのか。なにが通り過ぎていっているのだろう。汽車の中も外も、動くものはなにひとつないのに。

身を動かそうにもままならず、乗客は車内の碁盤の目のなかに行儀よく詰めこまれて、番号をふりあてられ、コントロールされている。理性のユートピアの、このみごとな実現。仕切りから仕切りへと、監視と食物が巡回してゆく。「切符の検札です」……。「サンドイッチ、ビール、コーヒーはいかが……。」ただ、トイレだけが、閉じたシステムのなかにひとつの脱出口を開いている。それは、恋人たちの夢想《ファンタスム》、病人たちの出口、子どもたちの抜け穴（「おしっこ！」）だ——かつての《ユートピア》において愛の営みや下水溝がそうであったような、非合理性の一角。ふしだらが許された、この手抜かりの場だけを別にして、すべてが碁盤の目のなかに詰めこまれている。合理化された独房が旅をしているにすぎないのだ。一望監視的、分類的な権力のモジュール、秩序の生産を可能にする封じこめのユニット、閉じられた自律の島、これこそ、空間を横断しうるもの、そして土地から解きはなたれて自立を保てるものである。

　車内にあるのは、秩序の不動性だ。ここでは、休息と夢が支配している。なにもやることがないままに、ひとは理性状態にある。ここにおいては、いかなる事物も、ヘーゲルの『法哲学』顔負けに、それぞれきちんと自分の席におさまっている。どの客も、軍隊式にきっちりと組まれたページの上の活字そっくりに、おとなしく並べられている。このような秩序、組織的システム、理性の平穏は、列車にとっても、テクストにとっても、その交通〔流通〕のための条件である。

　車外にあるのは、もうひとつの不動性、ものたちの不動性だ。そびえる山々、一面にひろがる緑、林立するビルの数々、バラ色に染まる夕映えの空のなかにくっきりと浮かびあがる街の黒いシルエット、わたしたちの物語の後先にひろがる海にまたたく夜の明かり。汽車は、デューラーのあの「メランコリア」、世界を観想するあの経験をひろく普及させている。そのときわたしたちは、ものたちから遠く離れているのだ。そこに在るものたち、ひき離されて、絶対的にそこに在り、なすすべもなく、逃れ去ってゆくものたち。わたしたちは、ものたちを奪われて、それらの取り澄ましたよそよそしさ《エトランジュテ》、かりそめのよそよそしさに胸をつかれる思いがする。見捨てられて、いまさらのように魅了されてしまう。けれども、ものたちは、身じろぎひとつしていないのだ。それらが動くのはただ、一瞬一瞬変わってゆく視界の変化につれて、そっくり景色が動いてゆくからなのだ。だまし絵のなかの動き。わたしも、ものたちも、位置を変えるわけではないのに、ただ景色だけが、この二つの動かざるものどうしが結びあっている関係をたえず壊してはまたうちたててゆく。

そうするうちの中の不動性と外の不動性とのあいだに、ある取り違えが生じてくる。その安定性をきり裂き、ひっくりかえす薄い刃がしのびこんでくるのだ。この交差配列法は、窓ガラスとレールの仕業である。窓ガラスとレールは、旅行文学のかのヴィクトール・ユゴー、ジュール・ヴェルヌお得意の二つのテーマだ。あのノーティラス号の円窓は、観察者の揺れ動く内面の感情と、現実の海洋の動きをへだてる透明の仕切りである。鉄道のレールは、直線によって空間を分割し、やすらかに横たわる不動の地面を疾走する速度にまきこんで変貌させてゆく。窓ガラスは見ることを可能にし、レールは通過することを可能にする。それらは、相補いあう分離の二様式なのである。ひとつは、観照者の距離をつくりだす。触れることなかれ。よく見るためには、手にとってはいけない――視界をひろげるために、手を失うのである。もうひとつは、通過すべしという指令をどこまでも描いてゆく。それは、ただ一本の線で書かれた命令、果てしなくつづく命令である。行け、立ち去るべし、ここは汝の国ならず、あそこもまたしかり――目による抽象的制御とひきかえに、足を失い、どんな自分の国だろうと立ち去るようにとせきたてる、別離の要請だ。

窓ガラスと線路は、一方に乗客の内面を、潜在的な語り手たちを配置し、もう一方に、ディスクールなき対象《もの》からなる存在の力を、外なる沈黙の力を配置する。けれども、逆説的だが、われわれの記憶を語らせ、われわれのひそやかな内面の夢を暗がりのなかからたぐりよせて浮かびあがらせるのは、ガラスの向こう、遠くにへだてられたものたちの沈黙なのだ。仕切りは、分離とともに、数々の想念をうみだしてゆく。ガラスと鉄は観想者やグノーシス主義者たちをうみだすのである。このような遮断があるからこそ、これらのものたちから遠くはなれて、しかもそのものたちのおかげで、われわれの内面のなかから物語《イストワール》がつむぎだされ、見知らぬ風景や風変わりな寓話が誕生してくるのだ。

ただ分割だけが音をたてている。進むにつれ、さかしまの二つの沈黙がうまれてくるにつれて、遮断は拍子をとり、音をたて、うなりをあげる。レールは音をきざみ、窓ガラスは振動する——二つのものをへだてる境界線が消えうせようとする果てに聞こえてくる、空間の摩擦音。この二つのものの連接は、場所をもたない。その連接がそれとわかるのは、通過のきしりが聞こえ、一瞬一瞬、音をたてているからだ。不可視の境界線はただ聞こえてくるだけで、やがてはそれもわからなくなってしまう。その境界線はひたすら二つをひき裂いたまま、その間をぬって、ただ先へ先へと延びてゆく。

けれどもその音は、乗客からも自然からも奪われた行為を一身にひきうけている《原理》を、その効果とともに告げしらせている。それは機械という原理だ。芝居の仕掛けがみなそうであるように、機関車もまた姿を見せず、自分の響かせる音響を、離れたところで準備している。だが、その準備がひそかであれ、おおっぴらであれ、そのオーケストラは、いったいなにが物語の作り手なのかを告げしらせ、場内のどよめきがそれとしらせるように、まだこの先も物語がつづくことを教えているのである。そこには、筋書きにはない物語もある。このシステムのモーターには、揺れやら、急ブレーキやら、不測の事故がつきものだからだ。こうした事件の続きを演じるのは、ただひとりの俳優だが、姿の見えないこの独演者は、いったいいるのやらいないのやら、規則的なにぶい響きがなければわからないし、秩序をかきみだすような急変でもなければ、正体はわからない。機械は、第一動因であって、あらゆるアクションをうみだす孤独な神である。観照者と存在を分けへだてるオペレーターである機械は、その二つを結びつけるものでもあり、それらのあいだの動く象ー徴、疲れをしらぬシフター、動かぬものたちどうしの変化する関係をうみだしてゆく生産者である。

監禁の場のようでもあれば線路の航海のようでもあり、ジュール・ヴェルヌの船や潜水艦にも似た列車は、夢と技術をむすびつけている。機械化された世界のただなかに「観想的なもの」が立ち返ってくるのだ。旅路のあいだ、対立物が一致している。ひとつの社会が、空間の観照者と侵犯者〔物語〕をうみだしてゆく、奇妙といえば奇妙な時間。ひとりひとり座席の後光を背にして座らされた乗客たちは、幸いなる聖者たちだ。かれらはいま無為と想念の場におかれ、この世の二つのもの（仕事や家庭と、不可視の暴力と）が出会う天国の小船に乗っている。その船のなかで、場所なき典礼がとりおこなわれ、だれに捧げるともない祈りが唱えられている（とすれば乗客たちの夢想の数々はいったいだれにとどくのだろう）。そこに集う会衆は、もはや教義の命ずるヒエラルキーにしたがってはいない。かれらを組織しているのは、テクノクラートの規律の碁盤目であり、自由主義のアトミズムの沈黙の合理性なのである。

いつものことながら、入るには料金を払わねばならなかった。至福にいたるには戸口をくぐらねばならぬ。ひとたび料金を払えば、そこには物語がある。この税をおさめなければ、休息をうるわけにはゆかない。それでも飛行機の旅客にくらべてみれば、まだしも汽車に乗って幸いを手にする人びとはつつましい。飛行機の旅客のほうは、もっと高い料金とひきかえに、いっそう抽象的で（風景などふき飛んでしまって、一挙に世界の模像《シミュラークル》が映しだされる）、いっそう完璧な（空中美術館にすえつけられた彫像ともいうべき）座をあてがわれるけれど、その座は、あまりに高いところにある罰として、自分からひきはなされたものを見るという（「メランコリック」な）快楽をさしひかれてしまう。

そしてまたいつものことながら、ひとたび乗れば降りなければならない。あるのはいつも失楽園ばかりだ。終着駅は、夢まぼろしの終わりなのだろうか。駅のホームで、一瞬、われをとりもどすまで頭が混乱してしまう。もうひとつの戸口だ。あわただしく、また物語がはじまり、停まった列車の周囲にどっとおしよせてくる。点検員は、車輪にひび割れがないかどうかハンマーの音で確かめ、ポーターは荷物をかかえ、車掌たちが行き来している。ヘルメットをつけ制服をきた係員たちが、人ごみのなか、また業務にかかるべく態勢を整えている。そのいっぽうで、乗客－夢想家たちの波は、織りなす顔模様のなかに呑みこまれてゆく。期待に満ちみちた顔があるかと思えば、早くも夢を殺してしまった顔もある。叱りつける声。だれかを呼ぶ声。喜びの声。駅にひろがる動く世界のただなかで、止まってしまった機械は、急にモニュメントと化したかのようだ。もはや力もなく、音もたてない偶像、敗れた神は、なにか場ちがいな感じさえただよわせている。

そこから、ひとりひとり決まった場にもどってゆく。オフィスか、仕事場に。仕事やすみの監禁はもう終わってしまったのだ。あの監禁の場の麗しい抽象の世界のかわりに、職場の妥協と汚濁と依存関係がやってくる。レールも窓ガラスもとりあげられて、観照者などが入りこむ余地のない現実とのとっくみあいがまたはじまるのだ。ガラスと鉄にかこまれて、自分も無傷のような気がしていた、旅の極楽のロビンソン物語は終わってしまった。

第9章　空間の物語

「人類を創造したもの、それは、物語《ナラシオン》である。」
（ピエール・ジャネ『回想の変遷と時間概念』一九二八年、二六一ページ）

今日のアテネで、公共交通機関はメタフォライとよばれている。仕事に出かけたり、帰宅したりするのに、人びとは「メタファー」を――バスか電車を――つかうのだ。物語もまたこの美しい名でよばれてもおかしくないだろう。毎日、これらの物語はさまざまな場所を横切り、場所を組織化しているのだから。それらの物語は、いろいろな場所を選り分けては、また一緒にして結びつけている。場所をつかってさまざまな文を組みたて、〔道〕筋をつくりあげるのだ。物語は空間の遍歴《パルクール》である。

このような視点にたてば、語りの構造は空間の統辞論という価値をそなえている。コード、行為の配列、制御といった装具一式をたずさえて、こうした語りの構造は、物語をとおして実行化される空間変化（または交通）を規制しており、さまざまな場所を線状に系列化したり、交錯させたりしているのだ。たとえば、ここ（パリ）からあそこ（モンタルジ）に行くとか、この場所（部屋）は別の場所（夢や思い出）をふくんでいる、等々といったように。それればかりでなく、こうした場所は、描写をとおして表現されたり、あるいはいろいろな人物（外来者、街の者、亡霊）をとおして描きだされたりしながら、たがいに結ばれあっているが、それらの結びつきは一様ではなく、ある地点から他の地点へといたる移行のタイプを規定するさまざまな「様態」によって、あるときには緊密な結びつきをしめしたり、またあるときには緩やかな結びつきをしめしている。すなわち、移動のなかには、認識にかかわる「知信の」様態を付与されたものもあるだろうし（たとえば、「ここはほんとうにレピュブリック広場だろうか」）、存在にかかわる「真偽の」様態（たとえば、「宝の国なんてどこまで行ってもありそうにない」）もあれば、責務にかかわる「義務の」様態（たとえば、「この地点からあの地点まで移動してください」）もあるにちがいない……。ほかにも多々あるだろうが、ここにあげてみただけでも、日々の物語、文学的な物語をとわず、だれにも共通する場の移動〔公共交通機関〕、すなわちわれわれのメタフォライが、いかに複雑微妙にできているかがわかる。

どんな物語も旅の物語——つまり空間の実践である。この意味で物語は日常的な戦術にかかわり、その一部をなしている。方角を教える（「右ですよ」「左に曲がりなさい」）のは、ほんのちょっとした物語であり、足どりがその出だしの続きを語ってゆく物語だが、そんなものからはじまって、毎日の「出来事」（「パン屋でだれに会ったと思う？」）から、テレビの「ニュース」（「こちらテヘラン、ホメイニはしだいに孤立をふかめています」）から、伝説にいたるまで、みなそうである。こうして語られるさまざまな冒険は、行為の地理をつくりながら、秩序の共通の場のなかを渡ってゆくのだが、それらはたんに歩行者たちの発話行為や歩行のレトリックの「代補」をなしているだけではない。それらを言語の領域にずらし移しかえているだけではないのである。事実は、そうして語られる話の数々が歩行を組織しているのだ。足がほんとうに旅をするまえから、あるいはその間、話が旅をつくっているのである。

　こうしてひしめきあうメタファー――（カーブを「描く」ように）ずれを「描いて」ゆきながら場所を組織してゆく格言や物語――について、どのような分析が可能であろうか。空間をつくりだしてゆく操作（空間システムではなく）にかんする研究だけをとりあげてみても、方法やカテゴリーを提供してくれる研究は少なくない。空間の意味論（たとえば「主体の位置」や「空間的表現」についてのジョン・ライアンズの研究[1]）、知覚の心理言語学（たとえば「位置確定の仮説」にかんするミラーとジョンソン＝レードの研究[2]）、場の記述にかんする社会言語学（たとえばウィリアム・レーボヴ[3]）、「テリトリー」の組織行為の現象学（たとえばアルバート・E・シェフレンとノーマン・アッシュクラフト[4]）、会話における位置の指標をあきらかにしようとする「エスノメソドロジー」（たとえばエマニュエル・A・シェグロフ[5]）、文化を空間のメタ言語としてとらえようとする意味論（たとえばタルトゥー学派、とくにY・M・ロトマン、B・A・ウスペンスキー(6)、等々、関連する研究は数多い。かつて言語システムに次いで、言語の実現にかかわる意味形成的実践が考察の対象になったのとおなじように、今日では空間秩序のコードと分類法の検討に次いで、空間を形成するさまざまな実践が注目されている。われわれの研究は、構造から行為へと移行しているこの「第二」期の分析に属している。といっても、こうしたあまりにも広大な研究領域全体のなかで、わたしが試みようとしているのは、もっぱら物語的な行為である。物語的行為《アクション・ナラティヴ》の検討をとおして、空間を組織化する実践の基本的形態のいくつかをあきらかにすることができるであろう。以下に、「地図」と「順路」の二極性、境界画定あるいは「境界づけ」の手続き、さらには「発話の焦点化」(すなわちディスクールにおける身体の指標)、といったものをとりあげてみたい。

「空間」と「場所」

まずはじめに、あつかう領野をはっきりさせるために、空間と場所の区別をつけておきたい。場所というのは、もろもろの要素が並列的に配置されている秩序(秩序のいかんをとわず)のことである。したがってここでは、二つのものが同一の位置を占める可能性はありえないことになる。ここを支配しているのは、「適正《プロープル》」かどうかという法則なのだ。つまりここでは、考察の対象になる諸要素は、たがいに隣接関係に置かれ、ひとつひとつがはっきり異なる「適正」な箇所におさめられている。場所というのはしたがって、すべてのポジションが一挙にあたえられるような布置のことである。そこには、安定性がしめされている。

方向というベクトル、速度のいかん、時間という変数をとりいれてみれば、空間ということになる。空間というのは、動くものの交錯するところなのだ。空間は、いってみればそこで繰りひろげられる運動によって活気づけられるのである。空間というのは、それを方向づけ、情況づけ、時間化する操作がうみだすものであり、そうした操作によって空間は、たがいに対立しあうプログラムや相次ぐ諸関係からなる多価的な統一体として機能するようになる。空間と場所の関係は、語とそれが実際に話されるときの状態にひきくらべてみることができるだろう。つまりそのとき語は、それが口にされる情況の曖昧さをひきずっており、多様な社会慣習にそまったことば《ターム》に変わり、ある一定の現在（またはある一定の時間）における行為として発せられ、前後につづくものによって転換させられ変容させられている。したがって空間には、場所とちがって、「適正」なるものにそなわるような一義性もなければ安定性もない。

要するに、空間とは実践された場所のことである。たとえば都市計画によって幾何学的にできあがった都市は、そこを歩く者たちによって空間に転換させられてしまう。おなじように、読むという行為も、記号のシステムがつくりだした場所——書かれたもの——を実践化することによって空間をうみだすのである。

すでにメルロー＝ポンティも、「幾何学的」空間（われわれのいう「場所」に似た「等質、等方の空間性」）とはちがったもうひとつの「空間性」を区別し、それを「人間学的空間」とよんでいた。メルロー＝ポンティのおこなった区別は、われわれとはまた別のプロブレマティークにたったもので、空間という形態のもとであたえられる「外」の経験を、「幾何学的」一義性からきりはなしてとらえようとするものだが、かれのプロブレマティークからすれば「空間は実存的なものであり」、「実存は空間的なもの」である。こうしたメルロー＝ポンティの空間経験とは世界とのかかわりあいである。夢においても知覚においても、そしてまた、いわばそれらの区別に先立って、こうした空間経験は、「環境世界とのかかわりのうちに状況づけられている存在というわれわれの存在の本質的な構造そのもの」をあらわしている——われわれの存在の構造は、欲望によって状況づけられ、「実存の方向性」ときりはなすことができず、風景という空間のなかにすえつけられているのである。このような見かたにたてば、「さまざまな空間経験の数だけ、空間の数があることになる」[7]。世界の内に在るという「現象学」がメルロー＝ポンティのこのパースペクティヴを規定しているのだ。

このような空間経験を分節化している日々の実践を考えてみると、「場所」と「空間」の対立は、むしろ物語にみられる存在の二種類のありかたによって規定されているといえるだろう。すなわち、ひとつは、物体としてのありかた、極言すれば、死んだものがそこにあるというありかたに帰着してしまうようなありかたであり、このようなありかたは、「場所」の掟に規定されている（石ころから屍体にいたるまで、生命のかよわぬ物体は、西欧においてはかならずある場所を築き、その場所を墓に似せてしまうらしい）。もうひとつは、石でも木でも人間でも、それにはたらきかける操作によって規定されるありかたであり、こうした操作が歴史的な主体の行為をとおしてさまざまな「空間」をつくりだしてゆくのである（動きはかならず空間の生産の条件となり、その空間を歴史〔物語〕に結びつけるものらしい）。この二つの規定のあいだには、いろいろな過渡的状態があり、たとえば死の状態へ移行してゆくパターン（あるいは風景のなかへ配置されるパターン）では、境界を侵犯した主人公が場所の掟にふれた罪によって埋葬され、その死をとおして秩序が回復したりする。あるいはまた逆に生命のかよわぬ物体（テーブル、森、脇でじっとしていた人物）が目をさまして不動の状態を脱し、場所に変化をもたらしたりするパターンもある。それらのものたちは自分たちの空間のなかのどこか見知らぬ場に眠っていたのである。

このようにして物語は、たえず場所を空間に、空間を場所に転換させるはたらきをおこなっている。物語はまた、空間と場所がたがいにいれかわったりして関係を変えてゆくゲームを組織してもいる。こうしたゲームの数は無数にあり、なかば鉱物を思わせる不動の秩序を設定するもの（なにひとつ動くものはなく、ただディスクールだけが、移動撮影のようにパノラマ的光景をよこぎってゆくようなもの）から、多種多様な空間をつくりだす行為が次々と矢継ぎ早に起こってゆくもの（推理小説やいくつかの民話がそうだが、といってもこうした血沸き肉躍る空間創造もテクストという場所によって境界づけられていることにはかわりない）にいたるまで、その数はかぞえきれないほどである。こうした物語のすべてを対象にして、場所の同定と空間化効果の二つをもとに、類型学をうちたてることもできるだろう。けれども、こうしたさまざまな操作がどのように組み合わされているか、その様態をあきらかにするためには、なんらかのカテゴリーと分析基準が必要である——というわけで、物語をもっとも基本的な旅の物語に還元して考察してみることにしよう。

順路と地図

住んでいる家のことを話したり、通りのことを語ってきかせたり、人びとが場所を口にするときの叙述は、膨大な第一次資料体をなしている。C・リンダとW・レーボヴは、ニューヨークの居住者たちが自分の住んでいる住宅についてどのような語りかたをするか、その叙述を綿密に分析しているが、そこからかれらは二つのタイプをとりだして、ひとつを「地図」（map）とよび、もうひとつを「順路《パルクール》」（tour）とよんでいる。前者は「台所のとなりに、娘たちの部屋があります」といったタイプのもの、後者は、「右のほうに曲がると居間になっています」というタイプのものである。ところでニューヨークの住民という一資料体のなかで、「地図」型に属しているのは三パーセントにすぎない。あとののこり、つまりほとんど全員は、「小さなドアから入って」、等々といった「順路」型である。こうした叙述は大部分がなんらかの操作をあらわす語からなっており、「ひとつひとつの部屋にどう入っていったらいいか」を指し示している。この第二のタイプについて、二人の著者は次のように指摘している。すなわち、一順回、ないし一「順路」は、「各部屋にいたる進路の最小系列をしめす」一スピーチ・アクト（発話行為）にあたるということ。そしてまた、「進路」(path)とは諸単位の系列化であって、「静的」（「右側に」、「正面に」、等々）か、「動的」（「左に曲がれば」等々）か、いずれかのかたちをとっているということである(8)。

言いかえれば、叙述は二項選択のどちらかにかたむいている。すなわち、見る（場所の秩序の認識）か、それとも、行く（空間をうみだす行為《アクション》）かのいずれかである。図であらわすか（……「があります」）、または動きを組織するか（「入っていって、通りぬけ、曲がってゆくと」……）、この二つのうち、ニューヨークの住民たちの語りかたは、圧倒的多数が第二のタイプを選んでいる。

リンダとレーボヴによる研究（これはとくに、「自然言語」がしたがっている社会慣習や人びとの相互作用の諸規則を対象にしたものだが、この問題については後にふれたい）とは別に、こうしたニューヨーク物語――ならびにこれに類似した他の物語(9)――をとおしてわたしがあきらかにしてみたいのは、「順路」的な標識と「地図」的な標識が同じひとつの叙述のなかにならんでいるとき、その二つはどんな関係にあるのか、ということである。行なうことと見ることのうち前者がこれほど圧倒的比重をしめているこの日常言語のなかで、二つが併存しているというのはいったいどういうことなのであろうか。結局のところこの問題は、こうした日常的な語りのベースとして、道順（ディスクール〔話《わ》〕による操作の系列化）と地図（観察による全体的平面図化）とがどのような関係にあるのかという問題、すなわち、空間にかんする二つの象徴的、人間学的言語の関係という問題にかかわっている。経験の二極が問題なのである。「日常」文化から科学的ディスクールへというのは、前者から後者への移行なのではないのだろうか。

住まいや通りの物語においては、空間の操作《マニピュラシオン》、あるいは「順路」を語るのがほとんどである。たいていは、この叙述形態が語りの文体のすべてを規定しているといってもいい。もうひとつの形態がまじってくるときは、第一の形態に条件づけられているか、またはそれを前提にしているかのどちらかである。すなわち、「右に曲がれば……があります」とか、これに近い言いかた「まっすぐ行けば……が見えます」といった例がそうだ。いずれの例でも、行なう《フェール》ことが見ることを可能にしている。といっても順路が、その前提として、なんらかの場所を指示しているケースもないわけではない。たとえば、「あそこに門があるでしょう。その次の門なんです」といったケース――地図上の一要素が道しるべの前提になっているわけである。このように、道しるべ型の叙述が圧倒的に多い語りの地のうえにところどころ地図型の叙述が織りこまれているわけだが、後者の機能は、順路をたどって得られる結果をしめしたり（「……が見えます」）、あるいはその順路の境界となっている与件（「壁があります」）、またはその順路の可能性（「門があります」）や、義務（「一方通行です」）、等々をしめすことにある。空間をうみだしてゆく操作の連鎖が、それがうみだすもの（場所の表象）、あるいはそれにふくまれているもの（場の秩序）に言及しながら、ところどころ杭で打たれているようなものだ。こうして旅の物語の構造ができあがる。すなわち、歩みと身ぶりのたどってゆく筋《イストワール》（話）には、ところどころにそれらが結果としてうみだす場所、またはその筋を権威づける場所の「引用」の標柱が立っているのである。

　以上のような見かたから、日常的な物語のなかにうかがわれる「順路」と「地図」の組み合わせにてらして、空間の科学的表象や文学的表象とこうした物語とのかかわりを考えてみることができる。五世紀ほど前には、こうした物語とこれらの表象は密接に結びついていたのだが、その後しだいに切りはなされていったのであった。ことに地図についていえば、もしそれが現在みるような地理学的形態のものだとすれば、近代の科学的ディスクールの生誕によって特徴づけられる時代（十五―十七世紀）に、こうした地図はその可能性の条件であった道しるべから徐々にはなれていった。中世初めての地図には、もっぱら順路をしめす直線が引かれているだけで（そもそもその道は、なにより巡礼のための指示だったのだ）、どのようなステップをふむべきか（この街は通過するとか、立ち寄るとか、宿泊するとか、祈りを捧げたりするとかいった）注意書きがそえられ、距離は時間か日数、すなわち歩いてかかる時間が記されているだけであった。[10] どの地図も、とるべき行動を記したメモランダムなのである。そこではこれからたどるべき順路がなにより大切であった。そうした順路には地図の諸要素も盛りこまれており、ちょうど現代みられる道案内の文に大まかなデッサンがそえられているのとおなじことである。それらのデッサンは早くも紙のうえで、場所を引用しながら、街を横切ってゆく足どりの舞踏の跡を描いているのだ。「まっすぐに二〇歩、それから左に曲がって、それからまた四〇歩……。」デッサンは空間をうみだしてゆく実践を分節化しているのであり、身ぶりの芸《アール》と足どりの物語であるあの都市案内図もそうだし、日本人は「所番地を教える」のにこうしたデッサンを使っている。[11] あるいはまた、あの素晴らしいアステカの地図（十五世紀）には、トトミワカス族の大移動が描かれている。そこに描かれた一本の道跡は、「道路」の見取り図などではなく（道路などなかったのだから）、「旅日記」なのだ――その日記には、歩いていった足跡が規則正しく歩幅どおりに描かれており、旅路のあいだに相次いだ出来事（食事や戦闘、渡河、山越え、等々）が絵に残されている。それは、「地理的地図」ではなく、「歴史書」なのである。[12]

十五世紀から十七世紀にかけて、地図は独り立ちしてゆく。おそらく、長いあいだそこに記されていた「説話的」な絵図（いろいろな船や動物や人物）は、依然としてさまざまな操作――旅や戦《いくさ》、建築、政治、商業にかんする――をしめす機能を保っていたにちがいない――それらの操作があればこそ、幾何学的平面図の作成が可能なのだから。[13] それらの絵図は、テクスト解釈の図像化である「イラスト」などではおよそなく、物語の断片のように、その地図をあらしめた歴史的操作の数々を地図中にしるしているのである。たとえば海上に描かれた帆船は、海岸が描きあらわされるもとになった航海を語っている。それは、「順路型」の叙述にひとしいのだ。だが時代とともにこうした絵図を地図が凌駕してゆく。地図が絵図の空間を植民地化してゆき、その地図をうみだした実践の絵画的形象化を排除してゆくのである。まずユークリッド幾何学により、ついで画法幾何学によって変形させられて、抽象的な場所の形式的集合になってしまったそれは、ひとつの「舞台」（地図帳はそうよばれていた）であって、きわめて異質なままの二要素を同じひとつの図法によって併置している。すなわち伝統によって伝えられたデータ（たとえばプトレマイオスの『地理学』）と、渡航者によって伝えられたデータ（たとえば海図）の二つを一緒にならべているのである。こうした地図は同一平面上に異質な場所を、ひとつは伝統を受け継いだ場所、もういっぽうは観察によって生産された場所を貼りあわせているわけだ。だがここで大事なのは、道しるべが消失してゆくということである。道しるべは前者の場所を前提にしつつ、後者の場所を条件づけ、事実上、前者から後者への移行を可能にしていたのだが、その道しるべはすがたを消してしまう。地図というのは、もともとバラバラな要素を寄せあつめ、地理学的知の一「状態」をしめす表《タブロー》を形成する全体化のための舞台であるが、この地図は、まるで楽屋裏さながら、上演の前後で、その効果のもとでもあり可能性でもあるもろもろの操作を片づけてしまうのだ。残るのはただ地図のみである。順路の叙述は消えうせてしまった。

　このようにして、地理的場所のシステムが独立してゆき、日常文化の空間物語のなかにうかがえる空間組織はくつがえされてしまったのである。この二つの記述の差異は、あきらかに、実践の有無にかかっているのではなく（実践はいたるところで生きつづけている）、地理のほうが、知の生産物を展示するための固有の《プロープル》場にしつらえられていて、読みうる結果のならんだ表を形づくっているということにある。空間の物語はこれとは逆に、「自分の《プロープル》」ものではない、強制された場所であっても、なおかつそれを「いじる」ことのできるような操作を明るみにだすのであり、ある住宅の居住者が語っているとおりである。そのひとは、自分の家の部屋のことを、「いじれる」部屋だと言う(14)。民話から住まいの叙述にいたるまで、いにしえのコスモスといわず現代の低家賃住宅といわず、とにかく押しつけられた秩序という特徴をそなえた場所をたどってゆく順路を語る物語には、「行為《フェール》」(したがってまた発話行為)がきわだっていて、その物語を生き生きとしたものにしている。

既成の地理はどんどん拡張をとげ、(もし家のなかなら)小さくて「なにもできない」部屋から、「何にでもつかえる」いまはなきあの伝説的な納屋にいたるまで進出してきているけれども、(15) 日々の物語は、それでもなんとかそこで製作できるもの、それでもって作りだせるなにかを物語っている。それは、空間の製作技法なのである。

境界画定

場所にはたらきかける操作として、物語はまた、境界決定《デリミタシオン》にかんする裁きをひきうける動く法廷という日常的な役割をはたしている。例にたがわず、法律というディスクールがこの役割を明示し強化してゆくと、このような物語の役割は二流のものとみなされてしまう。だが調書という歴とした伝統のある言語に就いてみると、昔の司法官たちは「その場に赴いて」(移動、法律のメタファー)、「係争」のもとになっている境界線にかんし当事者たちの相対立する供述を「聞いた」のである。「中間判決」と言われていたかれら司法官の判決は、「境界画定の操作《ボルナージュ》」であった。その判決を書記たちが羊皮紙に一定の書法で書きとどめ、ときにはその書記法の延長上に問題の境界線がデッサンに描かれたりもしたが（それともデッサンが先だったのかもしれない）、要するにこれらの中間判決はメタ物語にほかならなかったのである。それらは、当事者のそれぞれが述べたてる相争う話をまとめて組み立てていた（異本を照合する代書人の仕事）。「ミュラティエなる者が述べたてるところによれば、その祖父が同人の畑の縁にこのリンゴの樹を植えたという……。ジャン・ピエールの申し述べるところでは、ブヴェと称する者が、同人とその兄アンドレの共有になるべき土地に堆肥をかこっているという……。」それは、場所の系譜学であり、領土の伝説である。校訂版とおなじく、司法官の語りがこれらの異本に折りあいをつけるのだ。その語りは、「第一次」説話《ナラシオン》にもとづいて「監修」されたものであり、それらの第一次説話（ミュラティエなる者の説話、ジャン・ピエールの、その他もろもろの説話）は、すでに空間にかんする立法の機能をはたしている。というのもそれらは行為を伝える「身ぶり」やディスクール〔話《わ》〕（リンゴの樹を植える、堆肥をかこう、等々）によって土地を分配し、だれのものかを決めているからだ。

「境界画定の操作」は説話的な協定であり、物語編纂にもひとしいものだが、昔から伝えられた話を寄せあつめて「ブリコラージュ」をほどこした断片からできている。この意味でこの操作は神話の形成をあきらかにしており、空間を創始し、分節化するという神話的機能をもそなえている。文書保存室の奥に保存されているそれらは、膨大な旅の文献を構成している。すなわち大小さまざまな社会文化的ゾーンを組織化する行為を伝えているのである。けれどもこのような文献は、口承説話のうちのほんの一部分(係争点をめぐって書かれた部分)のあらわれにすぎず、口で語り伝えられる説話は、たゆまず仕事をして、たえず空間を構成し、その境界線を確証したり、照会したり、ずらしたりしてやまない。

こうして物語は、ピエール・ジャネが語っていたように、「案内」役をしてくれるのであり、(16)それらの物語は空間性の分析にとって実に豊かな領野をきりひらいてくれる。そこにふくまれる問題のなかから、広さ(外延)、方向(ベクトル)、類縁性(ホモグラフィ)、等々を区別してとりだしてみなければならない。ここではそれらの問題のなかでも、境界決定《デリミタシオン》そのものにかかわるいくつかの側面をとりあげてみたいと思う。この境界決定こそ文字どおり「基礎的」で根本的な問題であり、空間の分配にかかわるものであって、それが空間を構成化するのであるから。事実すべてが、空間相互のはたらきかけを可能にするこの差異化にかかっている。主体とその外部をへだてる区別にはじまって、もろもろの事物の位置を定める分割まで、また、住居(壁があってはじめて設定される)から旅(地理上の「よそ」またはコスモス上の「彼方」を設定してできる)にいたるまで、さらには都市組織や農村風景のはたらきにおいても、境界線の決定によって編成されないような空間性はひとつとして存在しない。

このような空間編成にあたって、物語は決定的な役割をはたしている。たしかに物語は筋を「描く」にはちがいない。だが、「およそ筋を描くということはなにかを固定する以上のことであり」、「文化創造的な行為」なのである。[17] そうして筋に描きだされた情況がすべて総合されるとき、物語は分配する権能と遂行する権能（物語は語ることを行なう）とをあわせもつ。そのとき物語は空間を創生するものとなる。逆に、物語が消滅してしまうとき（または博物誌的なオブジェになりさがってしまうとき）、空間は消滅してしまう。語りが消えてゆくと（都市でも農村でもそうなっていっているが）、集団も個人も、雑然として形のさだかでない闇につつまれた全体のなかで生きるという、不安で希望のない経験を味わわなければならないのだ。物語を境界決定にはたす役割という側面でとらえてみると、まずそこに認められる第一の機能は、境界を設定したりずらしたり踏みこえたりすることを権威づける機能であり、したがって物語は、ディスクール〔話《わ》〕という閉じられた領野のなかで、交差しあう二つの動き（境界を設け、それを通過する）の対立をつくりだし、一種の「クロスワード」の格子（空間のダイナミックな碁盤目）にも似たものとなるが、そこでは境界線と橋とが語りの基本的なかたち《フィギュール》になっているように思われる。

(1)　行為の舞台を創造すること。物語はなによりもまず権威づけの機能を、あるいはより正確に言うなら、創生の機能をそなえている。厳密に言えばこの機能は法的なもの、すなわち法律や判決にかかわるものではない。むしろそれはジョルジュ・デュメジルが分析した、印欧語の語根 dhē「すえる」と、そこから派生したサンスクリット語（dhātu）とラテン語（fās）からきている。「聖なる掟（fās）は」、とデュメジルは書いている。「まさに不可視の世界における神秘的な礎《いしずえ》であり、これがなければ、iūs［人間の法］によって罰せられたり許されたりする行動、さらにひろくあらゆる人間的行動は、不確かで危ういもの、いや、破滅的なものになってしまう。fās は iūs のように分析や決疑論の対象にはなりえない。この名詞は語尾変化もしなければ、それ以上細分化することもできない」。礎は、あるか、ないかのどちらかである。fās est か、fās non est でしかありえないのだ。「ある時間、ある場所は、それが人間の行為にとって不可欠なこの礎をあたえるか否かによって、fasti か nefasti［吉か不吉か］のどちらかだといわれる。(18)」

古代インドで展開した事態（そこでは、同一の人物たちが交互にいろいろな役割を演じていた）とはちがって、印欧世界の西側の国々では、この機能をさまざまな制度が分担してになっていった。「《西欧の創造》」は、みずから fās にあたる固有の儀礼をつくりだし、ローマがこの儀礼を完成していったが、伝令僧（fētiāles）とよばれる司祭がもっぱらこの任にあたった。この儀礼は、宣戦布告、軍事的遠征、他国家との同盟といった、「他国とわたりあうローマのあらゆる行為のはじまるところ」に関与する。それは、遠心的にひろがってゆく三段階の歩みであって、第一段階は国内だが国境近く、第二段階は国境において、第三段階は外国という過程をふんでいった。儀礼的行為が、いかなる民事的ないし軍事的行為にも先立って遂行されたのであり、というのもその儀礼的行為の役割は、政治的活動や軍事的活動のために必要な領域を創造することだったからである。したがってそれはまた、ものの反復（repetitio rerum）でもある。すなわち、原初の創生行為の再現と反復でもあれば、新たな企てを正当化するための系譜の暗唱と引用でもあり、戦闘や契約や征服にとりかかるにあたっての成功の予言と約束でもあるのだ。実際の上演に先立っておこなわれる総稽古のように、身ぶりをともなう語りである儀礼が、歴史的な実現に先立つのである。伝令僧の巡回あるいは「歩み」が空間をきりひらき、国境を越えてのりだしてゆく軍事的、外交的、商業的なもろもろの作戦《アクション》の礎をすえる。同様に、『ヴェーダ』においても、ビシュヌ神が「その歩みにより、戦士インドラの軍事行動のための圏域をきりひらき、そこで戦役がくりひろげられねばならない」。それが、創生なるものである。それは、これから企てようとする行為《アクション》に「空間をあたえ」、それらの行為の「土台」となり「舞台」となる「領域を創造する」のである。[19]

まさにそれが物語の第一の役割である。それは、実践的な行為にたいして、正当な舞台をしつらえてやる。危険と汚れをはらんだ社会的実践を権威づける領域を創造するのである。けれども、ローマ帝国の装置が入念にこの機能を他とは区別していたのにたいし、物語は三つの点でこれとは異なっている。というのも物語はこの聖なる掟（fās）をさずけるにあたって、散在し（もはや唯一の形態をとらず）、微少な（もはや国家的形態ではなく）、そして多価的な（専一的形態ではなく）形態をとるからである。散在した形態というのは、社会環境が多様化してゆくからというだけでなく、なにより権威の「よりどころ」がしだいに異質化してゆく(というか、しだいに異質性があらわになってゆく)からである。さまざまな土地の「神々」が追放され、物語の霊がとりついていた場所が見捨てられてゆき、正当性を失った中立的な圏域がふえていったという事実が、境界をさだめ所有を組織化したもろもろの説話の消滅と散逸をあらわにしめしている(公の歴史学——歴史書、テレビの時事番組、等々——はそれでもなお、国家という空間に信憑性をあたえようと努めているが)。微少な形態というのは、社会経済的なテクノクラシー化がすすんだ結果、「家族の話」とか「伝記」とか、精神分析的な語りといったものがどんどん増えてきて、fas と nefas のおよぶ範囲が家族や個人という単位に縮小してきているからである(それでも、こうした特殊な話からしだいに外に広がりでて、公的な正当性の言説は、わけのわからぬ風評といったかたちで生きつづけており、あるいは階級対立や人種対立といった生々しいかたちでよみがえっている)。最後に多価的というのは、ミクロの物語がたくさん交錯しあって、それぞれ流通している集団に見合った機能を付与されているからである。だがこのような多価性は、関係をつくりだすという説話本来の機能をそこなうものではない。われわれの実存の仄暗い閾の縁に突きささった物語の「破片」の数々には、行為の領域を創始した太古の儀礼が生きつづけている。深層にたたみこまれたそれらの断片は、われとわが空間を創始した「自伝的な」話を、それとしらずに分節化しているのである。

こうして物語るという営みは、たとえそれがもはや統一的でなく多型のものであっても、境界が問題となり異人が問題となるところではかならず繰りひろげられてゆく。そこかしこに砕け散りながら、物語はたえず境界画定《ボルナージュ》の操作をくりかえしてやまない。物語がいまなおはたらかせているもの、それは、もろもろの企てを先導してそれに「権威をさずけた」あの聖なる掟（fās）なのである。ローマの伝令僧とおなじく、物語は社会的実践の前を「歩んで」そのための領域をきりひらく。法的な決定とか配分とかいったものは、その後にしたがうものにすぎず、ちょうどそれはローマ法（iūs）の法令や供述書が各人に相応の行動圏をふりあて調停をはかりつつ、[20]みずから、聖なる掟が「礎《いしずえ》」をさずけた行動の一部をなしていたのとおなじことである。あの司法官たちの「中間判決」も、それなりの規則にしたがいつつ、家族や地方の話、慣習や職業に応じた「身ぶり」、道や風景の「暗唱」などからなる無数の口承説話によってすでに創造され権威をさずけられた異質な空間の厚い層のただなかでとりおこなわれているのだ。判決は、こうした行為の舞台を創造するのではない。判決はそれを文節化し操作するのである。それらの判決は説話の権威を前提にしており、その説話を司法官たちが「聞き」、照合し、序列を決定するのである。調整する判決のまえに、創始する物語があるのだ。

(2) 境界線と橋。物語は、ひとつの矛盾によって生気をふきこまれており、その矛盾は境界線と橋との関係、すなわちある空間（正当な）とその外部（よその）の関係というかたちにあらわされている。これを考察するには基本的な単位にたちかえってみるといい。形態学はさておき（これはここでの課題ではない）、語用論的なパースペクティヴ、もっと正確にいえば、「プログラム」、あるいはひとが空間を自分のものにしてゆくさまざまな実践の系列化を規定する統辞論のパースペクティヴにたってみれば、ミラーとジョンソン＝レードが「界《レジオン》」とよんでいる基本単位を出発点にすることができる。かれらによれば、「界」というのは、いろいろな行為のプログラムが出会うことによって生じる圏域である。つまり「界」とは相互作用によって創造される空間なのである。[21] ということは、同一の場所においても、相互作用の数だけ、またはプログラムどうしの出会いの数だけ「界」があることになる。したがってまた、空間の境界決定は双対的で操作的であり、発話行為のプロブレマティークでいえば、「対話」のプロセスにかかわっている。

以上のことから、ひとつひとつの境界決定とその流動性のあいだにダイナミックな矛盾が生じてくる。一方で、物語は境界を設定しておくだけではない。物語は、それらの境界の数をふやしてゆく。ただしさまざまな人物――もの、動物、人間――のあいだの相互作用をとおして。つまり、いろいろな行為主たちが術語（良い、悪賢い、野心的な、馬鹿な、等々）と、動き（出てくる、身をひく、たち去る、もどってくる、等々）とともに、たがいに場をわかちあってゆくのである。行為主たちがしだいに場を自分のものにしてゆき（物語の展開にともなう術語の獲得）、次々と移動してゆく（内的、外的な動き）につれて出会いが生じ、それがかたちづくる点によって境界がひかれてゆく。これらの境界は、さまざまな財や機能のダイナミックな分配に関与しながら、しだいに複雑にからんでゆき、ひとつの差異化の編み目を、空間のコンビネーションをつくりなしてゆく。境界は、出会いをもとにしてうまれる区別の結果としてできあがるのである。たとえば、身体と身体は、境界のない果てなき夜には、愛あるいは戦いの格闘の「ふれあい」によって線が引かれてゆかないかぎり、区別のつけようがない。境界線のパラドクス。接触によって創造されながら、二つの身体を差異化するもろもろの点は、同時にまた共通の点でもあるのだ。そこで接合と分離はわかちがたく結ばれあっている。ふれあっている二つの身体のいったいどちらが区別の境界線を有しているのだろうか。どちらの身体ともいえない。ということは、境界線はだれのものでもないということなのか。

　境界線をめぐる理論的かつ実践的な問題。いったいそれはだれのものか。河や壁や樹は境界線になる。それらのどれひとつとして、地図上にひかれた線がその果てに措定しているような非-場所といった性格を有していない。それらは媒介者の役割をそなえている。さればこそ物語《ナラシオン》は、それらをして語らせるのだ。狼のでてくる森は、「止まれ」、と言う。河は鰐を指しながら、「ストップ！」と言う。だがこうした森や河といった行為者《アクター》は、まさにそれが境界のことば《パロール》であるからこそ、分離とおなじくらいコミュニケーションをつくりだすのだ。そればかりか、これらの行為者は、なにかの縁を設けるときにはかならず、別の縁からやって来てその縁を通過してゆく者を語る。それはつなぐのである。それは通路《パサージュ》でもあるのだ。物語において、境界線は第三項として機能している。それは「中間」なのだ――「囲い地」(Zaun) をうたったモルゲンシュテルンの素晴らしくアイロニーのきいた詩は、「二つのあいだの空間」(Zwischenraum) を語っている。「空間」(Raum) と、「向こうが見える」(hindurchzuschaun) と、韻をふんだその詩は、ある塀(低い柵でかこまれた囲い地、Lattenzaun) の物語である。

むかし柵で囲まれた空き地があった
柵ごしにその空き地が見通せた

第三の場所であり、相互作用と会‐見の場である境界線は、ひとつの空虚のごときもの、交換と出会いの物語的な象‐徴なのだ。そこを通りかかったひとりの建築家が、この「二つのあいだの空間」にたちまち心をひかれ、そこに大きな建物をたてようと思いたつ。

ある晩ひとりの建築家がこれを見つけて
はたと足をとめた
塀から空き地をとりあげて

立派な建物をたてた

空虚から充溢への変換、中間から既成の場への変換。その続きは目にみえている。上院がその建物に「いすわって」——法がそこに腰をすえ——あげくに建築家はアフリーアメリーカに逃げ去ってゆく。

上院が建築家をひきとめた
だけどかれは逃げだした
アフリーアメリーコに(22)

塀をコンクリートでかためること、「二つのあいだの空間」を満たして、そこになにかを建てること、それは建築家の欲動である。だがそれはかれの幻想でもある。なぜならかれはそうと知らずに場所の政治的凍結に手をかしたのであり、できあがった作品に気がついたときにははや、法の圏外に逃れゆくしかないのだから。物語は逆に、相互作用の話の数々をとおして、「両義性のロジック」をなにより大切にする。それは、境界線を横断路に「転換し」、河を橋に転換する。事実、物語は倒置とずらしを語るのだ。閉まった戸はまさに開けられるためにあり、河は渡ることができるもの、樹はどれほど歩いてきたかの目印になる。柵塀は、さまざまなまなざしが通ってゆく隙間の総体である。

橋はどこにあっても両義的である。それは、そそり立つ島々をつないだかと思うとまた対立させる。橋は島々を区別したうえでそれらを脅かす。それは、監禁状態からとき放ち、そして自律を破壊する。たとえば、ノワールムティエ〔フランスのヴァンデ地方の島〕の物語のなかでまさに橋はそのような中心的で両義的な人物の役割をはたしている。一九七二年、ラ・フォスとフロマンティーヌのあいだにかけられた橋をめぐる話だが、橋がかかる前、かかる間、かかった後、どの時点でも橋が中心になっている[23]。そこで橋は、日常的な場所や伝説の無数の記憶のなかで生きながら二重の生を営みつづけており、しばしば固有名詞がそれらの記憶や伝説を要約しているが、それらの名は、隠されたパラドクスであり、つづめられた話であり、謎ときである。モンスーン橋《ポン》、オドメール橋、ポンシャラ、城橋、十字橋、ボーヴォワザン橋、アーチ橋、ざらざら橋、悪魔橋、ポンティウ、等々。

ヒエロニムス・ボスの描いた絵、いかにもボスらしく空間を変貌させた[24]あの絵の数々のなかでも、まさに橋はいたるところで悪魔的なものの指標になっている。越境であり、場所の掟への違反である橋は、出発のフィギュールであり、ある状態の損傷、征服の野望のフィギュール、あるいは追放のフィギュール、とにかく秩序への「裏切り」のフィギュールなのだ。けれど同時にその橋は、ただよう他所《よそ》を出現させ、境界線の彼方に、内部で制御されていた他所《エトランジェ》なるものの姿をかいま見せ、あるいは見せつけ、境界のこちら側では身をひそめていた他性に客観性（すなわち表現と表ｰ象）をあたえるのであり、それゆえ、渡った橋をひきかえしてこちら側にもどってきた旅人は、それ以来というもの、こちらの世界に他所を見いだす。その他所の地は、出発のときに自分が探しもとめていた場所、そしてあげくに逃れてきた場所なのだ。境界線のこちら側にいたとて、他所はもうすぐそばに在る。異郷への憧憬か、記憶の悪魔の饗宴か、心ときめく懐かしさとともに。すべてはあたかも境界決定そのものが、おのれの他者に内部をひきわたす橋であるかのようだ。

違反行為？

地図が分割するところを、物語は横切ってゆく。それは「ディエゲーシス」(diégèse)〔接頭語 dia は「横断」の意〕なのだと、語りのことをギリシアの人びとはそう呼んでいる。つまりそれはひとつの歩みを創始し（それは「案内」する）、そして横切ってゆくのである（それは「越境」する）。物語が踏んでゆく操作の空間は動きからできあがっている。物語は、さまざまなものの姿を変貌させるという意味で位相学的《トポロジック》なのであり、場所を規定するという意味で場所論的《トピック》なのではない。物語のなかで境界がさだめられるとき、そのありかたはあくまで両義的である。境界は二重のはたらきをしているのだ。それは、自分が語ることとは逆のことをおこなう。それは、追い出すふりをしながら、よそ者に場を空けてやる。あるいはまたそれが止まれと、停止を語っているときでも、その停止命令は動かぬものではなく、むしろプログラムどうしの出会いの変化をたどっていっているのだ。物語の境界画定とは運搬可能な境界であり、境界の運搬であり、メタフォライ〔移動〕そのものなのである。

空間を編成してゆく語りのなかで、境界画定は、匠《たくみ》なるダイダロスが考案したというあのギリシアの小像（xoana）とおなじ役割をはたしているように思われる。さすがダイダロスの手になるだけあって狡智にたけたその小像たちは、動きながら境界をさだめていった（そうして境界をずらしていった）。それら小像の道標は、空間のカーブや動きにそって立っていた。したがってそれらの空間の分けかたは、柱や杭や不動の列柱でできあがった分割、地面に食い入って、場所を分断し、ひとつの秩序を構成するような分割とはまったくちがっていたのである。[25] それらは運搬できる境界でもあったのだ。語りのなせる境界画定の操作は、境界決定の名において、固定しようとする身ぶりそのものによって動きをしのびこませるとき、古代のこの不思議な道標たちを現代に受け継いでいる。ミシュレがすでにそう語っていた。古代の末期、オリンポスの偉大な神々の貴族たちは滅んでいったが、だからといって、「土地に住みついた群れなす神々たち、下層の神々たち」をけっして失墜の道連れにはしなかった、と。「それら下層の神々はなおも広大な田野に、森に、山々に、泉に、田舎の生活とひとつにとけあった山河に生きている。ナラの木の幹や、小川や、深い河に住みついていたそれらの神々は潰えようはずはなかったのだ……。いまかれらはいずこにいるのだろうか。砂漠か、荒れ地か、森のなかか、そんなところにいるのかもしれないが、他のどこにもましてかれらが住みついているのは家のなかである。それらの神々は家の暮らしの習慣の奥深くに生きつづけているのだ。[26]」だがそこだけではなく、かれらはわれわれの街、われわれのアパルトマンのなかにも生きつづけている。思うにそれらの神々は、要するに、物語性のそして物語の違反行為的な形態の証人たちであり、逃げ足はやく、身ごなしも軽やかな証人たちにほかならなかったのだ。その神々が名を変えたからといって（あらゆる権力は地名学的であり、名づけつつみずからの場所の秩序を創始する）、このように多型で狡猾で動いてやまぬ力から何ひとつ失われたものはない。その力は、それらの神々から洗礼名を奪ってはまた新たな洗礼名をあたえてゆく大いなる物語のなかに身をひそめて生きつづけているのである。

もし仮に違反的なものがみずから身をずらしながらしか存在せず、周縁にではなくコードの間隙に生きながらその裏をかき、それをずらしてゆくという特性をそなえており、状態にたいして移動を優先させるという特徴をそなえているとするなら、物語は違反的なものである。社会に違反するということは、物語を字義どおりうけとめること、社会がもはや個々人や集団にたいして象徴的な出口か静止した空間しかさしだそうとしないときに、この物語をそのものとして実存の原理にすること、もはや規律に従って中におさまるか非合法のはみだしかの二者択一しかなく、それゆえ監獄か外部への彷徨かの二つに一つしかないとき、物語を実存の原理とすることであろう。逆に言えば、物語とは余地に生きつづける違反行為であり、みずから隅に身をひきながら存在する違反行為であって、伝統社会(古代、中世、等々)のなかでは、秩序と共存してきたものであった。そうした秩序は確固と構築されていながらも同時に柔軟性をそなえており、このような反逆的な動き、場所を敬まわずにそこで戯れ、かと思うと場所を脅かすような動きがふえてゆこうと、黙認しておいたのである。こうした動きは日々の物語という微視的な形態から、在りし日のカーニバル的な発現にいたるまでの幅ひろさをそなえている。[27]

　残された問題は、いうまでもなく、このような違反的な性格をもった物語性が実際に社会にどのような変化をもたらしてゆくのか、ということであろう。いずれにしろ、ひとまずここで言えることは、こうした違反行為は、空間にかんするかぎり、秩序のテクストのなかに身体を刻みつけてゆくことからはじまるということである。さまざまな身ぶりをし、歩き、享受する身体の不透明性は、よそにたいするここを、「遠いもの《エトランジエ》」にたいする「身近なもの」を、はてしなく組織しつづけてゆく。空間の物語は、最小規模でいえばひとつの話し言葉、すなわち、「発話行為の焦点化」をともないつつ口にされる言葉であり、システムを実践化する行為であって、そのようなものとして場所を配分するはたらきをする言語システムであろう。それが、親近性をあつかう「近接学《プロセミック》」の対象とする問題である。[28]そうした親近性の指標は記憶の組織のなかにも見いだせるが、ここではそこまでたちいらず、焦点化をともなうこのような発話行為とともに、空間がふたたび実践された場所としてたちあらわれるということを想起しておけば十分である。

Ⅳ　言語の使用

第10章　書のエコノミー

「口から口へと伝説や唄を国中に伝え歩いてゆくことば《パロール》、それだけが人びとを生きさせる。」

（N・F・S・グルントビ(1)）

デンマークの詩人にして予言者、その歩む道がすべて「生きたことば《パロール》」（det levende ord）に通じてゆく口承の聖杯とも言うべきグルントビに捧げる献辞は、かつてミューズへの献辞がそうであったように、今日、声の探求に権威をさずけてくれる。われわれの「文字《スクリプチュレール》」社会から消え去って、幻と化した声の探求に、グルントビは道をしめしてくれている。わたしは、言語のなかに、さまざまな声を訪ね、身体のこのつかの間の効果を聞いてみたいと思う。「近代」（十六、十七世紀）以降、エクリチュールの名を冠したエコノミーの勝ちほこる征服（conquista）によって遠くに追いやられてしまった声を。わたしの主題はオラルである。だがそれは、三、四世紀にわたる西欧の仕業によって変容させられてしまったオラルだ。もはやわれわれは、グルントビ（あるいはミシュレ）のように、自分たちの住む都市の門の後ろ、近くの田野のはるかな広がりのなかに、詩的で「異教的」な広大なる牧場があって、いまなおそこで唄や神話や民衆（folkelighed）のはてるともないつぶやき声が語っているとは信じていない(2)（このデンマーク語 folkelighed は翻訳不可能な語であり、というのもフランス語でこれに相当する「民衆性」（popularité）は、これもまたこれまでの使われかたによってすっかり価値が低下してしまっているからである。もしそうでなければこの語は、「民衆」にとって、「国民《ナシオン》」にたいする「国民性《ナシオナリテ》」に類した語であるはずなのだが）。もはやこれらの声はエクリチュールのシステムの内部でしか聞くことができない。そのシステムのなかに声たちはもどってきているのだ。それらの声は、踊るように、通り過ぎるように、他者の領域のなかを駆けめぐっている。

近代的な「規律《ディシプリン》」である書《スクリプチュレール》という装置が設置されたのは、印刷によって「再生産」が可能になった事実ときりはなすことができない出来事だが、この装置の設置は、（「ブルジョワジー」から）「《民衆》」を遠ざけ、（書かれたもの《エクリ》から）「声」を遠ざけるという二重の結果をもたらした。このことから、はるかな彼方、経済的、行政的権力からはるか遠い地で「《民衆》が語っている」という信念がうまれてきたのである。魅惑的でもあれば危険でもあり、一度かぎりで消えてゆく（激しく短い氾濫はあっても）パロールは、その抑圧そのものによって「民衆の《声》」となり、ノスタルジーと制御の対象となって、わけても学校という手段によりこのパロールをふたたびエクリチュールにつなぎとめようとする大遠征の対象となった。現代、このパロールは、ありとあらゆるやりかたで「録音され」、規格化され、いちど「吹きこまれ」さえすればどこでも聞こえるもの、つまりラジオやテレビやレコードによってメディア化され、メディアの技術によって「きれいにされたもの」になっている。パロールがみずからしのび入ってくるところ、身体のざわめきであるはずの場で、しばしばそれは、メディアが生産し再生産したもののイミテーションになっている――自分の人工物のコピーに。

こうしてみれば、近来の西欧の歴史によって植民地化されると同時に神秘化されてしまったその声を探し求めに出かけたところで無駄であろう。そればかりでなく、もともと「純粋な」声などありはしないのであって、声というのはかならずなんらかのシステム(家族、社会、等々)に規定されており、受けとめられることをとおしてコード化されている。もし仮にある特定の集団の声がひとつになって響きわたり、聞けばすぐわかる風景――音の風景――を構成したとしたら、その方言――なまり――は言語のなかに跡を残してそれと識別できるかもしれない。ちょうどほのかな香りとおなじように。あるいはまた、たくさんの声の混じるなかで、ある特殊な声が、聞く者の身体を、まるで視えない手で奏でられる楽器のように愛撫したり、刺激したりすれば、すぐそれとわかるかもしれない。だがたとえそうだとしても、こうして言語を口にする発話の行為によって生まれる現在の音の数々は、単一なものではない。したがって、これらの音をそっくりひとつに集め、「《声》」とか、固有な「文化」とか――あるいは大いなる《他者》――といったラベルを貼ってしまうようなフィクションはすててかかるべきであろう。むしろオラルは、書《スクリプチュレール》のエコノミーの織り目——終わりなきタピスリー——のなかに、まるでその一本の糸のようにそっと紛れこむのである。

われわれの掟である大いなる書物のなかに紛れこんだ声の数々をさがしあてるには、まずはじめにこの書のエコノミーを分析し、歴史上いかにしてそれが樹立され、いかなる規則をもち、いかなる道具をもちいて成功をおさめたか、それを分析することからはじめるべきだろう——なんとも遠大な計画で、そのうち漫画にしてしまうかもしれないが！——わたしはただ、われわれの社会でエクリチュールとオラルがいかにして分離されていったかをあきらかにし、その分離がたどっていった歴史的形態をあとづけ、そこから帰結するいくつかの結果を指し示して、現在それが染《し》みという形態をとってあらわれていることをとりだしてみたいと思う。

まずはじめにあきらかにしておきたいと思うが、エクリチュールとオラルの二つをとりあげるからといって、ある第三項によって対立性が揚棄されたり、あるいは序列が逆転したりするような二項を措定しようというのではない。問題はあの「形而上学的対立」（エクリチュール対オラル、ラング対パロール、等々）のひとつにもどることではないのであり、そうした対立についてはジャック・デリダが次のように語っているとおりである。「そうした対立は究極的に……差異に先行するひとつの価値なり意味なりの存在に準拠している」[3]、と。このような二項対立を措定する発想は、唯一の根源（創生の考古学）とか、究極的な矛盾の解消（神学的な発想）といった原理を前提にしており、したがって、準拠すべきこの統一性によって支えられるディスクールを前提にしている。逆にわたしが前提するのは、ここではくわしく述べないけれども、複数性が根源であるということ、差異がこれら諸項を構成しているということ、そして、言語《ランガージュ》は象ー徴秩序によって分割の構造化作用をどこまでも隠蔽しつづけるよう宿命づけられているということである。

それればかりでなく、文化人類学的なパースペクティヴにたっても、次のことを忘れるわけにはゆくまい。

(1) こうしたもろもろの「ユニット」（たとえばエクリチュールとオラル）は、歴史上相次いで錯綜した状況のつみ重ねのなかでうまれてきた相互的な諸区別の結果である。したがってそれらは、こうした歴史規定性からきりはなすことができず、一般的カテゴリーという地位にひきあげるわけにはいかない。

(2) こうした区別が、あるひとつの領域（たとえば言語《ラング》）やあるシステム（たとえばエクリチュール）の確立と、そうして確立されたものの外部、または残りの部分（パロール、あるいはオラル）との関係としてあるかぎり、これら二項は、対等でもないし、比較することもできない。それらの一貫性からみてもそういえるし（一方を規定することは、他方を無規定にしておくことを前提にする）、それらの操作性からみてもそういえる（一方は生産的で支配的で分節化されており、他方を無力なもの、支配されたもの、そして不透明な抵抗という立場に追いやる)。つまりそれら二項を、記号が逆転すれば同一の機能をはたすものと措定することは不可能なのだ。二者のあいだの差異は質的なものであって、共通の尺度をもっていない。

書くこと／「近代」の神話的実践

書くという実践は、この四世紀のあいだにあらゆる領域を再編成しながら、神話的な価値をおびてしまっているが、そこには、みずからの伝記をつくりあげ、それをとおして歴史をつくりあげようとする西欧の野心が横たわっていた。わたしがここで神話というのは、一片のディスクールでありながら、たがいに異質なもろもろの社会的実践にかかわりあい、それらを象徴的に統合しようとするディスクールのことである。西欧近代において、この役割をはたしているのは、もはや既成のディスクールではなく、ひとつの運行、つまり書くという実践である。根源はもはや語られるものではなく、テクスト的なものを生産し、そしてまた社会をテクストとして生産しようとする多様な活動、声の聞こえない活動なのだ。「進歩」とは、書くという型《スクリプチュレール》に属したものである。いろいろなやりかたをとおして、人びとは「正当な」実践――科学的、政治的、学校的、等々――とは区別されるべきものをオラルと(あるいはオラルとして)定義するのである。進歩に役立たないものが「オラル」なのだ。逆に、声や伝統の魔術的世界からみずからを区別するものが「書《スクリプチュレール》」なるものである。ほかでもないこの分離とともに、西欧文化の境界線（そして前線）が描かれる。おそらく近代という建築物の切妻壁《ペディメント》には、次のような刻銘を読むことができるにちがいない。「ここにおいて、働くとは書くことなり」、あるいは「ここでは書かれたものしか理解されない」。これが、「西欧」として成立した世界の内なる掟なのである。

書くとは、いったいどのようなことであろうか。わたしがエクリチュールということばで指しているのは、具体的な活動であり、ある固有の空間のうえに、ひとつのテクストを構築しようとする活動であって、こうして構築されたテクストは、いったん外部から自己をひきはなしたうえでその外部に支配力をおよぼす。この基本的なレベルで三つの要素が決定的である。

まず第一に、白いページ。ある「清潔な《プロープル》」〔固有の〕空間が、主体の生産の場所を画定する。それは世界の曖昧さをきれいにぬぐいとられた場所である。それは、主体が活動的な圏域から身をひき距離をとっていることを前提にしている。それは、部分的だが制御可能な操作にゆだねられている場所だ。主体が世界の声につきまとわれていた伝統的なコスモスのなかに、一本の亀裂が走る。ひとつの自立した表面が主体の目のまえにおかれ、こうして主体は、自己に固有の行為のための場所をそなえつける。エクリチュールの場所とともに、客体〔対象〕にたいする主体の制御（および孤絶化）がはじまる、デカルト的な区分の身ぶり。めいめい白紙をまえにしながら、どの子どもも、すでにして工業的なもの、都市工学的なもの、あるいはデカルト哲学なもののポジションについている——清潔で判然と区別された空間、固有のものを欲する意志が発動してゆく空間を管理すべきポジションに。

それから、この場所にひとつのテクストが構築されてゆく。言語的な断片や素材が、この空間のなかで、明示しうる方法にしたがい、なんらかの秩序を生産してゆくような方法で処理されてゆく（加工されるといってもいいかもしれない）。一連の分節化された操作が（身ぶりのうえでも精神のなかでも）——文字どおり、それが書くということだ——ページのうえに、なにかの軌跡を刻んでゆき、その軌跡がやがて語をえがき、文をえがき、最後にひとつのシステムをえがきだす。いいかえれば、白紙のうえで、徐々に進んでゆく規則的な移動の実践が——ひとつの歩みが——もうひとつの「世界」の人工物を構成してゆくのである。もはやそれは既成の世界ではなく、製造された世界だ。生産主義的な理性のモデルが紙という非-場所のうえに書かれてゆく。さまざまなかたちをとりながら、固有の空間のうえに構築されたこのテクストこそ、西欧近代の基礎的で一般化したユートピアである。

第三の要素として、このような構築はたんなるゲームではない。たしかに、どの社会をとってみても、ゲームというのはさまざまな実践の型式が表わされる舞台にちがいないが、その可能性の条件は、実効性のある社会的実践からきりはなされているということである。ところが、書くという作業は、システムの生産であり、形式化の空間の生産であって、現実を変えるためにひとまず自己と現実を区別し、そのうえで現実を指示するという「意義」をそなえている。それは、ある社会的有効性をめざしているのだ。それは、みずからの外部に支配力をおよぼす。エクリチュールの仕事場は「戦略的な」機能をそなえているのである。というのも、伝統ないしは外部から受けとった情報がそこに集められて、分類され、あるシステムのなかに整序され、それをとおして変換されるからでもあるし、この例外的な場所で練りあげた規則やモデルによって外の環境にはたらきかけ、それを変換させることができるからでもある。ページという孤島は、産業的な転換がおこなわれる通過の場所なのだ。そこに入ってくるものは「受けとめられたもの」であり、そこから出てゆくものは「製品」なのである。そこに入ってくるさまざまなものは、伝統にたいする主体の「受動性」の指標である。一方そこから出てゆくものは、対象を製造するという主体の力能の徴なのだ。こうして書くという企ては、外から受けとるものをなかで変換させたり保存したりし、自己の内部で、外的空間を領有するための器具をつくりだす。それは、ものを分類してストックし、拡張のための手段をそなえつける。過去を蓄積する能力と、世界の他性をみずからのモデルに適合させる能力をかねそなえているこの企ては、資本主義的であり、征服的である。科学の仕事場も産業の仕事場も（まさしく産業はマルクスによって「科学」がみずからを書きしるす「書」であると定義されている）[4]、同一のシェーマにしたがっているのだ。そして近代的な都市もまた。それは、境界線をひかれた空間、そこに外部の住民を集めてストックしようとする意志と、地方を都市モデルに適合させようとする意志とが実現されてゆく空間なのである。

　革命という「近代的な」観念そのものが、全社会的規模でもって書を書こうとする企図のあらわれであり、その野望は、まず過去にたいして自己を白紙にかえすということ、そしてその白紙のうえにみずからを書いてゆくということ（すなわち固有のシステムとしてみずからを生産してゆくということ）、そしてみずからが製造するもののモデルにのっとって歴史を新しくつくりかえる〔書きなおす〕ということである（それが「進歩」なるものであろう）。こうした野望が、経済的、行政的、政治的領域にわたって書くという操作をさまざまに増やしてゆきさえすれば、この革命的企図は達成されるわけだ。現代では、この発展のさなか、なにかの閾値が越えられてしまっていることをしめすような逆転が起こっており、書くというシステムは自－動的に進んでいっている。それは、自－動的なもの、テクノクラシー的なものになってしまっている。かつては主体がこのシステムを制御していたのに、いまや主体は書く機械の遂行者になりさがってしまい、機械のほうが主体に命令をくだし、主体をこき使っているのだ。情報化主義《アンフォルマティシアン》社会と言うべきか。

　こうしてみれば、三世紀にわたって、書くことの習得が、征服的な資本主義社会に適合するためのなにより大事な通過儀礼になっているのは不思議ではない。それは、この社会の基本的な通過儀礼の実践なのである。これほどまでに驚異的な発展がさまざまな不安をかきたてるような影響を及ぼしてやっとわれわれは、近代の子どもたちが書くという実践によって形成されていることに気がついたというわけである。

こうしてわれわれを構造化する実践について、わたしはひとつだけ例をとりあげてみたいと思うが、というのもその例が神話的な価値をそなえているからである。それは近代西欧がうみだしえた数少ない神話のひとつだが(事実、西欧近代社会は、伝統社会のもっていた神話を実践におきかえてしまった)、ダニエル・デフォーの『ロビンソン・クルーソー』がそれである。この小説は、わたしが区別した三つの要素をすべてそなえている。すなわち、ある固有の場所をきりとる島、主人たる主体による事物のシステムの生産、そして「自然」世界の転換である。それはエクリチュールについての小説なのだ。そもそもデフォーにおいて、ロビンソンが自分の島を書きあげようという資本主義的、征服的な労働にめざめるのは、自分の日記を書こうという決意と軌を一にしている。そのことによってロビンソンは、時間と事物を制御するひとつの空間を確保し、かくて白いページをもって、自分の意のままに生産が可能となる原初の島をしつらえようとするのだ。エミールにこの一冊だけは読ませたいと望んだルソーにはじまって、ロビンソンが、未来の声なき技術者を育てようとする「近代的」教育者の模範像であると同時に、父なき世界を創造しようと欲する子どもたちの夢であるのは少しも不思議ではない。

書くという、この近代の神話的実践を分析するにあたって、わたしは、われわれだれしもがみな書くことにいかに多くを負うているかを否定する気は少しもない。とにかく多少なりとも聖職者〔知識人〕であるわれわれは、書くことによって支えられている社会に生きながら、書くことを職業に選んだもの書きであり、書くことで恩恵をこうむっている者たちである。それどころかわたしは、書くというこの力のからくりがよりいっそうあきらかになるような二つの側面をとりだしてみたいと思う。その二つはわたしの主題にかかわるものであって、ひとつは、同一化の原理である《神のことば《パロール》》の消滅とエクリチュールの関係であり、もうひとつは、話し手である主体による言語の新たなもちいかたである。

幾世紀にわたり《エクリチュール》がいかなるものであったか、なかでも聖書がいかなるものであったか、そのことと西欧との基本的関係はどれほど強調してもしすぎることはないだろう。その歴史を簡単にまとめてみるなら（わたしは、あるモデルはその実証性によってではなく、解釈をとおしてあたえる効果によって判定されると思うので、ひとつの人工物をつくってみる）、「近代」以前、すなわち十六、十七世紀まで、この《エクリチュール》は語っていたといえるだろう。聖なるテクストはひとつの声であり、教えるものであり（それが documentum の第一義である）、神の「語る意志《ヴルワール・ディール》」に由来するものであって、神は読む者（実は聞く者）にたいして「聞く意志《ヴルワール・アンタンドル》」を期待し、真理へいたるかどうかはそれにかかっていた。ところが、ほかのところでしめしたような理由によって、近代は、もはやこの《神のことば《パロール》》が聞こえず、テクストの堕落と歴史の変転によってこの声が変容してしまったことを発見しつつ形成されてゆくのである。もはやひとは神の声を聞くことができない。「真理」はもはや、大いなる同一化のメッセージにおのれを従わせようと、耳を澄ませている受け手の注意深さにかかっているのではない。真理は労働——歴史的、批判的、経済的——の所産となるであろう。真理はいまや為す意志《ヴルワール・フェール》に存しているのである。いまとなっては変容をきたし消えてしまっている声、なによりまず大いなる宇宙の《ことば《パロール》》であったその声が、もはや耳に届いてこないことにひとは気がついている。そのことばは、幾世紀の隔たりをよぎって渡ってきはしないのだ。ことばによって創設された場所は消滅し、ことばから授けられるものと信じられていたアイデンティティは消えうせてしまっている。喪の作業。それ以来というものアイデンティティは生産に依存することになる。神のことばの消失によって、果てなき歩み（分離か、さもなくば切断の）が不可避となったのだ。いまや生きることは、為すことによってはかられるのである。

　こうした変遷をとおしてエクリチュールは転回をとげてゆく。もうひとつのエクリチュールが、科学、学識、政治、といった形態のもとにしだいに重視されるようになってくる。このエクリチュールはもはや語るものではなく、製造されるものである。消滅したものにいまだ結ばれ、過去のものとして遠ざかっているがなおも起源でありつづけているものに借りを負うているこの新しいエクリチュールは、ひとつの実践であるほかはなく、アイデンティティの際限ない生産であるほかはない。ただひたすら為し、ひたすら前進することだけがこの生産を支えてくれる。キリスト教に固有の声がみずからの他者となり、意味するもの《シニフィアン》（それは声の定義そのものである）の世界のなかで自己にあたえられていた現在が過去になってしまったいま、この生産の歩みは、進んでゆく先々でかならず何かを手にしなければならないのだ。書くことを武器にした資本主義の征服は、このような声の消失と結ばれ、この声なしにみずからを定義しなおそうとする「近代」社会のとほうもない努力とひとつに結ばれあっている。革命という任務はそうした努力の一大帰結にすぎないのだ。その任務は、これまで他の文明にとってはかならずそれらの終末を意味してきた次なるメッセージときりはなすことができないものである（みずからの神々の死の後にも生きながらえた文明はひとつとしてない）。「われわれの神々はもはや語らない――神々は死んだ。」

　エクリチュールとならんで、人びとと言語活動の関係もまた変化をとげてゆく。エクリチュールと言語活動とはきりはなすことができないものだが、今日パロールがどのような形態で再帰してきているか、それを把握するためにも、この第二の側面は重要である。ふたたび歴史を要約してみれば、この側面が浮かびあがってくるだろう。近代の転換期は、なによりまず、十七世紀に発話《エノンセ》の価値が低下し、人びとの関心が発話行為《エノンシアシオン》へむかったことにある。（「神が世界のなかで語っている」）と話し手が信じていたとき、人びとの関心は、神の発することば《エノンセ》の解読に、世界の「神秘」の解読にむけられていた。こうした確信が、それを保証していた政治的、宗教的制度とともに動揺をきたすとき、唯一の話し手にかわるべきものを見いだすことができるかどうかという問題が生じてきたのである。いったいだれが語ろうとするのか？　そしてだれにむかって？　《至高》の話し手の消滅が、コミュニケーションという問題をうみだしたのだ。すなわち、言語《ランガージュ》はもはやただ聞くべきものではなく、もちいるべきものだという問題が生じてきたのである。しだいに散逸してゆく言語の大洋、囲い地もなく、停泊地もない世界のなか（《唯一の》話し手が世界をわがものとし、世界をして語らせているという信念は揺らいでゆき、やがて途絶えてしまう）、ひとつひとつの個別的なディスクールはどれもみな、かつては宇宙の編成が各人に指定していた座の不在をあかし、したがって各々が、言語の一区域をあつかうべくそれなりのやりかたで各自の座をしつらえねばならないことをあかしている。いいかえれば、個人はおのれの座を失ったからこそ主体として誕生するのである。かつては宇宙の言語が個人にあてがっていた場所、「神のよびかけ」として、世界の秩序のなかへの位置づけとして聞かれ了解されていた場所は、ひとつの「無」、一種の空虚となりはて、それがために主体は、みずからひとつの空間を制御し、エクリチュールの生産者としてそこに位置すべく追いたてられるのである。

こうして主体が孤立した結果、言語は客－観的なものとなり、解読するというよりむしろ開拓すべき領野、これから耕さなければならない無秩序な自然となってゆく。こうしていまや技術が支配的なイデオロギーになってゆくが、その技術の最大の仕事は、もはや言語を読むことではなく、言語をつくりだすことである。言語そのものが製作され、「書かれ」なければならないのだ。ひとつの科学を構築することとひとつの言語を構築すること、コンディヤックにとってそれは同じ仕事であり、ちょうどそれは一七九〇年の人びとにとって革命をなしとげることが国語としてのフランス語を確立することと同じことであったのと変わらない。[5] こうして、生きた身体（伝統的、個人的）は遠ざけられてゆき、それゆえまた、民衆においてなおも土地や場所に結びつき、オラルなものあるいは非言語的な労務に結びついているものはことごとく遠ざけられてゆく。言語を支配するということは、ある新たな、「ブルジョワ的」権力をうちたて、言語をつくりながら歴史をつくりだしてゆく権力を特権化し、その権力を維持してゆくことなのだ。書くこととときりはなせないこの権力は、たんに「生まれ」の特権に、すなわち貴族たちに反逆するばかりではない。それは、社会経済的な昇進のコードを定め、みずからの規範にしたがって、このような言語制御能力をもたざる者全員を支配し、コントロールし、選別する。エクリチュールが社会的ヒエラルキーの原理となるのであり、この原理が昨日までブルジョワジーに特権をあたえ、そして今日テクノクラシーに特権をあたえているのである。エクリチュールは、言語

（修辞学であれ数学であれ）をおのれの生産の道具となしうる支配階級が編成した教育の掟として機能している。またしてもここでロビンソンが状況をてらしだす。すなわちエクリチュールの主体は主人となり、言語以外の道具を使う労働者はフライデーになるだろう。

身体に刻印される掟

社会をエクリチュールによって構造化しようとする組織がすべてこのような歴史的変遷のおかげでうまれてきたというわけではない。歴史的変遷はこの組織の新しい用法をうみだしたのである。それは、これまでにないエクリチュールの使いみちである。つまり別のはたらきかたというわけだ。したがって、こうして創造された用法を考察するとき、もうひとつの仕事と結びつけて考えなければならない。この仕事というのは、身体を（社会的そして／あるいは個人的な身体を）エクリチュールの掟にしたがわせようとする、ほとんど太古の昔から続いている仕事である。この仕事は、近代史上エクリチュールがはたした仕事よりさらに昔にさかのぼる。この仕事はエクリチュールなき後にも続いてゆくであろう。それは、エクリチュールと重なりつつ、はてしなく続く考古学、いかなる名をあたえ、いかなる地位をあたえていいかもわからぬ考古学のようにそのエクリチュールを規定しているものだ。そのはたす仕事は、法と身体の関係にかかわっている——身体を書きしるすものによって、定義され、境界をさだめられ、分節化される身体そのものが問題なのである。

身体のうえに書かれないような法はひとつとして存在しない。法律は身体を支配している。集団からきりはなせる個人という観念そのものからして、法律的な必要からうまれてきたものであって、刑法にとっては懲罰を徴づけるための身体が必要であり、婚姻法にとっては、集団間の取引に際し、値を徴づけられるような身体が必要だったのだ。誕生から死にいたるまで、法律は身体を「とらえ」、身体をみずからのテクストにする。ありとあらゆる通過儀礼（儀礼的、教育的）をとおして、それは身体を法の石板に変え、規則と慣習の生きたタブロー、社会秩序が組織する劇場の俳優に変えてしまう。そればかりか、カントにとってもヘーゲルにとっても死刑のない法律というものは存在しない。つまり最後にはかならず身体はみずからの破壊によって、銘と規範の絶対性を刻みつけるのである。そう断言してしまうには異論があるかもしれないが、とにかく法がたえず身体のうえに書きこまれてゆくことだけはたしかといっていい。法は、おのれの臣下たちの皮膚でできた羊皮紙のうえにおのれを刻みつけるのだ。それは、それらの身体を分節化して法律の資料体にする。法は身体をおのれの書物とするのである。これらのエクリチュールは、相補的な二つの操作をおこなっている。まず第一に、法をとおして生きた存在は「テクストのなかにくみこまれ」、もろもろの規律の記号表現《シニフィアン》に変えられてしまう（それがテクスト化である）。他方で、社会の理性ないし《ロゴス》は「肉となる」（それが受肉である）。

あらゆる伝承がそのことを語っている。下僕の皮膚は羊皮紙であり、主人の手がそこにものを書きつけるのだ。たとえばシェークスピアの『間違いの喜劇』に登場する奴隷のドローミオは主人エフェサスのアンティフォラスにむかって言っている、「もしもわたくしの皮膚が羊皮紙で、わたしを殴ったあなたの手がインクでしたらば……」、と。[6] シェークスピアは、エクリチュールの根源的な場と、法がその臣下におよぼす支配力を、「生傷をあたえる」という身ぶりで指し示していた。あらゆる権力は、法律の権力もふくめて、まずその臣下たちの背中に描かれるのである。知もおなじことをする。こうして西欧の民族学という学問は、他者の身体がさしだす空間に書きこまれていったのだ。こうしてみれば羊皮紙も紙も、われわれの皮膚のかわりにできたものであり、平和なあいだはその代役をはたして、皮膚を保護する上塗りになってくれているといっていいだろう。もろもろの書物は身体のメタファーにすぎないのだ。だがひとたび危機の時代がやってくると、法にはもはや紙が足らなくなり、またもや身体のうえに法が描かれてゆく。印刷されたテクストはすべてみな、われわれの身体に刷りこまれたものを指し示しているのであり、最後には《名》と《掟》の（赤い鉄の）徴が、苦痛そして／あるいは快楽によってその身体を変質させ、それを《他者》の象徴に変えてしまうのだ。ある宣告、ある呼び名、あるひとつの名に。書物という舞台でくりひろげられる光景は、ひとつの経験をあらわしているのであり、それは、社会的な経験でもあれば愛の経験でもあり、何とはわからぬものが自分のうえに文字を書いてゆくという経験である。「もはやわたしの身体は汝によって書かれてゆく跡、汝にしか読みえないシニフィアンそのものだ。だが汝はいったい何なのか。わたしの身体を汝の署名に変えてゆく汝、掟である汝は？」おのれの身体に集団の掟が刻まれてゆく苦痛には、ある奇妙な悦びがないまじっている。認められるという悦び（だが何に認められるのかわからぬままに）、社会的言語のなかで識別され読まれる語となり、匿名のテクストの断片に変えられ、所有者も作者もない象徴秩序のなかに登録されるという悦びが。あらゆる印刷物は、他者の掟によって書きこまれた身体というこの両義的な経験を反復しているのだ。ある時にはそれは、遠い昔の使いふるされたメタファーにすぎず、もはや受肉したエクリチュール〔身体〕にはなんの感動もよび起こさず、ある時にはまた読書が、はるか昔に印刷された身体の傷痕に触れて、生々しい記憶となってよみがえってくる。(7)

掟が身体に書きこまれるためには、その二つをつなぐ装置がいる。放血のための乱切法や入れ墨、未開社会の通過儀礼の道具にはじまって裁判所のそれにいたるまで、さまざまな小道具が身体にはたらきかける。昨日までそれは、石でできた刃物や針であった。今日ではそれは、警察の使う綱から、手錠から、被告席にいたるまでのさまざまな装備である。こうした小道具一式は、臣下のうえに法の力を彫りこみ、そこに入れ墨をしてその臣下を規則の例証に変え、「コピー」を生産して規範を読みうるものにするためのものである。これらの道具類は中間項をかたちづくる。すなわちそれらは法律に装甲をほどこし（武装させ）、そして肉を狙うのである（それに徴をつけるために）。それは攻撃のための前線となって社会空間を組織化する。それはテクストと身体をきりはなすけれども、二つをつなぎもする。なぜならそれらの道具のおかげである行為が可能になるのだから。すなわち、テクストに書かれた「フィクション」を、身体によって再生産され実現されるモデルに変えるという行為である。

これら書くための装備一式は、取りのけておけるものである。人びとはそれらを保管室や美術館に保存しておく。使用前、使用後に収集することができるのだ。それらはそこに、出番を待ちながら、あるいは出番を終えた残りものとしてひかえている。このいかつい品々は、いまだ遠くにある身体、未知の身体に使うことができるし、「適用」が許された法以外の法にも再利用することができる。身体を締めつけたり、直立させたり、切断したり、切開したり、閉じこめたりするためにつくられたこれらの品々は、幻想的なショーケースのなかに並んでいる。きらきら輝く鉄や鋼、ずっしりとした箱、印刷の活字のように並べられた、固くて抽象的な物品の数々。曲がったものもあれば、まっすぐなのもあり、締めつけるためのものもあれば、砕くためのものもある。それらの道具の数々は、未決の裁判の動きを伝えながら、いまだ姿をみせない身体、やがて徴をつけるべき身体のいろいろな部分を早くもなぞり型どっている。移り変わってゆく法と、過ぎゆく生者のあいだにあって、これらの動かぬ道具類の一覧は、空間を区切り、編み目とリブを形成しながら、一方で象徴的な資料体を指し示し、他方で肉の存在を指し示している。いかに散り散りに散在していようと（まるで骸骨の小骨のように）、これらの道具一式は、粗いステッチで、揺れ動く規律と身体のあいだのさまざまな関係を描きだしているのである。それらは、《掟》を書きしるす機械の部品――社会の分節化になくてはならぬメカニックなシステムの部品なのである。

ひとつの身体からもうひとつの身体へ

この仕掛けが個々の身体《コール》をひとつの社会体《コール》へと転換する。こうした仕掛けによって、これらの身体はある法のテクストを生産するのである。この仕掛けとならんで、これを強化するもうひとつの仕掛けが存在するが、こちらのほうは、もはや法律的なものではなく、医療や外科に使われるものである。この仕掛けは、集団ではなく、個々人の「治療法」に役立つ。この仕掛けがほどこされる身体は集団から区別されるのだ。長いあいだ社会という統一体の一「肢体」――腕や肢や頭――であり、あるいはまた宇宙の諸力や「霊」の交差する場所であった身体は、徐々に、固有の病気やバランスや逸脱やアノマリーをそなえた一個の全体として個々に区別されていった。十五世紀から十六世紀にかけ、長い歴史をへて、ようやくこのような個人の身体が、化学や微視的物理学において一個の生命体が「分離」されるような具合に「分離」されていったのである。その後この身体は、政治的秩序や天の秩序の模型――「ミクロコスモス」――とみなされ、そうした過渡期をへた後に、一社会の基本単位になった。(8) こうして準拠すべき単位が社会体から個人の身体へと移行してゆくにつれ、法律的な政治学の後を継いで、個々人の表象と管理と安寧を司る医学的な政治学の支配がうちたてられてゆくが、こうした移りゆきにともなって、社会文化的な公準に変化が生じてくる。

個人主義的、医療的な分割は、要素の結合と、それら要素間の交換の法則が析出できるような、固有の「身体」空間の領域を設定する。十九世紀をむかえて熱力学や化学に準拠するモデルが登場してくるまで、十七世紀から十八世紀のあいだ、このような身体空間のなかで動く身体の物理学をうちたてようという夢が医学につきまとう。(9) 動力や圧力やバランスの変化や、ありとあらゆる操作をくわえて個々別々の要素を組み合わせ、動かしてゆくという機械仕掛けの夢。身体のオペラ。身体はポンプやら送風機やらフィルターやらテコからなる複雑な機械仕掛けであって、そのなかには液体がめぐり、さまざまな器官が噛みあっているのである。(10) いろいろな部品とそのはたらきをあきらかにすれば、壊れた器官や欠陥のみえる器官は除去して人工的な器官と取り替えることができるし、自動人形をつくることさえ夢ではない。身体は修理がきく。身体は調整できる。製造することさえ不可能ではない。いまや身体は分解できるようになり、修理するのも切断するのも自由なら、取り替えるのも、除去するのも、つけ加えるのも自由であり、修正も矯正も思うがままである。というわけで、整形外科用の機器やら身体をいじるための器具一式がどしどし取り揃えられていった。こうした道具網は複雑にからみあいながら拡張をとげてゆく。化学的医学に移行し、サイバネティックス・モデルに移行した今日にあっても、いまなおそれらの道具は健在である。身体の機械化によってきりひらかれた無数の可能性に、それぞれ鋭利で繊細な鋼《はがね》の数々が適用されるのである。

けれども、こうして道具類が増加した結果、はたしてそれらの果たすはたらきになにか変化が起こっただろうか。器具装置は、その用途をかえて、法律の「適用」から、外科的、整形外科的医学の適用に充てられたとはいえ、法の名において身体に徴をつけ、身体を順応させるという機能をあいかわらず果たしているのに変わりはない。テクストの資料体（科学的、イデオロギー的、神話学的）が変化をとげ、身体が宇宙から独立して組み合わせのきく機械仕掛けとみなされるようになったところで、テクストと身体をつなぐという道具の仕事に変わりはなく、おそらくこの仕事はそこに介入しうる装置が多様化しているだけにいっそう盛んになって、あいかわらずあるテクストを身体に書きつけるという務めを果たしつづけており、知の受肉化という務めを果たしつづけている。機械装置の不動性。生命なきこれらの道具は、奇妙なことに、だからこそその機能を発揮し、自分には生命がないくせに、もろもろの肉体を活発に切り刻み、締めつけ、こねまわすのであり、こうしていじられる肉体は、肉を社会のなかの身体へと転換させる創造にむけて倦むことなくおのが身をさしだすのである。

鋼やニッケルでできたこれらの物品はひとつの定め（宿命？）を指し示しているかのようだ。すなわちそれは、鉄をもって掟を肉にくい入らせねばならぬという定め、道具によって書きこまれた肉だけが文化のなかの身体としてうけいれられ認められるという定めである。十九世紀の初頭になると、医学のイデオロギーはしだいに転換をみせはじめ、摘出の治療法（病気とはなにか余計なもの――余分ななにかあるいは過剰ななにか――であって、刺絡や下剤やらをもちいてそれを身体からとり除かねばならない）はおおむねすたれてゆき、かわって付加の治療法（病気とはなにかの欠如、欠損であって、薬品なり支柱なりを使ってそれを補わなければならない）が登場してくるようになるが、それでもなお、道具という装備は、あいかわらず古いテクストに代えて新たな社会的知のテクストを身体に書きこんでゆくという役割を果たしつづけており、ちょうどそれは、『流刑地にて』に描かれるあの馬鍬《まぐわ》が、紙に書かれた命令がどう変わろうとおかまいなく、受刑者の身体にその命令を刻んでゆくのとおなじことである。

おそらくカフカのあの謎めいた機械は、時代とともにその暴力性をなくしていっているにちがいない――そしてまた、『流刑地にて』が描きだすあの悦楽も薄れていっていることだろう。《他者》のエクリチュールによって傷を刻まれながら死んでゆく者たちのまなざしにきらめいた今わの際の悦楽、見守る者の目に映ったあの悦楽も、もはや薄れていっているにちがいない。それでも、システムを分析してみれば、身体をテクストの彫刻に変えてしまう機械がいかなるバリエーションを経て、いかなる体制をとってきたか、そしてまた、書きこまれる者には読むことのできないこのエクリチュールがいったいだれの目にむけて書かれているのか、少なくともそれがあきらかになるだろう。

受肉の装置

十七世紀に、清教徒の《宗教改革者》たちは、法律家たちと手をたずさえながら、当時はからずも《物理学者《フィジシャン》》とよばれていた医師たちの知をみずからもまた獲得しようとめざしたが、[11]ここから大いなる野心がうまれてくることになった。すなわち、ひとつのテクストにもとづいて歴史を書きなおそうという野心である。堕落した社会と腐敗した教会にかこまれつつ、聖書《エクリチュール》がこの二つを改ー革《レフォルメ》〔再成型〕するためのモデルを提供してくれるにちがいない。それが、宗教改革の神話であった。根源にたちかえること、キリスト教的西欧の根源にとどまらず、宇宙の根源にまでたちかえって、《ロゴス》に身体をあたえ、ロゴスがこれまでとは別なありかたでふたたび「肉となる」ような創生をめざすこと。このルネッサンス時代には、このような神話のバリエーションがそこここにみうけられるが、ユートピア的、哲学的、科学的、政治的、宗教的の別をとわず、いずれをとっても、《理性》が世界を創始し、あるいは復興しうるはずだという信念に支えられており、問題なのはもはや秩序や隠れたる《作者》の秘密を解読することではなく、ひとつの秩序を生産し、その秩序を粗野な社会、腐敗堕落した社会の身体のうえに書きしるすことだという信念をともにしていた。歴史を矯正し、たわめ、しつけなければならないという目的とともに、エクリチュールは歴史にたいしてある権利を獲得する。[12] 世界とは理性であるという仮説にたち、生まれの特権を文字という装備におきかえようとめざす「ブルジョワジー」の手中にあって、エクリチュールは権力となるのだ。自然を変えるべく理論を自然のなかに刻みこまねばならないという信念は、やがて「啓蒙」や革命の公準に変わってゆくが、こうした信念とともにエクリチュールは科学となり、政治となる。迷信ぶかい民衆や、いまだ魔術にとらわれている地方の隅々までわけいって、それらを裁断し切断しつつ、エクリチュールは暴力となるのである。

こうしたエクリチュールによるテクストの身体への接合を、印刷術があらわしている。まずはじめに思考された秩序――構想されたテクスト――があり、それが具体化して――書物となり――、その書物がテクストを反復再生しながら、宇宙の非首尾一貫性を横切ってゆく合理性の舗道となり道となって合理性の網の目を形成してゆくのである。このプロセスはその後どんどん多様化してゆく。この時代には、いまだそれは、生者そのものを秩序の印刷物にしてしまう、テーラー・システム化された技術のメタファーにすぎない。けれども基本的な発想そのものは、こうしてみずから書物となるロゴスというものにすでにしめされており、啓蒙の時代は、この書物をもって歴史をつくりかえようとしたのである。十六世紀から十七世紀にかけて増加してゆくさまざまな「憲章」もまた、こうした発想を象徴しているといっていいだろう。これらの憲章のおかげでテクストは公共体にも私的な身体にも「適用」しうる資格を得るのであり、それらの身体を規定し、そのうえに実効力をおよぼす資格を得るのである。

　こうした宗教改革者たちの大いなる神話的情熱は、三つの特徴をそなえ、その三項にささえられている。すなわち、まず第一に、あるモデルまたは「フィクション」、つまりテクストである。第二に、このテクストを実際に適用したり書いたりするための器具、すなわち道具である。そして最後に、モデルを書きこむための台紙ともなりモデルの受肉化ともなる資材、すなわち自然であり、その自然のなかでも重要なのが肉体であって、この肉体をエクリチュールが身体に変えるのである。道具を使って身体を社会的ディスクールの定義どおりの身体に順応させること、それが、この改革運動なのである。この運動は、ある模範的観念に——経済交換のコードとそのバリエーション、すなわち一般的通念として伝えられる物語とか、新たに獲得された知識などが流通させる観念に——拠ってたっている。つまりまずはじめに、法としてはたらく「象徴」システムのフィクションがあるのだ。まずはじめに身体の表象(劇場)なり寓話(「説《ディ》」)なりがあるのである。すなわち、身体はある契約の記号表現《シニフィアン》(条項)として措定されているのだ。このような言説によってつくられるイメージは、これまで「肉」とよばれてきた未知の「現実」の何たるかを教え、その形を定める《アンフォルメ》にちがいない。フィクションから、それに身をささげその身体となる未知のものへの移行がおこなわれるわけだが、この移行を媒介し実行にうつすのが数々の器具であって、こうした器具類は、順応さすべき《コンフォルメ》〔成型すべき〕身体の側からの予期せぬ抵抗に出会うたびにしだいに多様化し数をふやしてゆく。イメージと身体を統一するモデルであるこのような説《ディ》そして／あるいは身体についての知を、ひとつひとつ、肉という不透明な現実に適応させ調整をはかるためには、無数の器具装置がなければならない。抵抗する肉体のなかに道具が入りこみ介入してゆくにつれ、この肉体の複雑な組成がますますあらわになってゆくからである。というわけで道具と肉のあいだにはある相互作用がはたらいているのであり、一方ではそれは、フィクションの変化〔知の修正〕にあらわされ、他方では、身体の差異の思考しえず分節化しえない苦痛に、叫び声にあらわされている。

はじめは手工業の産物にはじまり、次いで工業製品となってゆく道具は、みずからが仕えるイメージの周囲にひろがり普及をとげてゆく。空虚な中心であり、社会的コミュニケーションの純粋なシニフィアンであり、「中身のない」イメージの周囲に——。そうしつつそれらの道具は、手ごたえのある具体的なすがたで、迷宮にも似た身体に入っていった結果得られたねじれた知識の数々を、鋭利な曲線を、穴をこじあける策略を、切り刻む曲折を表わしている。こうしてそれらの道具は、その肉の旅から持ちかえった知識のメタリックな語彙となるのである。それは、身体の苦痛をとおして勝ちとられた経験的な知識の形象文字であり、そのとき身体は、この道具の征服をほりこんだ彫刻と化し地図と化している。切断されたり膨張させられたりした肉、分解させられたり縫いあわせられたりした肉は、こうしたなべての道具類、この腐敗することなき英雄の偉業の数々を物語っている。それらの肉は、道具の果たした行為について、ある時にはその生涯を、またある時にはその華々しい興隆のほどを語る絵姿なのだ。それらは、動き過ぎゆく人間によって語られた道具の物語なのである。

けれども装置に道具的な価値があるのは、もっぱらモデルにたいしてなんらかの「自然」が外在すると想定されているからであり、知識をもたらし改革〔再成型〕をはかろうとする操作から、「素材」が区別される場合にかぎられている。このエクリチュールには、ある外部が必要なのだ。刻みこむべきテクストと、テクストを歴史のなかに具現する身体との分離がなければ、システムはもはや機能できない。ところが、この差異をもうけるのが道具なのである。道具は切れ目を入れるのであり、この切れ目がなければ、すべてが散在するエクリチュール、フィクションとシミュラークルの際限なき組み合わせとなるか、その逆に、自然の諸力やリビドーの欲動や本能の動きの連続体となってしまう。エクリチュールのオペレーターである道具は、同時にその擁護者でもある。それらは、エクリチュールの境界を画定し、調教すべき身体からエクリチュールを区別しその特権をまもっている。道具の網の目は、みずからが執行をになうテクストの法廷にたいして、存在論的な指示対象を――ないしはある「現実」を――あたえつづけ、その現実を成型する《アンフォルメ》〔尋問する〕のである。けれども、こうして設けられた防壁は徐々にひび割れていっている。道具はしだいに廃れゆき、放棄されたり追放されたりしながら、現代の秩序にあっては時代錯誤的なしろものになっている。現代では、エクリチュールと仕掛けとがひとつに合体し、遺伝子コードというプログラムの行列の偶然性にゆだねられており、ここにいたって昨日までエクリチュールに従っていた「肉体」という現実のうち、残っているものといえばおそらくただ叫び声あるのみ――苦痛かそれとも快楽の――シミュレーションの際限なき組み合わせのなかで場違いな音をたてる声あるのみではなかろうか。(13)

だが実を言えば、思考しうるものを組織化するという〔神話的〕能力を失いながらも、テクストと道具と身体の三者からなるシステムはひそかに生きつづけているのである。サイバネティックスの科学の目からみれば非合法のこのシステムは生きながらえているのだ。それは、細分化してバラバラになりながら、他の多くのシステムのうえに散在している。新たな秩序が出現したからといって認識論的な布置はけっしてくつがえることなく、薄い層をなして重なり、現在という凝灰石を形成している。いたるところに道具のシステムの遺物や溜まり場があるのであって、たとえて言えばそれは、あのナポレオン時代の名残の半俸給士官たちが、ひとつの体制と帝国の征服（conquista）の象徴となった後、その後もかわることなく王政復古時代のフランスをくぐりぬけて、網の目を形成し結束を保ってきたようなものである。道具はフォークロア的な様相をおびている。だからといってそれらが在りし日の機械装置《メタリック》帝国に解雇されてしまった半俸給士官たちであるにかわりない。こうして生きつづけている道具たちの一群は、記念碑的な遺骸という地位と、生き生きとした日常的活動という地位の二つのあいだを揺れうごいている。それらは、もはや引退させられてしまった物品（まさにそれが博物館だ）と、いまなお現役の物品（細々としたさまざまな機能をはたす操作性）とのあいだの中間階層をなしている。[14] 群蟻にも似た道具のこの苦労仕事には、浴室にはじまって最先端をゆく実験所にいたるまで、仕事場から手術室にいたるまで、活躍する幾多のテリトリーがある。過去の申し子でありながら、それらの道具は、われわれの時代のただなかに、身体の情報をもたらすガジェットとして、メスとして、おびただしく繁殖しているのである。

表象の仕掛け

そうした道具がいかにして身体にはたらきかけるか、おもに二つの操作がそれを特徴づけている。ひとつは、身体から余分な要素、病んでいる部分や美的でない部分を除去することをめざすもの、もうひとつは、欠けているものを身体につけくわえることをめざすものである。こうして道具は、はたらきかける行為に応じて分かれるわけである。切り取る、もぎ取る、抜き出す、取り除く、等々か、それとも、挟む、取り付ける、くっつける、覆う、寄せ集める、縫いあわせる、接合する、等々——ほかにもまだ、欠けたり傷んだりした器官にとって替わるもの、心臓の弁とか、補綴、大腿骨にうめこむ釘、人工虹彩、小骨の代用物、等々もある。

こうした道具は、外部から、また内部から過剰や欠損を矯正するわけだが、いったい何にてらしてそうするのだろうか。脚の無駄毛をとったり、眉を描いたり、髪を切ったり結ったりする場合とおなじように、正したり付加したりするこのような活動は、あるコードを指向している。その活動は身体をある規範のなかにとりこむのである。こうした点からすれば、衣服じたいも道具とみなすことができ、この道具のおかげで、社会的法則は、軍隊の作戦同様、自己に所属する身体《コール》〔部隊〕と成員をそなえつけ、モードの変化をとおして、それらをチェックし、規制し、鍛えることができるのである。自動車も、コルセットと同様に、身体を鋳型にはめ、ある姿勢のモデルに合致させるものである。自動車は、型を矯正し、実践を矯正するための道具なのだ。伝統をとおして取捨選択され、社会の市場で売られている食品もまた、身体を養いつつ身体を標準化している。それらの食品は、身体に、身分証明書にもひとしいあるフォームと活力を押しつけているのである。メガネやタバコ、靴、等々といったものも、それぞれに身体の「ポートレート」を修正している……。社会が生者たちをとおして自己を表現し、その生者たちを自己の表象に変えてしまうこの仕掛けの限界はいったいどこにあるのだろう。かくも多くの法の器械装置によって身体を従順に整形し、ずらしたり修正したり、つけくわえるかと思えばとりのぞいたりする規律化の装置は、[15]いったいどこまでいけば終わりがあるのだろうか。実を言えば、身体はこれらのコードに順応しないかぎり身体ではないのである。それというのも、社会という象徴秩序の道具によって書きこまれ、作り直され、鍛えられ、同化されないような身体の何が、どこに、いつ、あるというのだろう。おそらく、こうした倦むことのないエクリチュールの果てる境界に、あるいは書き落としによってそのエクリチュールにあいた穴に、ただ叫び声だけがあるのかもしれない。逃れゆく叫び、エクリチュールから逃れゆく叫び声が。最初の叫び声から最後の叫び声のどこかで、その叫びとともに別の何かが溢れだし氾濫を起こす。その何かは身体の差異であり、ある時には小-児的で育ちの悪いもの、手のつけられない幼児か、悪魔に憑かれた者、あるいはまた狂人か病人か——とにかくなにかしら「行儀」の悪いものなのだ。映画『ジャンヌ・ディエルマン』のなかのあの赤ん坊の泣き声のように、あるいは『インディア・ソング』の副領事の叫び声のように。

こうしてみれば、はじめにみた除去したり付加したりする操作は、さらに一般的なもうひとつの操作から派生したものにすぎず、この操作とは、身体にコードを語らせることである。すでにみたとおり、このような仕事は、社会的言語を（英語のリアライズという意味で）「現実化」し、その言語に実効性をあたえるのだ。身体を「組み立て《マシネ》て」その身体に秩序を綴らせるというとほうもない務め[16]。こうした身体による法の分節化を遂行するために、自由主義経済のほうが全体主義より効果的というわけではない。それはただ全体主義とは別の方法で実施するだけである。もろもろの集団にひたすら権力の鉄の徴をつけて圧殺するかわりに、自由主義経済はひとまず諸集団をアトム化したうえで、個人という単位を社会経済的、文化的な諸契約の規則（または「流儀」）に順応させてゆくような交換の細かい網の目を増やしてゆくのである。いずれの場合にしろ、なにゆえにそういうことになるのであろうか。いったいいかなる欲望や欲求がわれわれをつき動かして、われわれの身体を同一化的な法の刻銘にしてしまうのだろうか。さしあたっての回答ではあるが、この問題に答えてみれば、われわれの幼児的な「本性」〔自然〕と社会のディスクール性とがいかにして道具によって結びつけられているか、その絆の強さがまた別のありかたであきらかになるだろう。

　ディスクールの信憑性とはなによりまず信じる者をそのとおりにしたがわせるものである。信憑性は実行者をうみだす。信じさせること、それは行なわせることである。ところが、奇妙な循環によって、したがわせる——身体を書かせ組み立てさせる——力能とは、まさしく信じさせる力のことなのだ。法がすでに身体を使用し身体に適用され、身体の実践のうちに「受肉化」しているからこそ、法は信用されるのであり、法は「現実」の名において語っているのだと信じさせることができるのである。「このテクストを汝らに伝えるのは《現実》である」、そう言いながら法は信頼をうるのだ。ひとは現実と称せられたものを信じるのだが、ディスクールにこの「現実性」を付与するのは信仰であって、この信仰がディスクールに法の刻まれた身体をさずけるのである。法が信用され実施されるためには、かならず身体の「先行投資」が要り、受肉の資本が要る。つまり法はすでに刻みこまれた身体があればこそ刻みこまれるのである。法を他の人びとに信頼させるものは証人や殉教者や例証なのだ。このようにして法はその臣下に尊重される。「昔の人びとはそうしていた」、「ほかの人びとはそのとおり信じて行なっていた」、「汝みずから、汝の身体のうちに我が署名を宿している」。

言いかえれば、規範的ディスクールは、すでにそれが物語となり、現実的なものと結ばれ現実的なものの名において語るテクストとなったとき、すなわち、身体によって物語られ、人物列伝とともに史実化された掟になったときにはじめて「うけいれられる」のである。規範的ディスクールがみずからを信じさせながらさらに物語をうみだしてゆくためには、そのディスクールがすでに物語になっていることが前提になっている。そうしてまさしく道具は、身体を掟に順応させつつ掟の受肉化を助け、かくて掟は現実そのものによって語られるのだという信用をあたえるのであり、このことをとおしてディスクールの物語への移行を保証する。通過儀礼から拷問にいたるまで、あらゆる社会的正統は、器具を使ってみずからに説話《イストワール》という形態をあたえるのであり、身体によって分節化されるディスクールと結びつきつつ信憑性をうみだしてゆくのである。

　この力学にもうひとつの力学が重なりそれを補強している。それは、生者をしてみずから記号になろうと駆りたてる力学、自己をひとつの意味ある単位と化し、アイデンティティをディスクールのうちに見いだそうとかりたてる力学である。不透明でバラバラなこの肉体、身を寄せる場とてなく混濁したこの生命を脱して、ついにことば《モ》の透明性へと至り、言語の一断片となり、唯一の名と化し、他者によって読まれ引用される名と化すこと。この情熱が、器具で武装しておのれの肉と闘う苦行者にとりつき、あるいはまたヘーゲルの言ったように、言語を相手に「命がけで《ア・コール・ペルデュ》」苦闘する哲学者にとりついている。だが苦行者や哲学者でなくても、ついにはひとつの名を持ちたい、名でありたいと飢え、名ざされる者となり、ひとつの説《ディ》と化したいと乞い願う者、命をかけてそうしたいと願う者すべてがこの情熱を証している。こうした身体のテクスト化が法の受肉化に応えるのだ。それは受肉化をささえ、その礎《いしずえ》になっているかにさえ思われ、とにかくそれに奉仕している。というのも法はそれを利用しているからだ。「われに汝の身体をあたえよ、さすれば汝に意味をさずけよう。汝をわがディスクールの名としことば《モ》としよう。」これら二つはたがいに支えあっているのであり、おそらく法は、もしそれが肉を栄光の身体とひきかえたいという暗い欲望、たとえ命をすててでもいいから、書かれ、認められたことばとなりたいという欲望に支えられているのでなければ、いかなる権力ももたないことだろう。ここでもまた、記号になりたいという情熱に対抗するのはただひとつ叫び声あるのみだ。名づけの掟から逃れる身体の逸脱か恍惚、反逆か遁走の叫びがあるのみ。

おそらく悦楽や苦痛の叫び声でない経験はことごとく制度に回収されてしまうのにちがいない。この恍惚によって反れたり挫かれたりすることのない経験はすべて「検閲官への愛」(17)にからめとられ、法のディスクールにおびき寄せられて利用されているのである。そうした経験は誘導され、道具化されている。それは社会的システムによって書かれているのだ。だとすれば、叫び声のほうに、エクリチュールの道具的秩序によって「書き直されて」いないものを探し求めるべきであろう。

「独身機械」

ロビンソン・クルーソーの勤勉な島は十八世紀の天空にそそり立ち、書くという新しい実践の創始を告げしらせていたが、創始期のそのエクリチュールのすがたと、この実践が一般化してしまった後のすがた、たとえば一九一〇年から一九一四年にかけて、アルフレッド・ジャリ(『超男性』一九〇二年、『フォーストロール博士言行録』一九一一年)やレーモン・ルーセル(『アフリカの印象』一九一〇年、『ロクス・ソルス』一九一四年)、マルセル・デュシャン(大ガラス『彼女の独身者たちによって裸にされた花嫁(18)、さえも』一九一五―一九二三年)、フランツ・カフカ(『流刑地にて』一九一四年)等々といった作品にたちあらわれる幻想的な機械に描かれている姿と比較してみることができる。そこにあるのは、エクリチュールという操作のなかに閉じこめられてしまった監禁の神話である。そのエクリチュールは、際限なく書きつづけてゆき、どこまでいっても自分以外のものに出会うことがない。出口はフィクションにしかなく、ただ描かれた窓、ガラス－鏡があるだけである。この世界には、書かれた穴か裂け目のほかは何もない。それらは、裸形と拷問のコメディであり、意味の壊滅の「自動」物語、バラバラに分解した顔の狂騒劇である。これらの作品が幻想的なものをはらんでいるのは、それらが言語《ランガージュ》のはてる境界に怪しげな現実を出現させるからでなく、ひたすらシミュラークルの生産装置があるばかりでそれ以外のものが不在だからである。これらのフィクションが小説なりイメージなりで語っているのは、エクリチュールには入り口も出口もなく、ただ自己製作というはてしない戯れしかないということだ。この神話は事件の非《ノン》－場所《リュ》を、あるいは起こらない《ナ・パ・リュ》事件を語っている——およそ事件というものがなにかの入り口であり出口であるとするならば。言語の生産機械はストーリーをきれいに拭いとられ、現実の猥雑さを奪いとられ、絶－対的で、自分以外の「独身者」とかかわりをもたない。

フロイトの言葉をかりれば、それは「理論的フィクション」であり、フロイトはすでに一九〇〇年に、夢を製作する一種の独身機械をしめしていた——昼間は前に進み、夜になると退行する機械を[19]。こうしたフィクションは、土地も身体もない言語《ラング》のなかで、宿命的な追放から不可能な脱出まで、ありとあらゆるレパートリーをくりひろげてゆく。孤独な機械は死の《エロス》を作動させるが、この喪の儀式（それ以外のものはないのだから）は、不在の男（女）の墓でくりひろげられるコメディである。絵画や言語の操作領域に死者が出ようはずはないのだ。身体をバラバラにしたり埋葬したりする「拷問」は、ひたすらフィクションにとどまっている。傷つけ、苦しめ、死に追いやりながら、その拷問はページのなかだけでおこなわれているのだ。独身はエクリチュール的なのである。ドライアー夫人の別荘の書斎にかけられたデュシャンの『裸にされた花嫁』[20]、あの絵画－ガラス－鏡に描かれた人物たち、シリンダーや水車や磨砕器やモーターに変えられて「ガラス」のうえに一緒に並べられたその人物たちが見せているすがたは、後ろに置かれたオブジェとまじりあい（ガラスは窓である）、前にあるオブジェとまじりあっている（ガラスは鏡である）。かれらのそのすがたは、絵画のテーマの散種を描きだしているだけでなく、透明ガラスによってうまれるコミュニケーションの幻覚《ルアー》を造形化している。言語の悲喜劇。視覚効果によってまじりあいながら、それらの要素には首尾一貫したまとまりもなければ、たがいに結ばれあうこともない。眺める者の視線がたまたまそれらを結びつけても、それらはつながろうとはしない。メカニックに組織化された剝離によって「裸にされた」花嫁は、どんな現実とも意味ともけっして結婚しないのである。

生産装置を作動させることができるのは、たしかにエロティックなもの、不在の他者を求める欲望だけである。けれどもこの欲望はけっしてそこにないはずのものにむけられており、その不在の何かが見る者の視線につきまとうのだ。見る者は、ガラス－鏡によってさしだされ／こばまれているもののなかで揺れ動いている自分の《分身》にとらえられてしまう。眺める者はそこに、つかもうとしてもつかめないイメージに分解してしまった自分を見いだすのである。マルセル・デュシャンのガラスに描かれた絵図は、見る者による、そして見る者のための裸体のだまし絵であり、見る者はひたすら独身でしかないであろう。そのヴィジョンは不在のコミュニケーションを指し示し、そしてはぐらかすのである。ほかの独身機械もおなじような働きをしていて、性をメカニックなイメージと化し、性的なものを視覚の幻想と化している。たとえばアルフレッド・ジャリの『昼と夜』のなかでは、ネレイスの閉じこめられた島をとり囲むガラスの壁に、ある銘が刻まれている。海の精ネレイスは、軍隊風の情景の真ん中で、ガラスに守られているのだ。そこに刻まれた銘は、「ガラスごしに自分の《分身》を情熱的に抱きしめる男」であり、「ガラスはその一点で生きた存在となり、性器となって、壁ごしに、人間とイメージが愛しあう」[21]。この「淫らなガラスの島」の機械装置は、ガラスに触れるやたちまちそのガラスを人工性器に変えるのである。おなじように、『超男性』のあの「一万マイル」レースにおいても、自転車で汽車と競争する男たちと、客車にこもった女とを、ガラスがへだてている。

これらの悲喜劇、神話の断片は、言語が約束でもあれば幻影《ファンタスム》でもあるコミュニケーションの不可能性をみつめているのだ。ここでもまた、ひとつの詩学が理論の先駆けとなっている。以来、理論的反省化はこの方向をたどってきた。事実、ラカンの言うかの定冠詞つきの「言語《ララング》」は、話すという行為《パルレ》を両性の結合の不可能性にむすびつけるものであり（「性的関係なるものは存在しない」）、およそ言語活動の可能性そのものを、それによってうまれるとされるコミュニケーションの不可能性にむすびつけるものである。さらに言語学者が次のようにつけくわえている、「哲学者の言語活動が相互認識の不可能性の場であるのとおなじように、言語《ララング》は性的関係の不可能性の場である」、と。[22] 欲望しあう者どうしのあいだには、もはやコミュニケーションにとってかわった言語を愛することしか残されていない。そしてまさに機械はこうした言語モデルを呈示しているのである。この機械は、たがいに差のある部品を組み立ててつくられており（あらゆる発話がそうであるように）、そのメカニズムの作用によって独身者のナルシシズムのロジックをくりひろげてゆくのだ。「大切なのは、ことば《モ》の意味を根だやしにしてしまうこと、ことばと戯れ、ことばを強姦して、そのもっともひそやかな属性を犯し、あげくに語と、ふだんわれわれが知っているその表現内容とのあいだに全面的な離婚を言いわたすことだ。[23]」こうなれば、重要なのはもはや語られること（内容）でもなければ、語ること（行為）でもなく、転換することであり、思いもよらぬ装置を発明してこうした転換を多様化してゆくことである。[24]

かくして、「現実」がテクストのなかにやってきて、そこで加工され輸出されるかにみえた時代は終わりを告げたのだ。エクリチュールがものの暴力と愛を交わし、それらをひとつの理性の秩序のなかに住まわせていたかに思えた時代は終わってしまった。真実主義《ヴェリスム》はただ見せかけだけのもの、真実らしさの見世物だった。ゾラの後にやってくるのは、ジャリ、ルーセル、デュシャン、等々、すなわち不可能な他者を語り、みずからのメカニズムに身をゆだね孤独な勃起に身をゆだねるエクリチュールを語る「理論的フィクション」である。テクストはみずからの死を身ぶりでなぞりつつ、その死を嘲笑する。甘美な屍にすぎぬこのエクリチュールにはもはやなんの敬意がはらわれるわけでもない。それは、現実なるものの笑うべき臨終の秘跡、過去の公準にむけられた哄笑の空間にすぎない。そこでくりひろげられるのは、アイロニカルな、そして手のこんだ喪の作業なのだ。

デフォーにおいて勝ち誇っていたエクリチュールは、肝心な部品が故障をきたしてしまった。白いページはもはやガラスにすぎず、そのガラスに描かれた表象は、みずからが締めだしたものを恋しがっている。書かれたテクストは、自分のなかに閉じこめられて、自分に権威をさずけてくれた指示対象を失ってしまった。拡張主義的功利性は、独身のドン・ジュアン、あるいは「やもめ男」の「不毛な無償性」に変わりはててしまっている。独身者という象徴以外に子孫も持たず、女も自然もない男に。ここでエクリチュールとは「書かれた島」であり、『ロクス・ソルス』であり、「流刑地」なのだ――それは、倦まずたゆまず仕事にはげむ夢、それにむかって、あるいはそれについて「語っている」と信じている不可能なものにとり憑かれて、はてしなく自己をつむいでゆく夢なのである。

独身機械がその嘲笑をとおして冒瀆的なものになるのは、このようにしてエクリチュールという近代の神話の裸形のすがたをさらすからである。それは、事物の現実をテクストに結びつけ、それを改革《レフォルメ》〔再成型〕しようとめざす西欧の野心を攻撃する。それは、四世紀にわたるブルジョワ的エクリチュールによって文字と数字の権力に変えられてしまった聖書の聖なる秘密であった、存在の〈内容の、意味の〉それらしい外見を剝-奪するのである。科学的確信が揺らぎ、学校教育は「うんざり」するしろものになり、行政のディスクールはしだいにメタファーと化していっているいま、この反-神話はすでに多くの確証をえているが、もしかしてそれは、われわれの時代のさらに先をすすんでいるのかもしれない。もしかしてこの反-神話は、急速なテクノクラシー化の「かたわらに」、ただそっと置かれているだけかもしれない。なにかを指し示すパラ-ドクス、白い小石のように。

第11章　声の引用

Vox...
Nympha fugaux
（声、……逃れゆくニンフ）
（G・コサール『祈禱と朗唱』一六七五年[1]）

すでにロビンソン・クルーソーがみずからしめしていた。かれのエクリチュールの帝国にひびが入ってくるありさまを。事実、かれの企図はしばらくのあいだ中断したまま、姿の見えぬ何者かに悩まされ、つきまとわれてしまう。島の波打ちぎわに何かがもどってきたのだ。それは、「砂浜のうえについた、男の裸足の跡（the print）」である。境界画定はもろいものだ。だれか見知らぬ者《エトランジェ》がやってきただけで、はや境界線はゆらいでしまう。ページの余白で、姿の見えない亡霊（an apparition）が、資本主義的で方法論的な労働の築きあげた秩序をおびやかす。おかげでロビンソンは、「考えがみだれ」（fluttering thoughts）、「おかしな想念」（whimises）がちらついて落ちつかず、「恐怖感」（terror）におそわれる。[2] 勝ちほこるブルジョワは、「われを失った」男にかわり、何をあらわしているのでもないこの（野生の）指標ひとつで、自分も野生にかえってしまう。かれはまるで気が狂ったようになる。夢をみても、悪夢ばかりだ。ロビンソンは、偉大な時計製作者の統治している世界に住んでいるのだと安心していたのに、その安心感をうしなってしまう。もう理性もはたらかない。生産の苦行こそ意味あるものであったのに、その苦行を続けるわけにはゆかなくなったロビンソンは、くる日もくる日も悪夢のような日々をすごし、その見知らぬやつをとって食ってやりたいという欲望にとりつかれ、かと思うと、いや、自分がそいつに食われてしまうのではないかと恐怖にさいなまれる。

こうして、書かれたページのうえにしみが現れるのだ――いやしくも場所の権威者たる本のうえに子どもが落書きでもしたように。言語のなかに言い損ないがまぎれこむ。領有化されたテリトリーは、そこにない何か、(神話のように)現実には起こらない(場所をもたない)何かの痕跡によって変質をきたしてしまう。[3] やがてロビンソンはある生き物(フライデー)を見つけだし、制御する力をとりもどすが、それはかれが相手を見ることができたから、すなわち不在者が姿を現したからである。そうなるとまたかれは落ちつきをとりもどし、もとにもどる。秩序がかき乱されたのは、通り過ぎた、そして通り過ぎてゆくなにかの指標のせい、通りがかりの「無にもひとしいもの」のせいなのだ。とって食ってやりたいという衝動と、自分が食われてしまうのではないかという恐怖感のあいだをゆれ動く激情をかきたてたのは、アントワープのハーデヴィヒ〔十三世紀の修道女、神秘家〕が語っている、あの「姿なきものの現前」とでもよびうるものである。ここで他者は、ロビンソンの書いてゆくシステムの下に隠されているようなシステムを構成してはいない。もし島がパランプセストなら、覆いかぶさった秩序を剝がして隠されたシステムを暴きだし、判読し、解読することもできるだろう。たとえ秩序が上から押しつけられていても、隠されたシステムも同一タイプのものであればそのシステムを読みとれるにちがいないが、あいにくと島はそんなパランプセストではないのである。痕跡を残すもの、そして通り過ぎてゆくものは、固有のテクストをもっていない。それは、所有者のディスクールによってしかおのれを語らず、所有者の場所にしか住みかをもたない。差異のもっている言語といえば、ただ、解釈されるのを待つ妄想――ロビンソン自身の夢と「おかしな想念」――あるのみだ。

ダニエル・デフォーはただ、身体の一部（裸足）がテクストに残す無言の徴を想定しているだけであって、声そのもの、身体が言語に残す徴にほかならぬあの声を考えているわけではないが、一七一九年に書かれたこの小説はすでに、エクリチュールの領域に声として介入してくるものの非-場所（縁に食い入ってくる痕跡）と、その幻想的な様態（解釈をほどこされる狂気）を指し示している。そればかりでなく、このような形態と様態には、すでに名前まであたえられているのだ。ロビンソンは言う、それは「野生」（wild）の何かだ、と。名をあたえることは、ここでもまた、ある現実の「描写」などではない。それは、そうして名ざされるものを組織化する遂行的な行為である。名ざすとは「言い《シニ》わたす《フィ》」ことなのだ。ちょうど、だれかに暇を言いわたすのとおなじように。それは、言うことを行なうのであり、野生のものと言明することによって野生のものをつくりだす。ある者を名ざしで追放するのとおなじように、「野生」という名は、書のエコノミーがおのれの外部に置くものを同時に創造し定義するのである。そればかりか、そうして外部に置かれたものには、ただちにとっておきの述辞がふりあてられる。すなわち、野生のものとは、通り過ぎてゆくものなのだ。それは痕跡を残すけれど（しみ、言い損い、等々をとおして）、書かれはしない。ある場所に変化をあたえ（かき乱し）はしても、みずからは、どんな場所もしつらえたりしない。

　ダニエル・デフォーの創作した「理論的フィクション」は、こうして、エクリチュールの他性にあたえられる形態を描きだしている。この形態は、おなじように声にも押しつけられることだろう。というのも、やがて姿をあらわしたフライデーは、無理やり二者選択にしたがわされてしまうからだ。その後長きにわたる歴史を約束された二者選択を。すなわち、ひとつは、泣き叫ぶか（解釈が必要とされ、教育的な――あるいは心理学的な「治療」が必要とされる、「野生の」裂傷）、でなければ、自分の身体を支配的言語の担い手にしてしまうか（「主人の声」となって、秩序を遂行し、理性をその身に受肉化しながら、発話行為の代行者という資格をさずかり、もはやみずから行為するのではなく、他者の「言う《ディ》こと」〔説〕を実行にうつす、従順な身体）。けれども、声のほうもまた負けじと紛れこむことだろう。テクストのなかの痕跡となり、身体の効果あるいはメトニミーとなり、G・コサールのあの「ニンフ」のように通り過ぎてゆく引用となって――Nympha fugax、逃れゆく者、そここに出没するまぼろし、書のエコノミーのなかに宿る「異教の」あるいは「野生の」追憶、なにか別の伝統を思わせる気がかりな音《ノイズ》となり、そしてまた、際限のない解釈の生産の口-実となりながら。

こうしてオラルなものが締めだされてしまったあげく、それに押しつけられてしまった歴史的な形態をもう少しあきらかにしておかねばならない。経済的な有効性を維持し、それをみださぬようにという理由によってこのような排除をこうむってしまった声は、なによりまず引用というかたちをとってあらわれる。引用というのは、書かれたものの領域にあって、ロビンソンの島の浜辺についたあの裸足の痕跡にもひとしいものだ。エクリチュールの文化のなかで、引用は、解釈をうみだすはたらきと（引用はテクストを生産させる）、変質をもたらすはたらきと（引用はテクストを動-揺させる）、その二つをかねそなえている。それは、この二極のあいだをゆれうごき、二極のそれぞれが、引用のとる二つの極限形態を特徴づけている。すなわち、一方にあるのは、口-実《プレテクスト》としての引用であり、こちらの引用は、権威をそなえた口承の伝統のなかから選別した遺物にもとづいて（注釈や分析とみなされる）テクストを製造するのに奉仕している。もう一方は、追憶としての引用であって、言語のなかにこの引用の跡が描かれてゆくのは、われわれの世界を構造化していながら書かれたものによって抑圧されているもろもろのオラルな関係が、断片的に（まるで声の破片のように）、しかし遠慮なく立ち返ってくるからである。この二つが極限的なケースであって、これ以外ではもはや声は問題にならないように思われる。前者の場合、引用はディスクールが増殖してゆくための手段となり、後者の場合、引用はディスクールを逃れながら、ディスクールをバラバラに切断してゆく。

　引用のかたちのこの二つのヴァリアントだけをとりあげることにして、わたしは、ひとつを、（十八世紀によくあてがわれた名からとって）「寓話の科学」とよび、もうひとつを、「声の回帰《ルトゥール》と遍歴《トゥール》」とよびたい（というのも、こうした声の回帰は、春に帰ってくるツバメにも似て、レトリックの言いまわしや転義さながら、微妙な様態と手続きをそなえ、空いた場所をこっそり拝借しながら遍歴してゆくからだ。マルグリット・デュラスの言う「声たちの映画」そのままに、巡りきてはまた立ち去ってゆくはかない声――「つかの間おとずれては、もう消え去ってゆく」声たち）。この二つのかたちを素描してみれば、いまなお声に残された話すべの枠組みのいくつかがあきらかになり、オラル的実践の予備的考察ともなるだろう。

発話行為の放逐

　ひとつの一般的問題が声のこの二つのかたちを規定し、二つのあいだに横たわっているので、あらかじめその問題を想起しておかねばならない。わたしは言語学的な角度からそれにアプローチしてみたいとおもう。こうした見かたからすれば、ロビンソンは、発話行為、すなわち「話す行為《アクト・ド・パルレ》」あるいは《スピーチ・アクト》という問題が歴史的に放逐されていったプロセスにかかわっており、その一端をになっている。話し手とそのアイデンティティという問題は、話し話されていると想定されていた世界が崩壊してゆくとともに深刻な問題になっていった。あらゆる個別的な発話行為の礎《いしずえ》を築く神なる《話者》がもはやいないとき、いったい話すのはだれなのか。表面上、この問題は、主体がどれほどエクリチュールを生産するかに応じて主体に座を保証し座を提供するシステムによってうまく調整されていた。[4] 孤立した諸個人の競合的活動が結果的に一般的合理性に一致するとみなされていた自由主義経済において、書くという勤労は、生産物とその作者を同時に生誕させたのである。そうなれば、エクリチュールというこの勤勉な仕事場にもはや声など要りはしない。こうして、古典主義時代のあいだ第一の務めとされたのは、自然から解放されて自然を転換すべき任務を負うた科学的、技術的「言語」を形成することであり（自分の企てをはじめるにあたって、なにはさておきまず日記をあるいは「家計日誌《リーヴル・ド・レゾン》」をつけはじめるロビンソンの身ぶりに象徴されている身ぶり）、これら「エクリチュール」のシステムは、こぞっておかかえの「ブルジョワ的」生産者たちに全幅の信頼をよせ、かれらブルジョワたちは、エクリチュールというこの自動器具のおかげで世界の身体に征服の跡を刻んでゆくものと信頼されていた。

　こうして新たな王者がうまれてゆく。個人という主体、姿をとらえることのできない主人がうまれてくるのである。開明的文化に生きる人間に、みずから神となる特権が譲り渡されてゆくのだ。かつてみずからの作品から「きりはなされて」遠くにあり、創造によってあきらかにされていたあの神に、いまや人間がとってかわることになったのだ。といってもこうして神の後を襲ったブルジョワたちは、ユダヤ-キリスト教的な神にそなわるもろもろの属性のすべてをうけついだわけではない。というのも、新たな神は書くけれども、話しはしないからである。この神は作者であって、対話をとおしてそのからだに触れることはできないのだ。というわけで、いったいだれがことばを発するのかという問題は、今日コミュニケーションの問題としてふたたび浮かびあがってくるまで、ア・プリオリに解決されてしまう。「進歩」という旗印のもと、次から次へと大量に作成されていった客観的な支払命令書の数々も、客観的な文書だが、その推進者たちの自叙伝とみなすことができる。かれらは、自分たちの企てを実現しつつ自分たちを物語っているのだ。できあがっていく歴史《イストワール》は、かれらを主人公にした物語《イストワール》なのである。というのもそこには二重の断絶が起こっているのであり、一方で、権力と知の主体であるもろもろの操作はそれだけきりはなされて自立化し、他方で、自然はもっぱらその操作の土台となりながら背後にしりぞき、汲めどもつきせぬその土台から操作の生産物が抜きだされ、ひきはがされてゆくのである。新たな創造者たちはたがいに孤立したまま責を問われることもなく、自然は生命なきものとしてかれらの遠征にただ身をゆだねている。この二つの歴史的公準が、（話さぬ）主人と（もはや話さぬ）宇宙とのあいだのオラルなコミュニケーションを断ち切ってしまったのであり、おかげで、三世紀にわたり、この二つを媒介する労働がとほうもない肥大化をとげ、この労働が人間-神の製作者となり、宇宙の転換者となって、新たな歴史の中心的な、そしてもの言わぬ戦略になったのである。

けれども、こうして労働により原則として排除されてしまったはずの問題は、ふたたび立ち返ってくる。いったい、だれが、だれに話すのか？　といっても、この問題が再浮上してくるのは、生産の手段ともなり結果ともなってしまったこのエクリチュールの外部でしかない。それは、エクリチュールの企てが拡張をとげて到達した境界線の向こう側からやってきて、エクリチュールのかたわらによみがえるのである。別の「なにか」がなおも話していて、そのなにかは、非-労働のさまざまなかたち——野生のもの、狂人、子ども、そして女——といったかたちをとりながら、主人のまえに姿をあらわすのだ。その後それらは、書かれたもの《エクリ》から排除されてしまった《民衆》の声や叫びという形態をとってあらわれることもあるが、さらに後になると無意識というかたちをとって姿をあらわす。無意識というこの言語《ラング》は、ブルジョワや「知識人」たちのなかでそれと気づかれなくてもきっと「話されて」いるにちがいないのだ。こうして、話されることば《パロール》はたえることなく生まれ、生きつづけているのだけれど、そうやって生きてゆくには、社会文化的なエコノミーの支配をたえず「逃れ」、理性の組織化を、学校教育の影響力を、エリートの権力を、そして明晰な意識のコントロールを逃れつづけなければならないのである。

こうして外に生きている発話行為がなにかのかたちであらわれるたびに、手をうつべく、科学が動員され、社会がのりだしてくる。文明は植民地化をはかり、精神医学、教育学が発達し、民衆の教化が説かれ、精神分析が登場する、等々といったありさまだ——これらの解放区にエクリチュールを復興しようというわけである。けれども、ここでたいせつなのはむしろ、こうした再制覇の試みすべての出発点（そして消失点）となっている事実、すなわち、語る（話す）ことと行なう（書く）ことのあいだにはずれがあるという事実である。ひとは、書くという企ての外部にある場から話しかけるのだ。人びとが話し交わす営みは、発話システムがつくられてゆく場の外で生起している。そうした営みは、いったいどこからやってきているのか、もういまではわからなくなっており、権力を分節化している他方のエクリチュールはどうかといえば、いったいそれがなにごとかを話しうるのかどうか、ますますわからなくなっていっているのが現状である。

このような二分法のいちばんの犠牲になったのが、おそらく修辞学であろう。修辞学はパロールをして他者の意志を動かす手だてとし、人びとのあいだに同意や契約をうちたて、さまざまな社会的実践を結びあわせたり修正したりしていたのであり、つまりは歴史（物語）をつくりあげていたのである。その後修辞学はしだいに科学の領域から放逐されていった。したがって、この修辞学が伝説の幸《さきわ》う場にふたたび姿をあらわすのは偶然ではないし、フロイトがこれを夢という遠く離れた非生産的な地に再興し、その夢の地に無意識の「話《パルレ》」がたちもどってくるのも偶然ではないのである。パロールと発話システムとのこのような分割は、十八世紀、しだいに大きくなってゆく技術（または科学）とオペラ[5]との対立にすでに明瞭にあらわれており、あるいはまた、子音（書かれた理性）と母音（息吹、身体の特殊効果[6]）との言語学的区別にいっそう特徴的にあらわれていたが、ソシュールが「ラング」と「パロール」の分割を確立するにおよんで最終的に科学的な地位と正当性を得たといえるだろう。『一般言語学講義』の「基本テーゼ」（イェルムスレウ）は、このようにして「社会的なもの」と「個人的なもの」を、そして「本質的なもの」と「副次的で多かれ少なかれ偶然的なもの[7]」とをきりはなしたのである。このテーゼはまた、「ラングはもっぱらパロールを統御するためにある」ということをも前提にしている[8]。このテーゼ（それじたいソシュールの第一原理すなわち記号の恣意性に依拠するものだが）をさらに敷衍して、共時的なものと偶発的出来事とを対立させる派生命題がしめしているのは、ソシュールが科学にまで高めて一般化したひとつの伝統があるということであり、この伝統が、二世紀にわたり、発話（記述しうる対象）と発話行為（語るという行為）の分断をエクリチュールのはたすべき任務の公準としてきたのである。が実を言えば、パロールの

「創造性」と「ラングのシステム」を対立させるもうひとつのイデオロギーの伝統が存在していて、この伝統もまたソシュールにあらわれているのだが、それについてはここでは割愛したい[9]。

こうして発話行為は放逐され、隅に追いやられた——あるいは残りとみなされてしまった——のだが、だからといってこの発話行為は、発話システムからきりはなせるものではない。この二つのものが再‐結合する社会歴史的な形態を二つだけとりあげてみれば、一方にあるのは、エクリチュールの果たそうとする仕事である。すなわち、みずから「声」であることはできないが、といって声なしには存在しえないエクリチュールはその声を制御しようとするのである。そして他方にあるのは、声の描く読めない曲線だ。その声の曲線は、発話に縞模様を描いてゆき、「あらぬ空想」となって、見知らぬ者のように言語の家を横切ってゆく。

寓話の科学

まずはじめに寓話の科学をとりあげてみると、学者やエリートたちがどのようにパロールを——未開のパロール、宗教的なパロール、狂人の、子どもの、民衆のパロールを——解釈してきたか、ありとあらゆる解釈学にふれることになる。こうした解釈学は、ここ二世紀のあいだに、民族学、「宗教学」、精神医学、教育学、さらには公認言語のなかに「民衆の声」を導入しようとめざす政治的、歴史誌学的なもろもろの手続きをとおして形成されてきたものである。十八世紀に着手された、昔の「寓話」や異国の「寓話」の「注解」にはじまって、『サンチェスの子どもたち』に「ことば《パロール》をあたえ」、その後の多くの「伝記」研究の出発点となったオスカー・ルイスの先駆的業績にいたるまで[10]、こうした解釈学は広大な領域にわたっている。これらさまざまな「異型学」（あるいは他者の科学）は、いずれも声を書きしるすという共通の特徴をそなえている。遠いかなたで聞こえる声は、テクストのなかに場を見いださなければならないのだ。たとえば未開の声《オラリテ》は民族学のディスクールのなかに書きうつされなければならないし、（『百科全書』が言うように）「神話学」や宗教的な「寓話」にうかがわれる「霊感」は、学識に書きうつされなければならない。あるいはまた「民衆の《声》」はミシュレの歴史学に書きうつされるべきなのだ。聞こえるもの、ただし遠くでしか聞こえないものは、自己の生産物を読みたいという西欧の欲望に忠実に、テクストに転換させられることになる。

異型学の操作は二つの条件のうちになりたっているといえるだろう。すなわち、「寓話」として規定できるある対象と、ある装具、つまり翻訳である。他者（未開、宗教、狂気、子ども、民衆）の立場を「寓話」として定義するということは、たんにそれらを「話すもの」（fari）として規定するだけではなく、みずからが語っていることを「知らない」パロールと規定することである。たしかに啓蒙の分析も学問的な分析も、いいかげんなものでないかぎり、未開人の神話とか信者の教義とか、子どもの片言、夢のことば《モ》、民衆のあいだで格言として言いならわされていることばなどがなにか大事なことを教えていると考えているのだが、同時にまた、これらのパロールは自分たちの語っている大事なことがわかっていないと考えているのだ。それゆえ「寓話」は充溢したパロールにはちがいないのだが、それが「暗黙のうちに」語っていることが「明示」されるには学問的な注解が必要とされるパロールなのである。このような策略をとおして研究は、対象設定そのものにおいて、あらかじめ自己にひとつの必然性と地位をさずけるのである。それは、寓話の言《ディール》を蝕んでいる非‐知のなかに、いつでも解釈をさしはさめるものと確信しているのだ。こうしたずるいやりかたで、見知らぬ声が渡ってくるはるかな距離は、声のうちに隠された（無意識の）真理と、その間違ったあらわれかたという差異の隔たりにすりかえられてしまう。こうしてエクリチュールという労働は「寓話」なる歴史的生産物をうみだし、この寓話という構造のおかげをもって、自己の支配を権利として確立するのである。

　この支配を権利から事実に移行させる装具が存在している。すなわちそれが、翻訳である。まさにこの翻訳こそ時代とともに完成されていった仕掛けにほかならない。この仕掛けのおかげである言語《ラング》を別の言語に移しかえることができ、外在性を内在性へと転換して外在性を排除し、さまざまな声からとどいてくる不作法な「ノイズ」、無‐分別な「ノイズ」を「メッセージ」（生産され、「理解され」、書かれたメッセージ）に転換することができるのだ。こうした翻訳という発想は、これもまたイェルムスレウにみることができるものだが、あらゆる言語（図像、身ぶり、音声などの）が「日常的な自然言語」にうつしかえられるという「通訳可能性」を前提にしている。この公準から出発すれば、分析によって、ありとあらゆる表現は、一特殊領域で形成されたものであるにもかかわらず「非特殊的で」「普遍的な性格」をもつものと想定された形態へと還元することができることになる。(11)ということになれば、一連の操作が正当化されるわけだ。すなわち、オラルを書《エ》かれた《ク》もの《リ》に変える転写、寓話を言語システムとしてとらえるモデルの構築、このモデルにてらして、テクストに変えられたものにはたらきかけ、その結果できあがる意味の生産、等々、である。このようにして「寓話」として提供された資材を、書かれ読みうる文化的生産物に転換させる工場労働のステップをいちいち考察してゆくわけにはいかない。わたしはただ、転写という広く普及していて自明のものとみなされている実践のもつ重大性を強調しておきたいと思う。それというのも、まずはじめにオラルなものを書かれたものにおきかえる（たとえば民間伝承の転写のように）ことによって、この転写なるものは、その次には、こうして書かれた資料にもとづく分析の結果できた書かれた産物までも口承文学にかかわりのあるものであるかのごとくに信じこませるからである。

　エクリチュールの操作にはじめから成功を保証してやっているこうした策略は、しかしながら、ある奇妙な事実を可能性の条件にしている。いわゆる精密科学は、研究領域の自律性によっておのずと発展してゆくが、こうした精密科学とはちがって、「異型学的な」諸科学が生産物をうみだしてゆけるのは、自己の領野を他者が通過していってくれるおかげである。これらの諸科学は、「性的《セクシュアル》な」プロセスをふみながら前進してゆくのだ。つまりそれらは、みずからが前進してゆくための不可避的な迂回として、他者の来訪を待たざるをえないのである。いまここまで問題にしているパースペクティヴにあわせて言いかえれば、オラルなものはどこまでいっても外在性にとどまり、それなくしてエクリチュールははたらきえないということだ。つまり、声が書かせるのである。ミシュレの歴史学と「民衆の声」との結ばれかたはそのようなものであり、ミシュレはどうしてもその声に「語らせることはできなかった」と述懐している——あるいはフロイトの精神分析のエクリチュールが患者のドラの悦楽と結んでいた関係も同様であって、ドラの感じていた悦楽は、治療のため彼女と話をかわしていたあいだ、たえずフロイトから「逃れて」いっていたのである。

　民族学から教育学にいたるまで、エクリチュールに成功が保証された事実の根底には、あきらかに、ある本源的な挫折と欠如が横たわっている。あたかもそれは、ディスクールがひとつの〔声の〕消失をみずからの可能性の条件とし、その消失の結果として、またその消失の神秘化として構築されているかのようであり、あらゆるエクリチュールの征服の意味するものが、結局のところ、不在の声にとって代わる生産物を増殖させることであり、それでいてけっしてその声をとらえることもできなければ、その声をテクストの場のなかに連れてくることもできず、それを異者として抹殺することもできずにいることであるかのようだ。言いかえれば、近代のエクリチュールは、現前の場に存在しえないのである。すでにみたように、書く《スクリプチュレール》という実践は、まさしく現前とシステムとのあいだのずれからうまれてきたものであった。この実践は、かつて話すものであったあの《エクリチュール》〔聖書〕がもたらしていた統一が崩壊し、そこに空いた裂け目から出発して形成されていったのである。それは、自己の自己にたいする非-同一性を条件にしている。

　あらゆる「異型学的」文献は、したがって、この裂け目のうみだす結果として考えなければならない。これらの文献は、みずからがオラルなものをどのように変えたかを物語り（それらはオラルなものを変質させる）、同時にまた、みずからが声により声をとおしてどのように変質させられ、変質させられつづけているかということを物語っている。こうしてテクストは声を語るのだ。そののりこえがたい差異ゆえに不可避的にエクリチュールをうみだし、そのエクリチュールのなかで変質させられてしまった声を。かくしてこのような文献とともに、（エクリチュールの法廷に）「召喚《シテ》」〔引用〕され、そこで変質させられる声というものがはじめて姿をあらわすのである——ほかでもない自分のおかげで書《スクリプチ》によ《ユレール》る製造が可能となった当のもの（「寓話」なるもの）のなかでかき消され、失われてゆく声がはじめて姿をあらわすのだ。けれども、異型学的エクリチュールのこうした「性的な」作動のしかた、たえざる挫折を定められたそのありかたは、声をエロティックなものにする。エクリチュールを生産させるのは、この「相手」の近づきがたさなのである。

身体の音

このようなかたちとはちがった、声のもうひとつの近代的なすがた《フィギュール》がある。それが、「身体の声」である。こうした声のすがたを見せてくれる舞台のひとつにたとえばオペラがあるが、このオペラは、十八世紀、エクリチュール・モデルが技術と社会的実践を編成してゆくのと軌を一にしてしだいにできあがっていったものであった。声の空間であるオペラは、発話行為をして語らせるのであり、その発話行為は、極みの瞬間に発話から身をひきはなし、統辞論をかき乱して妨害し、聴く者たちのなかで、これまた言語をもたぬ聴衆の身体という場所に傷をあたえたり、悦びをあたえたりする。たとえばヴェルディの『マクベス』のなかの、マクベス夫人の狂気のアリアのフィナーレがそうだ。はじめのうちオーケストラに運ばれていた声は、進みでて、やがてオーケストラがやむと独りになり、それからしばしメロディの曲線をなおもたどった後、ふらふらと揺らめきながら、しだいに軌道をはずれてゆき、道を迷ってさまよい、そうして最後には沈黙のなかに消えてゆく。それは、他の声のなかにわけ入ってディスクールに穴をうがち、そのディスクールをあらぬ方向にそらせ、そこに錯乱をもちきたらす声だ。

近代の舞台のうえでオラルの描く軌道は身体に負けず劣らず独自であり、つねに一般的である意味にたいして身体とおなじくらい不透明である。だからこそこの声は、マルグリット・デュラスが「声たちの映画」でしめしたようなやりかたでしか「呼び起こす」(いにしえの「霊」や声のように)ことができないのだ。「女たちの声……その声たちは、暗い闇の空間から、はるかな上空からやってくる。虚空にかかり、あらゆるものを下にみおろすバルコニーのうえからとどいてくるかのように。その声たちは欲望で結ばれあっている。たがいに求めあっている……。声たちはわれわれがいることを知らない。自分たちが聞かれていることも知らない」。デュラスはまた、『破壊しに、と彼女は言う』にふれながら語っている、「エクリチュールは終わった」、と。[12]

この声たちをもういちど聞くこと、そうして声を聞く空間を創造すること。ジル・ドゥルーズの『アンチ・オイディプス』からリオタールの『リビドー経済』まで、哲学さえもが懸命にそれを追い求めている。ここに起こっているのはひとつの転回であり、この転回をとおして精神分析は、「夢の科学」から、聞く者の身体の仄暗い洞窟のなかに話し声がもちきたらす変容の経験へと移行していっている。文学的テクストもまた、ひとつの意味に還元されえない音たちがざわめく両義的な厚みへと変貌を遂げている。オラルのざわめきが、つかの間のあいだ駆け巡る、ある複数の身体。それが、この敗北せるエクリチュールの変貌したすがたなのだ。それは、「声たちのための舞台」である。こうした文学は、欲動を記号に還元することを不可能にする。それらは、モーリス・オアナが『一二の混じりあった声たちの叫び』を作曲して試みたのとおなじようなものを創造しようとめざしているのだ。そうなれば、たがいに他を変質させ変質されあう声たちよりほかに、それらがなんであるのか、もはや知ることなどできはしない。

実を言えばこうした事態は、学問的エクリチュールのなかに声が回帰しているということ以外のなにものでもない。その声をとおして社会体が引用のなかで「話し」、文の断片、「語」の響き、物音をとおして話しているということなのだ。「わたしの両親はそう話していたものだった」、とエリアスは語っている、「わたしの父はそう言っていたものだった」、と。(13) 発話の破片にこびりついた声の響きの魔力。声の断片のなかに散らばったこうした異言のなかには、ふたたび音にたちかえってゆく語もある。たとえばマリー・ジャンヌは、「それが口のなかで、そして耳もとでたてる音が好きだから、あることば《モ》を使いたがるのかもしれない(14)」。逆にまた、松カサ遊びで、「松ぼっくり」が跳ねてたてるあの「音」のように、ことば《モ》にかえってゆく音もある。(15) あるいはまた、ジィビディス、ジャバダオスの語呂あわせでうたうあのはやし歌は、消え去った意味と、かえってくる記憶が響きあう音の小箱だ。

ディブドゥ、ディブディ

犬がきて
ディブドゥ、ディブダン
背中に猫のせて
ディブドゥ、ディブド
あいだにネズミがのっかって[16]

さまざまな伝説や亡霊は耳に残る音の引用をとおして日々の生活にたえずつきまとっており、それをとおして、ある身体の伝統が生きつづけている。それは聞こえてくるけれど、姿を見せないのだ。

事実それらは、日常言語のなかに散りばめられて点在する身体の追憶の数々、記号の森のなかの白い小石の数々である。それらは、究極的に愛の経験なのだ。日々の散文のなかに食い入りながら、注釈も翻訳もないままに、よび起こされ引用される断片の詩的な音は消えることなく生きつづけている。いたるところに、触れられて音を奏でる身体の音の響きが「在る」。「うめき声」や愛のかきたてる音、自分たちのまわりにテクストを増殖させながら、そのテクストを破る叫び声、発話の統辞論的編成のなかで口をついて出る言い損いが。それらは、勃起《ディール》か、名のない苦痛か、あるいは涙の言語なのだ。言語にしようにもしえない声、愛のことば、感謝のことばを口にしたいのに、他者の声がさしだしてくれる空間が尽きてしまっている時、思い出のこもった不透明な身体からこみあげてくる発話行為。叫びと涙、どこからやってくるのか（いずこか感謝の思いに満ちみちた身体の仄暗い場所からか、身体のエクリチュールからか）、他者の声もないのに、どのようにしてやってくるのか、なにもわからぬままに、不意におそってくる失語症の発話行為。それとておのれを語りうるだろう。

　脈絡のないこの声の言い損い、身体の「猥褻な」引用、なにかの言語になるのを待っているこの音たちは、ひそかに未知の秩序を志向するその「無秩序」をとおして、なにか別なものがあることを裏付けているのではなかろうか。けれども同時にこれらの音たちはやむことなく語りつづけるのだ（それらは絶えることなくつぶやきつづけてやまない）、不可能な現前を待ちわびる期待の思いを。その現前が残していった痕跡をみずからの身体に刻みつつ、ありえない現前にこがれる思いを。こうした声の引用の数々は、発話や行動というかたちでただ声の結果をしか生産できない日常の散文のなかに自分たちの徴を残していくのである。

第12章　読むこと／ある密猟

「ことばの意味をこれだと決めつけてしまうこと、それこそテロルののぞむことだ。」
（ジャン＝フランソワ・リオタール「異教の痕跡」）

かつてアルビン・トフラーは、大衆による芸術消費をとおして「新しい人種」が生誕するであろうと予告していた。こうして生まれつつある新たな人種は、メディアという牧場を渡り歩きながら貪欲に餌を食み、その際立った特徴は、自発的な「移動性」にあるだろう、と。(1)この人種はかつての遊牧生活に返っていっているのかもしれないが、今後のかれらの狩猟場は人工的なステップと森林になるだろう。

しかしながらトフラーのこの予言的な分析は、「芸術」を消費する群衆だけしか射程におさめていない。ところが、文化庁の調査（一九七四年一二月）(2)を見てみるとわかるのは、いかにエリートだけがこうした芸術の生産の恩恵によくしているか、ということである。一九六七年（国立統計経済研究所によって前回の調査がおこなわれた年）以降、文化センターの設立と発展のために投資された公共基金は、国民のあいだの文化的格差をなおさら広げた結果に終わっている。そうした基金によって表現や象徴化にかかわる活動の場は増加したものの、事実上そこから利益を得ているのはあいかわらず同一の社会階層なのである。文化は、貨幣とおなじく、「富める者のところにしか集まってゆかない」のだ。大多数の人びとはこのような芸術の園にほとんど足を運んでいない。それどころか、かれらはメディアの網の目、テレビや（一〇人のうち九人のフランス人がとらえられている）、新聞（一〇人につき八人）や、本（一〇人につき七人、そのうち、よく本を読むのは二人で、一九七八年秋の調査によれば、以前より読書をするようになったのは五人である）、等々といったメディアの網の目にとらわれておびき寄せられている。(3)ということは、遊牧生活どころか「制圧化」と囲いこみにむかっているということであろう。こうした拡張主義的なメディアの碁盤目によって編成されている消費は、メディアというこの空間の制圧者がますます活発に動いてゆくにつれ、自分のほうはだんだん動きがとれなくなり、いいように「操縦される」、羊のように盲従的な活動になっているのではないだろうか。じっと動かぬ消費者と、動き流通するメディア。人びとに残されているものといえば、ただ、システムがひとりひとりにあてがうシミュラークルの餌を食むことだけであろう。

わたしが異議をとなえたいのは、まさしくこのような考えかたなのである。このような消費者像はうけいれがたいものである。

書物による「教化」というイデオロギー

一般に、公然とかかげられる「大衆」像はこのようなものではない。人びとを教化《アンフォルメ》しようと意図する「生産者たち」、すなわち人びとの社会的実践を「型《フォルム》」にはめよう」とめざす生産者たちも、このような大衆像をいだいているわけではない。メディアの低俗化／低俗性を嘆くさまざまな意見そのものも、たいていは同種の教育的意図に発している。人びとの精神を啓発し魂を高揚させるためには自分たちの文化モデルが必要なのだと信じきって、三流新聞やテレビの「レベルの低さ」に心を痛めているエリートたちは、大衆が、押しつけられる生産物によって成型されるのだと思いこんでいるのだ。まさにそれこそ「消費する」という行為を取り違えることである。「吸収する」ということはかならず摂りいれたものと「似たものになる」ことだとみなされており、それを現在ある自分と「似たものにする」こと、それを自分のものとし、わがものとする、またはわがものとし直すこととはみなされていない。摂取ということをどちらの意味にとるのかが問題なのだが、それをはっきりさせるためにも、ある物語のアウトラインをみておく必要があるので、まずはその物語からはじめることにしよう。「昔あるところに……」と。

十八世紀に啓蒙主義思想が望んだのは、書物によって社会を改革《レフォルメ》〔再成型〕しようということであり、学校教育をとおして書物を普及させ、風俗や生活習慣を変えようということであった。こうしてエリートたちがその生産物をあまねく国中に伝えれば、エリートは国民全体を改造する力をもつだろうと期待されたのである。このような《教育》の神話が[4]、文化の政治学のなかにひとつの消費理論をきざみこんだのだ。たしかにこの政治学は、技術的、経済的諸発達をうながし、あげくにそうした発達に固有のロジックに運ばれて、かつて「知識」を普及させようと腐心したイデオロギーとはちょうどさかさまの現代のシステムに至りついてしまっているのは事実である。というのも、いまや大切なのは流布すべき思想よりも普及の手段のほうなのだから。伝達手段がメッセージにとって代わっているのである。「教育的」手続きは、学校網を支えとしながらどんどん発展をとげ、そのあげくに、二世紀にわたりこの手続きを練りあげてきた教授「団《コール》」をもはや無用の長物として破棄したり解体したりするに至っている。今日こうした教育手続きがつくりあげている装置は、全市民を枠にはめつつ同時にひとりひとりを個別の枠にはめるという過去の夢を成就しており、そのことをとおして啓蒙主義のいだいていた目的や信念や学校制度をしだいに破壊していっている。要するに《教育》においてすべてはあたかも、この教育のために設置された技術的形態がとほうもなく完璧に実現されてしまった結果、そもそもこの形態を可能にした内容そのものが排除されてしまい、いまやこの内容はその社会的有用性を喪失してしまっているかのように事が運んでいるのである。だがこうした変遷を経ながらも、「書の《スクリプチュレール》」システムによる社会の生産という考えかたは、そこから派生する発想として次のような考えかたを一貫してはぐくみ続けてきた。すなわち、多少の抵抗はあるにしても、大衆は書かれたもの《エクリ》（言語や図像）によって成型され、自分が受けとるものに似てゆくのであり、結局、大衆は押しつけられたテクストによって方向づけられ、テクストとして刷りこまれるのだという考えかたである。

昨日までこのテクストは学校にあった。今日、テクストは社会そのものである。このテクストは、都市工学的、産業的形態をとり、テレビという形態をとっている。けれども、学校の考古学からメディアのテクノクラシーへと変遷をたどってきたにもかかわらず、消費に特有の受動性という公準——これこそ問題にすべき公準——はなんら損われずに残っている。むしろこの公準は強化されていっている。つまり規格的教育の大量設置によって、伝統的な習慣にそなわっていた人びとの相互的関係は不可能になり、また不可視になっている、というわけだ。したがって、人びとを「教化する」技術者たちも、教育のシステム化によって専門性に閉じこめられた官吏になってしまい、ますます使用者のことを知らなくなっているということになる。生産主義のロジックそのものが、生産者を孤立化しつつ、かれらをして消費者には創造性がないのだと考えるようにしむけてしまった。こうしてシステムは生産者と技術者を盲目化し、あげくにかれらはイニシアティヴは技術研究所にしかないのだと信じるにいたっている。こうして人びとに規格的な枠づけをするシステムの諸機構は人びとを抑圧するという分析がないわけではないが、そうした分析そのものまでが、受動的で、「教化にしたがい」、操縦され、徴づけられて、歴史的な役割をもたない大衆という公準をいまもって前提にしているありさまなのだ。

活力ある生産には、活力なき消費がともなっている。このような生産は、受容器としての消費というイデオロギーをうみだす。このような伝説は階級的イデオロギーと技術の盲目性の産物にほかならないのだが、システムは作者や教育者や革命家たち、一口でいえば「生産者」たちを生産者でない人びとから区別し特権化しなければならないので、どうしてもこのような伝説が必要なのである。「消費」はこのようなものとして考えられており、(当然のことながら) これらの「作者」製造機構はこうした消費観を肯定しているのだが、ひとたびこのような消費観を斥けてみるなら、創造的な営みがないものと思われているまさにその場所に創造的な営みを再発見できるにちがいない。そうして、(現実的だが特殊にすぎない) ひとつの生産が国全体を「教化しつつ」歴史をつくっているなどという考えがとほうもない自惚れであることがわかるだろう。

知られざる活動／読むこと

消費のうちでも、読書というのはほんの一側面にすぎないが、読むことは基本的な側面である。ますます書かれていっている社会、エクリチュール (科学的、経済的、政治的) をモデルとして書物を修正し構造を改革しようとする権力によって編成され、しだいに諸テクスト (行政的、都市的、産業的、等々) の組み合わせと化しつつある社会にあって、生産－消費という二項式は、たいてい、その一般的等価であり標識であるもうひとつの二項式、書く－読むという二項式におきかえることができる。エクリチュールの操作をもとに歴史を書きなおそうという意志（ある時には改革主義的な、またある時には科学的、革命的、教育的な）によって創始された権力は、はじめは限られた領域でこの操作をおこなっていたのだが、そこから派生して、読むことと書くこととの二大分割をはかっているのだ。

「近代化、近代性、それはエクリチュールだ」、とフランソワ・フュレは語っている。事実エクリチュールの一般化は慣習を抽象的な法におきかえ、伝統的な諸権威を国家に変え、さまざまな集団を解体して個人に優位をあたえた。ところでこのような転換は、二つの異なる二要素、書かれたものとオラルなものとのあいだの「異種交配」という形態のもとにおこなわれたのである。実際、F・フュレとJ・オズの最近の研究によれば、学校化がそれほどすすんでなかった時代のフランスには、「読むことを中心にした半文盲教育がひろく存在していて、教会や家族がこれに力をいれ、主に娘たちが対象になっていた」ことがあきらかになっている(5)。もっぱら学校だけが読みしかも書くという二つの能力を結びつけていたが、これもたいていはごく弱い絆にとどまっていた。事実この二つの能力は、十九世紀になってからも長いあいだきりはなされていたのである。現代でも学校教育をうけた者たちの卒業後の生活をしらべてみると、二つがすぐにきりはなされて書かずに「読むだけ」になっている者が多い。こうしてみれば、読むことと書くこととがひとつに結びつけられたまさにその時点で、読むことがどのような歩みをたどっていったのか、それをふりかえってみなければならないだろう。

理解ということにかんする言語心理学的な研究もまた、[6] 読むということには「ことば《レキシ》を理解《ツク》する行為」と「文字にかかわる《スクリプチュラル》行為」の二つの側面があると、両者を区別して論じている。これらの研究によれば、学校教育をうける子どもたちは書かれた文字の解読と平行して読むことをおぼえるのであって、解読のおかげで読めるようになるのではない。意味を読みとることと文字を解読することとは、重なりあうにしろ、二つの異なる活動に通じているのである。言いかえれば、オラルの伝統による聞きとりをとおして習得された文化の記憶の蓄積があってはじめて、意味を問うという姿勢がうまれ育まれてゆくのであり、こうしてめばえてくる姿勢が、書かれた文の判読によって、いっそうみがかれていったり、正確になったり、修正されたりするのである。子どもから科学者にいたるまで、読むということの前にはオラルなコミュニケーションがあり、それが読むことを可能にするのだが、数しれぬ「権威」であるこのオラルなコミュニケーションはほとんどテクストに引用されたりしない。こうしてみれば、意味作用というものはオラルな伝達からくるなんらかの予期（なにかを待ちうける）とか予見（仮説をたてる）からなっており、こうした意味作用が第一次的な土台となって、その後に書かれた資料を判読する学習をとおして徐々にこの土台が揺らいだり強化されたり、細部にわたって補強されたりしながら、読むということができあがってゆくのではないだろうか。文字に書かれたものは、すでに予見されていたもののなかから何かを切りとったり、浮き彫りにしたりするにすぎないのだ。

エクリチュールの帝国主義の支配下におかれた読むという実践の自律性をほり起こそうとする研究が多々あるにもかかわらず、三世紀以上にわたる歴史によってひとつの既成事実ができあがってしまっている。現代文化の社会的、技術的なありかたがこの二つの営みを序列化しているのである。書くこと、それはテクストを生産することであり、読むとは、そこに自分の場をしるすこともなければ、それをつくり変えることもなく、それを他者から受けることだ、というわけである。このような見かたにたてば、かつて聖職者が娘たちや母親たちに教理問答や聖書を読むように勧めつつ、触れてはならぬ聖なるテクストに仕えるこれらの巫女たちに書くことを禁じていた姿勢はいまもなお続いているのであって、「消費者」に提供されるテレビを「読むこと」もこれとかかわらず、かれら消費者は《他者の――「文化の」――生産が映しだされる画面のうえに自分たち固有のエクリチュールを描いてゆけない立場におかれている。「読むことと教会とのあいだにある絆[7]」が、メディアという教会と読むこととのあいだに再生産されているのである。こうした様相のもと、一方に聖職者たちの構築する社会的テクストがあり、他方ではそれを「受容する」信者たちがいて、かれらは言語の操作者によってこしらえられたモデルをなぞり再生産することで満足しなければならないという関係がいまも生きつづけているのではないだろうか。

問題にすべきは、残念ながらこのような分業ではなく（これはあまりにも明白な現実だから）、読むことと受動性を一緒にしてしまうような考えかたである。実際、読むということは、押しつけられたシステム（都市とかスーパーマーケットのように構築された秩序と同種のテクストのシステム）のなかを遍歴することなのだ。近年の分析があきらかにしているように、「あらゆる読書はその対象を変える」[8]のであり、（すでにボルヘスも指摘しているとおり）「ある文学が他の文学と異なるのは、テクストによってというより、その読まれかたによる」[9]のであって、結局のところ、記号システムは、言語的なものであれ図像的なものであれ、読む者によって意味づけられるのを待っている諸形態の保蔵の場なのである。したがって、もし「書物というものが読者のうみだす成果（構築）である」[10]としたら、こうした読者のおこなう操作は、一種の講義（lectio）であり、「読む者」に固有の生産なのだとみなさなければならない[11]。読者は、作者の地位を占めるわけではないし、作者の立場に立つのでもない。かれはもろもろのテクストのなかで、作者の「意図」であったものとは別のなにかを制作するのである。かれはテクストをその起源からひきはなすのだ。読者はテクストの断片を組み合わせ、意味作用のはてしない複数性を可能にする断片特有の力によって編成される空間のなかに、気づかれ-ざるものを創造する。このような「読み」の営みは、文芸評論家（読書にかんする研究のなかでつねに特権化されている者たち）だけのもの、すなわち、また新たな聖職者階級だけのものなのであろうか、それとも、あらゆる文化の消費にもあてはまるのであろうか。歴史学や社会学や教育学は、こうした問題にこそ答えるべきであろう。

残念ながら、読書を対象にしたおびただしい研究文献は、この点にかんして断片的なことしかあきらかにしてないか、学識者の経験をとりあげたものばかりである。これらの研究はとくに読書教育をあつかっている。[12] 読むという実践は、まだ十分に究められてないがあらゆる「エクリチュール」（たとえば、ひとはあるテクストを読むようにある風景を読む[13]）を横切って滑ってゆく実践であり、こうした実践にかんしては痕跡が残されていないので、歴史学や民族学の方向に踏みこんでゆこうとする研究はごくわずかしかない。社会学になると文献はもっと多いが、一般に統計学的なタイプのものである。これらの研究は、読むということの操作そのものや様態や類型学をあつかうというより、どちらかといえば、読まれる対象や、読者の社会的帰属、読者のよく出入する場所などのあいだの相関関係を調べている。[14]

残るは、（バルトからリファテール、ジョースにいたるまで）今日ことに豊かな文学の領域であり、またしてもエクリチュールによって特権化された領域だが、この領域はおそろしく専門化されている。「作家」たちは、「読む楽しみ」を、書く技法と結びつき再－読する快楽と結びついてゆく方向にもっていっている。むろんそこでも、バルト以後あるいはバルト以前から、「読まれる作品」のもつ規範性とたわむれ、そこでなにかを待ちぶせたり、障害物をくぐりながらジグザグに進んだりして、そうした戯れのなかにある創《アンヴ》発性《アンティヴィテ》や彷徨の楽しみなどが語られていないわけではない。すでにそこに、読むことを考えるための理論モデルができあがりつつある。(15) ともあれ、自分たちのつくりだしたテクストを横切って歩んでゆく人間の歩みの歴史は、大部分が未知のままにとどまっているのである。

社会的エリートの産物、「原」義

読むという活動は、ページを横切って迂回しながら漂流をする。テクストを変貌させつつ、その歪んだ像をつくりだす目の旅だ。何かふとした語に出会うと想像の空を駆け、瞑想の空を駆ける。軍隊さながら活字が整列している本の表面でひょいと空間をまたぎこえる。つかの間の舞踏――こうした活動をたどって分析してゆくと、少なくとも第一に浮かびあがってくることは、読むことのできるテクスト(本、イメージ、等々)と読むこととを分けへだてるような区分などがつけがたいということである。新聞だろうとプルーストだろうと、テクストは読む者がいなければ意味をなさない。テクストは読み手とともに変化してゆく。テクストは、自分のあずかりしらぬ知覚のコードにしたがって秩序づけられるのである。テクストは読み手という外部との関係を結んではじめてテクストとなり、二種類の「期待」が組み合わされてできあがる共犯と策略のゲームによってはじめてテクストになるのだ。つまりひとつは読みうる空間（字義性《リテラリテ》）が組織する期待であり、もうひとつは、作品の実現化に必要な歩み（読むこと）が組織する期待である[16]。

奇妙なことだが、読むということの活動の原理は、三世紀以上も前にすでにデカルトによってすえられていた。デカルトは、組み合わせということをめぐる当時の問題を論じながら、「暗号」や暗号で書かれたテクストを例に述べている。「もしだれかある人が、ふつうの文字で書かれた暗号文を解読しようとして、Aの字があるところはすべてBと読み、BがあるところはすべてCと読み、このようにしてそれぞれの文字を、アルファベットの順で次にくる文字におきかえ、こうしたやりかたで暗号を読むことを思いつき、そこに意味のあることばを見いだしたとすれば、たとえその暗号を書いた者がそれぞれの文字に別の意味をあたえて、その文にまったく違った意味をもたせていることがありうるにもかかわらず、その人は、そうして見いだした暗号の意味がもしかして違っているかもしれないなどとけっして疑ったりしないであろう……[17]。」記号表現をもとにコード化してゆく操作が意味をつくりだすのであって、それゆえ意味というものはなんらかの委託や「意図」、あるいは作者の活動などによって決定されるものではないのである。

そうだとすれば、テクストの「本義《プロープル》」なるものを境界づけ、その周りを壁で囲んだあの中国の城壁、テクストの自律的意味を他から隔ててそびえたたせ、それをもって「作品」の内奥の秩序とするあの城壁は、いったいどこからうまれてきたのであろうか。テクストをけっして読者の手のとどかぬ孤島にしてしまうようなこの障壁をいったいだれが建てたのか。この手のフィクションは、消費者を服従させんがためのものなのだ。というのもこのような障壁が建てられてしまうと、かれら消費者は、とっておきの宝の秘められた「富」を前にしてかならず不忠か無知かどちらかの科を負うことになるからである。作品のなかに隠された「宝」、意味の詰まった宝庫というこのようなフィクションは、あきらかに読者の生産性にではなく、社会制度にもとづいてつくりあげられたものであり、この社会制度が読者とテクストとの関係を多元決定しているのである[18]。読書はある力関係（主人と奴隷とか、生産者と消費者とか）によって言わば打印され、その力関係の道具にされているのである。特権的な読者のみが書をもちいるからこそ秘められた書物なるものができあがるのであり、かれらこそ書物の「真の」解釈者というわけなのだ。このような書のあつかいをとおしてテクストと読者のあいだには境界線がひかれ、この境界の通過証を交付するのは正式の解釈者のみということになり、こうしてかれら解釈者たちは、自分たちの読みかた（これもまた正当な）を正統的な「原義《リテラリテ》」に変え、これ以外の読みかた（おなじように正当な）を異端（テクストの意味に「かなって」いないもの）か、さもなくば無意味（忘却に付すべきもの）かのいずれかにしてしまう。こうしてみれば、「原」義などというものは、ある社会的権力のもてる力の徴であり、エリートのもてる力の徴なのである。おのずと複数の読書に身をさしだすはずのテクストは、文化的な武器に変えられ監視付の猟場にすり変えられてしまって、ある法の口実となり、この法が社会的権威をそなえた専門家や聖職者たちの解釈を「原義」として正当化するのである。

かてててくわえて、テクストを横切って好きなように読む自由を標榜することは、聖職者どうしのあいだでは許されていても（あえてそうするにはバルトである必要がある）、生徒たち（かれらは教師が「許容する」意味の受皿でしかないように、厳しく、または巧妙にしこまれている）や大衆（「考えるべきこと」を御丁寧に教えられ、かれらの創意など無視してよいものとされ、沈黙に付されてしまう）のほうにはそんな自由は禁じられている。

したがって、読むという実践の実態をおおい隠しているのは社会的なヒエラルキーなのだ。昨日までは教会が聖職者と「信者」のあいだに社会的分割を設け、聖書《エクリチュール》を読者から独立した《字義《レットル》》なる高みにとどめおいていた。が実は、この字義はものとみなされ、注釈家によって監禁されていたのである。テクストの自律性なるものはある制度のなかの社会文化的関係の再生産の結果だったのであり、その制度の係員たちがそこになにを読むべきかを決定していたのだ。制度が崩壊してゆくにつれ、制度が隠していたテクストと読者とのあいだの相互関係があらわになってゆく。あたかも制度が身をひいたおかげで、読書によってうまれる「エクリチュール」のはてしない複数性がみえてくるように。読者の創造性は、それをおさえつけていた制度が縮小してゆくにつれて増大してゆく。宗教改革以来あらわれていたこのようなプロセスは、すでに十七世紀に牧師たちの懸念の的になっていた。今日、テクストを教師や生産者たちの手ににぎらせて読者からきりはなしているのは、学校や新聞やテレビといった社会政治的機構である。けれども、こうした新たな正統派のしつらえた舞台装置の背後には、(昔もすでにそうだったように[19])、こっそりと潜んでいるのだ。私生活や「教師」の気づかぬところで、めいめい好き勝手なものを大事にしている読者(またはテレビ視聴者)たちの沈黙の活動が。それらは侵犯的でアイロニーに富んだ詩的な活動なのである。

読書はこうして社会的階層性(階級関係)と詩的操作(実践者によるテクストの構築)との結節点に位置するといえるだろう。社会的階層序列化は読者をエリート(または半エリート)のほどこす「教化」に従わせるようにしむけており、読むという操作は文化的正統性に空いた穴に自分たちの創意をしのびこませながら、こうした教化をかわしている。この二つの物語《イストワール》のうち、一方は「教師」に従わないものをおし隠し、それを自分たちの目に見えないようにしている。もう一方はそれを私的な網の目のなかに散在させている。したがってこの二つの物語はいずれ劣らず読むことを未知のものにしてしまっているのであり、その未知のものから浮かびあがってくるのは、ひとつには見世物的で優位をほこる、識者の専有する経験であり、もうひとつは、水底から浮かびあがってくる泡にも似て、細かく散りつつ数もまばらな、ある共通の詩学の指標なのである。

ある「遍在」、この「ところかまわぬ不在」

読者が自律性を獲得するかどうかは、テクストと読者の関係を多元決定している社会的諸関係を転換しうるかどうかにかかっている。この転換はどうしても不可欠なものである。しかしながら、受動性とはちがった営みが現にいま存在しているという事実、いかに抑圧され内密のものであってもさまざまな形態をとった多型の営みがすでに存在しているのだという事実がなおざりにされるようであれば、こうした革命はエリートによるまた新たな全体主義になりかねない。エリートみずからがこれまでとはちがったありかたを提唱し、いまある教育にかえて新しい《教育》をもってこようとするような全体主義がうまれかねないだろう。したがって読むことの政治学は、これまでずっとおこなわれてきている読書という実践の実態を描きだし、それをとおしてこれらの実践を政治化するような分析と結びつかなければならない。読むという操作にそなわる様相のいくつかをとりだしてみるだけでも、いかにしてこの操作が教化という掟を逃れているかがわかるだろう。

「わたしは読み、そして夢想に耽る……。してみれば読書というのは、ところかまわぬわたしの不在なのだ。読むということは、いたるところに遍在することなのだろうか。[20]」これこそ始原的《イニシアル》な経験、それればかりか秘儀伝授的《イニシアティック》な経験というべきだろう。読むということは他所《よそ》にいるということであり、自分がいないところにいるということ、別の世界にいるということなのだから。(21) それは、あるひそやかな舞台をしつらえること、好きなように出たり入ったりできる場所をしつらえることだ。それは、テクノクラシーの透明性に支配されている実存、ジュネにおいて社会的疎外の地獄を具現しているあの仮借ない光に支配されている実存のなかに影と夜からなる片隅を創造することである。マルグリット・デュラスも語っていたものだ。「きっとひとはいつも暗がりのなかで読むのだろう……。読むということは夜闇のものなのだ。真昼に戸外に読んでいてさえ、本のまわりには夜が降りている」、と。(22)

読者は、ひとつの世界をミニチュア化した庭の生産者、島を探し求めているロビンソンである。だがこのロビンソンもまた、社会やテクストという書かれたシステムのなかに多様性と差異をもちこむ自分だけのカーニバルという夢に「とりつかれ」ている。つまりはかれは小説作者なのだ。かれはわれとわが土地を離れ、ある非-場所のなかで、自分が制作するものと自分を変容させるものとのあいだを揺れうごいている。事実かれは、ある時には森を駆けるハンターのように、書かれたもののなかになにかの獲物をかぎつけて、その跡を追いかけ、うまく「しとめて」は、してやったりと笑みをうかべたり、またある時には賭けをはってまんまとやられてしまうこともある。かと思えば、読みながら、現実のもっていたかりそめの安全性を見失ってしまう。現実から失踪してきたかれは、社会の編み目のなかにはめこまれていた安心感を失ってしまったのだ。実際、いったいだれが読んでいるのだろうか。わたしだろうか、それともなにかわたしの一部なのだろうか。「これらのテクストを読みながら自己を見失ってしまうわたし、それは、真理としてのわたしではなく、わたしの不確かさとしてのわたしなのだ。読めば読むほどわたしはテクストがわからなくなり、すべて何がなんだかわからなくなってしまう。[23]」

数をあげられるわけでもないし、引用できるわけでもないけれど、わたしの知っているいろいろな読者の証言、それも識者にかぎらない証言が確かなら、これはだれにも共通の経験である。男性読者、女性読者をとわず、読むものが『あなたと二人』だろうと『農業フランス』だろうと『食肉業通信』だろうと関係なく、だれしも覚えのある経験であり、日常生活のアマゾンたちやユリシーズたちが渡ってゆく空間がどれほど低俗だろうと専門技術的だろうとかかわりなく共通の真実である。

作家たちは固有の場の創立者であり、古来からの勤労を引き継いで言語という土壌を耕す後継者であり、井戸を掘り家を建てる者たちだが、そんな作家たちからはるかに遠く、読者たちは旅人である。他者の土地を駆けめぐるかれらは、自分が書いたのではない領野で密猟をはたらく遊牧民であり、エジプトの財をかっぱらっては好きなように楽しむのだ。エクリチュールは蓄積し、ものを貯蔵し、場所を確立することによって時間にあらがい、再生産という拡張主義によって生産の増大をはかろうとする。読むことは時間の摩滅から身をまもろうとせず（ひとはわれを忘れ、読んだものを忘れる）、自分の獲得したものを保存しないし、保存したところでいいかげんで、それが通り過ぎてゆく場はひとつひとつが失楽園のくりかえしなのだ。

事実、読むことは場所をもたない。バルトはスタンダールのテクストのなかでプルーストを読む。テレビの視聴者は報道番組を見ながら、画面に自分の幼年時代の一コマを読む[24]。前の晩に観たテレビ番組のことを、こんなふうに言う女性がいる、「くだらなかったけど、それでも観ていたの」、と。いったい彼女はどんな場所にとらえられていたのだろう。いったいどこの場所の映像をみて、しかもそこに映っていないどんな場所をみていたのだろうか。本を読む読者も彼女とおなじことなのだ。読者の場所は、ここかあそこ、この場所か別の場所か、ではなくて、ここでもあそこでもなく、同時に内部であり外部であって、二つをひとつにしながらいずれをも失い、横たわるさまざまなテクストを結びつけてゆくのだ。自分が目覚めさせ、そこに招かれた客でありつつ、けっして所有者ではないテクストの数々を。そのことをとおして読者はそれぞれのテクストに特有の掟をかわし、同様に社会階層の掟をかわしているのである。

戯れと策略の空間

このような活動の特徴をつかむのに、いくつかのモデルが参考になる。この活動は、レヴィ＝ストロースがあの「野生の思考」で分析している「ブリコラージュ」の一形態とみなすことができる。すなわちそれは、「もちあわせ」のものを適当に配合することであり、「なにか特定の計画とは無関係に」、「以前にものを作ったり壊したりした残りもの」をもういちど改修しなおす生産である。(25)けれどもレヴィ＝ストロースの「神話学的宇宙」とはちがって、このような生産は出来事を配合しはしても、まとまった集合を形成するわけではない。それは、時間の流れのなかに散らばった「神話学」であり、寄せ集めることのできない時間の点在なのだ。おなじ享楽をもういちど味わったりまたちがった享楽を味わったりしながら、記憶のなかに散らばり、次々と横切ってゆく知識のなかに散らばった神話学なのである。

ほかにもモデルがある。中世の詩人や物語作者たちが理論づけた、あの手のこんだ技巧《アール》がそれである。かれらは伝統的な字句やテクストそのもののなかに刷新をもりこんだ。さまざまに趣向をこらしたかれらの手法《プロセデュール》は、権威づけられたエクリチュールのなかに無数の差異をしのびこませていたのであり、かれらはそのエクリチュールを枠組みとしてもちいはしても、かれらの戯れがその掟に従っていたわけではないのである。固有の場（書かれたもの）と結びつかないこうした詩的な策略は、時代を経て現代の読書にまで生きつづけており、この読書もまた負けず劣らずすばやく横領をはたらき、なんでもすぐにメタファーにしてしまう。読みながら読者がもらす「ふん！」というあの間投詞がこの間の息づかいをどうにか伝えているかもしれない。

ボッフムでも、受容の美学（Rezeptionästhetik）や行為の理論（Handlungstheorie）をめざしてさまざまな研究がおこなわれているが、これらの研究もまた、テクストを相手にした戦術についていろいろなモデルを提供してくれる。ドラマ（あるいは小説）をみたり読んだりする受け手は、それらを一種の仮想行為《アクション》とみなしながら、次々といろんな「期待」をいだいたり仮説をたてたりしてゆくのだが、そうした受け手の側の姿勢とテクストとの関係を考察する研究である。(26) 物語が進行してゆくにつれ、読者のいだく予想があるテクストをうみだしてゆくというテクスト生産のこのようなしくみは、たしかに重厚な概念装置をつかって論じられてはいるけれども、こうしたしくみによって、読者とテクストのあいだに数々の舞踏がみちびきいれられることになる。これまでの正統思想が「作品」なるものの地位を不動化し、こうした作品のまわりを従順なあるいは無知な消費者たちがとり囲んでいるという図式が固定していたまさにその場所、その嘆かわしい劇場そのもので、両者のあいだに舞踏がおこなわれているのだ。

こうした研究や他の多くの研究をとおしてみちびかれてゆく方向は、たんに読むことを「ところかまわぬ不在」として特徴づけるだけでなく、前進したり後退したりしながら発揮する戦術、テクストとの戯れとして特徴づける方向である。読書は、テクストをとらえたりテクストにとらえられたりしながら（だがいったい何にとらえられるのだろうか。読者のなかとテクストのなかで同時に目覚めさせられるものによってであろうか）行ったり来たりするのだ、ふざけながら、文句を言いつつ、遁走してゆきながら。

　身体そのものに読書の動きを再発見すべきだろう。一見従順でもの言わぬかにみえながら、身体もそれなりに読むことの真似をしている。読書「室」にひきこもると、どんな場所であれ、いつのまにか気づかぬ身ぶりがとき放たれ、ぶつぶつ言ったり、からだを揺すったり、ごろんと伸ばしたり、あるいはぐるりと回転してみたり、不謹慎な音をたて、つまりは身体の行儀のわるい《ソヴァージュ》オーケストラだ。[27] ところが、ここ三世紀というもの、読書はそのもっとも基本的なレベルにおいて目の動きになってしまっている。もはや読書には、昔のような、音読するときのざわめきや筋肉の運動がともなっていない。大きな声で読みあげるのでもなく、小声さえたてずに黙読するというのは、「近代の」営みであって、それまでずっと無かったことなのだ。かつて読者はテクストを内面化したものであった。かれは自分の声を他者の身体にしていたのである。つまり読者は他者のための俳優だったのだ。今日テクストはもはや臣下に自己のリズムを押しつけず、もはや読む者の声をとおして自己をあらわしたりしない。このようにして身体がしりぞいてしまったのは、身体の自律の条件であり、身体がテクストから距離をとったということである。読者からすれば、それはわが身のための人身保護（habeas corpus）なのだ。

　それというのも、こうして身体がテクストから身をひこうとするのは、もはや目しか動かすまいとするからであり、[28]テクストそのものの地理的布置のありようも、ますます読者の活動性を要求しないようになってきている。読むことは、かつてそれを規定していた地盤から自由になっていっているのだ。テクストの地盤から解き放たれているのである。目の自立は身体とテクストとの共犯関係を断ち、身体をエクリチュールの場から解放する。自立した目は、書かれたものを対-象にし、主体が動ける可能性を大きくしてゆく。こうした事態のひとつの指標として、速読という方式がある。[29]ちょうどひとが飛行機のおかげで、陸地を行くときには余儀なくされていたさまざまな制約からどんどん自由になってゆくのとおなじように、速読というテクニックによって、目を止める回数は少なくなってゆき、おかげで横断距離はひろがり、テクストの諸規定から自由になって、通過できる空間の数が増えてゆく。場所から解放されて、本を読む身体はますます動きが自由になっていっている。こうした自由な身体の動きをとおして、ひとりひとりの主体は、読みながらテクストを曲げ、予定の宿泊地を「飛ばす」ようにテクストを読み飛ばす能力をひろげてゆくのである。

　読むことの勝手気ままさを賛美するあまり、わたしはたくさんの側面をみすごしている。つとにバルトは三つのタイプの読書を区別していた。ことばの快楽に立ち止まるタイプ、結末を追いかけて「先を急ぐ」タイプ、書く欲求をはぐくむタイプ。[30]エロティックな読書か、狩猟型の読書か、あるいは秘儀伝授的な読書のいずれかだ。ほかにもまだ別のタイプがないわけではなく、夢のなかの読書とか、闘争型の読書とか、独習型の読書、等々があるけれど、ここではふれないでおこう。いずれにしろ読書の自立性は大きくなっていっているが、だからといってそれが読者を護ってくれるわけではないことはたしかである。なぜならメディアの権力は、ほかでもない読者の想像の世界にしのび入ってくるからだ。すなわち読者がテクストの編み目のなかにみずから招きよせるものすべて——恐怖、夢、自分にはない幻影の権威——そうしたすべてにしのび入ってくるからである。数字と「事実」のレトリックをあやつる権力は、ほかでもない、こうして解放された読者の内面を標的にしているのだ。

けれども、権力のいだく幻想をかならず共有してしまう科学の装置（われわれの装置）が、その幻想におぼれそうになるとき、すなわち、大衆は拡張主義的な生産の制覇と勝利によって変えられてしまうのだと思いこみそうになるとき、その時にこそ思い起こすことはきっと良いことだ、人びとはそんなに馬鹿ではないということを。

V　信じかた

第13章　信じること／信じさせること

「わたしは信じるということばが好きだ。普通ひとが〈知っている〉と言うとき、ひとは知っているのではなく、信じているのである。」
（マルセル・デュシャン『デュシャン・デュ・シーニュ』一九七五年、一八五ページ）

ある日、レオン・ポリアコフが言っていたものだ、ユダヤ人もフランス人もかわりはないけれど、もはや教会に通わなくなったのがフランス人で、ユダヤ教会堂に通わなくなったのがユダヤ人だ、と。ハガダーの伝統に特有のユーモアだが、かれがその冗談で言っていたのは、いかに信仰が過去のものとなってしまって実践を組織する力を無くしているかということである。今日、政治的信条というものもおなじような衰退の道をたどっているのではなかろうか。デモにも参加せず、会合にも行かず、会費も払わず、要するに身を犠牲にせずに、むかし社会主義者だったことがあるからいまも社会主義者だという人びとがいるにちがいない。なんらかの党派に「帰属」しているということは、その党派と一体化しているというより、それに敬意を払っているということであって、そうした帰属のしるしがあらわれるのは、もっぱら投票権《ヴォワ》〔声〕といわれるあのパロールの名残、年に一度の投票をとおしてだけである。政党は、「支持」らしきものを頼りに生きながら、昔あった信条の遺物を丹念に調べあげ、そんな虚構の正当性をもって自分たちの仕事をちゃんとやってのけている。政党としては、調査と統計を駆使してこれら幻の証人たちを召喚《シテ》〔引用〕し、できるだけその数を増やして、決まり文句を暗ー唱《レシテ》していればそれで事足りるのだ。

　この手の信用の劇場は、結構単純なテクニックひとつで維持してゆけるものらしい。調査の対象になるのは、「加盟者」を直接党派に結びつけるものではなく、加盟者をよそに加入させないものでいいのだから――信念のもつエネルギーではなく、信念のうすさでいいのである。「あなたが別のものを信じているのでないということは、とりもなおさずまだわれわれの側にいるということではありませんか」というわけだ。操作の結果あらわれるのは、こういう具合に加盟者の名残を数えあげた《コンテ》（当てにした）成果である。この種の調査は、およそあらゆる信条の薄れゆきそのものを当てにしているのだ。なぜならこうした名残の数は、調査をうけた人びとのかつての信念がいかに薄れているかをしめすと同時に、そのかれらをほかにやるほどいっそう強力な信憑性がいかに不在であるかをしめしているからである。「投票権」〔声〕はどこかに逃げだしてしまったわけではない。それらは昔それがあったところにじっとしており、ともかく総計としてはおなじ数がでる。というわけで、計算《コント》はお伽話《コント》になってしまっている。ボルヘスの『存在は知覚』の付録にこんなフィクションが載ったとしても少しもおかしくないだろう。[1]それは、数字にこそあらわれないが、なにか信を形骸化するような横滑りが起きているという教訓話である。

さしあたってのアプローチとして、わたしは「信《クロワイヤンス》」という語を次の意味に使いたいと思う。すなわち、この語は、信じている対象（教義とか計画、等々）を指すのではなく、ある命題にたいする主体のエネルギーの備給を指し、その命題を真実とみなしつつ言表する行為を指す[2]——言いかえれば、主体が肯定する内容ではなく、その肯定の「様態」を信とよびたいと思う。[3]ところで、こうした信じる能力は政治的領域のどこをみても後退していっているように思われる。かつてそれは「権威」のはたらきを支えていた。ホッブス以来、政治哲学は、ことにイギリスの伝統がそうだが、権威と信念のこの結びつきを基本的なものとみなしていた。[4]この絆によって政治は宗教にたいする差異とつながりの両関係をあらわしていたのである。だが、とにかく宗教と異なるにせよ結びつくにせよ、制度は、「信じ－させる」という意志によって生きていたのであり、この意志は、人びとの内にある愛そして／あるいはアイデンティティを求める感情に応えるものをさしだしていたのだ。[5]こうしてみれば、われわれの社会で信じることがどのような変遷をとげ、その変遷の結果どのような実践が生じてきたか、ぜひともそれを考察すべきであろう。

信の価値低下

長いあいだ、信というエネルギーの蓄えは無限なものと思われてきた。やるべきことはただ、軽信という海洋のなかにいくつか合理性の飛び地を創造し、そこに批判的思考を築きあげて、ともすれば崩れがちなその征服を強固なものにすることだったのである。残りは無尽蔵なものと思われ、滝の水が流れていって水力発電に利用されるのとおなじように、この残りの海水も他のさまざまな対象や目的にむけて流れを導いてゆけるものと考えられていた。人びとはこの信という水力を「引いて」、それをある場所から他の場所へ運ぼうとしてきたのである。いわゆる異教社会が蔵していたこの力を、人びとはキリスト教のほうへと導き、キリスト教の支えとした。その次にはこの力を教会から君主政治のほうへと導いた。それがすむとまたこの力を、宗教感情から共和制の諸制度へ、国民教育とか社会主義思想とかいったものにむけて導いてきたのである。このような「改宗」は、信というエネルギーを移動させつつ引いてゆくことであった。このエネルギーのうち、進歩という新たな地帯へ移動させられなかったもの、あるいはいまだ移動させられないものは、「迷信」とされ、秩序にとって利用できるものは「信条」という価値をあたえられた。このエネルギー資源はあまりにも豊かであったから、それを採掘しつつ、人びとはそれを分析しようなどとはついぞ思いもしなかった。遠征も十字軍も、信というエネルギーを良き場所にむけ、（信じて）良い対象にむけて「移しかえる」ことだったのである。

徐々に、信は空気や水とおなじように汚染されていった。この動力エネルギーは、かならず抵抗しこそすれ処理可能なものであったのに、いまや枯渇しはじめたのだ。そうなってはじめて人びとは、いったいこのエネルギーが何なのかわかっていないことに気がついたのである。奇妙なパラドクスである。イデオロギーの内容やそれがまとうべき制度のいかんにかんしては、あれほど多々議論がかわされ理論的反省がなされてきたのに、(ヒュームからウィトゲンシュタイン、H・H・プライス、ヒンティカ、クワインにいたるイギリス哲学は別として) 信じるという行為の本性はついぞ解明されてこなかったのだ。いまとなっては、もはや信を操作し、移動させ、精錬するのではたりず、その成分を分析しなければならない。それというのも人びとはこのエネルギーを人工的に生産しようと思っているからである。まだ一部の動きではあるが、商業的、政治的マーケティングがこれに熱をいれはじめている。(6) いまや信じさせたい対象はむやみやたらに多いのに、信憑性が足りない時代なのである。

ある逆転現象が起きているのだ。過去の諸権力は、たくみにおのれの「権威」をあやつり、そうして技術的、行政的装置の不備をおぎなっていた。顧客制とか忠誠とか「正統」とかいったシステムがそれであった。ところがこれらの権力は、合理化をはかり空間の制御と編成をはかって、このような忠誠心というしくみから自立しようと努めてきた。こうした努力のゆきつくところ、発達をとげたわれわれの社会の諸権力は、あらゆる社会組織を監視するに十分なほどきめ細かく目の詰んだ手続きをそなえるにいたっている。警察や学校や医療、治安、等々の「一望監視的な」もろもろの行政システムがそれである。(7) だがこれらの権力は、しだいにあらゆる信憑性を失っていっている。そなえる力は大きくなったが、権威は減っているのである。

ほとんどの場合、技術者たちはそんなことなどたいして気にもかけずに、ただ維持と監視の諸機構をさらに拡張し複雑にすることばかり考えているのが現状だ。そんなことをしたとて、なんの保証になるわけでもないのに。どれほど規律をみがいたところで、主体の側のやる気のなさはどうなるわけでもない。企業のなかでは、労働者たちの意欲の低下は、それを防ぐのが狙いでもあり理由でもあり効果でもある監視の碁盤目がひろがるよりも速いスピードで進んでいっている。製品の無駄遣い、時間の流用、「隠れ作業」にはじまって、(8) サラリーマンたちがやっている職務のたらい回しや放棄は、トヨタの工場よろしくありとあらゆるエスケープを防止するための監禁場になろうとしているシステムを内部からほりくずしていっている。官庁でもオフィスでも、政治組織でも宗教組織でも、装置が癌のように増殖してゆくいっぽうで、人びとの信条は消えうせていっている。装置が信条の消滅に拍車をかけてさえいる。利益がふえたところで、信条のかわりになるわけではないのである。(9)

信は枯渇している。というより、それはメディアや余暇のほうに逃げだしてしまっている。それはヴァカンスに出かけているのだ。といってそのヴァカンスとて、コマーシャルや商業主義や流行の標的になっていいように操られているのはおなじだが。立ち去り消えゆこうとしているこの信を取り押さえようと、企業のほうでも信憑性のシミュラークルを製造しようとしはじめている。たとえばシェル石油は、幹部に「信仰をふきこむ」ような「価値観」をならべた《使徒信経《クレド》》なるものを考案するにいたっており、管理職も平役もそろってこれをうけいれねばならないというありさまだ。ほかの企業も、まだ動きがにぶくて、いまだに昔の家族「精神《エスプリ》」とか老舗意識とか地域精神といったありもしない資本にたよっているとはいえ、たいていはシェルに似たような動きをたどっている。

もろもろの装置になにか信じうるものを注入できるような資材をどこに求めるべきか。二つの伝統的鉱脈があるが、ひとつは政治的なもの、もうひとつは宗教的なものである。政治的鉱脈の場合、さまざまな行政機関を設けてその数をどんどん増加させそこに人びとを配置してゆけば、闘士たちの信念がゆらいだり薄れていったりしても、そのうめあわせがつく。宗教的鉱脈の場合はこの逆で、制度のほうが荒廃をきたし閉鎖的になって消えゆきつつあるのに、長いあいだそれらの制度にはぐくまれ維持され管理されてきた信仰心が、制度を離れてそこかしこに散在していっている。

ある考古学／信仰《クロワール》の移りゆき

この二つの「資源」の結びつきは奇妙であり、しかも長い歴史をもっている。
(1) どうやら宗教的感情のほうが開発しやすいものらしい。マーケッティング会社は懸命になって、かつて迷信として一掃されてしまった信仰心の残骸をかき集め、その再利用にこれつとめている。コマーシャルはまるで福音まがいのありさまだ。経済的社会的秩序の管理にたずさわる人びとのなかには、「価値観」なるものの名残が眠っている教会がしだいに解体してゆくのを憂慮する者が少なくない。かれらはその価値観を回収して「現代的な」洗礼をほどこし、なんとかそれを利用できるものにしたいと望んでいるのである。人びとは、信仰心を載せた船と一緒に信仰心も沈んでしまわないうちにと、急いでそれらを企業や官庁に積みかえている。こうした遺物の利用者たちは、もはや信仰心など信じているわけではない。それでもかれらはとにかくそれを育てようとはしているのであって、ありとあらゆる種類の「ファンダメンタリスト」が結束をはかり、イデオロギー的、財政的連合がよってたかって団結し、歴史のなかで難破しそうになっているこれらの信仰心にテコ入れをしている。かれらはそうして教会を信者なき信仰の博物館にしたてあげ、おりあらば自由主義的資本主義が開発できるような蓄えをつくるのが目的なのである。
このような回収作業は二つの戦術的仮説にもとづいておこなわれているが、どうやらその二つはいずれも間違っているようである。ひとつの仮説が前提にしているのは、信仰というものがその対象と結びついていて、その対象を保存すれば信仰も保存されるだろうという考えである。ところが事実は（歴史をとっても記号論をとってもあきらかなように）、信じるという主体のエネルギーはある神話からまた別の神話へと移りゆき、あるイデオロギーから別のイデオロギーへ、ある言表から別の言表へと移ってゆくものなのだ。[10] こうして信仰はひとつの神話から身をひき、心はそこから離れつつも、その神話をなかば無傷のままに残しておく。つまりただの資料と化して残しておくのである。[11] こうした移りゆきのなかにあって、ある地を離れつついまだそこに愛着を残しているような信条があったとしても、その程度の信条では、それをほかの地に移しかえようとする動きにうち勝てるものではないだろう。いまだに心が残る程度の対象と、その心を別のほうへ誘おうとする対象とでは、どだい力の大きさが違っている。

もうひとつの戦術は、信仰がいつまでも元の対象に結びついているなどともはや考えてもおらず、逆に信仰をその対象から人為的にひきはなしうるものと考えている。すなわちこちらの戦術は、いまや信がメディアの流す物語や余暇という「楽園」のほうに逃げてゆき、私生活や旅といったもののほうに逃げてゆこうとしているのに、その信の動きにストップをかけたり、方向転換させたりできるものと思っているのである。つまりそれらを正しい信仰へつれもどし、それらが逃げだしてしまった規律秩序のほうへとふたたび導いてゆけるものと思っているのだ。だが信条というものは、ひとたび無くなってしまったところにそうはたやすく再生するものではない。もはや「信じられない」ものになっている官庁や企業にそれほど安易に送還できるものではないのである。職場を「活性化する」とか「最評価する」とか称していろいろな典礼をやったからといって、職場のはたらきが変わるわけではない。それが証拠に、そんな典礼をやったところで信者が生まれたりはしないではないか。大衆はそれほど信じやすくはない。かれらはその手の祭りやシミュラークルを楽しんでいるのだ。「だまされて」はいないのである。

(2) 政治組織について言えば、信じるという実践の場として、しだいに政治は教会にとって代わっていったが、その変遷をとおして政治組織の場には、権力と宗教とのあいだの非常に古く（キリスト教以前の）しかもきわめて「異教的」な結びつきが再帰してきて、以来たえずこの結びつきにうごかされているかのように思われる。すべてはあたかも、宗教的なものが自律的権力（「教権」と呼ばれていたものであった）ではなくなり、かわりに政治が宗教的なものになってしまっているかのように事が運んでいるのである。キリスト教は、可視的な信仰対象（政治的権力）と不可視の対象（神々、霊、等々）とが交わりを結んでいるところにひとつの断絶をもうけるはたらきをした。キリスト教がこうした区分をうちたてえたのは、ほかでもない、古代末期に政治が一時弱体化したとき空白になった座に、教義と秘跡をそなえた教権を設立したからである。「神の平和」という名のもと、聖職者権力が相争う世俗権力におのれの「騎士団」をさしむけたのは十一、二世紀のことであった[12]。それ以後、時代とともにこの騎士団は力を失ってゆき、かわって君主たちが力を得てゆく。十七世紀、教会はいぜんとして「宗教性」の鑑であり世俗権力を正当化するものでありつづけてはいたが、世俗権力はしだいにこの宗教性をみずから積極的にとりいれるようになっていっていた。その頃にはもう教会のほうが君主政体にみずからのモデルをあおぎ、そこからさまざまな権利をさずかるようになっていたのである。以来三世紀にわたってこの聖職者権力は崩壊してゆき、それにともなって信仰は政治のほうへと流れを変えていったが、ただ神的、天上的な価値だけは政治のほうへ行かず、教会がこれを握って管理していた。

以上のような変遷をたどりつつ、政治からキリスト教へ、そしてふたたびキリスト教から新たな政治へと、信は複雑な往来をくりかえしてきたわけだが[13]、結果として信仰は個人化し（万人に共通の準拠枠が社会的「意見」とか各人の「信条」といったものに細分化してゆく）、ますます多様化してゆく対象の織りなす編み目のなかにとき放たれて流動的なものになってしまった。デモクラシーという思想は、かつてひとつの秩序を創始した信仰《フォワ》にとって代わったこうした多様な信条をひとつに統括せんとする意志に応えるものであった。注目すべきことは、古代的システムを打破し、したがって政治の宗教的信憑性を打破したキリスト教が、そのことをとおして結局のところ、こうしてせっかく政治からひきはなした宗教性の信頼性を危うくしてしまったということである。宗教の自律をめざしてこそ宗教性をおのがものとしているキリスト教は、結果として当のその宗教の価値低下に手をかしてしまったのだ。さらにはまたそれをとおして、政治的権威のほうへと信仰の流れを変えてしまうことにもなった。かつて霊的権威を相対化の原理ともし正当化の原理ともしていた政治は、幾久しくそうした霊的権威を奪われていたのに（あるいは解放されていたというべきか）、その政治のほうへ信仰が流れてゆくことになったのである。つまるところ「異教」として抑圧されていたものが政治の場に回帰してきたのは、「霊的」なるものの失墜のもたらした結果なのである。キリスト教の没落は近代世界に消しがたい痕跡を残した。その痕跡とはすなわち霊的なものの「受肉化」あるいは歴史化という現象であり、十八世紀にはやくもルソーがこれを「世俗的宗教」と呼んでいる[14]。「みずからの神々とみずからの法を少しも区別していなかった」異教国家にたいして、ルソーは、「その条項を定める権利は主権に属する」、市民の「宗教」を対置している。「もし仮に、これらの教義を公的に承認した後に、あたかもそれを信じていないかのようにふるまう者があるとすれば、その者は死をもって罰せられるべきである。」このような市民の世俗的宗教と、人間の霊的宗教、個人的で非社会的で普遍的な『サヴォワの助任司祭の信仰告白』とはまた別のものであった。こうしたルソーの予言者的見解は、一般に言われてきたよりずっと首尾一貫性のあるものであり、「世俗的」政治的な教理の発展と、いっさいの教養から解放され、しかも権力をもたぬ個人の意識の深化とをいちはやく結びつけて論じたものであった。この予見の正しさは、その後の社会学的分析によって証明されている[15]。

古代社会においては世俗的権力の支えとなり、キリスト教的西欧においては世俗的権力と対立した「霊力」は、それ以来というものしだいに軌道をはずれ、散逸するか、あるいは縮小してゆく道をたどり、それにつれて信はもっぱら政治システムの領域にのみ投与されるものになっている。

「教」権から左翼勢力へ

権力の二つの審級としての世上権と教権の区別は、今日では考古学的なものとなってしまっているが、いまなおフランス社会のなかに構造化して存続している。ただしいまや政治システムの内部においてである。かつてカトリック教会やその他の諸教会が既成権力に相たいして占めていたのとおなじ立場は、ここ二世紀来いわゆる左翼とよばれる勢力がはたしている機能のうちにみてとれる。政治世界をとってみてもまた、イデオロギー内容の変遷とはかかわりなく、ある社会的「形態」がそのまま生きつづけているのである[16]。信仰の内容は移り変わっても、その構造的シェーマは同一にとどまっているというこうした推移のありかたを物語るひとつの例がジャンセニスムの歴史であろう。予言的な批判勢力（十七世紀のポール＝ロワイヤル）は、十八世紀をむかえると、議会主義にたつ「開明的」な中道の政治勢力へと転換をとげた。ある「教」権〔霊的力〕が政治的ないし「世俗的」諸権威に対抗して（あるいはそうした権威の周縁で）批判的勢力を形成し、そうして形成された批判的勢力を、こんどは聖職者や名士会といった知識階級が引き継いでゆくというありかたが、すでにそこにうかがわれるのである。

過去の例にこだわらなくてもよい。さらにはまた、およそ何かのために闘う人びとには共通した心理的社会的特徴があるといった手の安易な（そして非政治的な）比較もさしひかえておこう。[17]そのうえでなお、もうひとつの世界を護っていた教会と、十九世紀以来、いまとはちがった未来を世に喧伝している左翼諸集団とは、既成秩序にたいして機能的に類似した役割をはたしている。いずれも相似た機能的特徴をそなえているのである。すなわち、そこではイデオロギーなり教義なりが、権力によってはあたえられないような重要な意義を有しているということだ。もうひとつの社会をめざすという企図は、事実の宿命性や規範性に抗してディスクール（改革主義的、革命的、社会主義的、等々）を優位におかずにはいないものである。あらゆる権力がただ実存しているというそれだけの事実によって自己を正当化するのにたいし、そこでは倫理的な価値や理論的真理や殉教の歴史が正当化の代わりをはたさなければならない。いまだ存在してないものが問題になるところでは、「信じさせる」術《テクニック》がいちだんと決定的な役割をはたす。[18]既得の権力は妥協をゆるし、しばしば妥協を要求しさえするが、そのときにこそ教義の非妥協性や排他性が強力な力を発揮するのである。もうひとつ共通の特徴をあげてみれば、一見すると矛盾したロジックにはこばれて、およそ改革をめざそうとする諸力はすべて政治的利点を獲得しようという意志にかられずにはいない。そうして、みずからの計画を支えんがためみずから折衷主義的な行政組織になりかわり、こうして当初の「純粋さ」を失ってしまうか、あるいはそんな純粋さなど装置のたんなる飾りものにしてしまい、闘士たちを官吏や征服者にかえてしまうのである。

以上のような類似性には構造的な理由がある。なにもそれは闘争集団の心理学とかイデオロギーの批判社会学とかいったものに直接かかわるものではなく、なによりまずひとつの「立場《プラス》」のロジックにかかわるものであり、この立場がそのおよぼす効果として、必然的に闘士たちの動員をひき起こし、「信じさせる」戦術をうみ、そうして既成権力に対抗させたり距離をとらせたり、来るべき転換のための教団制度の設立にむかわせたり等々の、一連のプロセスをくりかえし生産させてゆくのである。

キリスト教がさまざまな「異端」や分派という媒介をとおして社会主義に移行していった過程は数多くの研究の対象になっており[19]、こうした研究そのものが、みずからの分析している移行過程のオペレーターである。しかしながら、このような移りゆきをとおして宗教的信仰の遺物が新たな政治形成という方向にはこばれていったのは事実にしても、そこに打ち捨てられた信仰の名残があるからといって、これらの政治運動になんらかの宗教性があると結論するのは誤りであろう。もしそうだとすれば、信じられた対象と信じるという行為を無原則的に同一視してよいということになり、そこからでてくる派生命題として、かつて宗教的であった要素がいまなおはたらいている集団にはすべてなんらかの宗教性があると考えていいことになってしまう。

別のモデルをもってきたほうが歴史や人類学の成果にふさわしいように思われる。すなわち、教会というもの、いやおよそあらゆる宗教というものを指示対象的な単位として考えるのではなく、信じる行為と信じられた対象がとりうるいろいろな関係の一社会的ヴァリアントとして考えてみる方法である。もしかして宗教的なものは、信じることと知ることが、さまざまな内容系列（なかば語彙的な）をしたがえながらとり結んできた（形式的な）様態の一表現形態であり、その特殊歴史的な形状（および操作）であったのかもしれない。今日、信と知とは過去の宗教におけるのとはちがった布置をとっている。信じる行為が信の内容を規定している様態は、もはやかつてとおなじ規則にもとづいてはいない。要するに、信じるべき対象や知るべき対象にはじまって、それらの決定のしかたといい、そなえる資格といい、蓄積といい、ほとんどが一新されてしまっているのである。したがって、かつてと今の「信仰」の二つの布置のなかから、どちらにも共通する信（Belief）という事実だけをとりだしてきて、これを不変の要素とみなし、ある連続性のなかに組み入れたりすることはできないのである。

左翼勢力は、先にみたようにかつて教会がはたした役割を占めつつ、いまなお歴史的に規定された地位に置かれているわけだが、政治的かつ闘争的な勢力という新しいヴァリアントを呈示している。そこにおいてディスクールと信じることとがいかなる関係を結んでいるかを分析するには、したがって考古学的視点をすてるべきであろう。今日、信じることと知ること、そしてそれらの内容がたがいに他を規定しあっているありかたはどのようなものか、それをあきらかにし、そのことをとおして、信じることと信じさせることが政治の場ではたしている役割をあきらかにしなければならない。現代のシステムのなかにあっては、こうした政治の領域においてこそ、立場のかかげる要求と歴史的制約とがせめぎあいつつさまざまな戦術をくりひろげているのである。このような現代的アプローチをしてみると、どのような教義もかならずそれに頼っておのれをひとに信じさせてきた二つの装置をとりあげてみることができる。すなわちひとつは、なんらかの現実の名において語るという姿勢である。この現実なるものは、到達不可能なものとみなされており、信じられたもの（ある全体性）の原理をなすと同時に、信じるという行為（つねに逃れゆき、確かめることができず、そこには無いもの）の原理をなしてもいる。もういっぽうにあるのは、「現実」によって権威をさずけられたディスクールには、実践を組織化する諸要素、すなわち「信仰箇条《アルティクル》」をそなえる力があるということである。今日この伝統的な二つのからくりが見いだされる場は、メディアの物語性——現実という制度——と、消費すべき製品を語るディスクール——この現実を信じて買うべき「商品《アルティクル》」として普及させるもの——との二つを結びつけているシステムのなかである。後者にかんしてはかなり知られているので、前者のほうを詳しくみておかねばならない。

現実という制度

事物の大いなる沈黙はメディアによってその反対物に変えられる。現実というものは、かつてはひそやかなものであったのに、いまやすっかりおしゃべりになってしまっている。どこをむいてもニュースだらけ、情報、統計、調査だらけだ。これほど物語《イストワール》を聞かせられ、見せつけられたことはいまだない。実際、さまざまな新事実と規則の生産者たちが今日ニュースの名において、微に入り細を穿って間断なく、しかも命令口調で語っているのとおなじほど、かつての神々の司祭たちが神々に語らせたことは一度もなかった。いま―起こって―いる―ことを物語るということが、現代社会の正統教義になっている。数字の争いが現代の神学論争である。戦士たちがたずさえている武器は、もはや攻撃用の思想でもなければ防衛用の思想でもない。かれらは事実やデータや事件のうちに身をひそめ、擬装して前進する。かれらは「現実」の使者として姿をあらわす。かれらのまとう装束は、経済、社会のアース・カラーだ。かれらが進むと、まるで地面そのものが前進しているかに見える。が実を言えば、かれらはその地面を製造し、でっちあげ、その仮面をつけ、それで信用をとりつけているのである。そうしつつかれらは自分たちの掟のための舞台をしつらえているのだ。

マルヴィル、カルカール、クロワッサン、ポリサリオ〔以上、反核デモ、独伊のテロ、ゲットーの暴動に関係する名〕、核、ホメイニ、カーター、その他もろもろ。こうした話の断片が教義の条項を構成している。アナウンサーが言い、政治責任者が言う、「黙って聞け」、と。「事実はこうなっており、データはかくかくしかじかであり、情況はこのとおり……。したがって諸君がなすべきは……。」物語られる現実は、信じるべきこと、なすべきことをはてしなく口述しつづけている。次から次へと浴びせられるこうした事実にたいして、いったい何をつきつければいいというのだろう。われわれはただ、はい、と言って頷くしかないし、神託よろしく、これらの事実が「意味する」ことにしたがうよりほかはない。まるでデルフォイの神託のようなものだ[20]。このようにしてシミュラークルの製造は、信者たちを、つまり実践者たちを生産するしくみになっている。このような現実という制度こそ、現代の教義がまとっているもっとも目につきやすい形態なのである。だからこそどの党派もなによりこの制度を競いあっているのだ。

この制度はもはや固有の場所をそなえていないし、その筋の権威があるわけでもなければ、本拠地があるわけでもない。匿名のコードとして、情報は社会体のすみずみにまで神経をはりめぐらし、社会を飽和状態にしている。朝から晩までひっきりなしに、さまざまな物語が通りといわず建物といわずつきまとって離れない。物語はわれわれの実存がどうあるべきかを教えながら、われわれの実存を分節化している。それらの物語は「事件の報道をあずかって」いる。つまり事件を材料にしてわれわれの伝説（legenda　読むべきこと・そして語るべきこと）をこしらえているのである。われわれ視聴者は、朝起きるなりラジオにつかまり（声とは掟だ）、一日中、コマーシャルやテレビの語りつづける物語の森のなかを歩き、夜になっていざ寝ようとするとその枕もとに、またも物語が最後のメッセージを送りとどけてくる。かつて神学者たちが語り聞かせた神にもまして、こうした話の数々は、摂理と予定説の役割をはたしている。つまりそれらは前もってわれわれの労働を組織化し、祝祭から夢にいたるまで組織化しているのだ。社会のなかで暮らしていると、物語モデルを刷りこまれた身ぶりや行動がどんどん増えてゆく。物語の「コピー」がたえず再生産され積み重ねられていっている。われわれの社会は、三重の意味で暗唱《レシテ》社会になってしまっているのだ。なぜならこの社会は、物語《レシ》（コマーシャルや情報のつくりあげる寓話）によって規定されており、同時にその物語の引用《シタシオン》と、そのはてしない暗唱《レシタシオン》によって規定されているからである。

　これらの物語は見ることを信じることに変え、にせもの（見せかけ）を使って現実を製造するという摩訶不思議な二重の力をそなえている。二重の転回が起こっているのだ。いっぽうで近代は、そのむかし軽信をしりぞけて、視《ヴュ》と現実のあいだに契約をうちたて、見られたものこそ現実であるとし、事物を観察しようという意志とともに生誕したにもかかわらず、いまやこの関係を逆転させて、まさに信じるべきことを見せつけている。フィクションが視ること《ヴィジョン》の領域と地位と対象を規定しているのである。メディアやコマーシャルや政治的な見世物はこのようなしくみで成り立っている。

　たしかに過去にもなんらかのフィクションがすでに存在していないわけではなかった。けれどもそれらは、美的な領域とか劇場とかに場を限っていた。そうした場でフィクションはみずからをそれと示していた（たとえば、幻想の技法である遠近法などによって）。それらのフィクションは、みずからのゲームの規則と生産の条件をたずさえ、みずからのメタ言語を呈示していたのである。[21] それらはただ言語の名においてのみ語っていた。それらのフィクションはある象徴秩序を物語りながら、事物の真理には触れることなく、真理は秘められたままにとどまっていた。今日、フィクションは、現実を見せると称し、事実の名において語ると称し、それゆえ、みずからが生産するにせものを指示対象〈現実〉とみなすようにしむけている。したがってこうした伝説の受け手（そして支払い手）は、もはや見もしないものを信じこませられる（伝統的な立場）のではなく、見るものを信じこませられる（現代の立場）のである。

　こうして人びとの信を支える場が転回をとげてしまったのは、知のパラダイムに変化が生じた結果である。すなわち、現実は不可視であるという過去の公準にとってかわって、現実は可視的であるという公準がうちたてられたのだ。近代世界がくりひろげられる社会文化的な舞台は、ある「神話」に依拠している。その神話によれば、社会的な指示対象はその可視性によって（したがって科学的ないし政治的な表現性によって）規定されるのである。この新しい公準（現実は目に見えると信じること）にもとづいて、われわれの知の可能性が決定され、観察、証明、実践の可能性が決定されるのだ。こうして新しい舞台がしつらえられ、視覚的探求と視の欲動によってはてしなく広がってゆく領野がひらかれたわけだが、その領野にあって、信じることと現実性とのあいだの奇妙な共犯関係は解決されてしまうわけではない。だがいまや両者の関係は、もっぱら見られるかどうか、観察されるかどうか、示されるかどうかというかたちでしか問題にされないのである。現代の「シミュラークル」[22]、要するにそれは、見ることを信の究極の場にしてしまったということであり、見られたものは信じられるべきものだとしてしまったということである——不可視の大洋（《現実》）の波が可視的世界の岸辺にまでうち寄せてきて、可視的なものの数々を、おのが存在の効果とし、解読可能な記号とし、あるいはまた目を欺く反映ともするのだという過去の仮説をうちすてて。シミュラークルとは、見せかけの背後に《存在》〔神〕（あるいは諸存在）が隠れており、不可視なものの無辺のはるけさが横たわっているという公準が潰え去ったとき、可視的なものと現実性とが結ばざるをえない関係なのである。

引用社会

映像のながす物語、いまはもはや「フィクション」でしかなく、目に見え読める生産物でしかない映像をまえにして、視聴者－観察者は、それが「にせもの」にすぎぬこと、操作の産物でしかないことをよく知っている――「嘘にきまっているさ」――だがそれでもやはり視聴者はこうして映しだされる嘘の映像になんらかの現実性があるものと思ってないわけではないのである。[23] テレビがどんなふうにでっちあげられるものか、ありとあらゆる知識がよってたかって否認するにもかかわらず、それでもなお信仰は残っている。あるテレビ視聴者が言っていたものだ、「もし嘘だとしたら、わかるはずだ」、と。その視聴者は、自分がフィクションだと知っているものをそうでないと保証してくれるような別の社会的場があると思っているのであり、だからこそかれは「それでも」信じていたのである。あたかも信仰はもはや直接の確信として語られることはできず、もっぱら他の人びとが信じていそうなものを経由してしか語られないかのように。もはや信は記号の背後に隠された不可視の他性にもとづいているのではなく、他の集団、他の領域、あるいは他の専門科学がそうだろうとみなされているものにもとづいている。「現実」とは、それぞれの場で、他のものを参照してみて信じられそうなものなのである。専門科学のあいだでさえ事はそのように運んでいる。たとえば、歴史学と情報科学は、ある驚くべき取り違えにもとづいて結ばれあっている。歴史家たちは情報科学にたいして、自分たちのディスクールに技術的で現実的な重みをあたえてくれそうな「科学的な」力の権威づけを求めている。ところが情報科学のほうも歴史にたいして、豊かな学殖の「具体性」がもたらす「現実的な」価値づけを期待しているありさまなのだ、それぞれがめいめいに、自分たちのシミュラークルに重みをつけてくれそうな保証を他者に期待しあっている[24]。

　政治にかんしても同じことだ。どの党派も、自己の指示するもの（東側で達成された革命の「奇蹟」？）や自己の敵（敵側の悪者どもの悪行や災い）について自己が信じているもの、信じさせているものを支えにして、自己自身の信憑性をかち得ている。どの政治的ディスクールも、それを支える経済的分析を頼りに（この経済分析がまた政治に送り返さ れることによって価値づけられる）、その分析が想定し想定させるものをもとにしながら現実効果をひきだしている。各党派の内部でも、「幹部」の職業的演説が通用するのは、その幹部たちが下部の闘士たちや選挙民たちに信憑性があるものと想定しているからであり、逆にまた、大勢の選挙民たちの抱いているあの「嘘にきまっている」という感情も、その対極で、政治組織の上層部の官吏たちにはきっと信条や知があるのだろうと想定しているのだ。こうして信は、ひとが「それでも」他人にはあるだろうと想定している現実性に依拠しているのであり、自分が現にいる場ではどれほどそれが「くだらない」ものであるか、わかりすぎるほど「わかっていて」も、それでもなお他人にはあるだろうと想定している現実性にたよりながら存続しているのである。

　というわけであるから、引用は、信じさせるためのまたとない武器になるにちがいない。なぜなら引用は、他人が信じていそうなものを利用することだからであり、かくして「現実性」がなりたつための手段だからである。都合のいいように他人を引用すること、それは、ある特殊な場で生産されるシミュラークルを信じられるものにすることである。世論「調査」は、そうした引用のためのもっとも基本的でもっとも受動的な手続きになってしまっている。たえずくりかえされる自己‐引用——すなわち調査の増加——は、国がいまある自分を信じるにいたるためのフィクションである。どの市民も、自分は信じていないにもかかわらず、他人が信じていることにかんしてはすべてそうなのだろうと思っている。テクノクラシーの装置も、もはや信じられないものになってしまったもろもろの教義のかわりに、引用をもってくるおかげで、めいめい他人の名において自分を信頼させることができる。引用すること、それは、信じられる対象をなにひとつ提供せずに、他の人びとは信じているのだと信じさせることによって、ある権力の生産したシミュラークルに現実性をあたえることだ。けれども同時にそれはまた、「アナキスト」や「逸脱者」を指名すること（世論のまえにかれらを召喚《シテ》すること）でもある。かれらは、信じていないということを身ぶりにあらわすことによって、だれもが「それでも」なんとか他の人びとの信の名において支えているにすぎない虚構の「現実性」を破壊する者たちなのであり、引用（召喚）は、そのかれらを公の攻撃にひきわたすことでもある。

「世論を形成する」この装備が、その装備の保有者によって操作可能なものであるかぎり、ひとは問いかけてもよいはずだ。この装備には「信」を「不信」に変え、「疑惑」に変え、いな告発に変える力はないのか、と。そしてまた市民たちの可能性を問うてもよいはずだ。あてどなく循環する信頼性としてただ政治のためだけに奉仕しているものを市民が政治的にコントロールする手だてはないのだろうか、と。

第14章　名づけえぬもの

瀕死の病人があると、病院のスタッフたちは、患者を病室に置きざりにしたまま、ひきこもってしまう。「医師と看護婦の逃避症候群[1]」だ。そうして自分たちはひきさがりながら、患者を病室に留置しておくのだが、その時の言葉づかいそのものが早くも生者を死者にしている。「休息が必要ですから……。眠らせておきましょう。」瀕死の者は静かにして、安らかに横たわっていなければならないのだ。こうして瀕死の病人がひとり病室に置きざりにされるという事態は、手当がどうだとか安静がどうだとかいう問題を越えて、周囲の者たちが、臨終の苦しみや絶望や苦悩の発話行為を耐えしのべないということを示している。それは、語られてはならないのだ。

死の途につく者は追放者（outcasts）である。なぜならかれらは生命の保全によりそして生命の保全のために編成されている制度の逸脱者なのだから。いまだ死者ではないのに、早くも「喪」がとりおこなわれ、遺棄が制度化されていて、かれら瀕死の者たちはすでに「遺体安置室」に追いやられている。こうした事前の喪はかれらを沈黙で包み、さらに悪いことには、嘘でくるみこむ。その嘘は、この閉域を破って「わたしは死んでゆく」と叫ぶ声から生者たちをまもるためのものなのだ。この叫びが発せられれば、はた迷惑な見苦しい臨終の場面（embarrassingly graceless dying）をむかえねばならないだろう。（「いえいいえ、良くなりますよ」という）嘘は、伝染を防ぐための保証なのである。もし仮に禁じられたことば《パロール》が発せられるようなことでもあれば、病院あげての闘いが裏切られてしまうだろう。看護するとは癒すことだと決めこんで闘っている病院は、そんな挫折をなめたくはない。瀕死の者の叫び声は、病院を冒瀆する声になるだろう。

思考しえぬ実践

それどころか、瀕死の者、いたずらに死を待つしかない者は、およそ思考しうるものの領域の外に追いやられてしまう。思考しうるものとは、なにか為すすべのあるもののことなのだ。手をほどこしうるものの領域をはみ出して、死にゆく者は、無‐意味という地帯に入ってゆく。もはや何ひとつ為すすべのないところでは、何ひとつ語りうるものもない。無為の徒とならんで、いやそれ以上に、瀕死の病人は非道徳的である。前者は労働しない主体だが、後者は労働の対象にさえならない物体なのだから。各人のはたすべき労務を増やすことによって、ありもしない主体性をあるかのごとくに装っている社会では、無為の徒も瀕死の者も共に容れられざる者たちである。収益化の手続きの邪魔になる生命なき屍という厄介ものを取り払うべく、死者を処理して始末をつけるには、ナチズムが必要であった。ナチズムはそのテクノクラシー的全体主義において首尾一貫していたのである。

一方にはもはや行動できない主体があり、他方には作者なき操作がある。個人ひとりひとりの臨終の苦悩と、機構と化してしまった実践と、この二つがかたちづくる問題構成のなかで、瀕死の者は主体の問題をその非活動性の極限で問いかえし、あらわにする。主体の非活動性は死においてもっとも許しがたくもっとも許容しがたい極限にいたるのだ。現代社会にあって労働の不在とは無-意味のことである。倦まずたゆまずさまざまな労務を分節化してゆくディスクールが、「たえずなにかを為していなければならぬ」という西欧の物語をかたちづくっているが、このディスクールがとだえることなくつむがれてゆくには、こんな労働の不在を排除しなければならない。瀕死の者とは、このディスクールの言い損いなのである。死にゆく者は猥褻であり、猥褻であらざるをえない。だからこそ瀕死の者は検閲にかけられ、言語を奪われ、沈黙の経帷子でおおわれるのである。それはおぞましきもの《イノマブル》〔名づけえぬもの〕なのだ。

家族とてなにひとつ言うべき言葉をもっていない。家族は制度の手に病人をとりあげられてしまっている。といっても制度が病人の面倒をみるというわけではなく、制度がひきうけているのは、その患者の病気であり、病気とは技術者たちが隔離したり変換をほどこしたり排除したりする対象なのである。ちょうどそれは他の技術者たちが秩序や衛生の防衛にこれ努めているのとおなじことだ。社会は昔からのユートピアに忠実に、労働という理性に巣喰うもの――クズ、無法者、不具、老い――をひとつ残らず通りや家々から追い払おうと努めており、その社会から追放された病人は、自分の病気を、どこかそれを処理してくれる場まで背負ってゆかねばならない。その地帯にまで行けば、病気は専門機関の手によって処理をほどこされ、生命とも日常言語とも無縁な科学的、言語的対象物に変えられてしまう。病人はひめやかな技術的地帯（病院、監獄、汚物処理場）のひとつに隔離されるのだ。そのひめやかな地帯は、生産と消費の連鎖を妨げるものをひとつ残らず生者の世界から除去してくれるところであり、何ぴともあえて足を踏みいれようとしないその暗闇の世界で、進歩という社会の表面にふたたび送還できそうなものが修理されたり選別されたりしている。そのひめやかな地帯に留置された病人は、家族にとって見知らぬひと《エトランジェ》になってしまう。もはやかれは家族たちの家に住むひとではなく、家族のことば《パロル》のなかで生きてもいない。おそらくそうして追放されてしまった病人が見知らぬ国からふたたび帰ってくる場合もあるだろう。ひとたび帰ってきてみれば、その異国は言語もわからずただ忘れてしまうよりほかにしようがない。もし帰ってこなければ、病人はいつまでもはるか遠くに在る対象であり、医療という労働とその挫折との意味しようのない対象でありつづけることだろう。その対象は、空間のなかに描きようもなければ、身近な言葉で言いあらわすこともできない。

一方では医学の闘いの敗北ないしは一時停止とみなされ、他方で共通の経験の外にある死は、それゆえ科学の権力の果てる境界に出来し、日常身近な実践の外に出来するものであり、他所なるものである。総じて「休息」といえば無為か浪費としてしか考えられない社会では、死は、たとえば宗教的言語にゆだねられる。もはや一般に知られておらず、かつてそこに宿っていた信仰からも遠い儀礼になってしまっている宗教的言語の手に。死は、宗教というこのいにしえの空間のなかに納められるのであり、この空間とて科学的生産によって「隅に追いやられて」しまっているのはおなじだけれども、せめてもそれは、死者というこの意味を奪われたものに、なにかつぶやける記号（それも解読不可能になってしまっている）をさしだしてやるのだ。ド・ゴールの死をつつんだ荘厳な光景は、こうした事態を典型的に伝える国家的なスペクタクルであった。これをとりしきったお歴々のほとんどは、つとにそうした荘厳さを「迷信」とみなしていた。かれらは自分たちが名づけえぬものを自分たちの信じえぬ言語に変えてしまうのである。宗教の言語、悪魔の言語、魔女、幻想の言語、周縁化された言語のなかに身をひそめ、仮面をつけてたちあらわれてくるもの、それは、思考しえず名づけえぬものになってしまった死なのである。[2]

語ることと信じること

抑圧された死は、エキゾチックな言語（過去や昔の宗教や遠い伝統などの言語）をとおして立ち返ってくる。死は、よその地の方言によってしか喚起されえないのだ。死は、「自分の家で」死ぬのとおなじくらい自分たちの言語《ラング》で語るのがむずかしい。こうしたすべては、排除されたものの特性であり、なにかに身をやつしてしか帰ってこれないものの特性である。文にしようにもしえないこのような死の逆説的な表現だが、ひとつならずの文学が、狂気と深くきり結ぶ場を指し示している。理性のこの裂傷をめぐって書かれたテクストはおびただしい数にのぼる。ここでもまたテクストを支えているのは、語りえぬもの、黙すほかないものなのだ。死、それは主体の問題である。

ひとつの指標として、精神分析療法は、人びとの経験が、自己の死にむきあう主体の位置という問題とどれほど深くきり結んでいるかを示している。憂鬱症患者は、「わたしは死ねない」と言う[3]。強迫神経症患者は「死なずにはおれない」と言う（強迫神経症患者は自分のかかえている心理的葛藤を解決するためなにより死ぬ可能性を必要としている、とフロイトは語っている[4]）。だが精神分析療法の現場にあらわれるまでもなく、主体の位置というこの問題は、オイディプスの問題である。「するとわたしが真の男になれるのは、わたしがもはや無でしかない時なのか。」ジャック・ラカンがコメントをつけている。「まさにここから物語の続きが始まる。ここからが快楽原則の彼岸なのだ。」だがまさにここで、主体をとりまく制度の沈黙と共通言語の沈黙にくわえて、第三の沈黙がくわわるのだ。すなわち主体自身の沈黙が。主体は、死を語ることば《ディール》を探し求めつつ見いだしえないのである。ボリス・ヴィアンは語っている。

くたばりたくなぞありません
いえ、いえ、めっそうもない、
味わいつくすまでは
わたしを悩ますあの味を、
とびきり極上のあの味を。
くたばりたくなぞありません
一度味わってみるまでは
死のおいしさを。

みじめにくたばってしまうかもしれないという不安感は、西欧にひろがっている生存競争（struggle for life）に特有の強迫観念だが、このようにしてくたばるという死にざまと死ぬということとの差異は、所有の可能性も表象の可能性も潰えたうえでなおも「生きるとはなにか」と問うことば《パロール》に存している。そもそもそれは「無駄な」問いなのだ。なぜならそれは、もはやなにも意味しないことば、言《ディール》がなりたつ場の消滅よりほかになにひとつ語りえないことばを口にすることにひとしいのだから。機械のように故障をきたしたりくたばったりすることと、死にゆくという行為とのあいだに、それを語りうる可能性がある。死ぬという可能性はこの二つの中間に存している。

くたばることと死ぬこととの境目で宙づりにされたまま、瀕死の者は、もうじき自分がなりゆこうとしている無を語ることもままならず、ただあの問いをくりかえすよりほか何を為すすべもない。もはや財産も存在証明もないその時、せめても他者の言語のなかに容れられて自分の場をもてさえすれば十分なものを。ただその名を呼ばれること――「ラザロよ！」――そうして自分の名を呼ばれつつ他者の欲望の言語のなかに刻みこまれること――生まれおちた時とおなじく死にゆく時も何ひとつ自分の持てるものとてなく、そうしてもらう何の権利もありはしないのに名を呼んでもらえること。もしそれが叶えられたら、交換を越えた交わりがひらかれることだろう。その交わりのなかで、ひとの抱く欲望と、その欲望が手にしようもない死という消失との不可避的な絆があらわになるだろう。それは、死を「象徴化」すること、死のために（いかなる内容も「もたらす」ことのない）何かのことばを見いだすことであり、ひととひとが交わす言語のなかに、よみがえりの道をひらくこと、蘇生とは別のよみがえりの道をきりひらくことであろう。

けれども、ひとり隔離された病人はそんな場所から閉めだされてしまっている。おのれの社会的権力と社会的な顔の消失は、その消失がもたらしてくれたかもしれないものまで奪いさってしまう。死にゆく者は、「君がいないとさびしい」と語るほかに語彙のないあの交わりに到達することさえ叶わない。

それでもなお、死ぬことと信じることと語ることとのあいだには、根源的、究極的な一致がある。事実わたしがこれまでの生涯で信じているものは、結局ただわたしの死だけである。もし「信じる」ということが、わたしの先に来り、そしてわたしの後に来ってやまない他者との関係を指し示すのであれば。わたしの死ほど「他なるもの」はほかに無く、わたしの死はあらゆる他性の指標である。けれども同時にわたしの死ほどありありと、他者への欲望がどこから語られるのか、その場をあらわにしめすものはなく、他者を待ちわびながらとどかぬ言語のなかで――ささげる権威も財もないのに――うけいれられる感謝の思いを語りうる場は死よりほかに無い。それゆえわたしの死ほど赤裸々に、語るとはなにかをあきらかにするものは無いのだ。

書くこと

「末期の時」は、語りたいという欲望がひたすら内にこみあげ、ふつふつとたぎって、そして最後には消えてゆく極みの時以外のなにものでもない。おそらく、待つというかたちをとった死は、末期の時が迫るはるか前から、社会に生きる営みのそこここに潜んでいるにちがいないだろう。だが死のその猥褻さはかならずおおい隠されねばならないのだ。死のメッセージは崩れゆきつつある顔にはしなくも現われているのに、その顔はおのれが告げていることを語るのに嘘しかなく（わたしの目、わたしの皺、そして硬直をきたしたわたしの顔のもろもろが語る老醜の物語よ、口を閉ざせ）、しかも周りの者たちは瀕死のその顔に語らせまいとする（顔よ、われわれが知りたくないものを、語ってくれるな）。

死のひそかな非道徳性は、精神分析や宗教が保持しているとっておきの洞窟にたたみこまれている。それは、占星術や降霊術や魔術といったもろもろのメタファーからなる広大な領野に宿り、こうした言語のもろもろは蒙昧という一地域を形成しているかぎり大目にみられて許容され、進歩の社会はおのれをそこから「区別」するのだ。それゆえ語ることの不可能性は、語ろうと力をふりしぼる努力が身もろとも潰えてしまう末期の時が迫るはるか以前から存在している。その不可能性は、ひとつの場を保護するために、死を閉じこめたり、都市の境界の外、時間の外、労働の外、言語の外に追いやってしまおうとするありとあらゆる手続きのうちに刻みこまれているのである。

けれども、瀕死の者のすがたを描きだしながら、わたしもおなじようなことをやっている。わたしは死を他所《よそ》に位置づけ、病院のなか、あるいは末期の時に死をかたづける欺瞞に加担しているのだ。わたしは死を他者のすがたに変え、瀕死の者にことよせて、死をわたしのいないところにしてしまっている。死を表象と化すことによってわたしは死を悪魔ばらいし、死を隣人のところに押しこめ、わたしの時ではないと勝手にきめた時間のなかに追いやっている。わたしは自分の場を護っているのだ。わたしの語る瀕死の者は、それがわたし本人でないかぎり、やはり猥褻にかわりない。

　このようなすり替えは、書くという作業そのもののうちですでに始まっており、描きだされる表象はその作業の結果そして／あるいは残滓にすぎない。書きながらわたしは自分に問いかける、いったいわたしはなにをつくりあげているのか、と。「意味」は、いま、ここ、自分のやっている身ぶり、書くという行為のなかにすでに潜んでいるはずなのだから、いったいなぜ書くのであろうか。不可能なパロールの名において書くのでないとすれば？　エクリチュールの始原には、ひとつの消失が存在しているのだ。語りえぬもの――現前と記号との一致の不可能性――それは、書くという不断の労働の前提条件であり、同一性の非－場所〔不在〕とものの犠牲こそこの労働の原理にほかならない。「それを書け、さあ、書くのだ、それを！」ジョイスをそう駆りたてるあの号令は[5]、記号から現前が奪われているからこそうまれてくるのである。エクリチュールは、その綴りのひとつひとつ、言語を横切ってゆく歩みの残す遺物のひとつひとつによって、どこまでもこの欠如を反復しつづけてゆく。エクリチュールはその始原であり目的地でもあるひとつの不在をはてしなくつぶやいてやむことがない。エクリチュールは、だれかが空けていった場所を占めてはまた空けてゆく歩みをたどりつづけ、自己から逃れてゆく外部と結ばれあっている。そうしてエクリチュールが結ばれているのは、他所《よそ》からやって来る名宛人であり、到来を待ちわび《アタンデュ》ながら、けっしてその声を聞《アンタンデュ》くことのできない来訪者、欲望の旅路がページのうえに描いていった文字の道の途上ではけっして声の聞こえぬ来訪者なのである。

パロールの消失の実践にほかならぬエクリチュールは、自己自身の外部、ある別の場所、すなわち読む者の場でしか意味をなさず、エクリチュールは自己の手にとどかぬあの現前のほうへと身を延べながら、おのれの必然として読者をうみだす。エクリチュールは、けっして自分のものにできないパロールのほうへと身をのべて、まさにその身ぶりによって、返らぬ答えにどこまでも結ばれ、絶ー対の答えに、他者の答えに結ばれてやまない動きをつくりだす。エクリチュールはこの消失から成りたっているのだ。それは、瀕死の者の身ぶりであり、知の領野を渡りながら所有から離脱し、ただささやかな「合図を送る」ための慎ましい練習なのである。

このようなありようをとおして、語りえぬ死は書かれ、ひとつの言語を見いだすことができる。たとえ書くというこの身を枯らす労働がつづく間中、声をとおして他者をとらえ、二つの存在をわけ隔てる越えがたい距離を乗り越えたいという欲求が絶えずつきあげてきて、ひとつひとつの場がそのつど他の場ときり結ぶ絆のはかなさを、知のうちに忘失したいという欲求がこみあげてきてやまないとしても。

治療の権力とその分身

死との結ぼれをとおして構成されるこのような「文学的」エクリチュールと、(これまた「書くことからなる《スクリプチュレール》」）「科学的」システムは別物であり、このシステムのほうは生と死の分断から始まって、おのれの挫折、失墜、または脅威として死に出会うのだ。三世紀にわたり、科学的野望に燃え、他者の不在に苦悩することなくひたすら進歩をつみ重ねてゆくディスクールが可能になるには、こうした生と死の分割が必要であった。けれどもこのディスクールは権力制度と化したからこそはじめて成立しえたのである。

死とその征服をめざす労働が対峙しあう分裂が一方にあり、他方にはまた、経済的、治療学的機構の樹立をとおして、十八世紀という広大な空き地――災いの空間、新たな生ける屍の地――を占領しつくそうとする意志があり、この二つがあいまって、知は貧困と相わたりつつ編成されていった。医学という知の制度化は、学校から病院にいたるまで、社会空間にはたらく死の仕業と闘うありとあらゆる手段を包括する治療的政治学という大いなるユートピアをうみだした。このような知をあげての権力への転換により「医学的」相貌を呈した行政機構は、癒すことをおのれの任務とし、さらには予防の名において秩序を編成することを任務とした。

このような公衆衛生の一大遠征は、敵がしのびこんでくるかもしれぬ隙間を、ひとつ残らずふさごうとこれ努めた。こうした闘いは、学校さえも「医療行政」の一環にとりこんでその特殊セクターとした。私生活の諸領域もこの対象となり、公衆衛生学的措置が講じられて、屋内の奥まった小路にいたるまで病いに通じるおそれのあるような道はことごとくがふさがれていった。こうして生物学的な災厄を撲滅しようとする闘いをとおして、衛生学は国家的問題として樹立されてゆく。こうして政治が医学モデルをとってゆくと同時に、身体の無限の発達という西欧の野望がよびさまされ（スポーツが国をあげての演出をよび起こすような、挑戦のエコノミーにおいて）、また他方では、不断にしのびよってくる遺伝的退廃という脅迫観念がはぐくまれていった（国の植民地主義的拡張がかかっている貴重な生物学的資本が脅かされる）。

　エクリチュールはひとつの意志に従う空間を構成できるかどうかにかかっているが、このエクリチュールは身体に結びついていた。身体とは、動き、逃れゆく不透明なページのようなものであった。このような身体とエクリチュールとの結びつきにしたがって、書物は、経済的、人口学的、教育学的空間の各領域にわたる生体実験と化していった。書物とは、語の学術的意味において記述可能な身体という「仮想《フィクション》」なのである。それは、社会が書きしるされうる身体というものをめざして練りあげられた「シナリオ」にほかならないのだ。以来、もはやひとは身体のうえに書こうとはしなくなる。身体のほうがみずからエクリチュールに変貌しなければならないのだ。生命と生命について書かれたものとがひとつに結びついたこの身体－書物は、人口学から生物学へと、しだいに科学的形態を整えていったが、その科学が公準にしていたものは、いずこにあっても老化現象との闘いであり、ある時には宿命とみなされ、またある時には制御可能な諸要因の集合とみなされた老化現象との闘いであった。このような科学とはすなわち白いページに変えられてしまった身体にほかならず、そのページのうえで記述的《スクリプチュレール》操作は際限ない前進をとげてゆき、それによってある為す意志《ヴルワール・フェール》の歩みが、つまり進歩の歩みが刻まれてゆくのである。

けれども、書くための紙とおなじように、身体というこの台紙も擦り減ってゆく。生命の管理として生誕し、身体の制御あるいはエクリチュールとして生誕したこの新たな身体は、死の仕業について語りつづけてやまない。科学のディスクールから逃れゆくもの、あるいはそこに再帰してくるものは、そのディスクールが悪魔ばらいをすると称しているにもかかわらず、そこに憑りついて離れぬ敵を暴きたてる。そして、あらゆる方面から、こうした政治的、治療学的制度の周縁に、ひとつの文学〔文献〕がうまれてその数をふやしてゆく。それらの文学は、この悪魔をふたたび舞台に登場させ、追放したはずの者が身近に迫っている不安を物語るのである。ニーチェからバタイユ、サドからラカンにいたるまで、十八世紀以降、「科学的」ディスクールの創設によってその「固有の」領域から追放され、他者とされてしまったこれらの「文学」は、排除されたものの回帰を言語のなかに刻みつけてゆく。今日、それはまたフィクションという地帯をかたちづくるものでもある。それらのフィクションは知が口を閉ざして語ろうとしないものを告白するのである。こうしたフィクションが他のエクリチュールと「異なっている」のは、もはやエクリチュールという操作の産物を語るのではなく、その操作そのものを主題にしているからである。それらはエクリチュール自身を、死の領野における書のはたらきそれじたいを語っている。そこにあるのは、エクリチュールの神話の自己への回帰である。それらは、書物という空間のなかで、社会的テクストがその場所を取りあげようともくろんでいたあの不作法な他者をふたたび登場させるという意味において「フィクション」なのだ。そのフィクションは、追放者が排除されたほかならぬその場所、書くという場所そのもので、追放者を舞台にのせる。性と死をとおしてたえず問われつづけてやまぬ他者、離れようにも離れえない追放者を。これらのフィクションのもろもろは、ある時には科学がつくりだした幻想性という領野になおも住みつつ嘲笑というかたちで科学に答え、またある時には変容や喪失の詩学というかたちで科学に答えている。それらのフィクションがつくりなすエクリチュールの空間は、そうしつつエロティックな空間と化してゆく。進歩の神話――《書物なるもの》――の内部、そのただなかで、書物の再構築という危険なゲームがくりひろげられている。そこで、ついに身体はみずからを書きしるすのだ。ただしそこに書かれてゆく身体は、他者によって刻まれた傷の恍惚であり、はかなきものとわかちがたく結ばれた快楽の「流出」であり、「過剰」が滅びゆくものと結ばれてゆく視えない消失点なのだ。

　エクリチュールは過ぎゆく時間を一刻たりとも無駄にしない力能に結びつき、時間を計算し蓄積し、既得物から収益をあげて資本を不滅性の代替物にする力能に結びついているが、そうしたエクリチュールの問題圏のただなかに、身体は瞬間として、生と死の同時性として、同一の場所における生死の共存として立ち返ってくる[6]。

滅びゆくもの

それにしても死は名づけえぬものである。だが特別の場をあてがわれるまでもなく、死は生命のディスクールのなかに書きしるされている。生物学は「内部から課せられる死」を見いだしている。フランソワ・ジャコブは述べている、「性による再生産とともに、ひとりひとりの人間は消滅してゆかねばならない[7]」、と。死とは進化の条件である。ひとりひとりの人間は自分の場を失うべし、それが空間の掟である。資本の相続と発展は、遺言によって保証されており、その遺言に死者はかならず署名するものと決まっているのだ。

こうして、さまざまな方面から、エクリチュールが性と死に結ばれている絆をエクリチュールそのものの内部にもちきたらそうとする兆しがみえている。だがそうした兆しとは別に、こう問うてみることもできるだろう。歴史の流れとともに、抑圧されたものの姿はさまざまな変遷を経てきたが——「フロイトの時代には、道徳主義が性を抑圧していた。現代は、とどまることをしらぬテクノロジーの暴力が不条理な死を抑圧している[8]」——むしろそうした変遷は、社会的実践を分節化していたモデル、そしてその有効性が減少してゆくにつれ表象のなかに現われでてきたモデルが、そうして次々に明るみにでてきているということではないのか、と。死に抗するエクリチュールの権力をもとに築きあげられた文明が退廃の途をたどっているしるしは、その文明を組織化していたものが書きあらわされうるという可能性に表わされているといえるだろう。終末にさしかかった時代だけが、その時代を支えてきたものが何であったのか、それを言いあらわすことができるのだ。あたかも一冊の書物になるには、その文明は死なねばならぬかのように。

そうだとすれば、書くということは（すなわちこの書物は）、敵の住む土地をよぎって渡ってゆかねばならぬということではないのだろうか。死を他所《よそ》に位置づけるあの身ぶりによって護られていた領域の外に踏みだし、消失の地域そのものを歩まねばならぬということではないのか。それは、死の空間のそば近くに身をよせて、否、死の空間のただなかに身をさらしながら、滅びの語彙をもって文を綴ってゆくということだ。それは、財の生産が消失（言い損い）にいたるあの末期の時に身をおき、そこではじめてうまれるであろうあの期待の思い、たとえ叶えられなくとも感謝せずにはおれないあの思いに身を枯らしつつ、その中間地に踏みとどまって、享受することと操作することとの関係そのものを実践することである。マラルメ以来、エクリチュールの試みは、歩みをすすめるという行為と、その歩みの道程が死にいたる地に刻んでゆく痕跡との交わりという様相をしめしている。こうした見かたからすれば、作家もまた語ろうとことばを探し求めている瀕死の者にひとしい。けれども、かれの足どりが（もはや白いページならぬ）黒いページに刻みつけてゆくその死のなかで、かれは知っており、語ることができるのだ。他者に期待し他者を待ちわびるあの欲望を。おのれの欲望によって他者の配慮を招きよせそれを変容させながら、その他者の場に生きのびたいと乞い願う思い、奇蹟にも似たはかない過剰を待ちわびるあの欲望を。

決定不能なもの

「日常の薄明のアナーキー」（ルカーチ）

理論は、多元的認識論《エピステモロジー》をかかげている。それは、「どの視点をとっても他の視点とおなじように一般性の力を発揮できるような視点の多様性」にたった認識論である。それは「数々の道と繊維の目にそって循環する」術《アール》、交差の術であり、進歩とは「交叉」になるであろう。この認識論は、複合性に依って立ちながら、「実体なきコミュニケーション、すなわち不動点も準拠枠もないコミュニケーションの哲学」に至るであろう[1]。

しかしながら合理的技術なるものは、それほどやすやすとドグマを解体するものではない。それは、計画化や平面化のなかに不透明性と両義性をつくりだす干渉から身を守る。技術には技術のはたらきがあるのだ。そのはたらきはさまざまな機能の解読性と区分とから成っており、それらの機能をひとつひとつページのうえに並べて書いていって、地面のうえ、建物の正面《ファサード》、都市、機械とを問わず、それらの上にこの一覧表を転写できるようにする。

要素間の機能的連関の解読性と、拡大も立体化も可能なモデルの再生産、これらが技術のもつ二つの操作原理である。たしかにこうした操作原理は、多様化する要求に応えるべく無限に磨きあげられてゆく方向をたどっているし、さらにはこの要求そのものもシステムの内部に組み入れられて一覧化され、ひとつの空間の上に分析的に配置されている。この空間の本性は（コンピュータの内部空間と同様に[2]）解読可能な人工物であるということ、不動の目によって端から端まで見渡せるような客体であるということだ。奇妙な二分法というべきであろう。理論は決定不能なものへとむかっており、かたやテクノロジーは自己をもふくめすべてを機能主義的区分にむけて転換させるような方向にむかっている。まるで一方は明知をそなえ、ランダムなものとメタファーの織りなすねじれた小径をめざして進んでゆき[3]、他方は遮二無二に自己固有のメカニズムである功利主義的、機能主義的法則を「自然なもの」とみなすことにこれ努めているかのようだ。

　テクノロジーの下で起こっていること、そしてその働きを乱しているものがいまわれわれの関心をひく。それはテクノロジーの限界であり、この限界はもう久しい以前からわかってはいるのだが、ゆきつく果てはノーマンズ・ランドだと決めつけるだけでなく、ちがった展望を見いだしてやることが必要なのだ。というのも、いま求められているのは、ひとりひとりがやってゆける実効性のある実践なのである。テクノロジーを担う技術者たちは、自分らが「抵抗」と名づけたもの、機能主義的計算（官僚主義機構の先端的形態）をかき乱すあの動きがいったい何であるのかよく承知している。かれらとて、現在の秩序が日常的な現実からすれば不自然であり、その不自然さがそこここで見え隠れしているのに気づかぬはずはない[4]。だがかれらはそれを口にしてはならないのだ。オフィスのなかでこうした事態を話題に皮肉な口をきいたりするのは不敬罪であり、罪人はオフィスをクビになってしまうだろう。触っちゃいけない、芸術品に。というわけだから、こうした機能的合理性には、それらしい上品な言いまわしをさせておき、権力と行政のあるところいたるところにはびこっている婉曲語法(5)を勝手に使わせておいてやろう。そうしてわれわれは、日常的な実践のざわめきのほうにたちもどることにしよう。

日常的な実践は現在の経済社会のなかで小集団をなしてなどいない。やがては技術組織のなかに組み入れられてその記号表現になったり交換物になったりするような類の周縁性と日常的実践とは何のゆかりもない。現在、システムはさまざまな操作の管理をひきうけると称しつつ、そうした操作とうまく手を結ぼうと望んでいるが、そこにわけいってコード化不可能な差異をしのびこませるものこそ、日々営まれている実践なのである。こうした日常的実践は、ローカルな反乱、つまりは分類可能な反乱などではけっしてなく、だれにも共通した、もの静かな、なかば羊のように黙々とした、ひとつの転覆であり——われわれひとりひとりのやり遂げる転覆なのである。そのような転覆の兆しを二つだけとりあげてみたいと思う。ひとつは、場所の「遍在性」であり、もうひとつは時間の破調ということである。この二つにふれてみれば、社会的空間というものは重層的なものであり、制御はきかぬまでも構築可能な表面などといったものに還元しつくせないものであるということ、そしてまた、不測の変化のあれこれは、計量化された時間のなかに考えられもしなかった情況をもちきたらすものだということを示唆することになるだろう。同じひとつの場所は厚みをなし、ひとの振る舞いには狡智がひそみ、そして歴史はさまざまな偶発事に満ちみちている。こうしたことについてざっと書いてみることにしよう。アイロニカルに、通り過ぎるように、グラフィティのように書いてみよう。まるで壁に描かれたあの自転車、だれにも共通のあの移動の紋章が壁から抜けだして、決定不能な行路をめざして動きはじめるような具合に。(6)

重層的な場

ひとつひとつの場それぞれにそなわる差異は、併置されるような性質のものではなく、鱗状に幾重にも貼りあわされた層というかたちをとっている。これにたいし同一平面に並べられるような諸要素は、数えることができ、分析しうる対象となって、処理可能な表面をかたちづくる。都市「改革」というものは、どんな改革であれとにかくタブラ・ラサが好きで、その白い石板のうえに、研究所でこしらえた構成モデルをセメントで書いてゆくのだ。そうしたモデルは人びとの相異なる「必要」をもとにして、それらの必要の各々に応えるべく諸機能を対応させるように組み立てられている。ところが、そのモデルの基礎になる「実体」であるこの必要なるものが、それじたい、システムによって裁断された産物なのである。このように切りとられ並べられた単位は数字のように整って判然としている。そればかりか、こうした必要の前提になっている欲求がそれで充たされない場合には、また新たな必要がうまれ、これまでの必要とそれとを組み合わせるモデル構成が要るということになり、こうしてモデル構成がまえもって正当化されることになる。それが生産のロジックなるものだ。十八世紀このかた、このロジックが、一定の中心点——オフィス、工場、都市——から出発して、ディスクール的かつ実践的な自己の空間をうみだしてきた。このロジックは、自己が創造しない場所は正当な場所として認めようとしない。けれども、テクノロジーの製造する普遍的エクリチュールの下で、不透明で頑固な場所は絶えることなく生きつづけている。歴史上のもろもろの革命、経済変動、人口の変動がそこに層を成し、慣習や儀礼や空間の実践のなかに身をひそめながら、いまなおそこに残っている。かつてそれらの場所を分節化していたディスクールは消え去って、あるいは言語のなかに断片しか残していない。こうした場所は、表面はひとつのコラージュのようにも見える。が実はそれは厚みのなかの遍在なのだ。さまざまに異質な地層が積み重なっているのである。そうしてたたみこまれた地層は、そのひとつひとつが、バラバラになってしまった書物のページのように、様相を異にするいろいろなものを指し示している。あるものは統一を保っていたひとつの土地を指し示し、またあるものは社会経済的な分割配分を指し、政治的葛藤やら、人びとを同化する象徴作用やらを指し示している。

それぞれに時代も違い、潰え去っていまはなき全体にいまもなお結びついた破片の数々からなる集合は、微妙なバランスをとっており、たがいに他のうめあわせをつけるようなひそかな相互補完をはかっている。「電子、陽子、光子の混成、……所属の定かでないありとあらゆる存在が不断に相互作用をおよぼしあっている。」ルネ・トムは物理理論による宇宙の表象をこのように語っているが、そんな宇宙にも似た、微細な動きと多型の活動の数々がこうした場所を動かしている。このような動きは、住んでいる街であれ、村であれ、一見「不動」であるかのような錯覚をあたえる。だがそんな不動性は偽りなのだ。こうした場所のはたらきとその作用は、ただ目に見えなくなってしまっているだけのことなのだ。自己をその残りから「区別」せんがために距離をとった階級は、その距離の範囲内にしか目をやらず、自己が生産しようとするものとそれに抵抗するものというかたちでしかものを見ようとしないが、そんな観察の場からは見えないだけのことなのである。ちなみに街や村や住まいといったものだけが、異質な層からなるこうした断片の集合を活かしているのではない。共通言語のなかのふとしたせりふもおなじような仕方で「はたらいて」いる。そうした意味論的単位もおなじくらい巧妙でデリケートな相互補完のバランスをあやつっており、統辞論的分析や語彙論的分析はそれに表面的な枠組みを課しているにすぎない。そうした枠組みは自分たちのモデルを現実と思いこんでいる「エリート」のそれなのである。そんなモデルより、フロイトがローマの都にふれながら喚起しているあの夢幻的モデルのほうがはるかに適切だ（このモデルは夢幻的だが理論的なモデルといえる、なぜなら実践を組織しているから）。すなわちフロイトはローマの都を語って述べている、そこではもろもろの時代のことごとくが同一の場所に在り、無傷なまま生きながらたがいを活かしあっている、と。(7)

場所、それはパランプセストである。学問的分析はそこに書きこまれたいちばん新しいテクストしか知らない。しかも分析にとってそのテクストは、みずからの認識論的決定、みずからの基準、みずからの目的設定のうんだ結果でしかない。こうしたテクストの再構成のために考案された操作が「つくりものめいた《フィクティフ》」ものであるのは当然であろう。そうした操作が成功を（一時的な？）おさめた理由が、その洞察力のせいではなく、雑多な諸力と時間の織りなすこうした作用の複合を押しつぶす権力のおかげであるのもなんら驚くにあたらない。

波乱の時

機能的計画化が自己のあずかりしらぬもののほうへと運ばれてゆくもうひとつのかたち、それは、不測の出来事である。過ぎゆく時間、途切れたりつながったりする時間（そしておそらく思考されたこともない時間）は、プログラム化された時間ではない。未来予測のプログラミングはどれほど多様な仮説をたててみたところで、不測の出来事は除外してかかっている。もしこのようなプログラミングなるものが存在していなければ、こんなことは言うまでもない自明の理にすぎないのだが。波乱ぶくみの時間は、もっぱら生産の場に「事故」を発生させ、欠落を生じさせる夜のごときものとしてすがたを現わす。それはシステムの言い損いであり、その魔性の敵なのだ。このような時間は、歴史学が悪魔ばらいするはずのものであった。歴史学は、こうした他者のけしからぬ仕業にたいし、科学的理解という透明な組織体系（相関関係、「原因」と結果、継起的連続性、等々）をもってきて、この他者を厄介払いする任務を負うていた。未来予測のプログラミングがやらないものは、歴史学がひきうけるというわけである。いずれもそろって、「理性」（根本的）（つくりものの）《フィクティフ》の生産をとおして決定不能なものの猥褻さをおおい隠すという要請にしたがっているのだから。

ディスクール〔話《わ》〕によって構成されるこうした波乱ぶくみの時間は、現実には、バラバラに散り、潜伏状態で身をひそめている。実際、理論の時間というものは、「隷属関係」や依存関係にしたがいつつ、[8] 起こりそうにないもの、うまくいかないもの、逸脱するものなどにつながれた時間なのであり、それゆえ他者によってずらされた時間なのである。それは、言語でいえば、人びとがよく使う「時間のメタファー」[9] に相当する。しかも奇妙なめぐりあわせで、制御可能なものと破調をもたらすものとのこのかかわりがまさに象徴作用をうみだすのであり、象徴作用とは、首尾一貫性を欠いていながらそれでいて調和をもたらすもの、思ってもみなかったのに結ばれあうものの織りなす協和なのである。

理性の不調や破綻は、理性の盲点だが、まさにこの盲点をとおして理性はもうひとつの次元に、すなわち思考という次元に到達するのであり、思考は、みずからではどうすることもできない定めとして異なるものに結ばれあっている。象徴秩序は乱調というものときりはなすことができないものなのだ。日常的実践は、機会《チャンス》なくしては在りえない実践として、波乱の時と結ばれている。したがって日常的な実践は、時間の流れのいたるところに点々と散在するもの、思考という行為の状態に在るものといえるだろう。日常的実践は、絶えまない思考の身ぶりなのだ。

こうしてみれば、不測の出来事を排除したり、あってはならぬ事故とか、合理性の破壊者とかみなして、計算外に追いやってしまうのは、都市の生きた「神話的」実践の可能性をとざしてしまうことにひとしい。そうなれば都市に住む人びとに残されたものは、ただ、他者の権力によってつくられ、こしらえものの事件で捏造されたプログラミングのスクラップでしかなくなってしまうだろう。波乱の時、それは、都市を生きる実際の暮らしのディスクール〔話《わ》〕のなかで物語られるものである。言ってみればそれは、決定不能なひとつの寓話、機能主義的テクノクラシーの自明性の帝国ではなく、メタファー的な実践と幾重にも層を成した場所とにかたく結ばれあった、ひとつの寓話なのである。

ける「相補性」についての考察。また、科学的思惟におけるメタファーの役割にかんしては、次を参照のこと。Mary Hesse, *The structure of scientific inference*, London, Macmillan, 1974（第1章と終章）。

（4） たとえば、ある企画が決定へと至るまでの実際上の過程には、（真相をあかす）「物語」がたくさんあるにちがいない。残念ながら要約でしかないが、次の文献が「付録」に付している物語はそうした類のものである。Lucien Sfez, *Critique de la décision*, Paris, A. Colin, 1973, p. 353-356. だが、いったいそのようなことが口にされうるであろうか。

（5）「暴言語法」（きわどい言葉が「口を突き」、あらわにするというよりむしろ「暴露する」）にたいして、バンヴェニストは「婉曲語法」（たとえば「神の名」のかわりに「法王の名」を言う）を代置しているが、これは「言語上の冒瀆を実際におこなわずに、暗示する」語法である。実に適切な考えではないか。（*Problèmes de linguistique générale*, Paris, Gallimard, 1974, t. 2, p. 254-257）〔前掲『一般言語学の諸問題』〕.

（6） Ernest Berringer によるニューヨークでのグラフィティー。

（7） Cf. M. de Certeau, *l'Écriture de l'histoire*, Paris, Gallimard, 2e éd., 1978, p. 312-358.〔前掲『歴史のエクリチュール』〕

（8） 都市発展にかんする「理論」と発展をもたらす力との関係を指して Jean-Claude Perrot がその見事な研究で用いている用語。*Genèse d'une ville moderne. Caen au XVIIIe siècle*, Paris, Mouton, 1975, p. 54-98.

（9） Cf. Harald Weinrich, *le Temps*, trad., Paris, Seuil, 1973, p. 225-258.〔脇阪豊訳『時制論』紀伊國屋書店〕

第14章

（1） Maurice Berger et Françoise Hortala, *Mourir à l'hôpital*, Paris, Centurion, 1974, p. 155.

（2） Cf. Michel de Certeau, *l'Absent de l'histoire*, Mame, 1973.

（3） Cf. Guy Le Gaufey, 《La douleur mélancolique, la mort impossible et le réel》, in *Lettres* de l'École freudienne, n° 13, déc. 1974, p. 38–49.

（4） Cf. Serge Leclaire, *Démasquer le réel*, Paris, Seuil, 1971, p. 121–146: 《Jérôme ou la mort dans la vie de l'obsédé》.

（5） James Joyce, *Giacomo Joyce*, trad., Paris, Gallimard, 1973, p. 16.〔丸谷才一訳『ジアコモ・ジョイス』（世界の文学 1）集英社〕

（6）「同一場所における二者」というこのトポロジー的構造は分裂した主体の構造にほかならないが、これについては次を見よ。M. de Certeau, *l'Écriture de l'histoire*, Paris, Gallimard, 2e éd., 1978, p. 337–352.〔前掲『歴史のエクリチュール』〕

（7） François Jacob, *la Logique du vivant*, Paris, Gallimard, 1970, p. 331–332.〔島原武・松井喜三訳『生命の論理』みすず書房〕

（8） Robert Jay Lifton, *Death in Life. The Survivors of Hiroshima*, London and New York, 1968〔桝井迪夫・湯浅信之・越智道雄・松田誠思訳『ヒロシマを生き抜く』上・下、岩波書店〕（A. Alvarez, *le Dieu sauvage. Essai sur le suicide*, Paris, Mercure de France, 1972, p. 281 に引用）。

決定不能なもの

（1） Michel Serres, *Hermès* II. *L'interférence*, Paris, Ed. de Minuit, 1972, p. 12–13,〔豊田彰訳『干渉――ヘルメスII』法政大学出版局〕

（2） Manuel Janco et Daniel Furjot, *Informatique et capitalisme*, Paris, Maspero, 1972, p. 117–127.

（3） Gerald Holton, *Thematic origins of scientific thought. Kepler to Einstein*, Harvard Univ. Press, 1974, p. 91–161. とくに科学の前提とする想像力、ならびに想像力の構造と厳密な論理性とを結びつ

ソー全集』第5巻所収、白水社〕

（15） Cf. Robert N. Bellah, *Beyond belief. Essays on religion in a post-traditional world*, New York, 1970, p. 168–189. アメリカにおける「市民的宗教」について。

（16） Maurice Agulhon は、信者（16–17世紀）にはじまり、フリーメーソン（18世紀）、社会主義（19世紀）という内容の変動を経てきたにもかかわらず、そこに中世的な社会「形態」が存続しつづけていることを分析してこのことをあきらかにしている。*Pénitents et francs-maçons de l'ancienne Provence*, Paris, P. U. F., 1968.

（17） Yvon Bourdet の分析は精密ではあるが、闘争活動の心理学や倫理学に著しく偏っており、そうした闘争が位置していた歴史的状況を捨象している点で批判されねばならない。*Qu'est-ce qui fait courir les militants?*, Paris, Stock, 1976.

（18） Daniel Mothé はまさに指摘している、闘士は現在について悲観的であり、未来については楽天的である、と。（*Le Métier de militant*, Paris, Seuil, 1973）.

（19） Henri Desroche による多くの研究を見られたい。

（20） ヘラクレイトスの断片によれば、「デルフォイの神託は語るのでもなく隠すのでもなく、意味するのである」（frag. 93, in Diels）。

（21） Cf. Erwin Panofsky, *la Perspective comme forme symbolique*, trad., Paris, Ed. de Minuit, 1975; E. H. Gombrich, *l'Art et l'Illusion*, Paris, Gallimard, 1971, p. 255–360〔瀬戸慶久訳『芸術と幻影』岩崎美術社〕; R. Klein, *la Forme et l'intelligible*, Paris, Gallimard, 1970.

（22） シミュラークルにかんしては次を見よ。Jean Beaudrillard, *l'Échange symbolique et la mort*, Paris, Gallimard, 1976（p. 75–128: 《L'ordre des simulacres》）〔前掲『象徴交換と死』〕; 《La précession des simulacres》, in *Traverses*, n° 10, 1978, p. 3–37.〔竹原あき子訳『シミュラークルとシミュレーション』法政大学出版局〕

（23） Cf. O. Mannoni, *Clefs pour l'imaginaire ou l'Autre Scène*, Paris, Seuil, 1969, p. 9–33: 《Je sais bien mais quand même》（信について）。

（24） M. de Certeau, 《Science et fiction: l'histoire, de l'informatique à l'anthropologie》, in *Nouvelles littéraires*, janvier 1977.

1975.

（7） Cf. Michel Foucault, *Surveiller et punir*, Paris, Gallimard, 1975; etc.〔前掲『監獄の誕生』〕

（8） Kamata Satoshi, *Toyota, l'usine du désespoir*, trad., Paris, éd. ouvrières, 1976.〔原著・鎌田慧『自動車絶望工場』徳間書店〕ここにあるのはいまだ「古技術的」なシステムであって、あらゆる活動をコントロールすることが問題になっており、信をうみだすような価値によってそれらの活動をつなぎとめることはまだ問題にされていない。Cf. Miklós Haraszti, *Salaire aux pièces*, Paris, Seuil, 1976.

（9） ピエール・グレミヨンが指摘しているように、地方行政組織、および都市のサブ・システムにおいてはなおさらのこと、正当化のメカニズムなるものは「もはや存在しない」。Cf. P. Grémion, *le Pouvoir périphérique. Bureaucrates et notables dans le système politique français*, Paris, Seuil, 1976, p. 416 sv.

（10） Cf. M. de Certeau, *la Culture au pluriel*, Paris, 10–18, 1974, p. 11–34:〔前掲『文化の政治学』〕《Les révolutions du croyable》. クワインとユリアンが論理学的視点から分析の最初にとりあげているのも、まさにこうした言表から言表への信（Belief）の移行である（*op. cit.*, p. 8–9）。

（11） ある部族から他の部族へと神話が移行してゆき、そうしつつ次第に神話が伝承とかロマネスクな虚構とか、あるいは政治的イデオロギーと化していきながら「衰弱してゆく」移行過程の分析とならんで（cf. Lévi-Strauss, *Anthropologie structurale deux*, Paris, Plon, 1973, p. 301–315,《Comment meurent les mythes》)、神話から次第に信が抜けてゆくこうした撤収の過程が分析されなければならない。

（12） Cf. Georges Duby, *Guerriers et Paysans*, Paris, Gallimard, 1976, p. 184 sq.

（13） Cf. M. de Certeau, *l'Écriture de l'histoire*, Paris, Gallimard, 2e ed., 1978, p. 152–212〔前掲『歴史のエクリチュール』〕:《La formalité des pratiques. Du système religieux à l'éthique des lumières（XVIIe-XVIIIe siècle）》.

（14） J.-J. Rousseau, *le Contrat social*, IV, chap. 8.〔作田啓一訳『ル

(Sprach-) Handlung und Tat》) in *Poetica* (Bochum), 1976; etc.

(27) Georges Perec は次の論考でみごとにこのことを語っている。《Lire: esquisse sociophysiologique》, in *Esprit*, janv. 1976, p. 9-20.

(28) だが知られているように、声帯や声門を支え動かす筋肉は、読書のあいだも活動しているのである。

(29) Cf. F. Richaudeau, *la Lisibilité*, C.E.P.L., 1969; Georges Rémond, 《Apprendre la lecture silencieuse à l'école primaire》, in A. Bentolila (éd.), *op. cit.*, 1976, p. 147-161.

(30) R. Barthes, 《Sur la lecture》, *op. cit.*, p. 15-16.

第13章

(1) Jorge Luis Borges, *Chroniques de Bustos Domecq*, 《Esse est percipi》(存在するとは、知覚されることである)。〔斎藤博士訳『ブストス＝ドメックのクロニクル』国書刊行会〕

(2) 次を参照のこと。W. V. Quine and J. S. Ullian, *The Web of Belief*, New York, Random House, 1970, p. 4-6.

(3) この問題については以下を見よ。Jaakko Hintikka, *Knowledge and belief. An introduction to the logic of the two notions*, Ithaca, Cornell University Press, 1969〔永井成男・内田種臣訳『認識と信念』紀伊國屋書店〕; Rodney Needham, *Belief, Language and Experience*, Oxford, Basil Blackwell, 1972; Ernest Gellner, *Legitimation of Belief*, Cambridge University Press, 1974; John M. Vickers, *Belief and Probability*, Dordrecht, Reidel, 1976; *Langages*, n° 43 sur 《les modalités》, Larousse, septembre 1976; etc.

(4) たとえば次を見よ。R. S. Peters and Peter Winch, 《Authority》, in Anthony Quinton (ed.), *Political philosophy*, Oxford University Press, 1973, p. 83-111.

(5) Pierre Legendre, *l'Amour du censeur*, Paris, Seuil, 1974, p. 28.

(6) たとえば次を見よ。Dale Carnegie, *Public speaking and influencing men in business* (trad. franç. de M. Beerblock et M. Delcourt, Liège, Desoer, 1950). とくに Martin Fishbein and Icek Ajzen, *Belief, Attitude, Intention and Behavior*, Addison-Wesley,

textes》, n° 7, oct. 1972); deux nos d'*Esprit* (*Lecture I*, déc. 1974; *Lecture II*, janv. 1976); etc.

(16) たとえば M. Charles, *op. cit.* の「命題」など。

(17) Descartes, *Principes*, IV, art. 205.〔三輪正・本多英太郎他訳『デカルト著作集』第3巻、白水社〕

(18) Pierre Kuentz, 《Le tête à texte》, in *Esprit*, déc. 1974, p. 946-962; 《L'envers du texte》, in *Littérature*, n° 7, *op. cit.*

(19) カトリック信者が聖書を読みながらたどる軌跡とか、かれらの解釈とか抱く信念などの自律性を明るみにだすような資料は残念ながら極めて稀である。次を見よ。Rétif de la Bretonne, *la Vie de mon père* (1778), Granier, 1970, p. 29, 131-132, etc.「自作農」であった自分の父を語っている箇所。

(20) Guy Rosolato, *Essais sur le symbolique*, Gallimard, 1969, p. 288.〔佐々木孝次訳『精神分析における象徴界』法政大学出版局〕

(21) アヴィラのテレサにとって読書は祈りであり、欲望が明るみにもたらされるもうひとつの空間の発見であった。他にも霊的経験によって書く者たちはほとんどが同じように思っており、子どもはすでにそのことを知っている。

(22) Marguerite Duras, *le Camion*, Ed. de Minuit, 1977. および《Entretien à Michèle Porte》, (*Sorcières*, n° 11, janv. 1978, p. 47 に引用)。

(23) Jacques Sojcher, 《Le professeur de philosophie》, in *Revue de l'Université de Bruxelles*, 1976, n° 3-4, p. 428-429.

(24) R. Barthes, *le Plaisir du texte, op. cit.*, p. 58.

(25) Claude Lévi-Strauss, *la Pensée sauvage*, Plon, 1962, p. 3-47.〔大橋保夫訳『野生の思考』みすず書房〕読者のおこなう「ブリコラージュ」にあっては、再利用される諸要素はすべて公認のもの、既成のものであるから、読者に新しいものなどいっさい存在しないかのように信じさせることができないわけではない。

(26) とくに次の研究を見よ。Hans Ulrich Gumbrecht (《Die dramenschliessende Sprachhandlung im Aristotelischen Theater und ihre Problematisierung bei Marivaux》); Karlheinz Stierle (《Das Liebesgeständnis in Racines *Phèdre* und das Verhältnis von

New York, McGraw-Hill, 1967; Dolores Durkin, *Teaching them to read*, Boston, Allyn & Bacon, 1970; Eleanor Jack Gibson and Harry Levin, *The Psychology of reading*, Cambridge (Mass.), M. I. T. Press, 1975; Milfred Robeck & John A. R. Wilson, *Psychology of reading: foundations of instruction*, New York, Wiley, 1973; Lester & Muriel Tarnopol (ed.), *Reading disabilities. An international perspective*, Baltimore, Univ. Park Press, 1976; etc. 次の三誌も重要である。*Journal of reading* (1957年創刊), Dept of English, Purdue University; *The Reading Teacher* (1953年創刊), Chicago International Reading Association; *Reading Research Quaterly* (1965年創刊), Newark, Del., International Reading Association.

(13) Cf. F. Furet et J. Ozouf, *op. cit.*, t. 2, p. 358-372 の参考文献。さらに次も見よ。Mitford McLeod Mathews, *Teaching to read, historically considered*, Chicago, University of Chicago Press, 1966. Jack Goody の研究は民族歴史学的分析への豊かな道をきりひらいている。(*Literacy in a traditional society*, Cambridge University Press, 1968; *la Raison graphique*, trad., Ed. de Minuit, 1979, etc.)

(14) 統計調査のほかに次も参照せよ。J. Charpentreau, F. Clément, A. Conquet, A. et G. Gentil, A. Girard, etc., *le Livre et la lecture en France*, éd. ouvrières, 1968.

(15) 言うまでもなく、Roland Barthes, *le Plaisir du texte*, Seuil, 1973〔鈴村和成訳『テクストの楽しみ』みすず書房〕; 《Sur la lecture》, in *le Français aujourd'hui*, janv. 1976, n° 32, p. 11-18. 以下、すでにあげた文献のほか、目にとまったものをあげておく。Tony Duvert, 《La lecture introuvable》, in *Minuit*, n° 1, nov. 1972, p. 2-21; O. Mannoni, *Clefs pour l'imaginaire*, Seuil, 1969 (p. 202-217: 《Le besoin d'interpréter》); Michel Mougenot, 《Lecture/écriture》, in *le Français aujourd'hui*, n° 30, mai 1975; Victor N. Smirnoff, 《L'œuvre lue》, in *Nouvelle Revue de psychanalyse*, n° 1, 1970, p. 49-57; Tzvetan Todorov, *Poétique de la prose*, Seuil, 1971 (p. 241: 《Comment lire?》); Jean Verrier, 《La ficelle》, in *Poétique*, n° 30, avril 1977; un n° de *Littérature* (《Le discours de l'école sur les

(2) *Pratiques culturelles des Français,* 文化調査、S. E. R., 1974, 2 tomes.

(3) Louis=Harris の統計調査（1978 年、9-10 月）によれば、フランスにおける 20 歳以上の読者人口は 17%の増加をしめしているようである。よく本を読む読書家の比率はかわらないが（22%）、中ないしそれ以下の程度の読書家の数は増えている。Cf. Janick Jossin, in *L'Express,* 11 nov. 1978, p. 151-162.

(4) Cf. Jean Ehrard, *l'Idée de nature en France pendant la première moitié du XVIII*[e] *siècle,* Sepven, 1963, p. 753-767: 《Naissance d'un mythe: l'Éducation》.

(5) François Furet et Jacques Ozouf, *Lire et écrire. L'alphabétisation des Français de Calvin à Jules Ferry,* Ed. de Minuit, 1977, t. 1, p. 349-369, p. 199-228: 《Lire seulement》.

(6) たとえば次を見よ。J. Mehler et G. Noizet, *Textes pour une psycholinguistique,* Mouton, 1974; また次も参照。Jean Hébrard, 《École et alphabétisation au XIXe siècle》, Colloque 《Lire et écrire》での発表。Paris, M. S. H., juin 1979.

(7) F. Furet et J. Ozouf, *op. cit.*, p. 213.

(8) Michel Charles, *Rhétorique de la lecture,* Seuil, 1977, p. 83.

(9) L. Borges. Gérard Genette, *Figures,* Seuil, 1966, p. 123〔花輪光監訳『フィギュール I』水声社〕より引用。

(10) M. Charles, *op. cit.*, p. 61.

(11) 周知のとおり、中世において「講師」〔lecteur〕は教育者のひとつの資格であった。

(12) とくに参照すべき文献は Alain Bentolila (éd.), *Recherches actuelles sur l'enseignement de la lecture,* Bibl. du C.E.P.L., Retz, 1976; Jean Foucambert et J. André, *la Manière d'être lecteur. Apprentissage et enseignement de la lecture, de la maternelle au CM2,* Sermap, O.C.D.L., 1976; Laurence Lentin, *Du parler au lire. Interaction entre l'adulte et l'enfant,* E.S.F., 1977; etc. 以上にくわえて、「アメリカ産の」豊富な文献もあげておかねばならない。Janne Sternlicht Chall, *Learning to read; the great Debate... 1910-1965,*

(5) Cf. M. de Certeau, *l'Écriture de l'histoire*, Gallimard, 2e éd., 1978, p. 197 sq.〔前掲『歴史のエクリチュール』〕(《deux pratiques du langage》, 《écriture et oralité》).

(6) Cf. M. de Certeau, 《Théorie et fiction》 et 《Le monde de la voyelle》, in M. de Certeau, D. Julia, J. Revel, *Une politique de la langue*, Gallimard, 1975, p. 82–98, 110–121.

(7) F. de Saussure, *Cours de linguistique générale*, éd. Tullio de Mauro, Payot, 1974, p. 30.〔小林英夫訳『一般言語学講義』岩波書店〕

(8) Tullio de Mauro による注、*ibid.*, p. 420.

(9) Cf. Saussure, *Cours..., ibid.*, p. 138–139; また次も参照せよ。Cl. Haroche, P. Henry, M. Pêcheux, 《La sémantique et la coupure saussurienne: langue, langage, discours》, in *Langages*, n° 24, 1971, p. 93–106.

(10) Cf. D. Bertaux, *Histoires de vies ou récits des pratiques? Méthodologies de l'approche biographique en sociologie*, (C.O.R.D.E.S. への報告) Paris, 1976.

(11) Louis Hjelmslev, *Prolégomènes à une théorie du langage*, trad., Ed. de Minuit, 1968, p. 139–142.〔竹内孝次訳『言語理論の確立をめぐって』岩波書店〕

(12) Marguerite Duras, *Nathalie Granger*, Gallimard, 1973, p. 105 (《La femme du Gange》への序)、および Benoit Jacquot によるインタビュー in *Art Press, octobre* 1973.

(13) Pierre Jakez Helias, *le Cheval d'orgueil*, Plon, 1975, p. 41, 27.

(14) *Ibid.*, p. 54.

(15) *Ibid.*, p. 55.

(16) Cf. *Ibid.*, p. 69–75.

第12章

(1) Alvin Toffler, *The culture consumers*, Penguin, Baltimore, 1965, p. 33–52〔前掲『文化の消費者』〕, Emanuel Demby の調査による。

活の基本形態』筑摩書房〕
(17) Cf. Pierre Legendre, *l'Amour du censeur*, Seuil, 1974.
(18) Michel Carrouges, *les Machines célibataires*, Arcanes, 1954（増補改訂版 1975）〔新島進訳『新訳 独身者機械』東洋書林〕; Jean Clair et Harald Szeemann (éd.), *Junggesellen-maschinen/Les Machines célibataires*, Alfieri Edizioni, Venice, 1975（この英仏二国語版に続き、英伊二国語版も出版されている）。
(19) *Die Traumdeutung*, chap. 7, 心的装置について〔前掲『フロイト著作集』第2巻〕。理論的フィクションという表現は、とくに「心的装置という仮構《フィクション》」からのものである。
(20) Cf. Katherine S. Dreier & Matta Echaurren, 《Duchamp's glass 'La Mariée mise à nu par ses célibataires, même'. An analytical reflection》(1944), in *Selected Publications Society Anonym*, vol. III, *Monographs and Brochure*, Arno Press, New York, 1972.
(21) Alfred Jarry, *les Jours et les Nuits*, (1897), Gallimard.
(22) Jean-Claude Milner, *l'Amour de la langue*, Seuil, 1978, p. 98-112.〔平出和子・松岡新一郎訳『言語への愛』水声社〕
(23) Michel Sanouillet, in Marcel Duchamp, *Duchamp du signe. Ecrits*, éd. M. Sanouillet, Flammarion, 1975, p. 16.
(24) Cf. Jean-François Lyotard, *les Transformateurs Duchamp*, Galilée, 1977, p. 33-40: 《Duchamp as a transformer》.

第11章

(1) 詩篇 Ingenii familia (Ingenium, liber, vox, memoria, oblivio) 中の「声」(声への賛歌) より。Gabriel Cossart, *Orationes et carmina*, Paris, Cramoisy, 1675, p. 234.
(2) Daniel Defoe, *Robinson Crusoe*, Penguin, 1975, p. 162.〔平井正穂訳『ロビンソン・クルーソー』岩波書店〕
(3) 神話のこうした側面にかんしては、次を参照のこと。Claude Rabant, 《Le mythe à l'avenir (re)commence》, in *Esprit*, avril 1971, p. 631-643.
(4) 前出、第10章、319ページ以降を参照されたい。

(9) とくに次を見よ。Charles Webster, *The Great Instauration. Science, Medicine and Reform, 1626-1660*, New York, Holmes & Meier, 1975, p. 246-323.

(10) Jean-Pierre Peter, 《Le corps du délit》, in *Nouvelle Revue de psychanalyse*, n° 3, 1971, p. 71-108. この論考は、こうして移り変わっていった三つの身体形象を区別しているが、おそらくそれらは物理学の三つのパラダイムに照応するものであり、その適用ともいえるだろう。すなわち、衝撃(17世紀)、遠達力(18世紀)、熱力学(19世紀)の物理学である。

(11) Webster, *op. cit.*, とくに次の箇所。《Conclusions》, p. 484-520.

(12) 歴史にたいするエクリチュールのこうした新たな権力については次を見よ。Michel de Certeau, *l'Écriture de l'histoire*, Gallimard, 2e éd., 1978.〔前掲『歴史のエクリチュール』〕

(13) Jean Baudrillard の次の分析を見よ。*l'Échange symbolique et la mort*, Gallimard, 1976, p. 75-95: 《L'ordre des simulacres》〔今村仁司・塚原史訳『象徴交換と死』筑摩書房〕; および《le Simulacre》, in *Traverses*, n° 10, février 1978.

(14) このようにして道具は二つの地位のあいだをゆれ動いている。たとえばこれらの道具は、次のような豪華本の光沢紙のうえに並べられている。André Velter et Marie-José Lamothe, *les Outils du corps* (photos de Jean Marquis), éd. Hier et demain, 1978. かと思えばまた、次のような道具類のカタログ誌のなかにもひしめいている。*Chirurgie orthopédique*, Chevalier Frères, s. a., 5-7 place de l'Odéon, Paris.

(15) Michel Foucault, *Surveiller et punir*, Gallimard, 1975 を参照せよ。フーコーの分析は一望監視装置そのものにとどまらず、分類化して一覧に供すべき広大な領域をきりひらいている。

(16) 社会的コードは人間ひとりひとりにそなわる自然に傷をあたえつつ個人の身体に刻まれるという思想はデュルケームのものであった。こうしたエクリチュールのとる原初形態は損傷となるはずであり、刻銘の威力はそこから来ている。Cf. E. Durkheim, *les Formes élémentaires de la vie religieuse*, P. U. F., 1968.〔山崎亮訳『宗教生

うに定義している。「いかにしてひとが無意識のうちに空間を構造化するかをあきらかにする学——空間とは、日々たがいに相互作用をおよぼしながら行動する人びとのあいだの距離であり、自宅や建物のなかでの空間編成であり、つまりは自分の住む街の空間配置である。」(《Proxemics: the study of man's spatial relations》, in Gladston (ed.), *Man's image in Medicine and Anthropology*, New York, 1963).

第10章

(1) Grundtvig, *Budstikke i Høinorden* (1864) 31 X 527. Erica Simon, *Réveil national et culture populaire en Scandinavie. La genèse de la højskole nordique, 1844-1878*, Copenhague, 1960, p. 59 に翻訳、引用。

(2) Cf. E. Simon, *op. cit.*, p. 54-59.

(3) Jacques Derrida, *Positions*, Ed. de Minuit, 1972, p. 41.〔高橋允昭訳『ポジシオン』青土社〕

(4) Karl Marx, 《Manuscrits de 1844》, in Marx-Engels, *Werke*, ed. Dietz, t. 1 (1961), p. 542-544.〔城塚登・田中吉六訳『経済学・哲学草稿』岩波書店〕

(5) Cf. M. de Certeau, D. Julia, J. Revel, *Une politique de la langue*, Gallimard, 1975.

(6) Shakespeare, *The Comedy of Errors*, II, 2, v. 13-14.〔小田島雄志訳『シェイクスピア全集』第1巻、白水社〕

(7) Cf. Lucette Finas, *la Crue*, Gallimard, 1972, Préface, 読書とは身体へのテクストの刻印であるということについて。

(8) このような歴史にかんしては次を見よ。A. Macfarlane, *The Origins of English Individualism*, Oxford, Basil Blackwell, 1978〔酒田利夫訳『イギリス個人主義の起源』南風社〕; これ以前にも次の文献がある。C. B. Macpherson, *The political Theory of possessive Individualism. Hobbes to Locke*, Oxford, Oxford University Press, 1964.〔藤野渉・将積茂・瀬沼長一郎訳『所有的個人主義の政治理論』合同出版〕

de la ville dans ses utopiques》(Ed. de Minuit, 1973, p. 257–290)

(14) C. Bidou et F. Ho Tham Kouie, *op. cit.*, p. 55 に引用。

(15) *ibid.*, p. 57, 59 に引用。

(16) Pierre Janet, *l'Évolution de la mémoire..., op. cit.*, とくに「語りの技法」と「製作」にかんする文献考証の箇所（p. 249–294)。A. メダンと J. F. オゴヤールはこのような統一性をもとにして研究対象にとりあげるべき資料を決定している。(*Situations d'habitat..., op. cit.*, p. 90–95).

(17) Y. M. Lotman, in École de Tartu, *Travaux sur les systèmes de signes, op. cit.*, p. 89.

(18) Georges Dumézil, *Idées romaines*, Gallimard, 1969, p. 61–78: 《Ius fetiale》.

(19) *Ibid.*

(20) Georges Dumézil, *op. cit.*, p. 31–45.

(21) G. Miller & Ph. Johnson-Laird, *op. cit.*, p. 57–66; cf. *ibid.*, p. 385–390, 564, etc.

(22) Christian Morgenstern, 《Der Lattenzaun》, in *Gesammelte Werke*, München, R. Piper, 1965, p. 229.

(23) Cf. Nicole Brunet, *Un pont vers l'acculturation. Ile de Noirmoutiers*, D. E. A. ethnologie, Univ. Paris VII, 1979.

(24) Cf. M. de Certeau, 《Délires et délices de Jérôme Bosch》, in *Traverses*, n°s 5–6, 1976, p. 37–54.

(25) Cf. Françoise Frontisi-Ducroux, *Dédale. Mythologie de l'artisan en Grèce ancienne*, Maspéro, 1975, p. 104; p. 100–101, 117, etc., この堅固な立像の動性について。

(26) Jules Michelet, *la Sorcière*, Calmann-Lévy, s. d., p. 23–24.〔篠田浩一郎訳『魔女』現代思潮社〕

(27) こうした両義性の問題については、たとえば次を見よ。Emmanuel Le Roy Ladurie, *le Carnaval de Romans*, Gallimard, 1979.〔蔵持不三也訳『南仏ロマンの謝肉祭』新評論〕

(28) Cf. Paolo Fabbri, 《Considérations sur la proxémique》, in *Langages*, n° 10, juin 1968, p. 65–75. E. T. ホールは近接学を次のよ

lating Place》, in David Sudnow (ed.), *Studies in Social Interaction*, Free Press, New York, 1972, p. 75-119.

(6) たとえばタルトゥ学派による次を見よ。*Travaux sur les systèmes de signes*, textes choisis et présentés par Y. M. Lotman et B. A. Ouspenski, Complexe et P. U. F., Bruxelles et Paris, 1976, p. 18-39, 77-93, etc.; Iouri Lotman, *la Structure du texte artistique*, Gallimard, 1973, p. 309 s., etc.〔磯谷孝訳『文学理論と構造主義』勁草書房〕

(7) Maurice Merleau-Ponty, *Phénoménologie de la perception*, Gallimard, coll. Tel, 1976, p. 324-344.〔前掲『知覚の現象学』〕

(8) Charlotte Linde, William Labov, 《Spatial Networks as a site for the Study of Language and Thought》, in *Language*, 51, 1975, p. 924-939.「行為」と「空間」の関係については、次も参照のこと。le groupe 107 (M. Hammad, etc.), *Sémiotique de l'espace*, (D.G.R.S.T. への報告), 1973, p. 28.

(9) たとえば次を参照。Catherine Bidou et Francis Ho Tham Kouie, *le Vécu des habitants dans leur logement à travers soixante entretiens libres*, (C.E.R.E.B.E.への報告), 1974; Alain Médam et Jean-François Augoyard, *Situations d'habitat et façons d'habiter*, École spéciale d'architecture de Paris, 1976; etc.

(10) Cf. George H. T. Kimble, *Geography in the Middle Ages*, London, Methuen, 1938; etc.

(11) Roland Barthes, *l'Empire des signes*, Skira, 1970, p. 47-51.〔宗左近訳『表徴の帝国』新潮社〕

(12) ピエール・ジャネがこの地図を復元し、分析している。オリジナルはメキシコ、プエブラの Cuauhtinchan に保存されている。Pierre Janet, *l'Évolution de la mémoire et la notion du temps*, A. Chahine, 1928, p. 284-287.

(13) 17 世紀にみられる都市表現の三形態における絵図（「ディスクール－行程」）と地図（「システム－テクスト」）との関係、「説話的なもの」と「幾何学的なもの」との関係については、たとえば次を見られたい。Louis Marin, *Utopiques: jeux d'espaces*, 《Le portrait

それらは、出発地の伝説にとって替わるもの（そして博物館となるもの）なのだ。

(46) 相互の関係が思考されぬまま、それでいてたがいに不可欠なものとして措定されている諸項は象徴的であると呼びうるであろう。このような思考の「欠如」によって特徴づけられる認識装置としての象徴主義の定義については、次を参照。Dan Sperber, *le Symbolisme en général*, Hermann, 1974.〔菅野盾樹訳『象徴表現とはなにか』紀伊國屋書店〕

(47) F. Ponge, *la Promenade dans nos serres*, Gallimard, 1967.

(48) リヨンのクロワ＝ルースの一住民（P. マヨールのインタビュー）。Cf. volume 2: *Habiter, cuisiner.*

(49) Cf. *le Monde*, 4 mai 1977.

(50) 注（48）を参照。

(51)『夢判断』と『快楽原則の彼岸』を参照。および次をも参照せよ。Sami-Ali, *l'Espace Imaginaire*, Gallimard, 1974, p. 42-64.

(52) J. Lacan, *Ecrits*, Seuil, 1966, p. 93-100.〔宮本忠雄・竹内迪也・高橋徹・佐々木孝次訳『エクリ』Ｉ、弘文堂〕

(53) S. Freud, *Inhibition, symptôme et angoisse*, trad., P. U. F., 1968.

(54) V. Kandinsky, *Du spirituel dans l'art*, Denoël, 1969, p. 57.〔西田秀穂訳『抽象芸術論』美術出版社〕

第９章

（１） John Lyons, *Semantics*, Cambridge University Press, vol. 2, 1977, p. 475-481（《Locative Subjects》), p. 690-703（《Spatial expressions》).

（２） George A. Miller & Philip N. Johnson-Laird, *Language and Perception*, Cambridge (Mass.), Harvard Univ. Press, 1976.

（３） 後出、287ページ以降を見よ。

（４） Albert E. Scheflen & Norman Ashcraft, *Human Territories. How we behave in Space-Time*, Prentice-Hall Inc., Englewood Cliffs (N. J.), 1976.

（５） E. A. Schegloff, 《Notes on a Conversational Practice: Formu-

(31) Cf. Anne Baldassari et Michel Joubert, *Pratiques relationnelles des enfants à l'espace et institution*, CRECELE, CORDES, 1976, ronéot.; 《Ce qui se trame》, in *Parallèles*, n° 1, juin 1976.

(32) J. Derrida, *op. cit.*, p. 287, メタファーについての箇所。

(33) E. Benveniste, *op. cit.*, t. 1, 1966, p. 86-87.

(34) バンヴェニストにとって「ディスクール」は、「話している人間がそれをひきうける限りにおいて、しかも間主体性という条件のもとでのみ、言語なのである」(*ibid.*, p. 266)。

(35) 圧縮や移動といった「夢の作業」に特有の「形象化の方式」については、たとえば次を見よ。S. Freud, *la Science des rêves*, trad., P. U. F., 1973, p. 240-300.〔前掲『フロイト著作集』第2巻〕

(36) Ph. Dard, F. Desbons et al., *la Ville, symbolique en souffrance*, C. E. P., 1975, p. 200.

(37) たとえば次の書のエピグラフも参照せよ。Patrick Modiano, *Place de l'Étoile* (Gallimard, 1968).〔有田英也訳『エトワール広場/夜のロンド』作品社〕

(38) Joachim du Bellay, *Regrets*, 189.

(39) たとえば、サルセル〔パリ郊外に建てられた、高層賃貸アパート群から成るベッドタウン〕は大いなる都市工学の夢を託した名であったが、全面的挫折の徴としてフランス中に響きわたってからは、都市に住む人びとにとって象徴価をそなえた名になった。このような極端な失敗はとどのつまり住民にたいして一種特権的なアイデンティティという「威光」をもたらしたのである。

(40) Superstare よぶんなもの、あるいは余りものという様相のもとに浮いていること。

(41) Cf. F. Lugassy, *Contribution à une psychosociologie de l'espace urbain. L'habitat et la forêt*, Publ. de Recherche urbaine, 1970.

(42) Ph. Dard, F. Desbons et al., *op. cit.*

(43) *Ibid.*, p. 174, 206.

(44) C. Lévi-Strauss, *Tristes tropiques*, Plon, 1955, p. 434-436.〔前掲『悲しき熱帯』〕

(45) 旅先からもちかえる写真についても同じことが言えるだろう。

(20) A. J. Greimas, 《Linguistique statistique et linguistique structurale》, in *le Français moderne*, oct. 1962, p. 245.

(21) 唖者の身ぶり言語におけるレトリックと詩学はこの問題の近接領域であるが、これについては次を見よ。E. S. Klima et U. Bellugi, 《Poetry and song in a language without sound》, San Diego (Calif.), 1975, Klima, 《The linguistic symbol with and without sound》, in J. Kavanagh & J. E. Cuttings (ed.), *The Role of speech in language*, Cambridge (Mass.), M. I. T., 1975.

(22) *Conscience de la ville*, Anthropos, 1977.

(23) Cf. Ostrowetsky, 《Logiques du lieu》, in *Sémiotique de l'espace*, Denoël/Gonthier, coll. Médiations, 1979, p. 155-173.

(24) *Pas à pas. Essai sur le cheminement quotidien en milieu urbain*, Seuil, 1979.

(25) P. ブルデューは料理という実践を分析しながら、決定的なのは材料でなく、そのあつかいかたであると述べている。(《Le sens pratique》, in *Actes de la recherche en sciences sociales*, fév. 1976, p. 77).

(26) J. Sumpf, *Introduction à la stylistique du français*, Larousse, 1971, p. 87.

(27) 「固有なものの理論」については次を見よ。J. Derrida, *Marges de la philosophie*, Ed. de Minuit, 1972〔高橋允昭・藤本一勇訳『哲学の余白』上・下、法政大学出版局〕: 《La mythologie blanche》, p. 247-324.

(28) J.-F. Augoyard, *op. cit.*

(29) T. Todorov, 《Synecdoques》, in *Communications*, n° 16, 1970, p. 30. および次も参照。P. Fontanier, *les Figures du discours*, Flammarion, 1968, p. 87-97; J. Dubois et al., *Rhétorique générale*, Larousse, 1970, p. 102-112.

(30) このように実践によって「飛び地」として編成されてゆく空間にかんしては次を見よ。P. Bourdieu, *Esquisse d'une théorie de la pratique*, Genève, Droz, 1972, p. 215, etc.; 《Le sens pratique》, *op. cit.*, p. 51-52.

造するか）も多様な姿をとってきたが、にもかかわらず、この形態は不変にとどまっている。

（9） Cf. André Glucksmann, 《Le totalitarisme en effet》, in *Traverses*, n° 9 (《Ville-panique》), 1977, p. 34-40.

（10） M. Foucault, *Surveiller et punir*, Gallimard, 1975.〔前掲『監獄の誕生』〕

（11） Ch. Alexander, 《La cité semi-treillis, mais non arbre》, in *Architecture, Mouvement, Continuité*, 1967.

（12） *Architecture d'aujourd'hui*, n° 153, déc. 1970-janv. 1971, p. 11-13 における R. Barthes の示唆を参照のこと（「われわれは自分たちの都市を語っている。〔……〕そこに住み、そこを行き交い、そこを眺めているというただそれだけで」）。さらに次も参照されたい。C. Soucy, *l'Image du centre dans quatre romans contemporains*, C. S. U., 1971, p. 6-15.

（13） 次をはじめ、この問題にとりくんでいる多くの研究を見られたい。J. Searle, 《What is a speech act?》, in M. Black (ed.), *Philosophy in America*, Allen & Unwin and Cornell University Press, 1965, p. 221-239.

（14） E. Benveniste, *Problèmes de linguistique générale*, t. 2, Gallimard, 1974, p. 79-88, etc.〔前掲『一般言語学の諸問題』〕

（15） R. Barthes, *op. cit.*, C. Soucy, *op. cit.*, p. 10. に引用。

（16）「ここといまは、わたしをふくむこの現在のディスクールの現存と共存し同時的である空間的時間的現存の境界を画定する」(E. Benveniste, *Problèmes de linguistique générale*, t. 1, Gallimard, 1966, p. 253)。

（17） R. Jakobson, *Essais de linguistique générale*, Seuil, 1970, p. 217.〔川本茂雄監修『一般言語学』みすず書房〕

（18） 様態については、cf. H. Parret, *la Pragmatique des modalités*, Urbino, 1975; A. R. White, *Modal thinking*, Ithaca, Cornell University Press, 1975.

（19） 次の分析を参照のこと。P. Lemaire, *les Signes sauvages. Philosophie du langage ordinaire*, Paris, thèse ronéot., 1972, p. 11-13.

第7章

(1) Alain Médam の優れた論考を見よ。《New York City》, in *les Temps modernes*, août-septembre 1976, p. 15–33; および同じく A. Médam による *New York Terminal*, Galilée, 1977 をも見よ。

(2) Cf. H. Lavedan, *les Représentations des villes dans l'art du Moyen Age*, Van Oest, 1942; R. Wittkower, *Architectural Principles in the age of humanism*, New York, Norton, 1962〔中森義宗訳『ヒューマニズム建築の源流』彰国社〕; L. Marin, *Utopiques: jeux d'espaces*, Ed. de Minuit, 1973〔梶野吉郎訳『ユートピア的なもの』法政大学出版局〕; etc.

(3) M. Foucault, 《L'œil du pouvoir》, in J. Bentham, *le Panoptique* (1791), Belfond, 1977, p. 16.

(4) D. P. Schreber, *Mémoires d'un névropathe*, trad., Seuil, 1975, p. 41, 60, etc.〔前掲『ある神経病者の回想録』〕

(5) すでにデカルトは『精神指導の規則』において、視覚のあたえる錯覚と誤謬にたいし、盲目が事物と場所の認識を保証するとしている。

(6) M. Merleau-Ponty, *Phénoménologie de la perception*, Gallimard, coll. Tel, 1976, p. 332–333.〔中島盛夫訳『知覚の現象学』法政大学出版局〕

(7) Cf. F. Choay, 《Figures d'un discours inconnu》, in *Critique*, avril 1973, p. 293–317.

(8) 事物を空間的に配分する都市工学技術を「記憶術」の伝統とむすびつけて考えることもできるかもしれない (cf. Frances A. Yates, *l'Art de la mémoire*, trad., Gallimard, 1975〔前掲『記憶術』〕)。(それぞれのタイプの「かたち」なり「機能」なりにみあった「場所」をあてがうことで) 知の空間的編成を築こうとする権力は、この「術」にもとづいてみずからの手続きを発展させる。この術がユートピアを規定しており、ベンサムの「一望監視装置」にいたるまでこれがうかがわれるのである。知の地位はさまざまな変遷を経て、これにともない内容 (過去、未来、現在) も企図 (維持するか、創

mort, Gallimard, 1977〔及川馥・吉岡正敞訳『ディオニュソス』法政大学出版局〕; *la Cuisine du sacrifice en pays grec* (en collaboration avec J.-P. Vernant et al.), Gallimard, 1979.

(4) Cf. Richard Bauman and Joel Sherzer (ed.), *Explorations in the Ethnography of Speaking*, Cambridge University Press, 1974; David Sudnow (ed.), *Studies in Social Interaction*, The Free Press and Collier-Macmillan, New York and London, 1972.

(5) Marcel Détienne et Jean-Pierre Vernant, *les Ruses de l'intelligence. La mètis des Grecs*, Flammarion, 1974.

(6) *Ibid.*, p. 9–10.

(7) 古義の「記憶」。これは複数の時間への現前であって、過去に限定されない。

(8)「　」内のことばは、Détienne et Vernant, *op. cit.*, p. 23–25 から借りた表現、あるいは引用である。

(9) Cf. M. de Certeau, 《L'étrange secret. *Manière d'écrire* pascalienne》, in *Rivista di Storia e Letteratura religiosa*, Anno XIII, n. 1, 1977, p. 104–126.

(10) Cf. Maurice Halbwachs, *les Cadres sociaux de la mémoire*, rééd., La Haye et Paris, Mouton, 1975.〔鈴木智之訳『記憶の社会的枠組み』青弓社〕

(11) Cf. Frances A. Yates, *l'Art de la mémoire*, trad., Gallimard, 1975.〔玉泉八州男監訳『記憶術』水声社〕

(12) 後出、Ⅳ部「言語の使用」を参照されたい。

(13) 後論を見られたい。なお、前出、第2章「ロジック／ゲーム、民話、ものの言いかた」も見られたい。

(14) Fançoise Frontisi-Ducroux, *Dédale. Mythologie de l'artisan en Grèce ancienne*, Maspero, 1975.

(15) Aristote, *Fragmenta*, ed. Rose, Teubner, 1886, fragm. 668.〔宮内璋・松本厚訳『断片集』前掲『アリストテレス全集』17〕

(16) Aristote, *Métaphysique*, A, 2, 982b 18.〔出隆訳『形而上学』前掲『アリストテレス全集』12〕

am Main, 1967. わたしの引用はこの注目すべき資料にもとづいている。さらには、カントのテクストを一冊にして（そうするに足るものである）訳出した次の貴重な英語版をも参照されたい。Kant, *On the Old Saw: That may be right in Theory but it won't work in Practice*, Intr. G. Miller, trad. E. B. Ashton, Univ. of Pennsylvania, Philadelphia, 1974. 次の仏訳版も見られたい。*Sur l'expression courante: il se peut que ce soit juste en théorie...*, trad. Guillermit, Vrin, 1967.

(27) カントと大革命については次を見よ。L. W. Beck,《Kant and the Right of Revolution》, in *Journal of the History of Ideas*, t. XXXII, n° 3, juillet-septembre 1971, p. 411-422. またとくに次を参照。L. W. Beck (ed.), *Kant on History*, New York, Library of Liberal Arts, 1963.

(28) 『ルカ書』、第2章、41-50。少年イエスは「教師たちの真ん中にすわって、かれらの話を聞いたり質問したりしていた」。このテーマは『神童』という本になって行商向けの文学にふたたび登場するが、これについては、すでに次の文献が分析している。Charles Nisard, *Histoire des livres populaires*, Amyot, 1854, t. 2, p. 16-19. 同文献は次に引用されている。Geneviève Bollême, *la Bible bleue*, Flammarion, 1975, p. 222-227.

(29) Kant et al., *Über Theorie und Praxis, op. cit.*, p. 41.（強調はカント）

第6章

(1) 前出、第1章、65ページ以降を参照のこと。

(2) Jack Goody,《Mémoire et apprentissage dans les sociétés avec ou sans écriture: la transmission du Bagre》, in *l'Homme*, t. XVII, n° 1, janvier-mars 1977, p. 29-52. また、同じく Jack Goody による次の著も参照せよ。*The domestication of the savage mind*, Cambridge and New York, Cambridge University Press, 1977.

(3) Marcel Détienne, *les Jardins d'Adonis*, Gallimard, 1972〔小苅米晛・鵜沢武保訳『アドニスの園』せりか書房〕; *Dionysos mis à*

(19) 『趣味判断』(1787 年) から『判断力批判』(1790 年) にいたるこのような移行過程にかんしては、次を参照。Victor Delbos, *la Philosophie pratique de Kant,* P. U. F., 1969, p. 416-422. カントのテクストは次に所収。*Kritik der Urteilskraft,* § 43 (《Von der Kunst überhaupt》), *Werke,* ed. W. Weischedel, Insel-Verlag, t. 5, 1957, p. 401-402; *Critique de la faculté de juger,* trad. Philonenko, Vrin, 1979, p. 134-136.〔篠田英雄訳『判断力批判』岩波書店〕。ブルデューによるカント美学の批判は、基本的(「社会関係の否認」) であるが、社会学者のメスをもっての批判であり、かれもまた「自由な芸術《アール》」と「必要な技芸《アール》」とのカント的区別にかかわる視点をとってはいるが、わたしのパースペクティヴとは別のところに位置している (*la Distinction, op. cit.*, p. 565-583)。

(20) Cf. A. Philonenko, *Théorie et praxis dans la pensée morale et politique de Kant et de Fichte en 1793,* Vrin, 1968, p. 19-24; Jurgen Heinrichs, *Das Problem der Zeit in der praktischen Philosophie Kants* (Kantstudien, vol. 95), H. Bouvier und Co Verlag, Bonn, 1968, p. 34-43 (《Innerer Sinn und Bewusstsein》), Paul Guyer, *Kant and the Claims of Taste,* Harvard University Press, 1979, p. 120-165 (《A universal Voice》), 331-350 (《The Metaphysics of Taste》).

(21) A. Philonenko, *op. cit.*, p. 22, n° 17 に引用。

(22) Kant, *Kritik der Urteilskraft,* § 43.

(23) S. Freud, *Gesammelte Werke,* t. XIII, p. 330; t. XIV, p. 66, 250, etc.

(24) Kant, *Kritik des reiner Vernunft,* A. Philonenko, *op. cit.*, p. 21.〔熊野純彦訳『純粋理性批判』作品社〕に引用。

(25) 前出、第 2 章、96 ページ以降を参照。

(26) *Das mag in der Theorie richtig sein, taugt aber nicht für die Praxis. Kant Werke,* ed. W. Weischedel, t. 6, 1964, p. 127 sq. に所収のこのテクストは Dieter Heinrich の手により、1793 年末から 1794 年初めにかけての理論と実践の関係をめぐる論争をすべて収録したうえで次の版として編集され紹介された。Kant, Gentz, Rehberg, *Über Theorie und Praxis,* Suhrkamp Verlag, Frankfurt

は1799年である。

（7） Platon, *Gorgias*, 465a.〔加来彰俊訳『ゴルギアス』岩波書店〕Cf. Giuseppe Cambiano, *Platone e le tecniche*, Torino, 1971.

（8） J. Guillerme et J. Sebestik（《Les commencements de la technologie》, in *Thalès*, t. 12, 1966, p. 1-72）に、このような技芸の中間的地位をしめす幾多の例がうかがわれる。そこにおいて技芸は記述の対象であり（p. 2, 4, 32, 37, 41, 46-47, etc.）、しかも未完成なものとみなされて、完成されるべきものであった（p. 8, 14, 29, 33, etc.）。

（9） *Encyclopédie*, Genève, Pellet, t. 3, 1773, art. *Art*, p. 450-455.

（10） *Ibid.*, art. *Catalogue*, ジラールの草稿に依りダヴィドが執筆。この点については次も参照せよ。Guillerme et Sebestik, *op. cit.*, p. 2-3.

（11） Fontenelle, Préface à *Histoire de l'Académie royale pour 1699*, 同書に *Sur la Description des Arts* が所収されており、次に引用されている。Guillerme et Sebestik, *op. cit.*, p. 33, n° 1.

（12） Emile Durkheim, *Education et sociologie*, Alcan, 1922, p. 87 sq.〔田邊壽利訳『教育と社会学』日光書院〕Cf. P. Bourdieu, *Esquisse..., op. cit.*, p. 211. 同書でブルデューは、これこそ「知恵ある無知」の「完璧な表現」であると述べている。

（13） E. Durkheim, *les Formes élémentaires de la vie religieuse, op. cit.*, p. 495.

（14） Christian Wolff, *Préface* à la traduction allemande de Belidor, *Architecture hydraulique*, 1740, Guillerme et Sebestik, *op. cit.*, p. 23, n° 2 に引用。

（15） H. de Villeneuve,《Sur quelques préjugés des industriels》(1832), *ibid.*, p. 24 に引用。

（16） 多くの点からみて、エキスパートはこうした媒介者の位置のひとつを占めている。前出、第1章、59ページ以降を参照されたい。

（17） 前出、第2章、91ページ以降、「ロジック／ゲーム、民話、ものの言いかた」を参照されたい。

（18） これがフロイトに一貫するテーマである。ただし、この「知」の地位は理論的にあきらかにされていないままである。

p. 368–369)。さらにパノフスキーもまた、これまたブルデューが引用している有名なテクストのなかで、中世社会におけるハビトゥスの理論的、実践的な重要性をつとに強調していた。(cf. *le Métier de sociologue, op. cit.*, p. 287–289)。ブルデューは早くからこの考えかたを自分のものにしている。社会学者の「シェーマ」にかんしては、*le Métier de sociologue* (*op. cit.*, p. 11, 52, etc.) を参照。また、「趣味《グ》」にかんしては、*l'Amour de l'art* (Ed. de Minuit, 1969, p. 163)〔山下雅之訳『美術愛好』木鐸社〕を参照。今日このハビトゥスは、スコラ的なタームと公理からなる驚くべき装置に支えられており、現代のテクノクラシーのうちに中世的秩序が回帰している可能性をうかがわせるような実に興味深い指標である。

(30) Cf. *Esquisse..., op. cit.*, p. 175, 178–179;《Avenir de classe...》, *op. cit.*, p. 28–29; *la Distinction, op. cit.*, p. 189–195.

(31) 《Avenir de classe...》, *op. cit.*, p. 28 以降にうかがわれるヒーロー論を参照。こうして以後、「ハビトゥスという戦略」を研究できるようになるわけである (*ibid.*, p. 30. 強調は筆者)。

第5章

(1) すでにカントが『純粋理性批判』においてこのことを語っていた。学者とは「自分で問いの型を決め、その問いにたいして証人に答えさせようとする判事である」、と。

(2) Emile Durkheim, *les Formes élémentaires de la vie religieuse*, P. U. F., 1968.〔古野清人訳『宗教生活の原初形態』岩波書店〕ならびに次を参照。W. S. F. Pickering, *Durkheim on Religion*, London-Boston, Routledge, 1975.

(3) Sigmund Freud, *Totem et tabou*, trad., Payot, 1951.〔前掲『フロイト著作集』第3巻〕

(4) Cf. Fritz Raddatz, *Karl Marx, une biographie politique*, Fayard, 1978.

(5) Cf. le catalogue de l'exposition, *le Livre dans la vie quotidienne*, Bibliothèque Nationale, 1975.

(6) ルイ＝フランソワ・ジュフレが「人間観測学会」を創立したの

(13) *Esquisse..., op. cit.*, p. 11.

(14) Cf. Jacques Derrida, *Marges de la philosophie*, Ed. de Minuit, 1972:《La mythologie blanche》, p. 247-324.〔豊崎光一訳『現代評論集』(『世界の文学』38) 集英社〕

(15) ブルデューの分析を見よ。in *Esquisse..., op. cit.*, p. 45-69.

(16) Cf. P. Bourdieu et J.-C. Passeron, *les Héritiers*, Ed. de Minuit, 1964〔石井洋二郎監訳『遺産相続者たち』藤原書店〕; *la Reproduction*, Ed. de Minuit, 1970〔宮島喬訳『再生産』藤原書店〕; etc.

(17) 1972年にブルデューがこの試論を公刊した際の批判。Cf. in *Esquisse, op. cit.*, p. 11.

(18) Cf.《Avenir de classe...》, in *Revue franç. de sociologie, op. cit.*, p. 22, 33-34, 42, etc.

(19) *Esquisse..., op. cit.*, p. 211-227;《Les stratégies matrimoniales...》, *op. cit.*, p. 1107-1108;《Le sens pratique》, *op. cit.*, p. 51-52; etc.

(20)《Les stratégies matrimoniales...》, *op. cit.*, p. 1109; etc.

(21) Cf.《Les stratégies matrimoniales...》, *op. cit.*

(22) Cf. とくに《Le sens pratique》, *op. cit.*, なかでも p. 54-75.

(23) *Le Métier de sociologue, op. cit.*, p. 290-299.

(24) 周知のとおり、伝統社会において、「家」は同時に住居(財産)と家族(血統をつくってゆく身体)の両者を指す。

(25)《Avenir de classe...》*op. cit.*, p. 11-12. さらに言うならブルデューは、現代社会に生きる消費者たちの個人的戦略にかんする研究を考慮しようとしてない。A. O. Hirschmann, *Exit, Voice and Loyalty* (Cambridge, Mass., Harvard Univ. Press, 1970) について次を見よ。*ibid.*, p. 8, n° 11.

(26) *Esquisse..., op. cit.*, p. 175-177 et 182;《Avenir de classe...》, *op. cit.*, p. 28-29; etc.

(27) *Esquisse..., op. cit.*, p. 202.

(28) *Esquisse..., op. cit.*, p. 177-179.

(29) *exis* (*habitus*) という考えかたとそのタームはマルセル・モースに由来している (*Sociologie et anthropologie*, P. U. F., 1966,

対照的である。ブルデューにおいて一種の帝国と化した趣きのあるベアルヌが感嘆と疑念のないまじった感想をよびおこすからでもあろうか。ブルデューの所論の「イデオロギー」性を批判している論者は、Raymond Boudon (dans *l'Inégalité des chances*, ou dans *Effets pervers et ordre social*). マルクス主義的視点からの批判は、Baudelot et Establet (*l'École capitaliste en France*); Jacques Bidet (《Questions à P. Bourdieu》, in *Dialectiques* n° 2); Louis Pinto (《La théorie de la pratique》, in *la Pensée*, avril 1975), etc. 認識論からの批判は、Louis Marin, (《Champ théorique et pratique symbolique》, in *Critique*, n° 321, février 1974). W. Paul Vogt は次の論稿でブルデューの諸テーゼを紹介している。《The Inheritance and Reproduction of Cultural Capital》 in *The Review of Education*, Summer, 1978, p. 219-228. さらに J.-M. Geng, *l'Illustre inconnu*, 10-18, 1978, p. 53-63 は、ブルデューにおける「社会学的全体化」と「社会学的信仰」の生産を批判しているが、これにたいしてブルデューは次の論稿をよせてただちに反論をかえした。《Sur l'objectivation participante》, in *Actes de la recherche en sciences sociales*, n° 23, septembre 1978, p. 67-69.

(9) In *Revue française de sociologie*, XV, 1974, p. 3-42.

(10) P. Bourdieu, 《Les stratégies matrimoniales dans le système de reproduction》, in *Annales E. S. C.*, juillet-octobre 1972, p. 1105-1127; 《Le langage autorisé》, in *Actes de la recherche en sciences sociales*, novembre 1975, n° 5-6, p. 183-190; 《Le sens pratique》, *ibid.*, février 1976, n° 1, p. 43-86. および「趣《グ》味」の社会的叙事詩にほかならぬ *La distinction. Critique sociale du jugement*, Ed. de Minuit, 1979, とくに2章と3章、p. 9-188. 〔石井洋二郎訳『ディスタンクシオン』 I・II、藤原書店〕

(11) 《Les stratégies matrimoniales...》, *op. cit.*

(12) P. Bourdieu, J.-C. Passeron et J.-C. Chamboredon が次の書で志向していたのは、まさにこうした対決である。*le Métier de sociologue*, Mouton et Bordas, 1968, p. 112-113. 〔田原音和・水島和則訳『社会学者のメチエ』藤原書店〕

爻の組み合わせによってできあがる）によって、変転たえまない宇宙の動きのなかにある諸存在のありとあらゆる状態を表わす。

(22) Marcel Détienne et Jean-Pierre Vernant, *les Ruses de l'intelligence. La métis des Grecs*, Flammarion, 1974.

(23) Cf. M. Rodinson, *Islam et capitalisme*, Seuil, 1972.〔山内昶訳『イスラームと資本主義』岩波書店〕

第4章

(1) さまざまな民間伝承や民衆的なものの言いかたが、公然たる場には現れないがより集って「一覧」をなしているような諸戦術については、前出、第2章、93ページ以降を参照されたい。

(2) Michel Foucault, *Surveiller et punir*, Gallimard, 1975〔前掲『監獄の誕生』〕. これ以前のフーコーの著作については次を見よ。M. de Certeau, *l'Absent de l'histoire*, Mame, 1974, p. 115-132.

(3) M. Foucault, *op. cit.*, p. 28, 96-102, 106-116, 143-151, 159-161, 185, 189-194, 211-217, 238-251, 274-275, 276, etc. 同書のそこここに一連の理論的「表《タブロー》」がさしはさまれているが、それらは、ある歴史的対象を取りだしてきてそれにふさわしいディスクールを創出するものである。

(4) Cf. とくに Gilles Deleuze, 《Ecrivain, non: un nouveau cartographe》, in *Critique*, n° 343, décembre 1975, p. 1207-1227.

(5) Serge Moscovici, *Essai sur l'histoire humaine de la nature*, Flammarion, 1968.〔大津真作訳『自然の人間的歴史』上・下、法政大学出版局〕

(6) Pierre Legendre, *l'Amour du censeur. Essai sur l'ordre dogmatique*, Seuil, 1974.

(7) Claude Lévi-Strauss, *Tristes tropiques*, Plon, 1958.〔川田順造訳『悲しき熱帯』中央公論新社〕とくに「回帰」の箇所。ここの箇所は、さかしまの旅をめぐる瞑想であり、記憶の探訪と化している。

(8) Pierre Bourdieu, *Esquisse d'une théorie de la pratique*, Droz, Genève, 1972. 同書のタイトルは第2部、理論篇のものである。フランスでのピエール・ブルデュー論は数少なく、フーコーの場合と

(12) 同上。

(13) 「他者の戦略をおさめなくしておよそ戦略はありえない」(John von Neumann & Oskar Morgenstern, *Theory of games and economic behavior*, 3e éd., New York, Wiley, 1964〔銀林浩・橋本和美・宮本敏雄監訳『ゲームの理論と経済行動』I－III、筑摩書房〕).

(14) 「戦略とは敵の視界外での軍事行動の学であり、戦術とは視界内でのそれである」(フォン・ビューロー)。

(15) Karl von Clausewitz, *De la guerre*, trad., Paris, 1955, p. 212-213.〔篠田英雄訳『戦争論』岩波書店〕このような分析は、マキャベリ以来他の多くの理論家に見いだされる。Cf. Y. Delahaye, 《Simulation et dissimulation》, in *La Ruse* (*Cause commune*, 1977/1), Paris, coll. 10-18, p. 55-74.

(16) Clausewitz, *op. cit.*, p. 212.

(17) Sigmund Freud, *le Mot d'esprit et ses rapports avec l'inconscient*, trad., Gallimard, coll. Idées, 1969.〔前掲『フロイト著作集』第4巻〕

(18) Aristote, *Rhétorique*, II, chap. 24, 1402a:「弱論を強論にかえる」(trad. M. Dufour, coll. Budé, 1976, t. 2, p. 131), テイシアスも同様の「離れ技」をやってのけたとプラトンは語っている (*Phèdre*, 273b-c, in Platon, *Œuvres complètes*, Pléiade, 1950, t. 2, p. 72-73〔藤沢令夫訳『パイドロス』岩波書店〕)。さらに次も参照せよ。W. K. Guthrie, *The Sophists*, Cambridge Univ. Press, 1971, p. 178-179. アリストテレスが「みせかけのエンテュメーマ」にかんして指摘しているコラクスの技《テクネー》については次を見よ。Ch. Perelman et L. Olbrechts-Tyteca, *Traité de l'argumentation*, Université libre, Bruxelles, 1970, p. 607-609.

(19) S. Freud, *le Mot d'esprit, op. cit.*, p. 19-173, 機知の方法にかんする箇所。

(20) Cf. S. Toulmin, *The uses of argument*, Cambridge Univ. Press, 1958〔前掲『議論の技法』〕; Ch. Perelman et L. Olbrechts-Tyteca, *Traité de l'argumentation, op. cit.*; J. Dubois et al., *Rhétorique générale*, Larousse, 1970; etc.

(21) 『易』(『周易』) を参照せよ。易経は六十四卦 (六本の陰爻と陽

的テーマにかんしては、次を参照のこと。J. Clair et al., *les Machines célibataires*, Venice, Alfieri, 1975.

（4） たとえばペルーやボリビアのアイマラ族について次を見よ。J.-E. Monast, *On les croyait chrétiens: les Aymaras*, Cerf, 1969.

（5） Cf. M. de Certeau, in Y. Materne, *le Réveil indien en Amérique latine*, Cerf, 1976, p. 119-135.

（6） G. Ryle, 《Use, usage and meaning》, in G. H. R. Parkinson (ed.), *The Theory of meaning*, Oxford, Oxford University Press, 1968, p. 109-116. 同書の大部分が使用法を論じている。

（7） Richard Montague, 《Pragmatics》, in Raymond Klibansky (ed.), *la Philosophie contemporaine*, Florence, La Nuova Italia Editrice, t. 1, 1968, p. 102-122. こうしてバー゠ヒレルは C. S. パースの用語をふたたびとりあげたのであり、この語はまたラッセルの「自己中心的特殊性」にも相当する。ライヘンバッハにおいてこれは「符号－再帰代名詞」であり、グッドマンにおいては「指示詞」であり、クワインにおいては「非永久文」である。このように、こうしたパースペクティヴにたった一大伝統が存在している。ウィトゲンシュタインもまたこの伝統に属しており、かれの掲げた目標は、意味ではなく用法を探求すること、であった（「意味を探ねないこと、使用を探ねること」）。こうしてウィトゲンシュタインは、標準的な用法を、つまりは言語活動という慣習によって規制されている用法を志向していったのである。

（8） 前出、「ことわざの発話行為」（85ページ以降）を参照されたい。

（9） Cf. Emile Benveniste, *Problèmes de linguistique générale*, t. 2, Gallimard, 1974, p. 79-88.〔前掲『一般言語学の諸問題』〕

（10） Fernand Deligny (*les Vagabonds efficaces*, Maspero, 1970) は自閉症の若者たちと生活を共にしながら、かれらのたどってゆく行程をこうしたことばであらわしている。それは、森を横切ってゆくエクリチュールであり、もはや言語の空間のなかに道を引くことのできないものの彷徨である。

（11） 後出、「決定不能なもの」（451ページ以降）を参照されたい。

このような型式化が民衆の「自己表現」的実践の論理的モデルになるのだろうか。

(28) 次の批判的分析を参照せよ。P. Bourdieu, in *le Métier de sociologue*, 2e ed., Mouton, 1973 (préface); M. Godelier, *Horizon, trajets marxistes en anthropologie*, Maspero, 1973〔山内昶訳『人類学の地平と針路』紀伊國屋書店〕, etc.

(29) Cf. M. de Certeau, *la Culture au pluriel*, coll. 10-18, 1974〔前掲『文化の政治学』〕;《La beauté du mort》(en collaboration avec D. Julia et J. Revel), p. 55-94.

(30) Miklos Haraszti, *Salaire aux pièces*, trad., Seuil, 1976, p. 136-145. ガラス職人が自分たちのために作っているガラス製品の「細工物」については次を参照せよ。Louis Mériaux,《Retrouvailles chez les verriers》, in *le Monde*, 22-23 octobre 1978. および M.-J. et J.-R. Hissard,《Henri H. perruquiste》, in *Autrement*, n° 16, novembre 1978 (*Flagrants délits d'imaginaire*), p. 75-83.

(31) Marcel Mauss, *Sociologie et anthropologie*, P.U.F., 1966:《Essai sur le don》, p. 145-279.〔有地亨・伊藤昌司・山口俊夫訳『社会学と人類学』Ⅰ、弘文堂〕

第3章

(1) なかでも次を参照せよ。A. Huet, J. Ion, et al., *la Marchandise culturelle*, C. N. R. S., 1977. この研究は、たんに生産物(写真、レコード、版画)を分析するにとどまらず、商品の反復システムとイデオロギーの再生産システムを分析している。

(2) たとえば次を参照せよ。*Pratiques culturelles des Français*, Secrétariat d'État à la culture, S.E.R., 1974, 2 t. 統計調査にもとづいてなく、大衆文化のみに限定されてはいるが、トフラーの研究は今なお先駆的、基本的文献である。Alvin Toffler, *The culture consumers*, Penguin, Baltimore, 1965.〔岡村二郎監訳『文化の消費者』勁草書房〕

(3) 20世紀初頭の芸術(マルセル・デュシャン、等々)や文学(J. ヴェルヌから R. ルーセルまで)における「独身機械」という先駆房〕さらに次も加えなければならない。*Le radici storiche dei raconti di fate*, Einaudi, Torino, 1949. プロップについてはとくに以下を参照。A. Dundes, *The Morphology of North-American Indian Folktales*, Academia scientiarum fennica, Helsinki, 1964.〔池上嘉彦他訳『民話の構造』大修館書店〕A. J. Greimas, *Sémantique structurale*, Larousse, 1966, p. 172-213〔田島宏・鳥居正文訳『構造意味論』紀伊國屋書店〕; C. Lévi-Strauss, *Anthropologie structurale deux*, Plon, 1973, p. 139-173; A. Régnier, 《La morphologie selon V. J. Propp》, in *la Crise du langage scientifique*, Anthropos, 1974, 《De la morphologie selon V. J. Propp à la notion de système préinterprétatif》, in *l'Homme et la Société*, n° 12, p. 171-189.

(24) 「基本的連続」ということばはレニエによる。in *l'Homme et la Société, op. cit.*, p. 172.

(25) *Morphologie du conte, op. cit.*, p. 31.

(26) たとえばジプシーの民話では、主人公はけっして嘘をつくわけではないが、自分の都合のいいように秩序に語らせるすべを心得ており、主人や権力者がもたせようと思っていた意味とは別の意味にすりかえてしまう。なお、次も参照せよ。D. Paulme et C. Bremond, *Typologie des contes africains du décepteur. Principes d'un index des ruses*, Urbino, 1976; また、理論的という点では、Louis Marin, *Sémiotique de la Passion*, Aubier, etc., 1971: 《Sémiotique du traître》, p. 97-186.

(27) R. ヤーコブソンにとって、さまざまな異言や「託宣」——意味をなさず、「抽象的な民衆芸術」をかたちづくるディスクール——における音素関係やその変化は実に厳密な規則にしたがっているので、それらをもとに、口承の伝統に引き継がれてきたいっそう複雑な諸型（音声的、意味形成的）の「構成原理」(compositionnal principles) を研究することも可能である (*Selected Writings*, vol. IV, Mouton, 1966, p. 642)。このような (Am stram gram... といったタイプの) 意味作用のない諸定型における語呂あわせは、テクスト生産の形式的可能性を示す代数式的価値をそなえているといえるだろう。こうしてこの「抽象的」文学の型式化が可能になり、

sciences du langage, Seuil, 1972, p. 405.〔滝田文彦他訳『言語理論小事典』朝日出版社〕

(15) 話し手が自分の発話（dictum あるいは lexis）になんらかの位置づけ（実在性、確実性、義務性、等々にかかわる）をあたえる様態にかんしては、たとえば次を参照せよ。*Langages*, n° 43, sept. 1976,《Modalités》特集号、およびそこに付された参考文献、p. 116-124.

(16) Sun Tzu, *l'Art de la guerre*, trad. F. Wang, Flammarion, 1972.〔前掲『孫子』〕紀元前4世紀より伝わる書である。

(17) R. K. Khawam (éd.), *le Livre des ruses. La stratégie politique des Arabes*, Phébus, 1976.

(18) この点にかんして言えば、科学性なるものは狡智の一般化といえるかもしれない。つまり作為性は、もはや日常言語の用法（数々の修辞学的な言いまわしをそなえた）にあるのではなく、固有の言語（既成タームの一義的で透明な使いかたを可能にする人工言語）の生産にあるのである。

(19) レヴィ＝ストロースは、ゲームを、もともと対等であった諸陣営のあいだに差異をうみだす「離接的」なものとし、結合を創始したり復活させたりする「連接的」な儀礼に対置している。Cf. *la Pensée sauvage*, Plon, 1962, p. 44-47.〔大橋保夫訳『野生の思考』みすず書房〕

(20) Cf. Roger J. Girault, *Traité du jeu de go*, Flammarion, 2 t., 1977.

(21) Cf. R. Jaulin, *la Géomancie. Analyse formelle*, Plon, 1966; A. Ader et A. Zempleni, *le Bâton de l'aveugle*, Hermann, 1972; J.-P. Vernant et al., *Divination et rationalité*, Seuil, 1974; etc.

(22) 民衆における「規律」と「信仰」を論じた Nicole Belmont の研究に照らして、ゲームと民話の相関関係を分析できるのではないだろうか。Nicole Belmont,《Les croyances populaires comme récit mythologique》, in *l'Homme*, X, 2, 1970, p. 94-108.

(23) Vladimir Propp, *Morphologie du conte* (1928), trad., Gallimard et Seuil, 1970.〔北岡誠司・福田美智代訳『昔話の形態学』白馬書

（4） Cf. Willy Apollon, *le Vaudou. Un espace pour les《voix》*, éd. Galilée, 1976.

（5） たとえば次を見よ。Tomé Cabral, *Dicionario de tẽrmos e expressões populares*, Fortaleza, 1972.

（6） Cf. M. de Certeau, *la Culture au pluriel*, coll. 10–18, 1974〔前掲『文化の政治学』〕（とくに p. 283–308:《Des espaces et des pratiques》）, および《Actions culturelles et stratégies politiques》, in *La Revue nouvelle*, avril 1974, p. 351–360, etc.

（7） Marcel Détienne et Jean-Pierre Vernant, *les Ruses de l'intelligence. La mètis des Grecs*, Flammarion, 1974.

（8） Pierre Bourdieu, *Esquisse d'une théorie de la pratique*, Genève, Droz, 1972, とくに《Le sens pratique》, in *Actes de la recherche en sciences sociales*, février 1976, n° 1, p. 43–86.

（9） 後出、Ⅳ部「言語の使用」を参照されたい。

（10） たとえばフランス民族学研究において A. Charraud, F. Loux, Ph. Richard, M. de Virville たちが行なっている研究。（かれらの報告レポートを見よ。《Analyse de contenu de proverbes médicaux》, M. S. H., 1972, あるいは *Ethnologie française*, 1971, n° 3–4, p. 121–126 に所収の F. Loux の論考を見よ。）また《Essai de description des contes populaires》（M.S.H., 1970）においても同様の方法がとられていた。

（11） たとえばサルジニア地方のことわざについて次を見よ。Alberto Mario Cirese, *I Proverbi: struttura delle definizioni*, Urbino, 1972.

（12） こうした単位のあれこれが、「話型」（アールネ）であり、「モチーフ」（トンプソン）であり、「機能」（プロップ）であり、「試練」（メレチンスキー）、等々であったのだ。

（13） D.-P. Schreber, *Mémoires d'un névropathe*, trad. N. Sels, Seuil, 1975, p. 60.〔渡辺哲夫訳『ある神経病者の回想録』講談社〕

（14） 「発話行為のプロセスが発話に刻みつける跡」を分析すること、周知のように、これこそまさに発話行為の言語学の対象である。Cf. O. Ducrot et T. Todorov, *Dictionnaire encyclopédique des*

学』勁草書房〕，とくに Charles E. Caton (ed.), *Philosophy and Ordinary Language*, Urbana (Ill.), 1963, および V. C. Chapel (ed.), *Ordinary Language*, Englewood Cliffs (N.J.), 1964.

(27) *Traverses*, n° 7, 1976, p. 15-20〔今村仁司監修『化粧』リブロポート〕に訳載された Adolf Loos のテクストを参照せよ。

(28) Musil, *l'Homme sans qualités, op. cit.*

(29) 「検証する」ということばは、ある思考様式にたいするかれのアレルギーを特徴的にあらわしている。たとえば次を見よ。*Leçons et conversations, op. cit.*, p. 63-64; および J. Bouveresse, 《Les derniers jours de l'humanité》, in *Critique*, n° 339-340 特集《Vienne, début d'un siècle》, août-sept. 1975, p. 753-805.

(30) Cf. la préface des *Remarques philosophiques*, trad., Gallimard, 1975, p. 11.〔前掲『ウィトゲンシュタイン全集』第2巻〕

(31) *L'Homme sans qualités, op. cit.*, t. 1, p. 74-75.

(32) *Ibid.*, p. 75.

(33) *Philosophical Investigations, op. cit.*, § 194, p. 79.

第2章

(1) 1971年から始められた調査をもとに企画されたセミナー。最初の報告は「修道士ダミアン／是か非か——民間信仰の衰退」(レシフェ、プリント版)であったが、調査資料のすべてが公開されたわけではない。もうひとつ、ひろく行なわれているセニョール・ド・ボンフィン(ブラジル、サルバドル)への巡礼を調査し、これをもとにした同種の分析もあった。Cf. Fernando Silveira Massote, *Esplosione sociale del Sertao Brasiliano*, Urbino, 1978, p. 74-183, 宗教にかんする箇所。

(2) Jean-Louis Comolli, *la Cecilia*, Daniel et Cie, 1976, p. 99 に所収のアナーキストの歌 Amore ribelle より(歌にある「ひとつの理想」は平等社会)〔なお本文はイタリア語〕。

(3) Canto dei Malfatorri, *cit. ibid.*, p. 103 より〔本文はイタリア語〕。なお映画については、次も参照のこと。M. de Certeau, J. Revel, etc., in *Ça cinéma*, n° 10/11, 1976, p. 38-44.

litique aujourd'hui, nov.-déc. 1975, p. 65-77 を参照せよ。マルクスとウィトゲンシュタインをめぐる哲学的論争は割愛する（ちなみにウィトゲンシュタインはソ連に行って働こうとした)。次の研究を参照せよ。F. Rossi-Landi (《Per un uso marxiano di W.》), Tony Manser (《The end of philosophy: Marx and W.》, Univ. of Southampton, 1973) あるいは次も参照のこと。Ted Benton (《Winch, W. and Marxism》, in *Radical Philosophy*, n° 13, 1976, p. 1-6). ウィトゲンシュタインというこの「ブルジョワ」には、いかにもそれらしい一種の史的唯物論をうかがうことができるが、歴史にかんする（マルクス的な意味での）「科学」はいっさいみうけられない。

(21) Cf. L. Wittgenstein, *Leçons et conversations*, trad., Gallimard, 1971, p. 154-155.〔前掲『ウィトゲンシュタイン全集』第5巻〕また、Norman Malcolm が引用しているウィトゲンシュタインの次のことばも参照せよ。すなわちウィトゲンシュタインは語っている、人間は、自分の閉じこめられている獄舎から出ようとして、「壁に向って」つき進むのだ、と。(in L. Wittgenstein, *le Cahier bleu et le Cahier brun*..., trad., Gallimard, 1965, p. 369.〔前掲『ウィトゲンシュタイン全集』第6巻〕)

(22) *Philosophical Investigations, op. cit.*, § 109. 英語版では次のとおり (*op. cit.*, p. 47):《Looking into the workings of our language》.

(23) Norman Malcolm, 《L. Wittgenstein》, in L. Wittgenstein, *le Cahier bleu et le Cahier brun, op. cit.*, p. 367-368 より引用。

(24) もともとウィーンに由来するこのことばは、「思想や性格、言語についてのありとあらゆる型」を指している。(cf. A. Janick et S. Toulmin, *op. cit.*, p. 198) あるいはさらに一般的に、われわれの実存の事実的（歴史的）構造性を指す。

(25) たとえば次を見よ。J. L. Austin, *Philosophical Papers*, ed. Urmson and Warnock, Oxford University Press, 2d ed., 1969, p. 181-182.〔坂本百大監訳『オースティン哲学論文集』勁草書房〕

(26) このようなイギリスの伝統については cf. G. J. Warnock, *English Philosophy since 1900*, Oxford University Press, 2d., 1969, p. 19-20, 100-102, etc.〔坂本百大・宮下治子訳『現代のイギリス哲

(9) *Ibid.*

(10) G. W., t. XIV, p. 506.

(11) Cf. *l'Écriture de l'histoire, op. cit.* :《La fiction de l'histoire. L'écriture de *Moïse et le monothéisme*》, p. 312–358.

(12) 次の共同研究のエキスパート論を参照のこと。*Abus de savoir*, D. D. B., 1977.

(13) 後出、Ⅳ部「言語の使用」をみられたい。

(14) Cf. le volume 2: *Habiter, cuisiner* par Luce Giard et Pierre Mayol.

(15) L. Wittgenstein. *Philosophical Investigations*, Blackwell paperback, Oxford, 1976, § 116, p. 48.〔山本信・大森荘蔵編『ウィトゲンシュタイン全集』第8巻、大修館書店〕

(16) L. Wittgenstein, *Tractatus logico-philosophicus*, Routledge and Kegan Paul, London, 1961, § 6.53, p. 150–151.〔前掲『ウィトゲンシュタイン全集』第1巻〕

(17) *Philosophical Investigations, op. cit.*, § 494, p. 138.

(18) 『論理哲学論考』にかんする Ficker 宛ての次の手紙を参照のこと。「わたしの本は倫理的なるものの限界をいわば内側から境界づけているのです。そしてわたしはそうしたやりかただけが倫理的なるものの限界を境界づける唯一のやりかたと確信しております」(A. Janick et S. Toulmin, *Wittgenstein, Vienne et la modernité*, trad., P. U. F., 1978, p. 165 より引用〔藤村龍雄訳『ウィトゲンシュタインのウィーン』TBSブリタニカ〕)。ウィトゲンシュタインはまた次のようにも語っている。「『論考』は二つの部分からなっており、一部はここに書かれた本です。もう一部は書かれてなく、書くこともできない部分ですが、この部分こそ重要なのであって、倫理的なるものそのものに充てられているのです。」

(19) *Philosophical Investigations, op. cit.*, § 122, p. 49. Cf. Jacques Bouveresse, *la Parole malheureuse*, éd. de Minuit, 1971:《Langage ordinaire et philosophie》, p. 299–348.

(20) 歴史学のこうした側面にかんしては、M. de Certeau, *l'Écriture de l'histoire, op. cit.*, p. 63–122 および《Écriture et histoire》, in *Po-*

1975, p. 3–14.

(34) 『予測にかんする研究論叢』(documentation française より発行、とくに14、59、65、66巻)にみられる分析、なかでも Yves Barel と Jacques Durand の論稿は、予測にかんするこうした研究の基礎をあたえてくれた。これらの予測研究は、それぞれに出版が予定されている。

(35) W. Gombrowicz, *Cosmos*, coll. Folio, p. 165–168.〔工藤幸雄訳『コスモス』恒文社〕

第1章

(1) Robert Musil, *l'Homme sans qualités*, trad. P. Jaccottet, coll. Folio, 1978, t. 1, p. 21.〔高橋義孝・圓子修平訳『特性のない男』㈠、新潮社〕

(2) Robert Klein, *la Forme et l'intelligible*, Gallimard, 1970, p. 436–444. 次も参照せよ。Enrico Castelli-Gattinara, 《Quelques considérations sur le Niemand et... Personne》, in *Folie et déraison à la Renaissance* (colloque, Bruxelles, 1973), Bruxelles, 1977, p. 109–118.

(3) S. Freud, *Gesammelte Werke* (以下 G. W. と略記), t. XIV, p. 431–432.〔井村恒郎他編『フロイト著作集』第3巻、人文書院〕フロイトは『文化への不満』というこのテクストのなかで『ある幻想の未来』をふりかえっているが、事実このテクストもまたその第1章で「少数者」と「多数者」(大衆)の対立という事実から出発し、そこから分析をはじめている。

(4) *L'Avenir d'une illusion*, § 7, trad. M. Bonaparte, P. U. F., 1971, p. 53.

(5) G. W., t. XIV, p. 431.

(6) Cf. M. de Certeau, *l'Écriture de l'histoire*, 2e éd., Gallimard, 1978, p. 7–8.〔前掲『歴史のエクリチュール』〕

(7) G. W., t. XIV, p. 431.

(8) Freud, lettre à Lou Andréas-Salomé, 28. 7. 1929, in Lou Andréas-Salomé, *Correspondance avec Sigmund Freud*, trad. L. Jumel, Gallimard, 1970, p. 225.〔前掲『フロイト著作集』第8巻〕

Université libre, Bruxelles, 1970; J. Dubois et al. *Rhétorique générale*, Larousse, 1970; etc.

(23) Aristote, *Rhétorique*, II, chap. 24, 1402a.〔山本光雄訳『弁論術』(『アリストテレス全集』16) 岩波書店〕Cf. W. K. C. Guthrie, *The Sophists*, Cambridge University Press, 1971, p. 178–179.

(24) Sun Tzu, *l'Art de la guerre*, trad., Flammarion, 1972.〔金谷治訳注『孫子』岩波書店〕

(25) R. K. Khawam (éd.), *le Livre des ruses. La stratégie politique des Arabes*, Phébus, 1976.〔小林茂訳『策略の書』読売新聞社〕

(26) Cf. Jean Baudrillard, *le Système des objets*, Gallimard, 1968.〔宇波彰訳『物の体系』法政大学出版局〕; *la Société de consommation*, Denoël, 1970.〔今村仁司・塚原史訳『消費社会の神話と構造』紀伊國屋書店〕; *Pour une critique de l'économie politique du signe*, Gallimard, 1972.〔今村仁司・宇波彰・桜井哲夫訳『記号の経済学批判』法政大学出版局〕

(27) Guy Debord, *la Société du spectacle*, Buchet-Chastel, 1967.〔木下誠訳『スペクタクルの社会』筑摩書房〕

(28) Roland Barthes, *le Plaisir du texte*, Seuil, 1973, p. 58.〔沢崎浩平訳『テクストの快楽』みすず書房〕

(29) Cf. Gérard Mordillat et Nicolas Philibert, *Ces patrons éclairés qui craignent la lumière*, Albatros, 1979.

(30) 先にふれた H. サックス、E. A. シェルゴフ、等々の研究を参照のこと。この分析にかんしては、『他者を語る』というタイトルで刊行が予定されている。

(31) 本書のⅢ部、7章から9章を参照のこと。

(32) われわれの専門研究はこうした実践を主題にしたものだが、多岐にわたる豊富な文献目録をかかげておいたので就いてみられたい。(cf. volume 2: *Habiter, cuisiner* par Luce Giard et Pierre Mayol).

(33) たとえば次を参照。A. Lipietz, 《Structuration de l'espace, problème foncier et aménagement du territoire》, in *Environment and Planning*, A, 1975, vol. 7, p. 415–425; 《Approche théorique des transformations de l'espace français》, in *Espaces et Sociétés*, n° 16,

(13) A. N. Prior, *Past, Present and Future: a study of《tense logic》*, Oxford University Press, 1967; *Papers on tense and time, ibid.*, 1968. N. Rescher and A. Urquhart, *Temporal logic*, Oxford University Press, 1975.

(14) Alan R. White, *Modal thinking*, Ithaca, Cornell University Press, 1975; G. E. Hughes and M. J. Cresswell, *An introduction to modal logic*, Oxford University Press, 1973; I. R. Zeeman, *Modal logic, ibid.*, 1975; S. Haacker, *Deviant logic*, Cambridge University Press, 1976; H. Parret (ed.), *Discussing language with Chomsky, Halliday*, etc., The Hague, Mouton, 1975.

(15) 行為、時間、様態のロジックにかかわるより専門的な研究にかんしては、別に出版を予定している。

(16) Jacques Sojcher, *la Démarche poétique*, coll. 10–18, 1976, p. 145.

(17) Cf. Fernand Deligny, *les Vagabonds efficaces*, Maspero, 1970; *Nous et l'innocent*, Maspero, 1977; etc.

(18) Cf. M. de Certeau, *la Culture au pluriel*, coll. 10–18, 1974, p. 283–308:〔前掲『文化の政治学』〕《Des espaces et des pratiques》; *id.*,《Actions culturelles et stratégie politique》, in *La Revue Nouvelle*, avril 1974, p. 351–360.

(19) 分割という原理の分析によって、こうした批判をいっそう詳しく正確にすることができるだろう。Cf. *Pour une histoire de la statistique*, I. N. S. E. E., t. 1, 1978, とくに Alain Desrosières,《Éléments pour l'histoire des nomenclatures socio-professionnelles》, *op. cit.*, p. 155–231.

(20) P. ブルデュー、M. ドゥティエンヌと J.=P. ヴェルナンの諸研究は「戦術」という概念を精密化しているが、H. ガーフィンケルや H. サックス、等々の社会言語学研究もまたこれに寄与している（前出、注（9）（10）を参照）。

(21) M. Détienne et J.-P. Vernant, *les Ruses de l'intelligence, op. cit.*

(22) Cf. S. Toulmin, *The uses of argument*, Cambridge University Press, 1958〔戸田山和久・福澤一吉訳『議論の技法』東京図書〕; Ch. Perelman et L. Olbrechts-Tyteca, *Traité de l'argumentation*,

Harper & Row, 1974. Pierre Bourdieu については次を参照。*Esquisse d'une théorie de la pratique*, Droz, 1972; 《Les stratégies matrimoniales》, in *Annales E. S. C.*, juillet 1972; 《Le langage autorisé》, in *Actes de la recherche en sciences sociales*, nov. 1975, n°s 5–6; 《Le sens pratique》, in *Actes de la Recherche...*, fév. 1976, n° 1. Marcel Mauss にかんしてはとくに次を参照。《Techniques du corps》, dans *Sociologie et Anthropologie*, P. U. F., 1950.〔有地亨・山口俊夫訳『社会学と人類学』Ⅱ、弘文堂〕Marcel Détienne と Jean-Pierre Vernant については、*les Ruses de l'intelligence. La mètis des Grecs*, Flammarion, 1974. Jeremy Boissevain については次を参照。*Friends of friends. Networks, Manipulators and Coalitions*, Oxford, Blackwell, 1974.〔岩上真珠・池岡義孝訳『友達の友達』未來社〕Edward O. Laumann については *Bonds of pluralism. The form and substance of urban social networks*, New York, J. Wiley, 1973.

(10) Joshua A. Fishman, *The sociology of language*, Newbury, 1972.〔湯川恭敏訳『言語社会学入門』大修館書店〕次の共同研究も参照のこと。David Sudnow (ed.), *Studies in social interaction*, New York, Free Press, 1972; William Labov, *Sociolinguistique*, trad., éd. de Minuit, 1976; etc.

(11) Oswald Ducrot, *Dire et ne pas dire*, Hermann, 1972; David K. Lewis, *Convention: a philosophical study*, Harvard University Press (1969), 1974, *Counterfactuals, ibid.*, 1973.

(12) Georg H. von Wright, *Norm and Action*, London, Routledge & Kegan Paul, 1963〔稲田靜樹訳『規範と行動の論理学』東海大学出版部〕; *Essay in deontic logic and the general theory of action*, Amsterdam, North Holland, 1968; *Explanation and Understanding*, Ithaca, Cornell University Press, 1971.〔丸山高司・木岡伸夫訳『説明と理解』産業図書〕さらには、A. C. Danto, *Analytical philosophy of action*, Cambridge University Press, 1973〔河本英夫訳『物語としての歴史』国文社〕; Richard J. Bernstein, *Praxis and action*, Duckworth, 1972; Paul Ricœur et D. Tiffeneau (éd.), *la Sémantique de l'action*, C. N. R. S., 1977.

原注

概説

（1） Cf. M. de Certeau, *la Prise de parole*, D. D. B., 1968〔佐藤和生訳『パロールの奪取』法政大学出版局〕; *la Possession de Loudun*, Julliard-Gallimard, 1970〔矢橋透訳『ルーダンの憑依』みすず書房〕; *l'Absent de l'histoire*, Mame, 1973; *la Culture au pluriel*, coll. 10–18, 1974〔山田登世子訳『文化の政治学』岩波書店〕; *Une politique de la langue* (avec D. Julia et J. Revel), Gallimard, 1975, etc.

（2） ギリシア語の poiein（創造する、発明する、産出する）から。

（3） Cf. Emile Benveniste, *Problèmes de linguistique générale*, t. 1, Gallimard, 1966, p. 251–266.〔河村正夫・木下光一・高塚洋太郎・花輪光・矢島猷三訳『一般言語学の諸問題』みすず書房〕

（4） Michel Foucault, *Surveiller et punir*, Gallimard, 1975.〔田村俶訳『監獄の誕生』新潮社〕

（5） こうした視点からみても、日常生活にかんするアンリ・ルフェーブルの研究は基本的文献である。

（6）『百科全書』からデュルケームにいたる技法〔技芸〕の問題にかんしては、後論（5章、179–189ページ）を参照のこと。

（7） このような民衆文学については、次の文献にあげられた本を参照せよ。*le Livre dans la vie quotidienne* (Bibliothèque Nationale, Paris, 1975), Geneviève Bollème, *la Bible bleue, Anthologie d'une littérature《populaire》*, Flammarion, 1975, p. 141–379.

（8） この二つの専門研究は、それぞれ、ピエール・マヨールとリュース・ジヤールが執筆している（いずれもマリー・フェリエのインタビューにもとづいている）。

（9） Erwing Goffman にかんしてはとくに次を参照。*la Mise en scène de la vie quotidienne*, trad., Minuit, 1973〔石黒毅訳『行為と演技』誠信書房〕; *les Rites d'interaction*, trad., Minuit, 1974〔浅野敏夫訳『儀礼としての相互行為』法政大学出版局〕; *Frame Analysis*,

解説

今村仁司

ミシェル・ド・セルトーは著名な歴史学者であって、彼が公刊した歴史学の書物は現代フランスの歴史学界が誇るに足る成果である。セルトーの本来の学問的フィールドは宗教史であるが、彼が取り組む宗教現象は教会や宗教的教義ではなくて、公認の宗教史からは排除され抑圧されて沈黙してしまっている宗教現象である。名もなく、言葉もなく、歴史の地下に埋もれてしまっている人々の宗教的心性こそセルトーが手がけていたものであった。「西欧においては、集団（または個人）は自分が排除するものを依りどころにし（これが自己固有の場の創造である）、支配されたものから抽きだす同意の中に自分の保証を思いだす（このようにして、他者の／に関する知、または人間科学が構成される）」(Michel de Certeau, *L'écriture de l'histoire*, p. 11)。

言葉も文字も残さない民衆の宗教的実践と宗教的心性をどうしたら歴史記述の対象にす

えることができるのであろうか。記録文書に基づいて歴史を記述することができない領域がセルトーの前に立ち現れる。この時、セルトーは、歴史学者であるばかりではなく、歴史の認識論学者でもあらねばならなくなる。どっぷりと歴史学の伝統の中に身をひたしながら、そして歴史学を更新する使命を自覚しながら、しかしその歴史学を否認してしまうかもしれない危険な現象と事実にセルトーは魅惑されていく。歴史学にとって魅惑的であると同時に危険な現実を、歴史学の言説の中に組みこむ努力の中に、セルトーを一般の歴史学者以上の歴史理論家に仕上げていく契機を私たちは見いだす。歴史記述を拒絶する事実に直面するとき、歴史学者セルトーは、既存の歴史学的思考とそれが駆使する用語法を全面的に解体せざるをえない。歴史学の認識論的旋回が実行されねばならない。

歴史認識論の革新を一人で孤独にやろうとすれば、大変な困難を伴うであろう。まっとうな歴史学者にして歴史認識論者であることはきわめてむずかしいことだ。しかし幸運にもセルトーはこの面では孤独ではなかった。すでにセルトー以前に、ミシェル・フーコーが対象領域を異にしながらも、セルトーがぶつかった課題をひきうけ、新しい展望を切り拓いていた。フーコーが近代ヨーロッパの精神・思考の歴史を「考古学的に」記述しなおす試みを企て、同時に『知の考古学』という歴史認識論の革新を実行していた。セルトーはこのフーコーの業績から多大の刺激をうける。

「思想史」や「心性史」が取りこぼしてしまうような「特定の場所」と「そこで産出され

る言説」との「関係」とはいかなるものか。本書の言葉を用いていうと、「民衆的実践」とそれの中で産出される言説との関係はいかなるものか。これを問うこと、またこの問いを通して歴史にとっての未知の領域を開示する技法をつくりあげること、これがセルトーに課せられる。そのときフーコーが彼を助けてくれるのである。

「おそらく、そうしたことはすでに、フーコーが新しい威信を与えてくれた《考古学》に対して特殊個別的な内容を与えることであろう。一方では、宗教史の歴史学者として生れ、この専門領域のジャーゴンによって限定されながらも、私は、近代の《書くことに淫する》社会の組織の中で……宗教的生産と宗教的諸制度が持った役割を問いただす。考古学は、私が《抑圧されたもの》の回帰を正確に描きだそうとする際に依って立つ様式であった。《抑圧されたもの》とは、近代が除去することができないままに、ひとつの不在者としてしまったエクリチュールの体系である。この《分析》は、同時に、現在の仕事の中に《過去の、蓄積された仕事》、しかもなお決定力をもつ仕事を再認させてくれるであろう、……ひとつの場所が産出物と取り結ぶ生産関係を別の仕方で再構成することによって、私は歴史記述そのものの吟味へと導かれる」(*ibid.*, pp. 22–23)。

公認の歴史学的知から排除されるものを「他者」とよぶならば、セルトーの歴史学が対象とするものはまさにこの「他者」であり、セルトーの理論的努力は、この「他者」を敬意を持って視野に受け入れる概念や方法をつくることにある。歴史記述がこの「他者」に真実のところで出会う時は、歴史の書き方（エクリチュール）が変るときである。「歴史家がその実践の中で、彼を歩ませる《他者》と彼がフィクションとしてのみ表象する現実を接合するときにのみ、歴史家は書くことができる」（*ibid.*, p. 23）。事実、セルトーの書き物は、つねに「他者」との出会いを求めてのエクリチュールであり、理論的革新と共に私たちに「他者」の新しい素顔を提供しつづける。歴史の不在、あるいは不在の歴史を現前化するセルトーの著作はいつまでもみずみずしく、しばしば私たちに驚嘆の念を抱かせる。

ところで、本書は、セルトーの歴史学的研究に支えられて生れたものではあるが、彼の本来の歴史学的諸著作とはいささか性質を異にしている。あえていえば、本書は、思想家としてのセルトーの面目を発揮している書物といえよう。セルトーは、他のどんな著作においても思想家らしい要素を散りばめているが、本書の中でこそセルトーの思想が最もよく出ている。歴史記述の中で「他者」との出会いを求めつづけてきたセルトーは、今や、認識の対象としての「他者」ではなくて、共に歩むべき「他者」、いわば実践的「他者」を求めることになった。日常生活の中で生き生きと語り行動する民衆が「他者」なのである。それは、私たちが通常話が通ずると信じている「他人」ではなくて、私たちの通念をしばしばくつがえしたり、狼狽させたりする「異者」なのである。セルトーのような知識人がこうした「民衆」と共に歩むことは、知識の世界で、「民衆」がやっている身振りを実行することである。歴史の中に記録を残さない「民衆」が古来やりつづけてきた大胆なふるまいを、知の世界で反復すること、それは公的なイデオロギー的世界の中で敢えて「野蛮」になること、居心地悪くなることである。ではどうしたら、このソフィストケートされたテクノクラシーの世界（哲学的言説や科学的言説の人工的世界）のなかで「野蛮」になれるのだろうか。野蛮になる作法となるものがあるはずだ。セルトーはそれを探求する。

「……それはまた、技術システムにおける個人の地位を別のかたちで問うことでもある。……個人に残されているのはただ、このシステムを相手どって狡智をめぐらし、なんらかの「業をやってのける《フェール・デ・ク》」こと、エレクトロニクスと情報におおいつくされたメガロポリスのただなかで、いにしえの狩猟民や農耕民たちが身につけていた「術策《アール》」をみつけだすことである。……こうした日常的な策略の政治学がつくりあげられなければならない」（本書、四二―三ページ）。

すでにジャン・ピエール・ヴェルナンやマルセル・ドゥティエンヌが古代ギリシアの民衆の「知」（メティス＝策略）を明らかにしていたし、ピエール・ブルデューが「知恵ある無知」を明らかにしているが、これを「民衆的理性」とよぶならば、セルトーが探し求める日常的実践の技法とはまさにこの民衆的理性である。セルトーにとって民衆的理性を歴史学的に再構成すれば事が済むわけではない。セルトーの「策略」は、この民衆的理性を現代の知の技法にまで仕上げることである。かつてウィトゲンシュタインが『哲学探究』でやったことをセルトーは継承する。「自分のところを離れて異人であることを余儀なくされる」こと、「みずからがその内部にとらわれている言語そのもののなかにあって異者であらざるをえない」こと（本書、七六ページ）、これがセルトーの目ざすことである。古代のソフィストが「最も弱いものを最も強いものにする」という策略的技法をあみだしたが、まさにそれと同じことをセルトーは現代によみがえらせようとするのだ。既成の権力的秩序やコードに巻き込まれながらも、その内部にあってそれらを逆用しつつずらせたり別のものにつくりかえたりする「密猟」の技法は、久しい間、沈黙の民衆の生活の知恵であった。これは伝統的に卑しいもの、除去すべきものとされてきたが、その価値基準を転倒しなくてはならない。ギリシア的メティスを実践しようと覚悟するセルトーは、現代のソフィストたらんとするのである。それは、公的な知、権力的イデオロギーへの公然たる挑戦であろう。歴史学ばかりでなく伝統的なイデオロギーが悪魔払いしてきた民衆的理性と民衆的実践という「ざわめき」に身を置くことは、単に反逆の身振りをしてみせることではない、それは、別種の新しい理性の模索なのである。

「理性の不調や破綻は、理性の盲点だが、まさにこの盲点をとおして理性はもうひとつの次元に、すなわち思考という次元に到達するのであり、思考は、みずからではどうすることもできない定めとして異なるものに結ばれあっている。……日常的実践は、機会《チャンス》なくしては在りえない実践として、波乱の時と結ばれている。したがって日常的な実践は、時間の流れのいたるところに点々と散在するもの、思考という行為の状態に在るものといえるだろう。日常的実践は、絶えまない思考の身ぶりなのだ」（本書、四五九―六〇ページ）。

私は、このようなセルトーの思想に限りない共感を覚える。私が『排除の構造』（青土社）の中でヴェルナンとドゥティエンヌの研究を利用して提示したメティス的理性論がセルトーの議論と期せずして一致したからそういうのではない。それもあるが、もっと深刻に言えば、セルトーが取り組んでいる思想のテーマは、例えばアドルノやホルクハイマーが取り組んだテーマでもあったばかりでなく、セルトーと同時代のフーコーやデリダが取り組んだテーマでもあったわけで、本書に散りばめられた思想的提言は今後の最重要の課題になると言ってよい。おそらくセルトーもこのことを自覚していた。だからこそセルトーは、自分の持味を生かして歴史学的に民衆的宗教を扱ってすませばよいところを、わざわざウィトゲンシュタインやフーコーを援用し、彼の問題がそのまま現代の知の地殻変動に通じていることを示唆しようとしたのであろう。

私たちは本書を歴史学者セルトーの研究書としてではなく、思想家セルトーのメッセージとして受けとめるべきであろう。それと同時に、セルトーがたえず自分の位置をずらせて新しく変貌しようと努力した意味を考え、いわば我が事としてひきうけてみる試みをしてみるべきだと思われる。そのとき、思想や理論についてのニヒリズムがまんえんしつつある現状の中で、それに耐えつつ抵抗するセルトーのいぶし銀のような刻苦勉励が私たちにひしひしと伝わってくるはずである。日本の読者たちが、セルトーの最初の邦訳たる本書を味読して下さることを期待したい。

訳者あとがき

本書は、Michel de Certeau, *L'Invention du quotidien, 1, Arts de faire*, U.G.E., coll. 10/18, 1980 の全訳である。《L'Invention du quotidien》は、セルトー監修のもとに編まれた二巻本（第二巻は、L. Giard, P. Mayol, *Habiter, cuisiner*）の総タイトルで、直訳を試みれば、『日常の創発性』、あるいは『日常性の発明』とでもなるであろうか。一巻のタイトル《Arts de faire》もまた、art（技芸、術、芸、技、技巧、技法、巧み、すべ）といい、faire（なにごとかを為すこと、行なうこと、システムを現実化するという意味での行為）といい、簡潔な訳語をあてるにはあまりにも含意の多い語であり、邦訳タイトルは思いきった意訳を試みて、『日常的実践のポイエティーク』とした。ポイエティーク（poiétique）は本文中にあるとおり、ギリシア語の poiein からきた語で、制作《ポイエーシス》であり、発明であり、詩的創造であって、本書がたえず問うているものである。

ミシェル・ド・セルトーの主要著作は後掲のとおりである。イエズス会士であり、フロイト学派でもある異端の歴史家セルトーの遺した仕事の全容を伝え、その思想的意義を紹介するのは、とうてい訳者の力のおよぶところではない。フランス現代思想研究の第一人者であり、本書の邦訳の仕掛人でもある今村仁司氏の解説についてみられたい。ここでは、非力を顧みず、あえてセルトーの翻訳にとりくんだ訳者の思いの一端を記して、あとがきにかえさせていただきたいと思う。

専門科学《ディシプリン》という名の制度に護られた知を解体すべくセルトーをつき動かしてやまないもの、それは、みずからのことばが、言葉をもたず、語りえず、ひっそりと黙した日常的な実践に届きたいという祈りにも似た思いであり、賭けである。人文科学の成立以来、知の外部とされ、他者とされてきた日常文化、街の歩きかたにはじまって、毎日の無駄話から料理のしかた、暮らしの知恵、無意識にいたるまで、つまりはわたしたち名も無い大衆の日々の営み——学問は、この「共通の場」に身を延べ、絶えずそこに立ち返ってこそ、ひとつの専門を超えてわたしたち普通の人びとを撃つ生きた力になる。セルトーの語る「理論の技」は、理論が他者のほうへと身を延べようとする、その身ぶりの招きよせる必然としてうまれてくるレトリックであり、もとより技巧としての技巧などではさらさらない。訳者がセルトーに出会ったのは、なによりまず、そうしてセルトーの知が語りかけようとする「名も無い大衆」のひとりとしてであった。凡俗の俗、通俗の俗、訳者は語のすべての意味において「俗」なるものと無縁なものにいっさい興味をもつことができず、凡俗をゆさぶり動かす生きた知に魅了される者である。セルトーのテクストは、そのようなものとしてわたしを魅了した。セルトーの語る「弱者の戦術」そのままに、この巨大な相手の領野の全容も知らず、機に誘われてそこに忍びこみ、知の強者を相手に密猟をはたらきながら、翻訳という歩行のレトリックをたどってみたい——それが、非力を承知で本書の翻訳にとりくんだ偽らざる動機であった。（それにしてもあらゆる翻訳は、「固有のもの」、自分のものを何ひとつ持たず、相手の領野を渡ってゆく弱者の技であり、「綱渡り」の芸ではないだろうか。）

そのような動機にくわえて、無謀なる賭けにも似たこのセルトーの翻訳にとりくんだのには、実はもうひとつの理由、というよりも、もうひとりの人の力がはたらいている。それは、内田義彦である。ポスト構造主義をめぐる言説、あるいはポストモダンをめぐる言説がにぎやかに流通するなか、内田義彦を語る声はほとんどといってよいほど聞こえてこない。けれども、内田義彦の学問ほどにひとつの専門科学を超えて万人に「共通の場」に（哲学のトポスに）立ち返り、そこに語りかけようとする知をわたしは寡聞にして知らない。たえず日常的な実践のほうへと身を延べ、普通の人びとに、凡俗に語りかけようとしてやまない内田義彦は、知の閉域に住むことをしらぬ知であり、デリダの表現になぞらえて言うならば、「絶対的な《自分が話すのを聞きたくない》である」——そうであるためにデリダを必要としないほどに。たえず自分の学問のなかに素人という凡人を住まわせ、その他者の声に耳を澄ます内田義彦の理論の「身ぶり」、その思想のたたずまい《スタイル》は、わたしを魅了しつづけてやまないものである。内田義彦には権力論がない、とひとは言う。けれども、制度に護られた専門知識はおろか、脱領域をめざすと称する知がともすれば自己の言説に自足しようとするまさにその知の（権力の）場所で、内田義彦は軽々とその閉域をくぐり抜け、共通の場へと身を延べる。「断片に賭け、その断片をもって全を照らしだす」、あのあざやかな離れ業をやってのけながら――わたしはセルトーの書のなかに、この「名匠」内田義彦の理論の技《アール》を読んだ。

おなじようにわたしは、この書のなかに、おそらくセルトーの意図に明示的にはない、もうひとつのものを、「女」を読んだ。生産という支配的文化のなかの他者であり、固有の場所も言語も持たず、相手の領土に生きながらそこで狡智をはたらかせ、千年の昔から「なんとかやってきた」女たちは、身をもって弱者の戦術を生きぬいてきた者たち、メティスのともがらであり、日常生活の名人たちである。セルトーの語る「日常的実践のポイエティーク」を、わたしは女のひとりとして、「わがこと」として読んだ。こうしてこのテクストのなかに、そこに書かれてない内田義彦を読み、「女」を読むこと。それは、このセルトーの開かれたテクストの「使用法」のひとつであり、密猟法のひとつであろう。

けれども、読者としてそのような密猟を楽しむことは許されても、訳者はセルトーの歩む広大な領野の全域をくまなくたどって行かなければならない。その翻訳の歩みはまことにおぼつかない歩みであった。ひとえに訳者の知の「もちあわせ」の貧しさのせいであり、翻訳の技の拙さのせいである。歩みのなかばで行き暮れて、途方にくれたことは一度や二度ではなかった。その心細い道のそこここで、ひとりひとりここに御名前を記すこともできないほど多くの方々に御教示を仰ぎ、御力を賜った。その方々の御助力がなければ、翻訳の歩みはさらにおぼつかないものであったことと思う。ここに記して厚い感謝の念を捧げたい。とくに今村仁司氏には、解説を執筆していただいたばかりか、貴重な御時間をさいて訳者のとぼしい知識をおぎなっていただき、いろいろと御助言をいただいた。心からお礼申しあげたい。また、資料収集にあたって、篠田知和基氏の御厚情を賜った。記して感謝申しあげる。さらには、多岐にわたる引用文献のうち邦訳のあるものは訳者の知るかぎりで巻末の原注にあげさせていただいたが、訳文を参照させていただいた訳者の方々に謝意を表したい。最後に、国文社編集部の中根邦之氏には、あやうい翻訳の足どりを忍耐づよく見守っていただき、時に踏み迷う足どりを正しながら、文字通り歩みを共にしていただいた。厚くお礼申しあげたい。

一九八六年一月九日、セルトーは帰らぬひととなった。死して名も無きひととなり、万人が結ばれる「共通の場」に返ったセルトーのことばが、海のしずくとなり、はるかな海洋を渡って、極東に浮かぶ小船、われら凡愚の民を載せてただよう日本という「阿呆船」にまでどうか届きますように。

一九八七年三月三一日

訳者

文庫版解説

日常的実践という大海の浜辺を歩く者——ミシェル・ド・セルトーと「場」の思考

渡辺　優

一 「他者の場」への歩みと『日常的実践のポイエティーク』

一九八〇年の刊行から四〇年が過ぎた今日、本書については、まずは「カルチュラル・スタディーズ」の古典的名著という評価が確立している。本邦では、セルトーの名は、多くの場合この『日常的実践のポイエティーク』（以下『日常的実践』）の著者として、それゆえ文化研究者、とりわけ民衆文化研究者として知られ、参照されてきた。世界的にみても、数あるセルトーの著作のうち最も広く読まれてきたのが本書であることは確かだろう。文化研究の基本書という評価を決定的にしたのは、一九八四年に出版された英訳版（*The Practice of Everyday Life*）であり、その後の英米圏での受容であった。本邦におけるセルトー理解も基本的にはその延長上にあったといえる。「戦略」と「戦術」とは、いまだに多くの論者が引用する文化研究の鍵概念である。

しかし、本書を文化研究の一理論書に括り入れてこと足れりとするわけにはいかない。本書を繙《ひもと》き、「ごく普通の文化」から「信じかた」まで、さまざまな「もののやりかた」をめぐるセルトーの思考の大胆さに触れる読者、あるいは、古今東西の思想や文学、芸術、神話を縦横無尽に参照しつつ繰り広げられる筆運びの巧みさ《アール》――山田登世子氏による達意の翻訳はそれを十二分に引き立たせている――に魅了されるような読者であれば、「いったいこれは何の本なのか」と問われても、答えに窮するというのが本当ではないだろうか。このテクストには、切れ味鋭い概念を提示する理論的叙述と、架空の出来事をものがたる詩や文学作品を思わせる語り口とが、異種混淆的に共存している。そこには、プラトンからデリダまで西洋哲学史上の主要人物たちの思想を自家薬籠中の物としながら、無名の、「ごく普通の人《ムッシュー・トゥル・モンド》」たちが行き交う雑踏のなかへと分け入ってゆくという、まさに「綱渡りの芸」（本書二〇三頁）が繰り広げられている。末尾を飾るテクストの章題が告げているごとく、『日常的実践』という書物は「決定不能なもの」の様相を帯びているのだ。

じっさい、「セルトーは何者なのか」をひと言でいうことは不可能である。少なくとも、彼の仕事はけっして文化研究の領域にとどまるものではなかった。文字どおり領域横断的な彼の足跡は、宗教史、キリスト教論、歴史記述論、文化人類学、言語学、精神分析学など、人文社会科学のあらゆる分野に刻まれている。（本邦でも、『パロールの奪取』や『文化の政治学』、『歴史のエクリチュール』、『歴史と精神分析』、『ルーダンの憑依』といった著作が翻訳されている。）彼の著作は世界各国で翻訳され、それぞれの知の領域に新たな思考の地平を切り拓くことを促している。

セルトーの仕事の全貌を捉えること、それはなお残された課題である。しかし、彼の学問的出発点にして生涯を貫く関心の的が、西欧近世（十六〜十七世紀）の「神秘主義（la mystique）」にあったことは——彼の仕事がけっして「カルスタ」風の、多様な学問領域をお手軽にまたぎ越える体のものではないことをはっきりさせておくためにも——強調しておきたい。[1]さらには、セルトーが、二五歳の時に誓願を立てて以来、終生イエズス会士であったこと。つまり、彼は「宗教者《ルリジウ》」として、「神学者」として歩みつづけたことも、彼の著作を一貫する主題を考えるときには、忘れてはならない事実であるように思われる。

ただし、セルトーが語る「宗教」や「神学」は、伝統的な教義や制度など、確定した境界をもつ固有の「場」としてのそれではない。そのような「場」はもはやどこにもない——これが彼のキリスト教論を貫く根本認識であった。一九七四年に出版された『破砕したキリスト教』[2]でもきわめて大胆に語られているように、セルトーによれば、今日のキリスト教は、前近代まではもっていたひとつの教会共同体を失ってしまった。古《いにしえ》の共同体は崩壊してバラバラになり、かつての「宗教的領域」の外へと散逸してしまっている。キリスト教は人びとの実践を組織する力を喪失し、あるいは体よく使われるだけの消費財的なシンボルに堕し、あるいは民俗学的な観察対象と化し、あげくは博物館の陳列品に成り下がっている……。
だが、とセルトーはいう。そうやって「他者の場」に散ってしまったキリスト教の断片《エクラ》は、まさにそのことによって新しい燦めき《エクラ》を放ちうるのではないか。なぜなら、自己に固有の場を去ること、自己に固有の場を来《きた》るべき「他者」へと開くことこそ、キリスト教に固有の「もののやりかた」なのだから、と。彼にとって「キリスト教徒」であることは、「今日なおいかにしてキリスト教徒たりうるか」という可能性の条件への問いと不可分の歩みであり、キリスト教がキリスト教そのものを越え出ることを促すような「他者」を希求する歩みそのものであった(3)。狭義の神学の領分をはるかに越え出て、人文社会諸科学の知の領域を横断しつつ、より広大な「他者の場」へ。本書『日常的実践』は、セルトーのそのような通過《トランジット》の途上に産み落とされた特異なテクストとして読むことができる。

二　自己／他者の切り分けを越えて

「他者」という言葉は、セルトーの思考においていかなる問いと結びついているだろうか。彼の思想的マニフェストともいうべき一九六九年のテクスト、『異人、あるいは差異のなかの合一』の一節を引こう。

あらゆる社会は、自己が排除するものによって自己を定立する。社会は自己を差異化することによって自己を構成するのである。集団を形成することは、異人《エトランジェ》をつくりだすことである。あらゆる社会に本質的な二極構造は、「内部」が存在するために「外部」を置き、内なる国が輪郭をもつために境界を引き、「私たち」が共同体をつくるために「他者たち」を定めるのだ。[4]

自己は、自己ならぬものを他者（異人）として区別することでみずからの境界を定め、自己同一性を確立する。この基本的な見方は、以後、セルトーの思考のひとつの起点となり、かつ、のりこえるべき課題となる。もっとも、ある意味で「答え」はすでに与えられていたともみえる。「キリスト教的経験は、こうした集団形成の法則への還元を徹底的に退ける。それは、絶えず越えゆく運動として現れる」[5]。セルトーは紛うことなき「キリスト教徒」であった。

ただし、「キリスト教的経験」のポジティヴな可能性を正面から語るセルトーのもの言いを、キリスト教という固有の「宗教」の信条や神学の問題に還元してしまっては、彼の思考の運動にまるで逆行することになってしまう。先にも述べたように、セルトーの思考はおよそ狭義の神学の枠組みには収まらない。自己と他者の関係をめぐる彼の思考は、近代西欧文明とそれを支えてきた知のありかた――むろんそこにはキリスト教的知も含まれる――の根本的な捉えなおしを射程に入れていた。（この点で彼は、レヴィ＝ストロース、フーコー、ラカン、デリダ、あるいはレヴィナスといった同時代の先鋭な思想家たちと同じ問題意識を共有していたといえる。）

『日常的実践』の五年前（一九七五年）に刊行された『歴史のエクリチュール』は、歴史記述論をめぐる著作であるが、リクールの歴史哲学にも少なからぬ影響を与えた本書の核心にも、自己と他者の関係をめぐる先鋭な問いが横たわっている。セルトーは、歴史のエクリチュール、すなわち「歴史を書くこと」に、近代西欧文明を駆動してきた力の根源を認める。彼によれば、近代西欧の歴史記述の原理は、「切断」と「差異化」にある。つまりは、自己（現在）／他者（過去）を切り分ける操作である。

近代以降、西欧において歴史記述は、自己に固有の場を創設すること、すなわち自己（現在）から他者（過去）を対象として区別することを根本原理としてきた。この操作の結果、自己の現在から切断された他者は、黙して語らぬ他者、ひたすら「書かれる客体」とされる。いっぽう、沈黙せる客体を「書く主体」となる自己は、さまざまな言説の能動的な生産者となる。歴史学のみならず、民族学や文化人類学、精神分析学、教育学といった近代西欧の知は、つねに他者（過去、野蛮人、民衆、狂人、潜在意識、子ども、第三世界など）との関わりにおいて、他者を書き、「他者の場」を占有して自己を拡大し、文明の発展を遂げてきた。こうした議論がポストコロニアル批評における西欧近代・植民地主義批判とも通じていることはみやすい。

歴史家の現在は、過去を過去（過ぎ去ったもの、死んでしまったもの）とすることによって確立される。歴史家は、過去の他者（死者）をテクストという墓場に埋葬することで、みずからの仕事をなすのである。こう喝破するセルトーは、しかし、歴史記述の抑圧的側面を強調するばかりではない。書かれるばかりの他者は完全に沈黙しているとはかぎらない。死者は亡霊として現れることがある。「抑圧されたものは回帰する」というフロイトのテーゼ――セルトーは一九六四年にラカンが創設したパリ・フロイト派のメンバーだった。なお、『日常的実践』で最も多く引用される固有名はフロイトである――を参照しながら、セルトーはこう述べている。

こうやって新たに過去を包摂してしまうやり方が大した事柄とはみなさないもの――史料の選択からこぼれた屑や、説明のなかで目を引かずに残ったもの――は、それでもディスクールの縁《へり》や、ディスクールに走るひび割れのなかに戻ってくる。具体的には、「抵抗物」や「残存物」であり、あるいは「進歩」や解釈の体系の整然とした配列をそれと知らず乱すような遅滞物がそれである。それらは、ひとつの場所の法によって構築された結合規則《シンタックス》のなかに生じてくる言い損ないなのだ。(6)

たとえ現在が過去を切り離し、自己が他者を抑圧しても、現在は過去なしにはなく、自己は他者なしにはない以上、前者は後者を完全に排除することも忘却することもできない。その意味で、他者を書く知の主体がみずからのためにしつらえる「自己に固有の場」は、つねに不安定なもの、不確かなものであるほかない。だが、この不安定さ、不確かさは、とりもなおさず自己と他者との別様の可能性でもあるのだ。じっさい、セルトーの思考はつねに自己／他者関係のよりポジティヴな可能性に向かっていた。そのような可能性は、先の引用箇所からもわかるように、テクストの精緻な読解を通じて、他者を書く言語活動のなかの「ひび割れ」や「言い違い」や「穴」として読みだされてくる。セルトーのまなざしはいつも、「自己に固有の場」を横切る他者の、テクストに遺された足跡をねらっていた。

三　他者の足跡を求めて

この点、セルトーの思考のモチーフをよく伝えていると思われるのは、彼が好んで言及する『ロビンソン・クルーソー』の物語である。一七一九年にダニエル・デフォーによって著されたこの小説を、セルトーは「西欧近代の神話」と呼んでいる。『日常的実践』にも繰り返し登場するこの神話の読みについて、簡単にまとめておこう。

セルトーはまず、ロビンソンの活動に西欧近代の「書く主体」のそれを重ねる。無人島に漂着した主人公は、持ち前の勤勉さと規律をベースに、合理的な労働と技術によって島の自然を開墾し、農作地を拓き、生産物の計画的な管理体制を整えて、新たな秩序を打ち立てる。そこに語られているのは、白いテクストという区画された場所に文字を書き、書くことを通じて現実秩序の改変を図る、「征服するエクリチュール」の神話なのだ。自己の思うように島の秩序を整えんとするロビンソンの労働意欲の目覚めが、「日記を書く」という決意とともにあったことを、炯眼《けいがん》なセルトーは見逃さない。書くことは自己に固有の場所を確立することであり、他者の場所を占有する意志の発動でもある。この意味において、書くことは、科学、産業、あるいは資本主義を立ち上げる身ぶりでもある（三二四―三二五頁）。

しかし、自己／他者の別様の関係を求めるセルトーの思考、あるいはそれを支える彼の読みの本領は、むしろロビンソンの「エクリチュールの帝国」に亀裂が走る局面を取り上げるときに発揮される。セルトーが注目するのは、島での生活をすでに手中に収めたロビンソンが、あるとき島の浜辺に残された人間の足跡を発見する場面であり、それ以後数十ページにわたってロビンソンを襲う、恐怖や悪夢の時間である。やがて見いだされた男は「フライデー」と名付けられ、島の秩序は回復されるのだが、はるか大海の彼方から到来したと思《おぼ》しき不在者のわずかな痕跡によって、理性と規律を旨とするエクリチュールの秩序、自己という島の境界線は揺らいでしまう。「生産の苦行こそ意味あるものであったのに、その苦行を続けるわけにはゆかなくなったロビンソンは、くる日もくる日も悪夢のような日々をすごし、その見知らぬやつをとって食ってやりたいという欲望にとりつかれ、かと思うと、いや、自分がそいつに食われてしまうのではないかと恐怖にさいなまれる」。「自己に固有の場」を横切る他者の足跡によって、労働の主体たる自己はもろくも崩れ去り、おのれが怖れていた野生の他者に、はからずも変貌を遂げるというわけだ（三五八―三六二頁）。

セルトーという歴史家[7]が求めていたのは、「ディスクールの縁《へり》」、歴史という営みの浜辺に残された不在の他者の痕跡であった。自己と他者とのあいだに別様の関係性をもたらしうるこのような痕跡は、とりわけ彼の生涯の主題であった神秘主義の歴史的研究を通じて、神秘家たちのテクストのなかに見いだされたのだった。ロビンソンを混乱に突き落とした足跡を論じるなか、セルトーが十三世紀の女性神秘家アントワープのハーデヴィヒの言葉「姿なきものの現前」（三五九頁）を引いているのは、けっして唐突なふるまいではないのである。

もっとも、本書でセルトーが目を凝らす「姿なきもの」、それは第一に「日常的実践」であった。本書の主題である日常的実践とは、従来の歴史記述が見落とし、あるいは聞き落してきたもの、しかし、つねにすでに歴史記述という島のまわりを取り囲み、あるいは浸潤しているなにものかである。『日常的実践』（とりわけ五章まで）には、海のイメージが遍在している[8]。「今日では海のしずくと化し、そこかしこに散在する言葉のメタファー」

（四九―五〇頁）。「日常的なものの潮騒のざわめき」（五九頁）。「ディスクールをつつみ、そのなかにしみ入って、遂にはそれをさらってゆくあの海、共通の経験という沖」（七八頁）。「既成秩序の岩礁や迷路の端々に入りこんでくる海の泡の動き」（一一六頁）。こうした海のイメージは、日常的実践という「他者」を書こうとするセルトーの「場」――近代西欧の知の場所とは異なる場――をいわんとするものである。

……もはやディスクールのない地のかなたにまで理論が前進してゆかねばならないときには、ある特別な問題がもちあがってくる。いってみれば、突然、デコボコ道にさしかかってしまうのだ。言語にしようにも、言語が踏みしめる地面そのものがなくなってくるのである。そこで、理論化をめざす操作は、その操作が正常におこなわれるテリトリーの限界に行きあたってしまう。ちょうど、断崖絶壁にさしかかってしまった自動車のように。その向こうには、海がひろがっている。（一七三頁）[9]

海を望む断崖絶壁で、綱渡りをするかのごとく書きつづけようとする試み。フーコーそしてブルデューにそうした「理論の技《アール》」を認めながら、両者が結局のところ引き返したとみえる地点に、セルトーはなお留まりつづけようとする。そこで彼は、いかなる離れ業をみせているのだろうか。彼の歴史記述、すなわち日常的実践という他者を書くことは、どのような「場」でなされているのだろうか。

四　セルトーの戦術

冒頭で触れたように、文化研究において『日常的実践』が参照される場合、ほとんど必ずといっていいほど言及され引用されてきたのが、戦略／戦術という一対の概念である（三二―三三頁、一一九頁以下など）。自己に固有の場をもち、主体と客体のあいだに明確な境界線が引けるような状況での実践として定義される戦略に、戦術が対置される。戦術とは、どこまでも他者のものである領域において、みずからに固有の場を持てない弱者が、強者のものを横領し、「なんとかやっていく」狡知である。

これら二つの概念、とりわけ戦術の概念は、都市論や消費文化論などを中心に、さかんに参照されてきた（フランス語直訳風にいえば、「多くのインクを流させてきた（faire couler beaucoup d'encre）」）。しかし、当の『日常的実践』において、これがたんに対象を分析するための概念ではなかったことに注意したい。戦術とは、理論的概念として他者を外から観察するために使用されるのみではなく――そうだとすれば、セルトーはみずからの言葉をみずからのテクストによって裏切ることになってしまう――、『日常的実践』というテクストそのものが試みている一種の身ぶりである。戦術とは、日常的実践という大海に向かいながら、なんとかしてそれを書こうとする者自身のエクリチュールに投げ返されるべき概念なのだ。

セルトーの戦術とはいかなるものか。結論からいえば、それは、人びとの日常に潜む諸々の実践の巧みさを、それを書こうとするおのれ自身のディスクールに繰り返さんとする語りの技《アール》そのものとして実現している。『日常的実践』というテクストそのものが戦術の実践なのだ。それは、みずからが語ろうとすることがら――日常的実践という戦術――をみずからやってみせる身ぶりである。してまたこの身ぶりは、自己と他者を隔てることによって成り立つ学知が――『日常的実践』というテクストもそのような学知の産物である――、自己に固有の場を去って他者へと向かおうとする、文字どおり身をよじるような試みである。あるいはまたそれは、自己に固有の場に、その境界を揺るがすような他者を招き入れようとする試みでもある。「たいせつなのは、確固とした学問的領域に日常的なものがしのび入ってゆくときに起こる侵入のはたらきである」（五八頁、傍点強調部は本文どおり）。

自己と他者を区画する従来の学知とは異なる学知。その可能性を探究するに、セルトーが範とするひとりは、ウィトゲンシュタインである。彼の言語哲学は、われわれはけっして言語の現実の外に出ることはできないこと、日常的な言語の用法を俯瞰することなどけっして叶わないことを、このうえなく厳しく受けとめている。彼は、「言語哲学」なる特権的な場を、言語から切り離されたどこか別のところに用意してそこから語るということ

——戦略としての言語哲学——を拒絶する。「ウィトゲンシュタインは自分が万人に共通の言語という歴史性のなかに「とらえられている」ことを知っている」（六九頁、傍点強調部は本文どおり）。セルトーもまた、「ウィトゲンシュタインというこのヘラクレス」（六七頁）を追って、「世界という散文」（メルロー＝ポンティ）のなかへと漕ぎ出してゆく。あるいは、そうやって漕ぎ出してゆくことをとおして、世界という散文は書きあげられてゆくのである。

五　物語と記憶のパランプセスト

『日常的実践』というテクストに即して、セルトー自身の言語的実践について、もう少し具体的にみておこう。たとえば、このテクストのなかには、そこかしこに神話や民話、文学や映画など、古今の物語の登場人物たちの名がちりばめられている(10)。ウルリヒ（七五頁）、スカパンやフィガロ（八五頁）、ロビンソン・クルーソー、パニュルジュ（一三六頁）、アンチゴーネ（一七四頁）、イカロスとダイダロス（一三四頁、三〇八頁）、眠れる森の美女（二六七頁）、シンデレラ(11)、エミール（三二四頁）、ドローミオ（三三二頁）、ドン・ジュアン（三五六頁）、マクベス夫人（三七五頁）、オイディプス（四三七頁）。あるいは少年ハンス、ドラやシュレーバーなど、フロイトの精神分析に登場する現代の伝説的人物たち（五五頁、九〇頁、二三五頁）。さらには、フェリックス・ザ・キャット（六四頁）やチャップリン

（二四七頁）といった現代のキャラクターの姿も見逃せない。

これら物語の「英雄」たちのひそやかな跳梁をどうみるべきか。第一に、彼らは「日々つかえそうなうまい業、下手な業の模範」（九四頁）となるべき者たちとして召喚されている。彼らは、その多くが、既存の秩序を壊乱し、閉じられた領域に穴をうがち、他者の場にありながらにして別様の場を創造する戦術の妙技を繰り広げた者たちとして語られている。チャップリンのステッキさばきよろしく、彼らはおなじひとつのもの、ひとつの場所を、別のもの、別の場所に変えてしまうのである。セルトーは物語の根源的な力を、ある別様の空間を創始するはたらきに認めている（二九六頁以下）。

それだけではない。テクストにまぶされたこれら固有名詞は、たとえばパリの通りのひとつひとつに与えられている名前のように、「通る人びとがそれぞれ好き勝手に付与する多義性」に開かれている。もともとそれが担っていた、物語に固有の役割からも切り離されたこれらの名たちは、『日常的実践』というテクストを通過してゆく歩行者、すなわち読者をどこか思わぬ別の「場所」へと運び去るメタファーであり[12]――パリにくると、ついついそちらのほうに足を向けてしまうというセーヴル在住の友人にとってのセーヴル通りがそうであるように（二五九頁）――、ここにいながらにしてここならぬ場所へと導く不思議な道しるべなのだろう。

かくいう私自身、本書のページを手繰りながら、それぞれの固有名に出会う度、しばし手を止め、本論から脱線して、さまざまな情景や記憶を想起し、また別の物語の空間に誘われる心地がした。それは、テクストを読む読者をして「ある場所にたたみこまれたさまざまな物語を歩みとともに繰りひろげさせ」(二七一頁)るよう誘う仕掛けなのかもしれない。『日常的実践』は、第一級の学術書であり、文化理論の書でありながら、それ自体が物語——別様の、種々の空間を創始する物語でもある。それは、複数の「ここならぬ場」を創造する妙技を繰り広げた者たちを引きながら、テクストそのものを通じて、そこを通過する読者とともに、みずからが語ろうとする実践の妙技を実践してみせるテクストである。

「パランプセスト」、すなわち以前の文字を削った上に新たな文字が書かれた羊皮紙とは、これまたセルトーが好んで喚起するイメージのひとつである。テクストにひしめく複数の場は、隣り合って並んでいるのではなく、幾重にも層をなしており、しかも互いに入り混じり合いながら、流動的なまとまりをつくっている。『日常的実践』のあちらこちらに散らばる古今の物語の英雄たちは、パランプセストに書かれた文字のように見え隠れしつつ重なり合い、ひとつのテクストのうちに複数の物語の時間を折りたたみながら、やって来る読者との出会いを待ち受けているのだろう。

『日常的実践』の終わり近く、セルトーはフロイトの「夢幻的モデル」に言及している(四五七頁)。フロイトは、一九三〇年に著された『文化への不満』のなかで、「人間の心の生のうちでは、ひとたび形成されたものは滅びることがなく、すべてのものが何らかの形で保持される」というテーゼを主張しながら、「永遠の都ローマ」を喚起している。[13] 今に残るローマの遺跡群に細やかな視線をめぐらせながら、ありし日の光景をありありと浮かび上がらせるフロイトのこの「夢想」を、セルトーは、『歴史のエクリチュール』でも決定的なエピソードとして、フロイトのエクリチュール——とりわけ『モーセと一神教』のそれ——を組織するひとつの原理として参照していた。セルトーはそこに、別様の歴史記述の可能性、つまり、つねに自己と他者を区画する固有の場に依拠するがゆえに、同じ場所に二つ以上のものがあることを認め（られ）ない、近代以降の歴史記述とは別様の可能性を認めていたのである。[14]『歴史のエクリチュール』から五年後、『日常的実践』において、今度はセルトーみずからがフロイトの離れ業を実践してみせたのだといえよう。

六　想像の風景

「一望監視装置」はじめ、全社会に及ぶ規律権力の見えざる支配のネットワークに考察の重心を置いたフーコーに対して、彼と同じく西欧近代の学知のヘゲモニーと抑圧構造には十分自覚的でありながらも、セルトーは一貫して「反規律《アンチ・ディシプリン》の網の目」（二三頁）を語る。それぞれに固有の場を分節し、秩序と統制の下に置こうとする権力の碁盤目をつねにすり抜け、出し抜きつづける民衆的実践知を、セルトーは称揚してやまない。フーコー型の権力論に親しんだ読者の目には、こうしたセルトーの議論はあまりにも楽観的に過ぎると映るかもしれない。たとえば、植民地化によって征服者から押しつけられた他者の文化を「横領」して別のものに変えてしまったというインディオたちの実践を語るセルトーの考察（一九頁、二一一頁）に対して、現実に存在する帝国主義的支配構造から目を背けさせ、かえってそれを強化してしまわないかといった批判を加えることは至極妥当というべきかもしれない。

しかし、セルトーの「楽観主義」を批判する前に、それがどこからくるのか、何に支えられているのかを問うてみよう。そうして、彼の言葉が何を語っているのか（民衆文化、虐げられた者たちの抵抗、弱者の戦術……）ではなく、何をしようとしているのかに視点を移すとき、フーコー型の規律論と異なるセルトーの反規律論、その語りの真の特徴がみえてくる。

セルトーは、制度や権力による抑圧の装置やメカニズムばかり記述することに偏りがちな研究や分析への異議を唱えるなか、目に見えず名付けることもできない実践に夜闇や海のイメージを重ねつつ、次のように記していた。

……昼よりも長い夜、相次いだもろもろの制度がばらばらに断ち切られてゆく闇のひろがり、無辺の海のはるけさ。その海のなかでは、社会経済的な諸制度など、かりそめのはかない島々に見えることだろう。

研究にあたって想像の風景を思い描いてみることは、厳密さを欠くとはいえ、意味のないことではない。……この風景のおかげで、ひとつの社会的想像力の構造がいまなお生きているさまを見ることができるのであり、そこから、さまざまな形の問題が出で来たり、また立ち返ってやまないのである。さらに、この風景はまた、分析のおよぼす作用をあらかじめ防いでもくれる。……日常的な営みの姿を想像上の舞台にくりひろげてみせる風景は、したがって、偏った考察によってそれらが矮小化されてしまうのを修正し、グローバルにとらえなおすための治療的な価値をそなえている。少なくともそれは、そうした営みが現在によみがえって生きていることを保証してくれるのだ。（一三〇―一三一頁）

かくして「想像の風景を思い描いてみること」、これこそセルトーの語りを可能にする行為なのだった。ちょうど、古のローマの風景を想起することによって二つ以上の異なるものが同じ場所にある可能性を語りえたフロイトと同じように、セルトーは、「無辺の海」を想起することによって、いかなる制度によっても分節化されえない日常的実践のざわめきを聞きつづけ、語りつづけることができるのだ。

「想像の風景」が語ることを可能にする。このことについてセルトーはきわめて自覚的であったと思われる。『日常的実践』においてセルトーは、さまざまな風景を思い出し、思い出すことによって言葉を紡ぎ出す。サルバドルのパソ教会（七八頁）。バーモントのシェルバーン博物館（九〇頁）。ニューヨークの世界貿易センタービル（二三二頁）、等々。夢と現《うつつ》のはざまに呼び出されてくる風景は、そのたびごと、いっそうのびやかな語りを導いている。ところどころに思い描かれるさまざまな場所は、『日常的実践』というテクストにひとつひとつ織り込まれてゆきながら、新たな言葉の地平を拓くのである。

七　「場の構成」――もうひとつの「場」のありか

実のところ、『日常的実践』は次のような言葉ではじめられていたのだった。「ここで本書の意図を述べるというより、むしろわたしは、ある探求の風景にふれてみたいと思う。そうした風景を描きながら、研究というひとつの行為がどのように展開してゆくものか、その目印になりそうなものをしめしておきたい」（一一頁）。ここで「風景を描くこと」と訳出されているのは、原文では《composition de lieu》、直訳すれば「場の構成」である。

ところでこの言葉は、十六世紀にイエズス会を創立したイグナチオ・デ・ロヨラが、数々の神秘体験を通じて得た洞察をもとに著した祈りの手引書、『霊操』に由来する。『霊操』における「場の構成（composición de lugar）」とは、みずからの魂の内省の上に、イエス・キリストの生涯、数々の奇跡的出来事、受難と死、そして復活を観想ないし黙想するに、「ありありと想像の眼《まなこ》で見ること」(15)を意味する。『霊操』の実践者は、その指導にあたる者とともに、魂の内に生じる動き(霊動)を見極め、おのれの「願い(deseo)」を神に向けて正しく導くべく、数々の想像の風景を思い描いてゆくのである。

『日常的実践』と『霊操』のあいだには、確かなつながりがある。であれば、セルトーが後者をどう捉えていたかをみておくことは、前者の理解にも資するはずだ。セルトーにとって『霊操』とはいかなるテクストだったのか。それは、一九七三年の論文「願いの空間、あるいは『霊操』の「礎」」にあますところなく語られている。(16)

『霊操』の最良の定義は、その最も重要な共同執筆者であり普及者であったピエール・ファーヴルがいうように、「実践法(manière de procéder)」である。『霊操』というテクストは、いわゆる教義書、思想書ではない。かつては子音が母音を分節することで言葉をつくると信じられていたが、それと同じように、『霊操』は霊操の実践者すなわち「願う者」の願いを分節するやりかたなのだ。テクストを通じて促される「場の構成」は、実践者の願いを分節し、願いを願いとして発することを可能にする、いわば子音の役割を果たすのである。

そうした一連の「場の構成」は、「根源と礎(principio y fundamento)」という小さなテクストにはじまる。神による人間の創造のはたらきと、創造された人間の究極目的であるところの神の栄光およびみずからの魂の救いを説くこのテクストは、これから企てられるべき活動とそれを駆動する願いに、ひとつの空間を拓く。このテクストが「根源」であり「礎」であるのは、それが従われるべき普遍の真理を示す教説だからでもなければ、個々の行為を根拠づけるという意味で権威を与えるテクストだからでもない。たしかに、それはひとつの掟である。だがこの掟は、それに連なる諸実践と区別されて、それだけで固有の領域を区画する掟ではない。『霊操』は、実践者に用いられることではじめて意味をもつ。それは、実践者みずからの願いに新たな領域を切り拓き、それまでの人生から新しい歩みを踏み出さしめる掟なのである。

「根源と礎」は、何かを基礎づけるというより、むしろ旧来の秩序のなかでひとつの場に縛りつけられている願いを当の場から切断し、切断するまさにそのことによって、いっそう根源的な願いを発さしめる。「「神はしかじかのことを私にお望みなのだ」と言う者に対する回答は、まず否《ノン》である。神はなににものにもよらず不偏であり、それがほんとうであれ思い込みであれ、あなたが神とする諸々の約束に比べ「より大いなるもの」なのだ[17]」。したがって、「根源と礎」に立ち戻るということは、拠って立つべき固有の場に引きこもるということとはまったく反対に、むしろみずからがそれと知らず居ついてきた固有の場にとってつねに異なるもの《エトランジェ》であるはずの願いを認めることである。「それは海のざわめきを聞くことを受けいれることである[18]」とセルトーはいう。

『霊操』を実践する者は、次々と新たな場、新たな想像の風景を思い描く。だが重要なのは、それぞれの場ではなく、むしろそれぞれの場のあいだである。ある場から別の場へ、霊操実践者の願いは、移ろいゆくそれぞれの場の裂け目、遊びの空間に解放される。『霊操』実践の道のりは、そこかしこに裂け目をつくり、「他所《よそ》」をのぞかせる。これが「願いの空間」である。「たいせつなことは、新しい場の「構成」が、今いる場所とのあいだにつくりだす関係性である」[19]。『霊操』を通じて構成されるひとつひとつの場は、みずからの後にまた別の場が来ることによって、さらなる「もう一歩」の踏み出しを可能にし、より大いなる神に向けての歩みを可能にするのだ。

かくしてセルトーは、『霊操』というテクストのうちに、歴史学はじめ西欧近代の知とは異なる「場」――自己と他者が互いに互いを呼びあいながら生成する場――のありかたを見いだすのである。論文の最後、『霊操』における「場の構成」という実践は、「他者に場をあける(faire place à l'autre)」ことにほかならないと結論される。

> 〔『霊操』という〕この「実践法」は、他者に場をあけるやりかたである。この実践法はそれゆえ、「根源」からはじめてみずからが語っているプロセスのなかに、それじたい組み込まれている。そしてこのプロセスの本質は、その全展開においてみたとき、テクストにとっては「指導者」に場をあけることにあり、指導者にとっては実践者に場をあけることにある。そして実践者にとっては、〈他者〉よりみずからに到来する

願いに場をあけることにある。こうしてみると、テクストは、みずからが語っていることをみずから行っている。テクストはみずからを開きながらみずからをつくる。それは他者の願いの産物である。それは他者の願いによって構成される空間である。(20)

逆にいえば、『霊操』というテクストは、テクストの他者、テクストの外からやって来る他者である「願う者」なしにはない。自己に固有の場の外に向けてはじめの一歩を踏み出す者、すなわち「根源と礎」に立ち戻る者、そうして聞こえてくる海のざわめきを聞くことを受けいれる者がいなければ、それは生気のない物体《オブジェ》にすぎないのである。

八　セルトーの場と信

以上の『霊操』解釈に照らしてみるとき、『日常的実践』を立ちあげ、テクストを通じて繰り返される「場の構成」という実践の意味は、より深く理解されよう。日常的実践という西欧近代の知にとっての他者、言い換えれば、歴史記述や理論的学知、あるいは社会的経済的制度にとってついに把握しえない他者を希求して歩まれる道すがら、思い描かれる想像の風景の数々は、自己に固有のディスクールに亀裂を生じさせ、自己に固有の場から自己を引き剝がして、そこになにか異質な他者を招き入れる余地を生む。要するにそれは「他者に場をあける」実践なのだ。

セルトーの思考が、ある神学的性格をもっていることは疑いえない。彼のいう「他者」、とりわけ大文字のAではじまる〈他者（l'Autre）〉に、「神」の痕跡を認めないわけにはいかない。しかし、これをセルトーのキリスト教信仰に根拠づけられた思考とみることは、やはり事の本質を捉え損ねることになるだろう。本解説のはじめに述べたように、セルトーにとって、キリスト教の信仰や神学の真正性を保証する固有の場はもはや存在しえなかった。彼にとってキリスト教信仰とは、自己に固有の場を出てゆくこと、まさしく「他者に場をあけるやりかた」なしにはないものである。その意味で、「信じること」はある「弱さ」をともなわずにはいない[21]。

この点についても、セルトーはみずからが語ることをみずから実践している。というのも彼は、「他者に場をあけるやりかた」そのものについても、これをキリスト教という固有の場に囲い込もうとはしないのだから。彼は、先に検討した論文のなかでも、『霊操』という「実践法」の核心に「他者の願いをして語らしめる」というやりかたを認めながら、それが「特別にキリスト教的というわけではなく」、「一切の神学的な特徴からすでに切り離されている」とすら述べていたのだった[22]。

セルトーの本領は神秘主義の歴史をはじめとする宗教史研究にあった。しかし、彼の宗教史記述もまた、「宗教」という固有の場をはるかに越え出てゆく射程をもっていた。「もしかして宗教的なものは、信じることと知ることとが、さまざまな内容系列（なかば語彙的な）をしたがえながらとり結んできた（形式的な）様態の一表現形態であり、その特殊歴史的な形状（および操作）であったのかもしれない」（四二一頁、傍点強調部は本文どおり）。あらゆるものは時の流れと無縁ではありえないという根本認識を抱えていたという意味で、セルトーは徹底的な歴史主義に立つ。たとえば、彼の神秘主義論は、神秘主義に超歴史的・超言語的な体験的本質を求め古今東西の宗教伝統に普遍的なものとみなしてきた従来の研究の趨勢《すうせい》を根本から問いなおし、神秘主義（la mystique）をまずは近世西欧に出現した歴史的思潮と捉え、その形象の変遷を追うという新たな視点を提起した。また、彼のキリスト教論は、教会制度という伝統をまさしく特殊歴史的な一形態として相対化するものでもあった。そのためにイエズス会士、カトリック神学者としての地位を危うくすることもあった彼が、最晩年に取り組んだテーマは「信じる」という営みだった[23]。

「信じかた」をめぐる『日常的実践』の第五部のなかで、セルトーはこう書いている。「信じる」とは、「わたしの先に来り、そしてわたしの後に来ってやまない他者との関係を指ししめす」のだと（四四〇頁、傍点強調部は本文どおり）。「信じること」は、他性の究極として捉えられる「死ぬこと」や、あらゆる制度的担保から切り離されてある「語ること」そのものと根本的に一致するともいわれる。おそらくはセルトーの思考の最果てに位置づく「信」の問題について、ここで十分に掘り下げるだけの準備も紙幅もない。しかし、『日常的実践』に繰り返し現れる「無辺の海のはるけさ」という想像の風景が、それ自体セルトーの根源的な「信」、あるいは「待望」や「焦がれ」というべきものと結びついていることは明らかだ。それは、太古よりやむことなくつぶやきつづけている、そして未来永劫つぶやきつづけるであろう芸《アール》（わざ）への信である。

このような信を滲ませる言葉は、『日常的実践』というテクストのはじめから終わりまで、それこそつぶやかれつづけている。「姿を変える魚だとか、変幻自在な昆虫だとかが幾千年もの昔からそなえてきた狡智」（一六頁）。「海洋の底からメガロポリスの街々にいたるまで、戦術は連綿とたえることなく、不易のすがたをみせている」（三四頁）。「われわれの実存の仄暗い閾の縁に突きささった物語の「破片」の数々には、行為の領域を創始した太古の儀礼が生きつづけている」（三〇〇頁）、「これらの音たちはやむことなく語りつづけるのだ」（三七九頁）。だが、過去と現在と未来、彼方と此方、あるいは自然と文化など、時空間の差異や隔たりを越えてゆくこれら大胆なもの言いを、注意深い読者は訝《いぶか》しむかもしれない。セルトーは、それこそ、みずからが退けたはずの超歴史的な語りに陥ってしまっているのではないのか、と。

しかし、セルトーはけっして歴史の「外」に立とうとしているわけではない。「そうした狡智がやってきたはるか彼方の地平線、そしてそれらが行きつくかもしれないもうひとつの地平線を忘れ去ってはならない」（一二九頁）と彼はいう。こう語る彼の場所は、つねに地平線のこちら側、時の流れのなかにある。「はるかな昔とはるかな未来に想いをはせること」は、日常に潜み、聞かれざる声を上げつづけているさまざまな実践の創造性を、抑圧の記述に偏りがちな分析に抗して語るための技法であった。ここで重要なことは、この地平線の想起、それ自体がひとつの技であるような技への信が、いつも「この現在《いま》」という場からの歩み出しとしてなされるということだ。「思考するとは……わたりゆくこと(Penser, [...] c'est passer)」[24]。それは「この現在」を過去や未来に拓くこと、みずからの場に異質なものを招き入れること、「他者へと場をあけること」でもあろう。セルトーにおいては、思考することと信じることのあいだにも根本的な一致がある。

自己と他者の新たな関係を追いかけたこの特異な歴史家、宗教者あるいは「信じる者」のテクストは、私たち読者という他者を待ち構えている。『日常的実践』を「読む」ということは、それがセルトーのいうような意味での実践であるのなら——「読む」という「密猟」をめぐる第一二章は本書の白眉であろう——、読者自身の「場」に何らかの変化を呼び起こさずにはおかないはずだ。そのような読者にとって、日常的実践という大海のなかに入りゆくこと、あるいはそこから到来する波に呑まれることを願いながら、浜辺に留まり、浜辺を歩きつづけたこのもうひとりのロビンソン・クルーソーの足跡は、「姿なきものの現前」のしるしでありつづけている。

(わたなべ・ゆう　東京大学准教授/宗教学)

（1）この点、『神秘のものがたり（*La fable mystique*）』（一九八二年）をはじめとする彼の一連の神秘主義研究について、いまだ邦訳がない状況は遺憾というほかない。

（2）カトリック左派の知識人ジャン＝マリ・ドムナックとのラジオ対談が基になっている。Jean-Marie Domenach et Michel de Certeau, *Le christianisme éclaté*, Paris, Seuil, 1974.

（3）セルトーの主要な「神学」論文については、Michel de Certeau, *La faiblesse de croire*, éd. Luce Giard, Seuil, 《points-essais》, 2003を参照。また、拙論「「パロール」とそのゆくえ――ミシェル・ド・セルトーの宗教言語論の輪郭」『天理大学学報』七〇（一）、二〇一八年、一―二八頁、および拙論「キリスト教の破砕／燦めき――現代カトリックの危機とミシェル・ド・セルトー」『世俗の彼方のスピリチュアリティ（仮）』東京大学出版会、刊行予定も参照。

（4）Michel de Certeau, *L'étranger ou l'union dans la différence*, éd. Luce Giard, Seuil, 《points-essais》, 2005, p. 14.

（5）*Ibid.*, p. 15. 傍点強調部は原文イタリック。

（6）Michel de Certeau, *L'écriture de l'histoire*, Paris, Gallimard, 《folio-histoire》, 2002, p. 17.

（7）セルトーが、書かれた史料を読み解く歴史家としての徹底的な訓練を積んだ人であったことを確認しておこう。彼が、まずは「歴史学」という学問の「場」から出発したという事実は強調されてよい。初期イエズス会の霊性史研究から出発した彼は、近世フランス宗教史の泰斗ジャン・オルシバルの指導も受け、歴史家としての研鑽を積んだ。フランス国内外の古文書館や図書館を訪ねて史料を渉猟するなか、彼が世に送り出したピエール・ファーヴルの『回想録』の校訂版（一九六〇年）や、ジャン＝ジョゼフ・スュランの『霊の導き』および『書簡集』の校訂版（一九六三年、一九六六年）は、圧倒的な史料批判――「その人が通った後にはぺんぺん草も生えない」とも評されるような――で名をはせた師の目にも間違いなく適う成果であった。セルトーは、徹底的な資料の収集と読み込みという実証主義的歴史学の基本を身につけ、実践した人だったのである。

(8) 海は、セルトーが「わが守護者」と呼んで終生思考をめぐらしつづけた十七世紀ボルドーの神秘家ジャン＝ジョゼフ・スュランが好んだイメージでもあった。拙論《Lire Surin et/ou lire Certeau》, in *Michel de Certeau. Le voyage de l'œuvre*, éd. Luce Giard, Paris, Facultés jésuites de Paris, 2017, p. 89-100.

(9) フーコーの『監獄の誕生』を評した別のテクストの冒頭にも、まったく同様のイメージがみつかる。理論が、あるいは歴史家のエクリチュールが、言語化されない実践の領域に踏み込むとき、「突然の変化が起こり、通常はきわめて確かな基盤、言語活動によって与えられる基盤がなくなってしまう。理論的な操作は、断崖の淵に臨む車のように、突如として慣れ親しんだ土地の果てに行きつく。その先には、もはや海しかない。フーコーはこの断崖の淵にあって、言説なき実践を論じる言説を創造するべく奮闘しているのだ」(Michel de Certeau, *Histoire et psychanalyse entre science et fiction*, éd. Luce Giard, Paris, Gallimard, 《folio-histoire》, 2016, p. 212)。

(10) のちにガリマール社から刊行されたポケット版の編集者リュス・ジアールは、こうした伝説的登場人物たちを人名索引に挙げることができなかったのは心残りである、と述べている。Luce Giard, 《Histoire d'une recherche》, in *L'invention du quotidien : 1. arts de faire*, Gallimard, 《folio-essais》, 2002, p. XXVIII.

(11) *Ibid.*, p. 171. 翻訳では抜け落ちている。

(12) 「メタファー」という言葉を、セルトーはギリシア語の原義「運び去る（metaphérein）」を強く意識しつつ使っている。

(13) フロイト『幻想の未来／文化への不満』中山元訳、光文社古典新訳文庫、二〇〇七年、一三五―一三八頁。

(14) Michel de Certeau, *L'écriture de l'histoire*, p. 370-371.

(15) イグナチオ・デ・ロヨラ『霊操』門脇佳吉訳、岩波文庫、一九九五年、一〇〇頁。なお、《composición de lugar》は門脇訳では「出来事の現場に身を置く」となっている。

(16) Michel de Certeau, 《L'espace du désir ou le 'fondement' des Exercices spirituels》, in *Le lieu de l'autre. Histoire religieuse et mystique*, éd. Luce Giard, Paris, Gallimard-Seuil, Hautes Études, 2005, p. 239-248.

(17) *Ibid.*, p. 241.

(18) *Ibid.*, p. 241.

(19) *Ibid.*, p. 245.

(20) *Ibid.*, p. 247.

(21) セルトーは一九七七年に「信じる弱さ」という論文を発表している。Michel de Certeau, 《La faiblesse de croire》, *Esprit*, n° spécial 《Les militants d'originé chrétienne》, avril-mai, 1977, p. 231-245 ; repris in *La faiblesse de croire*, p. 299-305.

(22) *Ibid.*, p. 241.

(23) 「信じること」をめぐる晩年のセルトーの論考を挙げておく。《Croire. Une pratique sociale de la différence》, in André Vauchez (éd.), *Faire croire. Modalités de la diffusion et*

de la réception des messages religieux du XIIe *au XV*[e] *siècles*, Roma, École Française de Rome, 1981, p. 363-383; 《L'institution du croire. Note de travail》, *Recherches de science religieuse*, t. 71, 1983, p. 61-80; 《Le croyable. Préliminaires à une anthropologie des croyances》, in Herman Parret et Hans-George Ruprecht (éd.), *Exigences et perspectives de la sémiotique* (Mélanges A. J. Greimas), Amsterdam, John Benjamins, 1985, t. 2, p. 689-707; 《Le croyable ou l'institution du croire》, *Semiotica* (Amsterdam), t. 54/1-2, 1985, p. 251-266.

(24) Michel de Certeau, *Histoire et psychanalyse entre science et fiction*, p. 160.

セルトーの主要著作

Le Mémorial de Pierre Favre, Desclée de Brouwer, 1960.

Guide spirituel de J.-J. Surin, Desclée de Brouwer, 1963.

Correspondance de J.-J. Surin, Desclée de Brouwer, coll.《Bibliothèque européenne》, 1966.

La Prise de parole, Desclée de Brouwer, 1968.（佐藤和生訳『パロールの奪取 新しい文化のために』法政大学出版局、一九九八年）

L'Étranger ou l'union dans la différence, Desclée de Brouwer, 1969.

La Possession de Loudun, Julliard-Gallimard, coll.《Archives》, 1970.（矢橋透訳『ルーダンの憑依』みすず書房、二〇〇八年）

L'Absent de l'histoire, Mame, coll.《Repères》, 1973.

La Culture au pluriel, U.G.E., coll.《10/18》, 1974.（rééd., Christian Bourgois, 1980）（山田登世子訳『文化の政治学』岩波モダンクラシックス、一九九九年）

Le Christianisme éclaté（en collaboration avec J.-M. Domenach）, Seuil, 1974.

Politica e mistica, Jaca Book, Milan, 1975.

Une politique de la langue. La Révolution française et les patois（en collaboration avec D. Julia et J. Revel）, Gallimard,《Bibliothèque des histoires》, 1975.

L'Écriture de l'histoire, Gallimard,《Bibliothèque des histoires》, 2e éd., 1978.（佐藤和生訳『歴史のエクリチュール』法政大学出版局、一九九六年）

L'Invention du quotidien, 1. Arts de faire, U.G.E., coll.《10/18》, 1980.（本訳書）

La Fable mystique 1 XVIe-XVIIe siècle, Gallimard,《Bibliothèque des histoires》, 1982.

Histoire et psychanalyse entre science et fiction, Gallimard, 2002.（内藤雅文訳『歴史と精神分析　科学と虚構の間で』法政大学出版局、二〇〇三年）

本書は、一九八七年五月、国文社より刊行された。

20世紀思想を読み解く　塚原史
「自由な個人」から「全体主義的な群衆」へ。人間という存在が劇的に変質した世紀の思想を、無意味・未開・狂気等キーワードごとに解読する。

緑の資本論　中沢新一
『資本論』の核心である価値形態論を一神教的に再構築することで、自壊する資本主義からの脱出の道を考察した、画期的論考。（矢田部和彦）

反＝日本語論　蓮實重彥
仏文学者の著者、フランス語を母国語とする夫人、日仏両語で育つ令息。三人が遭う言語的葛藤から見えてくるものとは？（シャンタル蓮實）

橋爪大三郎の政治・経済学講義　橋爪大三郎
政治は、経済は、どう動くのか。この時代を生きるために、日本と世界の現実を見定める目を養い、考える材料を蓄え、構想する力を培う基礎講座！

フラジャイル　松岡正剛
なぜ、弱さは強さよりも深いのか？　薄弱・断片・あやうさ・境界・異端……といった感覚に光をあて、「弱さ」のもつ新しい意味を探る。（高橋睦郎）

言葉とは何か　丸山圭三郎
言語学・記号学についての優れた入門書。ソシュール研究の泰斗が、平易な語り口で言葉の謎に迫る。術語・人物解説、図書案内付き。（中尾浩）

〈ひと〉の現象学　鷲田清一
知覚、理性、道徳等。ひとをめぐる出来事は、哲学の主題と常に伴走する。ヘーゲル的綜合を目指すでなく、問いに向きあいゆるやかにトレースする。

ありえないことが現実になるとき　ジャン＝ピエール・デュピュイ　桑田光平／本田貴久訳
なぜ最悪の事態を想定せず、大惨事は繰り返すのか。経済か予防かの不毛な対立はいかに退けられるか。認識の根源を問い、抜本的転換を迫る警世の書。

空間の詩学　ガストン・バシュラール　岩村行雄訳
家、宇宙、貝殻など、さまざまな空間が喚起する詩的イメージ。新たなる想像力の現象学を提唱し、人間の夢想に迫るバシュラール詩学の頂点。

記号論講義　石田英敬

モノやメディアが現代人に押しつけてくる記号の嵐。それに飲み込まれず日常を生き抜くには？　東京大学の講義をもとにした記号論の教科書決定版！

プラグマティズムの思想　魚津郁夫

アメリカ思想の多元主義的な伝統は、九・一一事件以降変貌してしまったのか。「独立宣言」から現代のローティまで、その思想の展開をたどる。

増補 虚構の時代の果て　大澤真幸

オウム事件は、社会の断末魔の叫びだった。衝撃的事件から時代の転換点を読み解き、現代社会と対峙する意欲的論考。（見田宗介）

言葉と戦車を見すえて　加藤周一　小森陽一／成田龍一編

知の巨人・加藤周一が、日本と世界の情勢について、何を考え何を発言しつづけてきたのかが俯瞰できる論考群を一冊に集成。（小森・成田）

敗戦後論　加藤典洋

なぜ今も「戦後」は終わらないのか。敗戦がもたらした「ねじれ」を、どう克服すべきなのか。戦後問題の核心を問い抜いた基本書。（内田樹＋伊東祐吏）

柄谷行人講演集成 1985-1988 言葉と悲劇　柄谷行人

シェイクスピアからウィトゲンシュタインへ、西田幾多郎からスピノザへ。その横断的な議論は批評の可能性そのものを顕示する。計14本の講演を収録。

柄谷行人講演集成 1995-2015 思想的地震　柄谷行人

根底的破壊の後に立ち上がる強靭な言葉と思想――。この20年間の代表的講演を著者自身が精選した待望の講演集。学芸文庫オリジナル。

増補 広告都市・東京　北田暁大

都市そのものを広告化してきた80年代消費社会。その戦略と、90年代のメディアの構造転換は現代を生きる我々に何をもたらしたか、鋭く切り込む。

インテリジェンス　小谷賢

スパイの歴史、各国情報機関の組織や課題から、情報との付き合い方まで――豊富な事例を通して「情報」のすべてがわかるインテリジェンスの教科書。

革命について
ハンナ・アレント
志水速雄 訳
《自由の創設》をキイ概念としてアメリカとヨーロッパの二つの革命を比較・考察し、その最良の精神を二〇世紀の惨状から救い出す。（川崎修）

暗い時代の人々
ハンナ・アレント
阿部齊 訳
自由が著しく損なわれた時代を自らの意思に従い行動し、生きた人々。政治・芸術・哲学への鋭い示唆を含み描かれる普遍的人間論。（村井洋）

責任と判断
ハンナ・アレント
ジェローム・コーン編
中山元 訳
思想家ハンナ・アレント後期の未刊行論文集。人間の責任の意味と判断の能力を考察し、考える能力の喪失により生まれる〈凡庸な悪〉を明らかにする。

政治の約束
ハンナ・アレント
ジェローム・コーン編
高橋勇夫 訳
われわれにとって「自由」とは何であるのか――。政治思想の起源から到達点までを描き、政治的経験の意味に根底から迫った、アレント思想の精髄。

プリズメン
Th・W・アドルノ
渡辺祐邦／三原弟平訳
「アウシュヴィッツ以後、詩を書くことは野蛮である」。果てしなく進行する大衆の従順化と、絶対的物象化の時代における文化批判のあり方を問う。

スタンツェ
ジョルジョ・アガンベン
岡田温司 訳
西洋文化の豊饒なイメージの宝庫を自在に横切り、愛・言葉そして喪失の想像力が表象に与えた役割をたどる。21世紀を牽引する哲学者の博覧強記。

事物のしるし
ジョルジョ・アガンベン
岡田温司／岡本源太訳
パラダイム・しるし・哲学的考古学の鍵概念のもと、「しるし」の起源や特権的領域を探求する。私たちを西洋思想史の彼方に誘うユニークかつ重要な一冊。

アタリ文明論講義
ジャック・アタリ
林昌宏 訳
歴史を動かすのは先を読む力だ。混迷を深める現代文明の行く末を見通し対処するにはどうすればよいのか。「欧州の知性」が危難の時代を読み解く。

コンヴィヴィアリティのための道具
イヴァン・イリイチ
渡辺京二／渡辺梨佐訳
破滅に向かう現代文明の大転換はまだ可能だ！　人間本来の自由と創造性が最大限活かされる社会をどう作るか。イリイチが遺した不朽のマニフェスト。

重力と恩寵
シモーヌ・ヴェイユ
田辺保訳
「重力」に似たものから、どのようにして免れればよいのか……ただ「恩寵」によって。苛烈な自己無化への意志に貫れた、独自の思索の断想集。ティボン編。

工場日記
シモーヌ・ヴェイユ
田辺保訳
人間のありのままの姿を知り、愛し、そこで生きたい――女工となった哲学者が、極限の状況で自己犠牲と献身について考え抜き、克明に綴った、魂の記録。

青色本
L・ウィトゲンシュタイン
大森荘蔵訳
「語の意味とは何か」。端的な問いかけで始まるこのコンパクトな書は、初めて読むウィトゲンシュタインとして最適な一冊。（野矢茂樹）

法の概念〔第3版〕
H・L・A・ハート
長谷部恭男訳
法とは何か。ルールの秩序という観念でこの難問に立ち向かい、法哲学の新たな地平を拓いた名著。批判に応える「後記」を含め、平明な新訳でおくる。

解釈としての社会批判
マイケル・ウォルツァー
大川正彦／川本隆史訳
社会の不正を糾すのに、普遍的な道徳を振りかざすだけでは有効でない。暮らしに根ざしながら同時にラディカルな批判が必要だ。その可能性を探究する。

生き方について哲学は何が言えるか
バーナド・ウィリアムズ
森際康友／下川潔訳
倫理学の中心的な諸問題を深い学識と鋭い眼差しで再検討した現代における古典的名著。倫理学はいかに変貌すべきか、新たな方向づけを試みる。

思考の技法
グレアム・ウォーラス
松本剛史訳
知的創造を四段階に分け、危機の時代を打破する真の思考のあり方を究明する。『アイデアのつくり方』の源となった先駆的名著、本邦初訳。（平石耕）

ポパーとウィトゲンシュタインとのあいだで交わされた世上名高い10分間の大激論の謎
デヴィッド・エドモンズ／ジョン・エーディナウ
二木麻里訳
このすれ違いは避けられない運命だった？ 二人の思想の歩み、そして大激論の真相に、ウィーン学団の人間模様やヨーロッパの歴史的背景から迫る。

大衆の反逆
オルテガ・イ・ガセット
神吉敬三訳
二〇世紀の初頭、《大衆》という現象の出現とその功罪を論じながら、自ら進んで困難に立ち向かう《真の貴族》という概念を対置した警世の書。

神智学
ルドルフ・シュタイナー
高橋巖訳

神秘主義的思考を明晰な思考に立脚した精神科学へと再編し、知性と精神性の健全な融合をめざしたシュタイナーの根本思想。四大主著の一冊。

いかにして超感覚的世界の認識を獲得するか
ルドルフ・シュタイナー
高橋巖訳

すべての人間には、特定の修行を通して高次の認識を獲得できる能力が潜在している。その顕在化のための道すじを詳述する不朽の名著。

自由の哲学
ルドルフ・シュタイナー
高橋巖訳

社会の一員である個人の究極の自由はどこに見出されるのか。思考は人間に何をもたらすのか。シュタイナー全業績の礎をなしている認識論哲学。

治療教育講義
ルドルフ・シュタイナー
高橋巖訳

障害児が開示するのは、人間の異常性ではなく霊性である。人智学の理論と実践を集大成したシュタイナー晩年の最重要講義。改訂増補決定版。

人智学・心智学・霊智学
ルドルフ・シュタイナー
高橋巖訳

身体・魂・霊に対応する三つの学が、霊視霊聴を通じた存在の成就への道を語りかける。人智学協会の創設へ向け最も注目された時期の率直な声。

ジンメル・コレクション
ゲオルク・ジンメル
北川東子編訳
鈴木直訳

都会、女性、モード、貨幣をはじめ、取っ手や橋・扉にまで哲学的思索を向けた「エッセーの思想家」の姿を一望する新編・新訳のアンソロジー。

私たちはどう生きるべきか
ピーター・シンガー
山内友三郎監訳

社会の10％の人が倫理的に生きれば、政府が行う社会変革よりもずっと大きな力となる――環境・動物保護の第一人者が、現代に生きる意味を鋭く問う。

自然権と歴史
レオ・シュトラウス
塚崎智／石崎嘉彦訳

自然権の否定こそが現代の深刻なニヒリズムをもたらした。古代ギリシアから近代に至る思想史を大胆に読み直し、自然権論の復権をはかる20世紀の名著。

生活世界の構造
アルフレッド・シュッツ／トーマス・ルックマン
那須壽監訳

「事象そのものへ」という現象学の理念を社会学研究で実践し、日常を生きる「普通の人びと」の視点から日常生活世界の「自明性」を究明した名著。

場所の現象学
エドワード・レルフ
高野岳彦／阿部隆／石山美也子訳
〈没場所性〉が支配する現代において〈場所のセンス再生の可能性〉はあるのか。空間創出行為を実践的に理解しようとする社会的場所論の決定版。

シュルレアリスムとは何か
巖谷國士
20世紀初頭に現れたシュルレアリスム――美術・文学を縦横にへめぐりつつ「自動筆記」「メルヘン」「ユートピア」をテーマに自在に語る入門書。

マタイ受難曲
礒山雅
罪・死・救済を巡る人間ドラマを圧倒的なスケールで描いたバッハの傑作。テキストと音楽の両面から、秘められたメッセージを読み解く記念碑的名著。

バロック音楽
礒山雅
バロック音楽作品の多様性と作曲家達の試行錯誤。バッハ研究の第一人者が、当時の文化思想的背景も踏まえ、その豊かな意味に光を当てる。（寺西肇）

仏像入門
石上善應
仏像は観賞の対象ではない。仏教の真理を知らしめてくれる善知識なのである。浄土宗学僧のトップが出遇い、修行の助けとした四十四体の仏像を紹介。

岡本太郎の宇宙（全6巻）
岡本太郎
山下裕二／椹木野衣／平野暁臣編
20世紀を疾走した芸術家、岡本太郎。彼の言葉と作品は未来への強い輝きを放つ。遺された著作を厳選編集し、その存在の全貌に迫った、決定版著作集。

対極と爆発
岡本太郎の宇宙1
岡本太郎
山下裕二／椹木野衣／平野暁臣編
彼の生涯を貫いた思想とは。「対極」と「爆発」をキーワードに、若き日の詩文から大阪万博参加への決意まで、そのエッセンスを集成する。（椹木野衣）

太郎誕生
岡本太郎の宇宙2
岡本太郎
山下裕二／椹木野衣／平野暁臣編
かの子・一平という両親、幼年時代、鬱屈と挫折、パリでの青春、戦争体験……。稀有な芸術家の思想を形作ったものの根源に迫る。（安藤礼二）

伝統との対決
岡本太郎の宇宙3
岡本太郎
山下裕二／椹木野衣／平野暁臣編
突き当たった「伝統」の桎梏。そして縄文の美の発見。彼が対決した「日本の伝統」とははたして何だったのか。格闘と創造の軌跡を追う。（山下裕二）

グローバル・シティ
サスキア・サッセン
伊豫谷登士翁監訳
大井由紀／髙橋華生子訳

世界の経済活動は分散したのではない、特権的な大都市に集中したのだ。国民国家の枠組みを超えて発生する世界の新秩序と格差拡大を暴く衝撃の必読書。

東京の空間人類学
陣内秀信

東京、このふしぎな都市空間を深層から探り、明快に解読した定番本。基層の地形、江戸の記憶、近代の都市造形が、ここに甦る。図版多数。（川本三郎）

大名庭園
白幡洋三郎

小石川後楽園、浜離宮等の名園では、多種多様な社交が繰り広げられていた。競って造られた庭園の姿に迫りヨーロッパの宮殿とも比較。（尼﨑博正）

東京の地霊《ゲニウス・ロキ》
鈴木博之

日本橋室町、紀尾井町、上野の森……。その土地に堆積した数奇な歴史・固有の記憶を軸に、都内13カ所の土地を考察する「東京物語」。（藤森照信／石山修武）

空間の経験
イーフー・トゥアン
山本浩訳

人間にとって空間と場所とは何か？　それはどんな経験なのか？　基本的なモチーフを提示する空間論の必読図書。（A・ベルク／小松和彦）

個人空間の誕生
イーフー・トゥアン
阿部一訳

広間での雑居から個室住まいへ。回し食いから個々人用食器の成立へ。多様なかたちで起こった「空間の分節化」を通覧し、近代人の意識の発生をみる。

自然の家
フランク・ロイド・ライト
富岡義人訳

いかにして人間の住まいと自然は調和をとりうるか。建築家F・L・ライトの思想と美学が凝縮された名著を新訳。最新知見をもりこんだ解説付。

マルセイユのユニテ・ダビタシオン
ル・コルビュジエ
山名善之／戸田穣訳

近代建築の巨匠による集合住宅ユニテ・ダビタシオン。そこには住宅から都市まで、ル・コルビュジエの思想が集約されていた。充実の解説付。

都市への権利
アンリ・ルフェーヴル
森本和夫訳

都市現実は我々利用者のためにある！――産業化社会に抗するシチュアシオニスム運動の中、人間の主体性に基づく都市を提唱する。（南後由和）

ちくま学芸文庫

日常的実践《にちじょうてきじっせん》のポイエティーク

二〇二一年 三 月十日 第一刷発行
二〇二四年十一月十日 第六刷発行

著　者　ミシェル・ド・セルトー
訳　者　山田登世子（やまだ・とよこ）
発行者　増田健史
発行所　株式会社 筑摩書房
東京都台東区蔵前二―五―三 〒一一一―八七五五
電話番号 〇三―五六八七―二六〇一（代表）
装幀者　安野光雅
印刷所　信毎書籍印刷株式会社
製本所　株式会社積信堂

ISBN978-4-480-51036-5 C0110